La 33/70.

(Mis en ordre, annotés et publiés par M. Franç. de Corcelle, petit-gendre du général.)

À conserver

MÉMOIRES,

CORRESPONDANCE ET MANUSCRITS

DU GÉNÉRAL

LAFAYETTE.

CET OUVRAGE SE TROUVE AUSSI

A LEIPZIG,
CHEZ AVENARIUS ET FRIEDLEIN.

MÉMOIRES,

CORRESPONDANCE ET MANUSCRITS

DU GÉNÉRAL

LAFAYETTE,

PUBLIÉS

PAR SA FAMILLE.

TOME PREMIER.

PARIS,
H. FOURNIER AINÉ, ÉDITEUR,
RUE DE SEINE-ST.-GERMAIN, N° 16.

LONDRES,
Saunders & Otley, Conduit street.

M DCCC XXXVII.

Recueillir avec respect, coordonner avec scrupule les manuscrits dont un irréparable malheur l'a rendue dépositaire, a été pour la famille du général Lafayette l'accomplissement d'un premier devoir.

Publier ces manuscrits sans aucun commentaire, et les remettre intacts entre les mains des amis de la liberté, est un pieux et solennel hommage qu'aujourd'hui ses enfans offrent avec confiance à sa mémoire.

George-Washington LAFAYETTE.

AVANT-PROPOS [1].

Lorsque, livré dès ma jeunesse à l'ambition de la liberté, je ne voyais point de bornes à la carrière que je m'étais ouverte, il me paraissait suffire à ma destinée comme à ma gloire de marcher sans cesse en avant et de laisser aux autres le soin de recueillir les souvenirs comme les fruits de mes travaux.

C'est après quinze ans d'une fortune constante, que me présentant avec un juste espoir contre la coalition des rois et l'aristocratie européenne, je fus renversé par les fureurs du jacobinisme français. Ma personne alors se trouva livrée aux vengeances de mes ennemis naturels, et ma réputation aux calomnies des soi-disant patriotes qui venaient de violer toutes les garanties nationales et jurées.

On sait que le régime de mes cinq années de prison

---

[1] Quoique cet avant-propos, écrit peu de temps après le 18 brumaire, soit bien antérieur à un grand nombre d'événemens au milieu desquels le général Lafayette a continué sa vie publique et ses écrits, nous l'avons placé ici, comme une sorte d'introduction générale aux divers matériaux réunis dans cet ouvrage.

Toutes les notes qui ne seront pas suivies du nom du général Lafayette, devront être attribuées à sa famille.

ne fut pas favorable aux occupations littéraires, et lorsque, à ma délivrance, on me conseilla d'écrire une apologie, j'en fus dégoûté par ces Mémoires et Notices où trop de gens avaient abusé de l'attention publique. D'ailleurs, les évènemens avaient parlé pour nous; beaucoup d'accusations et d'accusateurs étaient tombés.

A peine rentré en France, mes amis m'ont demandé des Mémoires; j'ai trouvé des excuses dans ma répugnance à faire une sévère part aux premiers chefs jacobins, associés depuis à ma proscription; aux girondins, morts pour des principes qu'ils avaient combattus et persécutés en moi; au roi et à la reine, dont le sort déplorable ne permet plus que de s'honorer de quelques services envers eux; et à des royalistes vaincus, dépouillés et soumis aujourd'hui à des mesures arbitraires. Je devrais ajouter qu'heureux dans ma retraite, au sein de ma famille et des plaisirs agricoles, je n'ai pas un moment à retrancher de ces jouissances domestiques.

Mais ici encore j'éprouve les mêmes instances, et, pour transiger avec elles, j'ai consenti à mettre en ordre les papiers qui me restent, à recueillir des pièces déjà publiées, à lier par des notes cette collection où mes enfans et mes amis pourront trouver quelques matériaux d'un travail moins insignifiant.

Quant à moi, j'avoue que mon indolence sur cet objet, tient à la confiance intime où je suis que la liberté finira par s'établir dans l'ancien monde comme dans le nouveau, et qu'alors l'histoire de nos révolutions mettra chaque chose et chacun à sa place.

AVERTISSEMENT

DE M. DE LAFAYETTE,

SUR LES MÉMOIRES ECRITS DE SA MAIN

ET SA CORRESPONDANCE D'AMÉRIQUE.

Beaucoup de papiers relatifs aux premières années de ma vie publique, ont été détruits sous le règne de la Terreur. On a sauvé une ébauche de Mémoires. Il eût fallu en rédiger les brouillons ; je préfère les copier tels qu'ils furent écrits dans ce temps (1).

Plusieurs lettres écrites d'Amérique avaient été copiées par ma femme pour le docteur Du Breuil, dont l'amitié honora une partie de ma vie et l'a remplie tout entière d'un tendre et profond souvenir (2). Il conviendrait de retrancher les répétitions, les détails insignifians ; mais je

---

(1) De 1783 à 1786, avant l'âge de vingt-huit ans. — M. de Lafayette (Marie-Paul-Joseph-Roch-Ives-Gilbert de Motier), né à Chavaniac en Auvergne, le 6 septembre 1757, marié le 11 avril 1774, partit pour l'Amérique le 26 avril 1777. Les autres dates seront rapportées dans leur ordre et à l'occasion de chaque événement.

(2) M. Du Breuil, médecin du roi et de la Charité à Saint-Germain-en-Laye, mort en 1785.

laisse à peu près tout, parce que je me plais, en formant cette collection, à me rappeler les sentimens qui m'animaient aux diverses époques de mon existence.

Le duc d'Ayen, mon beau-père, n'avait pas été un des moins prompts et sévères désapprobateurs de mon départ. Il revint à moi avec toute la bonté et la sincérité qui le caractérisent. Ses aimables félicitations me touchèrent vivement, et ce sentiment me porte encore aujourd'hui à répéter quelques détails contenus dans les lettres qui lui furent adressées.

RÉVOLUTION
D'AMÉRIQUE.

AVERTISSEMENT
DES ÉDITEURS.

Sous le titre de *Révolution d'Amérique*, nous comprenons huit années de la vie de M. de Lafayette, depuis le commencement de 1777 jusqu'à la fin de 1784. Ses trois voyages aux États-Unis divisent ces huit ans en trois époques : 1777-1778, 1779-1781, et 1782-1784.

1° Des Mémoires détaillés écrits pour quelques amis après la paix de Versailles, et qui devaient aller jusqu'en 1780, ouvrent cette collection.

2° Ils sont complétés et continués par deux morceaux composés entre 1800 et 1814 ; le premier sans titre, qu'on pourrait appeler *Notice sur la vie américaine du général Lafayette*, et qui paraît avoir été écrit pour l'auteur d'un projet d'histoire de la guerre ou du général Washington ; le second intitulé : *Observations sur quelques parties de l'histoire américaine, par un ami du général Lafayette*.

Comme ces deux morceaux, qui sont l'un et l'autre son ouvrage et que nous désignons sous les noms de *Manuscrit n° 1* et de *Manuscrit n° 2*, contiennent un second et quelquefois un troisième récit d'événemens déjà racontés dans les Mémoires, nous ne les avons insérés que par fragmens.

3° Un *Précis de la campagne de Virginie en* 1781, sera inséré en entier.

4° Des extraits d'une collection des discours du général, commencée par lui en 1829, donneront quelques détails sur son troisième voyage en Amérique (1784).

5° Au récit de chaque époque, on a joint la portion de correspondance qui s'y rapporte. D'un grand nombre de lettres écrites soit d'Amérique en Amérique, soit d'Amérique en France, ou de France en Amérique, on n'a retranché que celles auxquelles des répétitions ou des détails purement militaires ôtaient presque tout intérêt.

6° Enfin à la correspondance on a réuni quelques lettres du général Washington ou d'autres contemporains, et des pièces historiques dont M. de Lafayette avait fait faire des copies ou qui ont été extraites de divers recueils publiés aux États-Unis.

PREMIER VOYAGE

ET

PREMIÈRE CAMPAGNE D'AMÉRIQUE.

1777 — 1778.

MÉMOIRES DE MA MAIN

JUSQU'EN L'ANNÉE 1780.

A MES AMIS.

Si je confondais, comme il arrive trop souvent, l'entêtement avec la fermeté, je rougirais de commencer ces mémoires que j'ai long-temps refusés, et d'ajouter encore à leur égoïsme par celui du style, tandis qu'il eût fallu du moins me couvrir du manteau de la troisième personne; mais je ne serai pas complaisant à demi pour le tendre et précieux intérêt qui vaut à ma vie les honneurs éphémères d'un journal. Il me suffit de penser que ce compte rendu à quelques amis n'ira jamais plus loin; mon ouvrage a même deux grands avantages sur beaucoup de livres fameux : c'est que, n'ayant rien à démêler avec le public, il ne lui faut point de préface, et que la dédicace du cœur n'a pas besoin d'épître.

Il serait trop poétique de me placer d'abord dans un autre hémisphère, et trop minutieux de m'appesantir sur les détails de ma naissance, qui suivit de près la mort de mon père à Minden (1); de mon éducation en Auvergne auprès de parens tendres et vénérés; de ma translation, à l'âge de onze ans, dans un collége de Paris (2), où je perdis bientôt ma vertueuse mère (3), et où la mort de son père me rendit riche de pauvre que j'étais né; de quelques succès d'écolier animés par l'amour de la gloire et troublés par celui de la liberté; de mon entrée aux mousquetaires noirs, qui ne me sortit de classe que pour les jours de revue; enfin de mon mariage à l'âge de seize ans, précédé d'un séjour à l'Académie de Versailles (4). J'ai encore moins à vous apprendre

(1) Michel-Louis-Christophe-Roch-Gilbert de Molier, marquis de Lafayette, colonel aux grenadiers de France, chevalier de Saint-Louis, tué à la bataille de Minden avant l'âge de vingt-cinq ans.

(2) Le collége Du Plessis.

(3) Marie-Louise-Julie de La Rivière, morte à Paris le 12 avril 1770, quelques jours avant son père, Joseph-Yves-Thibauld-Hyacinthe, marquis de La Rivière.

(4) Nous n'avons, de l'époque antérieure au mariage de M. de Lafayette, qu'une lettre écrite par lui à l'âge de quatorze ans, le 8 février 1772, et qu'on lira peut-être avec quelque curiosité. Elle est adressée à mademoiselle de Chavaniac, sa cousine.

« Je viens de recevoir, ma chère cousine, la lettre que vous m'avez
« écrite, et les bonnes nouvelles sur la santé de ma grand'maman.
« Après celles-là, qui sont les nouvelles du cœur, j'ai été très parti-
« culièrement touché de la prise du seigneur des bois du Lata. Je vou-
« drais bien savoir si ces chiens qui ne marchent ni ne crient, ont
« contribué à ce coup de main. Le détail de cette chasse m'aurait fort
« amusé; si je vous avais parlé de quelque bonnet à la nouvelle mode,
« je me serais fait un devoir d'en décrire les contours et les comparti-
« mens le compas à la main.

« Le mariage du cousin est rompu; il y en a un autre sur le tapis,
« mais il faut bien déchanter. Mademoiselle de Roncherolles, une place

sur mon entrée dans le monde, la courte faveur d'une jeune société où je faisais nombre, quelques voyages au régiment de Noailles, et le jugement défavorable que m'attira mon silence, parce que je ne pensais et n'entendais guère de choses qui me parussent mériter d'être dites. Ce mauvais effet de l'amour-propre déguisé et d'un penchant observateur, n'était pas adouci par la gaucherie de mes manières, qui, sans être déplacées dans les grandes circonstances, ne se plièrent jamais aux grâces de la cour, ni aux agrémens d'un souper de la capitale.

Vous me demandez l'époque de mes premiers soupirs vers la gloire et la liberté; je ne m'en rappelle aucune dans ma vie qui soit antérieure à mon enthousiasme pour les anecdotes glorieuses, à mes projets

« auprès de madame de Bourbon, de mille écus de revenu, et cinq
« petites mille livres de rente, voilà toute l'histoire. Vous voyez que
« c'est un fort court abrégé des autres partis. Mon oncle, qui me vint
« voir l'autre jour, consent au mariage à condition que le prince de
« Condé promettra un de ses régimens de cavalerie au cousin. Madame
« de Montboissier trouve que c'est trop demander, et dit à M. le
« marquis de Canillac que, vraiment, s'il était si difficile, son mari ne
« se mêlerait plus de ses affaires; cela l'a piqué, et il y a eu des propos
« fort vifs. Le neveu ne se soucie pas trop du mariage. Il a dit qu'il y
« avait dans son pays de bien meilleurs partis, qu'il a nommés, et qu'on
« ne lui refuserait pas.

« Je croyais vous avoir mandé que le cardinal de La Roche-Aimon
« était abbé de Saint-Germain. — On prétend que M. de Briges a la
« baronnie de Mercœur.—M. de La Vauguyon est mort peu regretté de
« la cour et de la ville.—Le bal de jeudi dernier est remis au 15, c'est-
« à-dire à huit jours d'ici. — Je dînai, avant-hier jeudi, chez M. de
« La Tour d'Auvergne, qui en est aux complimens avec M. de Turenne,
« aujourd'hui duc de Bouillon. Il nous a dit qu'il perdrait peut-être
« un million en bons procédés. Vous reconnaissez bien l'homme.

« Adieu, chère cousine; mes respects, s'il vous plaît, à toute la famille;
« M. Fayon vous présente les siens, et moi, je suis votre serviteur.

« LAFAYETTE. »

de courir le monde pour chercher de la réputation. Dès l'âge de huit ans, mon cœur battit pour cette hyène qui fit quelque mal, et encore plus de bruit, dans notre voisinage, et l'espoir de la rencontrer animait mes promenades. Arrivé au collége, je ne fus distrait de l'étude que par le désir d'étudier sans contrainte. Je ne méritai guère d'être châtié ; mais, malgré ma tranquillité ordinaire, il eût été dangereux de le tenter, et j'aime à penser que, faisant en rhétorique le portrait du cheval parfait, je sacrifiai un succès au plaisir de peindre celui qui, en apercevant la verge, renversait son cavalier. Les relations républicaines me charmaient, et lorsque mes nouveaux parens me ménagèrent une place à la cour, je ne balançai pas à déplaire pour sauver mon indépendance (1). C'est dans cette disposition que j'appris les troubles américains ; ils ne furent bien connus en Europe qu'en 1776, et la mémorable déclaration du 4 juillet y parvint vers la fin de la même année.

Après s'être couverte de lauriers et enrichie de conquêtes, après avoir maîtrisé toutes les mers, insulté toutes les nations, l'Angleterre avait tourné son orgueil contre ses propres colonies. Depuis long-temps l'Amérique du nord lui faisait ombrage ; elle voulut joindre aux premières entraves des vexations nouvelles, et envahir les priviléges les plus sacrés. Les Américains, attachés à la mère-patrie, se bor-

(1) Il s'agissait d'une place dans la maison d'un prince de la famille royale. Le maréchal de Noailles désirait cet arrangement. Pour l'empêcher sans résister à ceux qu'il aimait, M. de Lafayette fit en sorte de déplaire par un mot au prince à la personne duquel on voulait l'attacher, et de rompre ainsi toute négociation. Nous ne croyons pas qu'il se soit depuis lors réconcilié avec Louis XVIII.

nèrent d'abord à des plaintes; ils n'accusèrent que
les ministres, et toute la nation s'éleva contre eux;
ils furent taxés d'insolence, ensuite de rébellion, et
déclarés enfin ennemis; de manière que l'entêtement
du roi, la passion des ministres, et l'arrogance du
peuple anglais, forcèrent treize de leurs colonies à
se rendre indépendantes. Jamais si belle cause n'avait
attiré l'attention des hommes; c'était le dernier
combat de la liberté, et sa défaite ne lui laissait ni
asile ni espérance. Oppresseurs et opprimés, tous
allaient recevoir une leçon; ce grand ouvrage devait
s'élever, ou les droits de l'humanité se perdaient sous
ses ruines. En même temps les destins de la France
et ceux de sa rivale allaient se décider; l'Angleterre
se voyait enlever, avec les nouveaux États, un
grand commerce tout à son avantage, un quart de
ses sujets augmentant sans cesse par une rapide
multiplication et l'émigration de toutes les parties de
l'Europe; enfin plus que la moitié et la plus belle
portion du territoire britannique. Mais se réunissait-
elle à ces treize colonies, c'en était fait de nos Antilles
et de nos possessions d'Afrique et d'Asie, de notre
commerce maritime, et par conséquent de notre marine, enfin de notre existence politique.

(1776). A la première connaissance de cette querelle, mon cœur fut enrôlé, et je ne songeai qu'à
joindre mes drapeaux (1). Quelques circonstances,

(1) En 1828, M. Jared Sparks, écrivain américain distingué, proje-
tant la collection des écrits de Washington qu'il publie en ce moment à
Boston, fit le voyage de France pour s'entretenir avec M. de Lafayette
et consulter les archives des affaires étrangères. Il obtint du général
beaucoup de récits, de lettres et de documens, dont les extraits ont
enrichi sa publication. A la suite du tome V il a mis un *Appendix* consa

inutiles à rapporter, m'avaient appris à n'attendre, sur cet objet, de ma famille, que des obstacles; je comptai donc sur moi, et osai prendre pour devise à mes armes ces mots: *Cur non ?* afin qu'ils me servissent quelquefois d'encouragement et de réponse. Silas Deane était à Paris; mais on craignait de le voir, et sa voix était couverte par les cris du lord Stormont. Il passait sous main pour l'Amérique de vieilles armes qui servirent un peu et de jeunes officiers qui réussirent mal, le tout expédié pour le compte

cré à la narration du départ et de l'arrivée de M. de Lafayette. Nous ne doutons pas que les détails de cette narration n'aient été racontés, peut-être même écrits par le général lui-même. Nous en extrairons donc avec confiance quelques passages, qui, mis en notes, éclairciront ou compléteront le texte des mémoires. « En 1776, dit M. Sparks, M. de Lafayette était en garnison à Metz. Le duc de Gloucester, frère du roi d'Angleterre, vint dans cette ville, et un diner lui fut donné chez le commandant, le comte de Broglie. Parmi les officiers invités se trouvait le jeune Lafayette. Le duc venait de recevoir des lettres d'Angleterre, et il mit la conversation sur ce qu'elles contenaient, c'est-à-dire la nouvelle de la déclaration d'indépendance de l'Amérique, et les évènemens qui se passaient dans cette partie du monde. Tout cela était nouveau pour M. de Lafayette; il écoutait avec une ardente curiosité, il pressait le duc de questions; toutes les réponses qu'il obtenait ajoutaient à son intérêt, ou plutôt à son enthousiasme : avant la fin du diner il avait conçu l'idée d'aller en Amérique. A partir de ce moment il n'eut plus d'autre pensée, et pour réaliser son dessein se rendit bientôt à Paris. Là il s'ouvrit à deux jeunes amis, le comte de Ségur et le vicomte de Noailles, qui devaient d'abord l'accompagner. Le secret fut par eux fidèlement gardé; il le fut aussi par le comte de Broglie, qui, ayant reçu sa confidence, essaya de le détourner de son dessein par toutes les objections que pouvait suggérer la commune sagesse. « —J'ai vu mourir votre oncle dans la guerre d'Italie, lui disait-il; j'étais
« présent à la mort de votre père, à la bataille de Minden, et je ne
« veux pas contribuer à la ruine de la seule branche qui reste de la fa-
« mille. » — Cependant, reconnaissant une résolution inébranlable, il sut la comprendre, et ce fut lui qui mit M. de Lafayette en relation avec le baron de Kalb. » — (*The writings of George Washington.* — t. V, *Appendix* n° 1, p. 445.)

de M. de Beaumarchais ; et quand l'ambassadeur d'Angleterre parlait à notre cour, elle niait les envois, en ordonnait le déchargement, et chassait de ses ports les corsaires américains. Voulant m'adresser directement à M. Deane, je devins ami de Kalb, Allemand à notre service, qui cherchait de l'emploi chez les *insurgens*, suivant l'expression du temps, et me servit d'interprète. C'est celui que M. de Choiseul envoya visiter les colonies anglaises et qui, à son retour, en obtint de l'argent, mais point d'audience, tant ce ministre pensait peu à la révolution dont quelques personnes lui ont attribué l'honneur rétrograde ! En présentant à M. Deane ma figure à peine âgée de dix-neuf ans, je parlai plus de mon zèle que de mon expérience ; mais je lui fis valoir le petit éclat de mon départ, et il signa l'arrangement. Le secret de cette négociation et de mes préparatifs fut vraiment miraculeux. Famille, amis, ministres, espions français, espions anglais, tout fut aveuglé. Parmi mes discrets confidens, je dois beaucoup à M. du Boismartin (1), secrétaire du comte de Broglie, et au comte de Broglie lui-même, dont le cœur, après de vains efforts pour m'arrêter, me suivit avec une tendresse paternelle.

On s'occupait d'expédier un vaisseau, lorsqu'il arriva de funestes nouvelles. New-York, Long-Island, les White-Plains, le fort Washington et les Jerseys, avaient vu les forces américaines s'anéantir successivement devant trente-trois mille Anglais ou Alle-

---

(1) Ce fut M. du Boismartin qui fut envoyé à Bordeaux pour assurer l'achat et l'équipement du vaisseau que M. de Lafayette destinait aux Etats-Unis. (Sparks, *loc. cit.*)

mands. Trois mille hommes restaient seuls en armes, et le général Howe les poursuivait. Dès ce moment, le crédit insurgent s'éteignit; l'envoi d'un bâtiment devint impossible; les envoyés eux-mêmes crurent devoir me témoigner leur découragement et me détourner de mon projet. J'allai chez M. Deane, et le remerciant de sa franchise : « Jusqu'ici, Monsieur, « ajoutai-je, vous n'avez vu que mon zèle; il va « peut-être devenir utile; j'achète un bâtiment qui « portera vos officiers, il faut montrer de la confiance, « et c'est dans le danger que j'aime à partager votre « fortune (1). » Mon projet fut bien reçu; mais il fallait ensuite trouver de l'argent, acheter et armer secrètement un navire; tout fut exécuté avec promptitude.

Nous touchions cependant à l'époque d'un voyage en Angleterre projeté depuis long-temps (2); je ne pouvais le refuser sans compromettre mon secret, et en l'acceptant, je couvrais mes préparatifs; ce dernier parti convenait surtout à MM. Franklin et Deane, car le docteur était en France, et quoique je n'allasse pas chez lui de peur d'y être rencontré, nous correspondions par l'entremise de M. Carmichaël, Américain moins connu. J'arrivai donc à Londres avec M. de

---

(1) « Il est assez remarquable que dans le temps où le général Washington, qui n'était jamais sorti d'Amérique, réduit alors à un corps de deux mille hommes, ne désespérait pas de la chose publique, le même sentiment animait à mille lieues de là un jeune homme de dix-neuf ans, destiné à devenir son plus intime ami et à participer avec lui aux vicissitudes, à l'heureux résultat de cette révolution, et à reporter ensuite dans un autre hémisphère les principes de liberté et d'égalité sur lesquels elle a été fondée. » (*Note extraite du manuscrit n₀ 1*).

(2) Avec le prince de Poix. Ce voyage dura trois semaines.

Poix, et vis d'abord l'Américain Bancroft, et ensuite Sa Majesté Britannique. A dix-neuf ans, on aime peut-être trop à persifler un peu le roi qu'on va combattre, à danser chez lord Germain, ministre pour les colonies américaines, avec lord Rawdon qui arrivait de New-York, et à rencontrer à l'Opéra ce Clinton que je devais retrouver à Montmouth. Mais en taisant mes intentions, j'affichai mes sentimens; souvent je défendis les Américains, je me réjouis de leur succès à Trenton, et mon esprit d'opposition me valut un déjeûner chez lord Shelburne. Je rejetai l'offre de voir les ports de mer, les embarquemens contre les *rebelles*, et tout ce qui me parut un abus de confiance. C'est au bout de trois semaines, lorsqu'il fallut partir, que, refusant à l'ambassadeur, mon oncle (1), de le suivre à la cour, je lui confiai la fantaisie d'une course à Paris. Il imagina de me dire malade jusqu'à mon retour. Je n'aurais pas proposé ce stratagème, mais je ne m'y opposai pas.

Après de cruelles souffrances dans le détroit, dont on me consolait par l'idée de leur courte durée, j'arrivai à Paris chez M. de Kalb, me cachai trois jours à Chaillot, y vis les Américains et quelques amis, et partis pour Bordeaux où quelques retards inattendus m'arrêtèrent encore (2). J'en profitai pour

---

(1) Le marquis de Noailles, frère du duc d'Ayen et oncle de madame de Lafayette.

(2) « A Bordeaux, M. de Lafayette apprit que son départ était connu à Versailles, et l'ordre de l'arrêter en route pour l'atteindre. Après avoir conduit son vaisseau au port du Passage, il revint à Bordeaux et écrivit aux ministres, à sa famille, à ses amis. Parmi ceux-ci était M. de Coigny, à qui il envoya un homme de confiance, et qui l'avertit de ne concevoir aucun espoir de l'autorisation qu'il désirait. Feignant alors

envoyer à Paris, d'où les nouvelles ne furent pas encourageantes ; mais comme mon courrier était suivi par celui du gouvernement, il n'y avait pas un moment à perdre pour mettre à la voile, et les ordres souverains ne me purent joindre qu'au Passage, port espagnol où l'on devait relâcher. Les lettres de ma famille furent terribles, et la lettre de cachet péremptoire : défense d'aller au continent américain sous peine de désobéissance ; injonction d'aller à Marseille attendre de nouveaux ordres. Les conséquences de l'anathème, les lois de l'État, la puissance et la colère du gouvernement ne manquaient pas de commentaires ; mais la douleur et la grossesse d'une femme chérie, l'idée de ses parens et de ses amis, avaient plus de pouvoir sur M. de Lafayette (1). Son vaisseau ne pouvant plus être arrêté, il revint à Bordeaux justifier son entreprise, et par une déclaration à M. de Fumel, il prit sur lui seul les suites d'une évasion. La cour ne daignant pas se relâcher, il écrivit à M. de Maurepas que ce silence était un ordre tacite, et cette plaisanterie fut suivie de son départ. Après

de se rendre à Marseille, où il avait ordre d'aller joindre son beau-père, qui faisait le voyage d'Italie, il partit en chaise de poste avec un officier nommé Mauroy, qui désirait aller en Amérique. A quelques lieues de Bordeaux il monta à cheval déguisé en courrier, et courut devant la voiture, qui prit la route de Bayonne. Là ils restèrent deux ou trois heures, et pendant que Mauroy fesait quelques affaires indispensables, M. de Lafayette resta couché sur la paille de l'écurie. Ce fut la fille du maître de poste qui reconnut le faux courrier à Saint-Jean de Luz, pour l'avoir vu quand il revenait du port du Passage à Bordeaux. » (Sparks, *loc. cit.*)

(1) Ces mémoires, écrits jusque là à la première personne, passent ici à la troisième, malgré l'engagement pris à la première page. Nous ignorons la cause de cette disparate que présente le manuscrit, qui, d'ailleurs, est tout entier de la main du général.

avoir pris la route de Marseille, il revint sur ses pas, et, travesti en courrier, il avait presque franchi les dangers, lorsqu'à Saint-Jean de Luz une jeune fille le reconnut; mais un signe la fit taire, et son adroite fidélité détourna les poursuites. C'est ainsi que M. de Lafayette rejoignit son bâtiment le 26 avril 1777, et le même jour, après six mois de travaux et d'impatience, il mit à la voile pour le continent américain (1).

(1777) A peine l'effet de la mer diminua-t-il que M. de Lafayette étudia la langue et le métier qu'il adoptait. Un lourd bâtiment, deux mauvais canons, et quelques fusils n'eussent pas échappé au moindre corsaire. Dans sa position, il résolut de sauter plutôt que de se rendre : les mesures furent prises avec un brave Hollandais nommé Bedaulx, dont la potence était la sûre alternative. Le capitaine insista sur une relâche aux îles, mais on y eût trouvé des lettres de cachet, et moins de gré que de force on lui fit suivre une route directe (2). A quarante lieues des côtes, on fut atteint par un petit bâtiment; le capitaine pâlit, mais

---

(1) Voyez à la suite de ces mémoires, parmi les fragmens de divers manuscrits, le fragment A.

(2) « La Cour de France dépêcha des ordres aux îles du Vent et sous le Vent pour l'arrêter à son passage, parce que le bâtiment, qui ne pouvait pas prendre ses papiers pour l'Amérique septentrionale, était destiné à relâcher dans les colonies espagnoles. » (*Manuscrit n.* 1.) M. Sparks raconte que M. de Lafayette declara au capitaine que le vaisseau lui appartenait, et qu'à la moindre résistance il le destituerait et donnerait le commandement à son second. Découvrant bientôt que le motif de la résistance du capitaine était une cargaison de 8000 dollars à lui appartenant, M. de Lafayette lui en garantit la valeur sur sa fortune personnelle, et parvint enfin à surmonter ses craintes. — (*Washington's writings, loc cit.*)

l'équipage aimait M. de Lafayette, les officiers étaient nombreux : on fit une montre de défense. Par bonheur c'étaient des Américains qu'on tâcha vainement d'accompagner. A peine furent-ils perdus de vue qu'ils trouvèrent deux frégates anglaises, et ce n'est pas la seule fois que pour sauver M. de Lafayette les élémens s'obstinèrent à le contrarier. Après sept semaines de hasards, il eut celui d'arriver en Caroline et de mouiller devant Georgetown. Remontant en canot la rivière, il sentit enfin le sol américain et son premier mot fut un serment de vaincre ou périr avec cette cause. Débarqué à minuit chez le major Huger (1), il y trouva une occasion pour France qui semblait n'attendre que ses lettres. Plusieurs officiers vinrent à terre, d'autres restèrent à bord, et tous s'empressèrent de gagner Charlestown.

Cette charmante ville est digne de ses habitans, et tout y annonçait l'aisance et la délicatesse. Sans trop connaître M. de Lafayette, le gouverneur Rutledge, les généraux Howe (2), Moultrie, et Gulden,

---

(1) « Quand ils débarquèrent, » dit M. Sparks, « une lumière lointaine leur servit de guide. A leur approche de la maison d'où elle brillait, les chiens aboyèrent, et les gens les prirent pour un parti de maraudeurs descendus de quelque bâtiment ennemi. On leur demanda qui ils étaient et ce qu'ils voulaient. Le baron de Kalb répondit, et tous les soupçons se dissipèrent...... Le lendemain la matinée était belle. La nouveauté de toute chose autour de lui, la chambre, le lit entouré de moustiquaires, les domestiques noirs qui venaient lui demander ses ordres, la beauté et l'aspect étrange de la campagne qu'il voyait de ses fenêtres, et que couvrait une riche végétation, tout conspirait pour produire sur M. de Lafayette un effet magique et pour exciter en lui des sensations inexprimables. » — (Sparks, *Appendix* déjà cité.)

(2) Américain qu'il ne faut pas confondre avec les deux frères de ce nom qui commandaient, l'un l'armée, l'autre la flotte anglaise.

s'empressèrent à le bien recevoir. On lui montra les nouveaux ouvrages et cette batterie que Moultrie défendit si bien, mais où les Anglais, il faut en convenir, semblent avoir saisi le seul moyen d'échouer. Beaucoup d'aventuriers, rebut des îles, voulurent en vain se lier à M. de Lafayette et lui inspirer leurs préventions. Après s'être procuré des chevaux, il partit avec six officiers pour Philadelphie. Son bâtiment était arrivé, mais ce ne fut plus la même fortune, et lorsqu'il ressortait, il périt sur la barre de Charlestown. Pour se rendre au congrès des États-Unis, M. de Lafayette fit sur ses chevaux près de neuf cents milles; et c'est par les deux Carolines, la Virginie, les États de Maryland et de Delaware qu'il parvint à la capitale de la Pensylvanie. En étudiant la langue et les habitans, il voyait aussi des productions et des cultures nouvelles; les vastes forêts, les fleuves immenses, tout dans ce pays pare la nature d'un air de jeunesse et de majesté. Après un mois de route assez pénible, il vit cette Philadelphie maintenant si connue, et dont, en posant la première pierre, Penn semblait marquer la grandeur future.

Après les belles manœuvres de Trenton et de Princetown, le général Washington était resté dans son camp de Middlebrook. Frustrés dans leur premier espoir, les Anglais combinèrent une campagne décisive. Déjà Burgoyne avançait avec dix mille hommes et les faisait précéder par ses sauvages et ses proclamations. Ticonderoga, fameuse place d'armes, fut abandonnée par Saint-Clair : il se chargea de la haine publique, mais il sauva le seul corps auquel pouvaient se rallier les milices. Pendant qu'on les rassemblait, le congrès rappela les généraux, les remplaça par Gates, et força de moyens pour le soutenir. Dans le même temps, la grande armée anglaise, dix-huit mille hommes environ, avait fait voile de New-York, et les deux Howe se réunissaient pour une opération secrète; Rhode Island était occupé par un corps ennemi, et le général Clinton, resté à New-York, y préparait une expédition. Pour parer à tant de coups, le général Washington, laissant Putnam sur la rivière du Nord, passa la Delaware avec onze mille hommes et vint camper à portée de Philadelphie.

C'est dans ces circonstances qu'arriva M. de Lafayette; mais quoique intéressantes pour la cause, elles étaient peu favorables aux étrangers. Dégoûtés par la conduite de plusieurs Français, les Américains étaient révoltés de leurs prétentions; l'impudence des aventuriers, la honte des premiers choix, les jalousies de l'armée, les préjugés nationaux, tout servait à confondre le zèle avec l'intérêt, les talens avec la charlatanerie. Appuyée sur les promesses de M. Deane, une foule nombreuse assiégeait le congrès, et leur chef était un esprit adroit, mais brouillon, bon officier, mais vain jusqu'à la folie. Avec M. de Lafayette, M. Deane envoyait un autre détachement, et tous les jours il en arrivait tant, qu'on finissait par n'écouter personne. La froideur du premier accueil avait tout l'air d'un congé; mais sans être déconcerté par les députés qui lui parlaient (1),

---

(1) En arrivant à Philadelphie, M. de Lafayette remit ses lettres à M. Lovell, président du comité des affaires étrangères. Le lendemain, il se rendit au congrès; M. Lovell sortit, et lui fit connaître qu'il y

M. de Lafayette les pria de rentrer au congrès et d'y lire le billet suivant : « D'après mes sacrifices, j'ai le « droit d'exiger deux grâces ; l'une est de servir à mes « dépens, l'autre est de commencer à servir comme « volontaire. » Un style aussi nouveau réveilla l'attention, on s'occupa des dépêches des envoyés, et, par une résolution très flatteuse, M. de Lafayette fut nommé major-général. Parmi les officiers qu'il avait menés, plusieurs lui étaient totalement étrangers ; il s'intéressa cependant à tous, et ceux qui ne furent pas reçus obtinrent des gratifications. Quelques mois après M.   se noya dans le Schuylkill, et la perte de cet esprit brouillon fut peut-être un heureux accident.

Les deux Howe ayant paru vers les caps Delaware, le général Washington vint à Philadelphie ; M. de Lafayette y vit pour la première fois ce grand homme (1). Quoique entouré d'officiers et de citoyens,

avait peu d'espoir que sa demande fût accueillie. Soupçonnant que ses papiers n'avaient pas été lus, M. de Lafayette écrivit le billet qu'on trouve dans le texte. La résolution du congrès qui le concerne, délibérée le 31 juillet, est conçue en ces termes : « Attendu que le marquis de « Lafayette, par suite de son grand zèle pour la cause de la liberté, dans « laquelle les États-Unis sont engagés, a quitté sa famille et les siens, et « est venu à ses frais offrir ses services aux États-Unis, sans réclamer « ni traitement ni indemnité particulière, et qu'il a à cœur d'exposer « sa vie pour notre cause ; *résolu :* que ses services sont acceptés, et que, « en considération de son zèle, de l'illustration de sa famille et de ses « alliances il aura le rang et la commission de major-général dans l'ar-« mée des États-Unis. » — Le sens de cette résolution était de donner le grade à M. de Lafayette, et de laisser au général Washington le droit et le soin de lui confier un commandement en rapport avec ce grade.— (Lettres de Washington, 2ᵉ partie, t. V, p. 10, 35 et 128, et *Appendix* n. I).

(1) « Il fut, pour la première fois, présenté à Washington, dit M. Sparks, « à un diner où assistaient plusieurs membres du congrès

la majesté de sa figure et de sa taille ne permettait pas de le méconnaître. Un accueil affable et noble ne le distinguait pas moins. M. de Lafayette le suivit dans ses reconnaissances; invité par le général à s'établir dans sa maison, il la regarda dès ce jour comme la sienne, et c'est avec cette simplicité que s'unirent deux amis dont les plus grands intérêts cimentèrent l'attachement et la confiance (1).

A quelques milles de Philadelphie, l'armée attendait que les mouvemens ennemis fussent décidés; le général en fit la revue; M. de Lafayette y arriva le même jour. Onze mille hommes environ, médiocrement armés, plus mal vêtus encore, offraient un spectacle singulier; dans cet état de bigarrure et souvent de nudité, les meilleurs vêtemens étaient des *chemises de chasse*, larges vestes de toile grise usitées en Caroline. Quant à la tactique, il suffit de dire que pour qu'un régiment en bataille de pied ferme gagnât du terrain sur la droite de son alignement, au lieu de rompre simplement à droite, la gauche commençait une éternelle contre-marche. Toujours sur deux rangs, les petits hommes étaient au premier; à cela près on n'observait point les rangs de taille. Malgré ces désavantages, on voyait de beaux soldats, conduits par

---

Au moment où l'on allait se séparer, Washington prit Lafayette à part, lui témoigna beaucoup de bienveillance, le complimenta sur son zèle et sur ses sacrifices, et l'invita à regarder le quartier-général comme sa maison, ajoutant, en souriant, qu'il ne lui promettait pas le luxe d'une cour, mais que, devenu soldat américain, il se soumettrait sans nul doute de bonne grâce aux mœurs et aux privations de l'armée d'une république....... Le lendemain Washington fit la visite des forts de la Delaware, et invita Lafayette à l'accompagner. • (Sparks, *ibid.*)

(1) Voyez le fragment B.

des officiers zélés. La vertu tenait lieu de science, et chaque jour ajoutait à l'expérience et à la discipline. Lord Stirling, plus brave que judicieux, un autre général souvent ivre, Greene, dont les talens n'étaient encore connus que de ses amis, commandaient en qualité de majors-généraux; le général Knox y était aussi, qui dans le même temps s'était fait de libraire artilleur, avait formé d'autres officiers et créait une artillerie. « Nous devons être embarrassés, « dit le général Washington en arrivant, de nous « montrer à un officier qui quitte les troupes fran- « çaises. » — « C'est pour apprendre et non pour « enseigner que je suis ici, » répondit M. de Lafayette; et ce ton réussit, parce qu'il n'était pas commun aux Européens.

Après avoir menacé la Delaware, la flotte anglaise avait encore disparu; pendant plusieurs jours, elle fut l'objet des plaisanteries : son arrivée dans la Chesapeak les termina, et pour se rapprocher du débarquement, l'armée patriotique traversa la ville. La tête ornée de branches vertes, au son du tambour et des fifres, aux yeux de tous les citoyens, ces soldats, malgré leur nudité, offraient un agréable spectacle. Le général brillait à leur tête, M. de Lafayette était à ses côtés. L'armée se porta sur les hauteurs de Wilmington, et celle des ennemis débarqua dans Elk River, au fond de la baie de Chesapeak. Le jour même qu'elle mit à terre, le général Washington s'exposa très imprudemment; après une longue reconnaissance, il fut assailli d'un orage, dans une nuit très noire; entré dans une ferme fort près des ennemis, sa répugnance à changer d'avis l'y retint avec le général Greene, M. de Lafayette et leurs aides-de-camp; mais en partant au point du jour, il avoua que le moindre traître aurait pu le perdre. Quelques jours après, la division de Sullivan joignit l'armée et la porta à treize mille hommes. Ce major-général avait bien commencé, mais mal fini une espèce de surprise sur Staten-Island.

Si dans un plan d'attaque trop étendu les Anglais commirent de grandes fautes, il faut avouer que la défense américaine ne fut pas irréprochable. En se fourrant tête baissée dans les bois dont il ne put se dégager, Burgoyne traînait sur un chemin unique et ses nombreux canons et ses riches équipages. Sûrs de n'être pas tournés, les Américains disputaient tous les pas : ce genre de guerre attirait les milices, et Gates se renforçait tous les jours. Chaque arbre couvrait un tireur adroit, et les ressources de la tactique, les talens même des chefs devinrent inutiles. Le corps laissé à New-York pouvait, il est vrai, mépriser celui de Putnam ; mais trop faible pour aller secourir Burgoyne, il dépendait dès lors de ses succès au lieu de les assurer. Pendant ce temps, Howe ne songeait qu'à Philadelphie, et c'est aux dépens des opérations du nord qu'il la cherchait par un détour immense. Mais d'un autre côté, pourquoi le débarquement des Anglais fut-il aussi tranquille? Pourquoi manqua-t-on le moment où la rivière d'Elk divisait leur armée? Pourquoi vit-on dans le sud des tâtonnemens et des inconséquences? C'est que jusqu'alors les Américains avaient eu des combats et non des batailles; c'est qu'au lieu de harasser une armée, de disputer des gorges, il fallut protéger une capitale ouverte, manœuvrer en plaine, près d'un ennemi qui en nous tournant pouvait nous perdre. S'il eût suivi l'avis du peuple, le général Washington aurait enfermé dans la ville et son armée et les destinées américaines; mais en évitant cette folie, il fallait qu'une bataille dédommageât la nation; l'Europe même l'attendait, et quoique créé dictateur pour six mois, le général crut devoir tout soumettre aux ordres du congrès, aux délibérations des conseils de guerre.

Après s'être avancé à Wilmington, le général avait détaché mille hommes sous Maxwell, le plus ancien brigadier de l'armée. A la première marche des Anglais, il fut battu près de Christiana Bridge par leur avant-garde. Pendant ce temps, l'armée prenait à Newport une médiocre position; on y remua un peu de terre, on y attendit deux jours les ennemis, et dans l'instant où ils marchèrent vers notre droite, un conseil de guerre nocturne porta l'armée sur la Brandywine. Le ruisseau de ce nom couvrait son front; le gué appelé Chad's Ford, placé vers le centre, était défendu par des batteries. C'est dans cette position mal reconnue que, d'après une lettre du congrès, on attendit la bataille. Le 10 septembre au soir, Howe s'avança sur deux colonnes, et par un beau mouvement, celle de gauche (8,000 hommes environ, sous lord Cornwallis, avec les grenadiers et les gardes) se dirigea vers les gués de Birmingham, placés à trois milles sur notre droite : l'autre colonne continua son chemin, et vers neuf heures du matin, elle parut de l'autre côté du ruisseau. La lisière du bois en était si près que la force des ennemis ne pouvait s'y juger : le temps se perdit à une canonnade réciproque. Le général Washington se promenait le long de ses deux lignes, et y était reçu avec ces acclamations qui devraient annoncer un succès. On eut des avis sur le mouvement de Cornwallis, mais ils étaient confus et contradictoires; par la conformité de nom entre deux chemins égaux et parallèles, les meilleurs officiers se trompèrent dans leurs rapports. Les seuls coups de fusil tirés l'avaient été par Maxwell, qui tua du monde aux ennemis, mais il fut repoussé en-deçà d'un gué sur notre gauche qu'il avait passé. Trois mille miliciens ajoutés à l'armée en gardaient de plus éloignés; ils ne prirent point part à l'action. Telle était notre situation, lorsqu'on sut clairement la marche de lord Cornwallis vers les gués mal connus de Birmingham : alors ou détacha trois divisions, formant environ cinq mille hommes, sous les généraux Sullivan, Stirling et Stephen. En sa qualité de volontaire, M. de Lafayette avait toujours accompagné le général. La gauche étant tranquille, et les grands coups devant se porter sur la droite, il obtint permission de joindre Sullivan. A son arrivée, qui parut agréable aux troupes, il trouva que les ennemis ayant passé le gué, le corps de Sullivan avait à peine eu le temps de se former sur une ligne en avant d'un bois clair. Peu d'instans après, lord Cornwallis déboucha dans le plus bel ordre. En s'avançant à travers la plaine, sa première ligne fit un feu très vif de canon et de mousqueterie; celui des Américains fut meurtrier, mais toute leur droite et toute leur gauche ayant plié, les généraux et plusieurs officiers se réunirent à la division centrale où était M. de Lafayette avec Stirling, et dont huit cents hommes étaient brillamment commandés par

Conway, Irlandais au service de France. En débordant cette division de leurs deux ailes, et s'avançant par un terrain ouvert où ils perdirent beaucoup, les ennemis réunissaient tout leur feu sur le centre. La confusion devint extrême, et c'est en ralliant les troupes que M. de Lafayette eut la jambe traversée d'une balle. A cette époque, tout ce qui restait plia. M. de Lafayette dut à Gimat, son aide-de-camp, le bonheur de remonter à cheval. Le général Washington arrivait de loin avec des troupes fraîches; M. de Lafayette allait le joindre, lorsque la perte de son sang l'arrêta pour bander sa blessure; encore manqua-t-il être pris, et les fuyards, les canons, les équipages se jetèrent pêle-mêle dans le chemin de Chester. Ce qui restait de jour fut employé par le général à retarder les ennemis : quelques régimens firent bien, mais la déroute devint complète. Pendant ce temps le gué de Chad était forcé, le canon pris, et le chemin de Chester devint la retraite commune à toute l'armée. Au milieu de cette horrible confusion et des ténèbres de la nuit, il était impossible de se reconnaître; mais à Chester, à douze milles du champ de bataille, on trouva un pont qu'il fallait passer; M. de Lafayette s'occupa d'y arrêter les fuyards; il s'y rétablit un peu d'ordre, les généraux et le commandant en chef arrivèrent, et il eut le loisir de se faire panser.

C'est à vingt-six milles de Philadelphie que le sort de la ville s'était décidé (11 septembre 1777). Chaque coup de canon y était entendu; les deux partis, séparés en deux bandes dans les places et dans tous les endroits publics, attendaient en silence l'évènement; enfin un dernier courrier arriva, et les amis de la liberté furent consternés. La perte des Américains fut de mille à douze cents hommes; il y en avait quinze mille environ dans l'armée de Howe; leur perte fut si considérable que leurs chirurgiens et ceux des campagnes étant insuffisans, ils nous en demandèrent pour les prisonniers. Si les ennemis eussent marché à Derby, l'armée était coupée et détruite; ils perdirent une nuit précieuse, et c'est peut-être la plus grande faute d'une guerre où ils en ont beaucoup commis.

Transporté par eau à Philadelphie, M. de Lafayette y fut entouré de citoyens qu'intéressaient sa jeunesse et sa situation. Le même soir, le départ du congrès fut décidé; une multitude d'habitans quitta ses foyers; les familles entières, abandonnant tout et ne comptant plus sur rien, se réfugiaient vers les montagnes. Un bateau porta M. de Lafayette à Bristol; il y revit le congrès fugitif qui ne se rassembla que derrière la Susquehannah, et lui-même fut conduit à Bethlehem, établissement morave, où la douce religion de ce peuple de frères, la communauté de biens, d'éducation, et d'intérêts dans cette grande et innocente famille, contrastaient avec les scènes de carnage et les convulsions de la guerre civile.

Après la déroute de Brandywine, les deux armées manœuvrèrent le long du Schuylkill; le général Washington se tint toujours au-dessus des ennemis, hors de leur portée, et l'occasion de le couper ne se retrouva plus. Waine, brigadier américain, fut détaché pour observer les Anglais; mais surpris dans la nuit près de White-Horse par le général Grey, il y perdit une grande partie de son corps. Enfin Howe passa le Schuylkill à Swedes' Ford, et lord Cornwallis entra dans Philadelphie.

Malgré l'indépendance des nouveaux États, tout portait alors l'empreinte une guerre civile. Les noms de whig et tory distinguaient les républicains et les royalistes; l'armée anglaise s'appelait encore *troupes réglées*; en nommant le roi, on entendait le souverain britannique. La fureur des partis divisait les provinces, les villes, les familles; on a vu des frères, officiers dans les deux armées, se rencontrant dans la maison paternelle, sauter sur leurs armes pour se combattre. Tandis que dans leur orgueilleuse rage les Anglais se livraient à toutes les horreurs de la licence et de la cruauté; tandis que la discipline traînait à leur suite ces Allemands vendus qui ne savaient que tuer, piller et brûler des maisons, on voyait dans la même armée des régimens américains qui, foulant aux pieds leurs frères, asservissaient leur patrie dévastée. Chaque canton en renfermait un bien plus grand nombre dont l'unique objet était de nuire aux amis de la liberté, d'avertir ceux du despotisme. A ces tories invétérés, il faut joindre tous ceux que la crainte, l'intérêt ou leur religion éloignaient de la guerre. Si les presbytériens, enfans de Cromwell et de Fairfax, haïssaient la royauté, les anglicans qu'elle forma étaient plus divisés; les quakers abhorraient le carnage, mais y servaient de guides aux troupes royales : les insurrections n'étaient pas rares; près des postes ennemis, les fermiers se fusillaient; les voleurs même étaient encouragés. En voyageant dans le pays, les chefs républicains couraient des risques; on s'annonçait dans une maison pour loger dans une autre; on s'y barricadait, et l'on ne s'endormait qu'environné d'armes. Au milieu de ces troubles, M. de Lafayette n'était déjà plus un étranger; jamais adoption ne fut si complète, et tandis que dans les conseils de guerre il frémissait de penser que sa voix de vingt ans pouvait décider le sort des deux mondes, il était également initié dans les délibérations où, rassurant les whigs, intimidant les tories, soutenant une monnaie idéale, redoublant de fermeté dans le malheur, les chefs de la révolution la conduisaient à travers tant d'obstacles.

Renfermé dans son lit pour six semaines, M. de Lafayette y souffrit de sa blessure, et plus encore de son inaction. Les bons frères moraves l'aimaient et gémissaient de sa folie guerrière. C'est en écoutant leurs sermons qu'il projétait d'embraser l'Europe et l'Asie. Ne pouvant plus qu'écrire, il écrivit au commandant de la Martinique, et lui proposa, sous pavillon américain, un coup de main sur les îles anglaises. Il écrivit à M. de Maurepas, et s'offrit à conduire des Américains à l'Ile de France, où il eût concerté avec des particuliers l'attaque des comptoirs anglais (1). D'après ce qu'on a su depuis le projet

(1) De Bethlehem il écrivit à M. de Bouillé, gouverneur des îles du Vent, pour lui proposer une attaque contre les îles anglaises, sous pavillon américain. Ce général goûta ce projet, et envoya à la cour, qui n'accepta pas. Dans le même temps, Lafayette, quoique brouillé avec le gouvernement, avait écrit au comte de Maurepas pour lui proposer une entreprise plus considérable contre les comptoirs anglais dans l'Inde, et toujours sous pavillon américain. Le vieux ministre, par des considérations de prudence, n'adopta pas cette idée, mais il en fit publiquement l'éloge, et depuis ce temps il témoigna une grande partialité pour Lafayette. « Il finira quelque jour, » disait-il en riant, « par dé-
« meubler Versailles pour le service de sa cause américaine; car, quand

de l'Inde eût réussi ; mais il fut rejeté à Versailles, d'où l'on ne répondait pas encore à M. de Lafayette. Bouillé, plus ardent, adopta tout, mais il fallut une permission, et ces lenteurs conduisirent à l'époque de la guerre que M. de Lafayette souhaitait amener.

Pendant son séjour à Bethlehem, les Anglais se retranchaient à Philadelphie. Les deux rivières qui embrassent la ville étaient jointes par une chaîne d'abattis et de bonnes redoutes couvertes en partie par une inondation. A Germantown, cinq milles en avant de ces lignes, campait une portion de leur armée ; elle fut attaquée le 4 octobre par Washington, et quoique sa colonne de gauche fût retardée par une ridicule préséance de divisions, égarée par un brouillard épais ; quoique l'avant-garde de la droite, sous Conway, attaquât de front ce qu'elle devait prendre en flanc, les ennemis n'en furent pas moins surpris, battus, et le général, avec son aile victorieuse, traversa le camp tout tendu des Anglais. Tout allait bien jusque là, mais le faux mouvement de la colonne gauche, et plus encore l'attaque d'une maison de pierre qu'il eût fallu tourner, donnèrent aux ennemis le temps de se rallier. Howe songeait à la retraite, mais Cornwallis accourut avec un renfort. Les Américains repassèrent à travers le camp anglais, et l'action finit par leur défaite générale. On perdit beaucoup des deux côtés ; les généraux Agnew, anglais, et Nash, américain, furent tués. Ceux-ci avaient quelques dragons sous Pulaski, confédéré polonais,

« il a mis quelque chose dans sa tête, il est impossible de lui résister. » — (*Note de M. de Lafayette*).

qui seul avait refusé sa grâce; intrépide et vertueux chevalier, dévot et libertin, meilleur capitaine que général, il voulait être Polonais partout, et M. de Lafayette, après avoir contribué à sa réception, travaillait souvent à ses raccommodemens.

N'attendant pas que sa blessure fût fermée, M. de Lafayette avait joint le quartier-général à 25 milles de Philadelphie. Les ennemis, repliés dans leurs lignes, attaquaient les forts Mifflin sur une île, et Red-Bank sur la rive gauche de la Delaware. Des chevaux de frise, protégés par les forts, et quelques galères, arrêtaient la flotte, les magasins, et les détachemens renvoyés de la Chesapeak. Parmi les rencontres de petits partis, on distingua la surprise d'un corps de milices au Cevoked-Billet (1), où les Anglais brulèrent les blessés dans une grange. Telle était la situation du sud lorsqu'on y apprit la capitulation de Burgoyne.

En quittant le Canada, ce général avait opéré une diversion sur sa droite; mais Saint-Léger échoua devant le fort Schuyler, et lui-même, en s'avançant vers Albany, paraît avoir perdu bien du temps. A ses troupes continentales Gates joignait de nombreuses milices. Tout citoyen étant armé et milicien, un signal d'alarme les rassemblait, ou bien un ordre de l'Etat les faisait marcher. Mais si cette croisade était un peu volontaire, le séjour au camp l'était encore plus; la discipline répondait à la formation. Les continentaux, au contraire, appartenaient aux treize Etats dont chacun fournissait des régimens; les soldats y étaient engagés pour la guerre ou pour trois ans, al-

---

(1) Ce nom est peu lisible dans le manuscrit.

ternative vicieuse qu'exigea la jalousie républicaine.
Ces troupes réglées avaient une ordonnance militaire,
une discipline assez dure, et les officiers de chaque
État roulaient ensemble pour l'avancement. Dans une
position retranchée, au milieu des bois, la droite à la
rivière du Nord, et sur le chemin d'Albany, Gates
réunissait seize mille hommes, et cette invasion, en
menaçant la Nouvelle-Angleterre, avait appelé ses
braves milices. Déjà elles s'étaient essayées à Bennington, où Stark avait entouré et détruit un détachement de Burgoyne. Parvenus à trois milles de Gates,
et ne pouvant le tourner sans abandonner équipages
et canons, les ennemis tentèrent deux fois de le forcer; mais à peine marchaient-ils qu'Arnold était sur
eux avec sa division, et dans ces bois farcis de tireurs ils ne purent arriver jusqu'aux retranchemens.
A la seconde affaire Arnold eut la jambe fracassée;
Lincoln, l'autre major-général, fut également blessé.
Quatre mille hommes embarqués à New-York avaient,
il est vrai, remonté l'Hudson. Tandis que Vaughan
brûlait inutilement Esopus, Clinton avait pris tous
les forts qui défendaient la rivière. Ils furent peu
gênés par le vieux Putnam, qui, dans les premiers
troubles, avait dételé sa charrue pour porter à l'armée plus de zèle que de talent. Mais cette diversion
était trop faible, et dans un billet qu'un espion surpris avala, mais qu'une dose d'émétique lui fit
rendre, on voit que Clinton reconnaît son insuffisance. Abandonné des sauvages, regrettant ses meilleurs soldats et Frazer, son meilleur général, réduit à cinq mille hommes qui manquaient de vivres,
Burgoyne voulut, mais trop tard, se retirer; sa

communication n'était plus libre, et c'est à Saratoga, quelques milles en arrière de son camp, qu'il signa la célèbre convention. Une brillante troupe dorée sortit avec Burgoyne; ils rencontrèrent Gates et ses officiers tous vêtus de gris. Après un repas frugal, les deux généraux virent défiler l'armée vaincue, et, comme avait dit un membre du parlement, *cinq mille hommes traversèrent le pays rebelle pour prendre leurs quartiers d'hiver auprès de Boston.* Alors Clinton redescendit à New-York, et les milices retournèrent dans leurs foyers. Le mérite de Gates fut dans le choix habile d'une position ; le malheur de Burgoyne, dans la nature d'un pays presque désert et impraticable. Si les ennemis du premier critiquèrent les termes de la convention, M. de Lafayette s'empressa de célébrer sa gloire ; mais il le blâma de s'être rendu ensuite indépendant de son général, et de retenir les troupes qu'il devait lui envoyer. Pour les avoir on fut obligé de dépêcher Hamilton, aide-de-camp intime du général, jeune homme plein d'esprit et de talens, dont les conseils avaient une grande et et juste prépondérance (1).

Les forts de la Delaware tenaient toujours ; celui de Red-Bank, défendu par quatre cents hommes, fut attaqué l'épée à la main par seize cents Hessois. L'ouvrage ayant été réduit par Mauduit, jeune Français, les ennemis s'engagèrent entre l'ancien et le nouveau retranchement. Ils y furent repoussés en perdant sept cents hommes et le comte Donop, leur chef, dont le

---

(1) C'est le célèbre Alexandre Hamilton, un des auteurs du *Fédéraliste.*

dernier mot fut : *Je meurs victime de mon ambition et de l'avarice de mon souverain.* Ce fort était commandé par un vieux et respectable colonel Greene qui, trois ans après, fut massacré par des Anglais auxquels il s'était rendu, tandis que, le couvrant de son corps, un fidèle nègre périt héroïquement. Le fort Mifflin, battu par terre et par eau, ne se défendait pas moins ; déjà l'*Augusta*, vaisseau de ligne anglais, avait sauté ; une frégate y périt aussi, et le colonel Smith ne pensait pas à se rendre ; mais l'île fut tournée par un passage inconnu, et l'ouvrage étant pris à revers, on fut obligé de l'évacuer. Lord Cornwallis et cinq mille hommes s'étant portés dans les Jerseys, il fallut aussi quitter Red-Bank qu'on fit sauter. Le général Greene, passant la rivière à Trenton, fut opposé, à nombre égal, au détachement de Cornwallis.

Quoique sa blessure fût encore ouverte assez pour qu'il ne pût pas mettre de bottes, M. de Lafayette accompagna Greene jusqu'à Mount-Holly, et se détachant pour reconnaître, il trouva les ennemis, le 25 novembre, à Gloucester en face de Philadelphie. Le produit de leur fourrage passait la rivière ; pour s'en mieux assurer, M. de Lafayette s'avança sur la langue de terre de Sandy-Point, imprudence qui lui aurait coûté cher, si ceux qui pouvaient le tuer n'eussent trop compté sur ceux qui auraient dû le prendre. Après avoir un peu calmé l'émotion de ses guides, il se trouva, vers quatre heures, à deux milles du camp anglais, devant un poste de quatre cents Hessois avec du canon. N'ayant que trois cent cinquante hommes, la plupart miliciens, il attaqua brusquement les ennemis qui plièrent. Lord Cornwallis y vint avec ses grenadiers; il crut, au milieu des bois, avoir affaire au corps de Greene, et se laissa pousser jusqu'auprès de Gloucester avec perte d'une soixantaine d'hommes. Greene arriva dans la nuit, mais il ne voulut pas attaquer. Lord Cornwallis passa la rivière, et le détachement américain rejoignit l'armée dans sa position de Whitemarsh, à douze milles de Philadelphie. Depuis un mois elle y occupait d'excellentes hauteurs; le juste coup d'œil du général avait deviné ce camp à travers un bois presque impénétrable.

Le petit succès de Gloucester plut à l'armée, et surtout aux milices. Le congrès résolut *qu'il lui serait extrêmement agréable de voir le marquis de Lafayette à la tête d'une division* (1). Il quitta donc son état de volontaire, et remplaça Stephen dans le commandement des Virginiens. La jonction de Cornwallis ayant été l'ouvrage de quelques heures, et celle de Greene exigeant plusieurs marches, on ne sait pourquoi le général Howe lui donna le temps d'arriver et ne porta son armée que le 5 décembre à Chestnut-Hill, trois milles de Whitemarsh. Après avoir tâté la droite qui lui en imposa, il menaça l'extrémité gauche, et cette aile, suivant son mouvement, se prolongea sur le retour des hauteurs. Il y eut quelques coups de tirés entre les chasseurs anglais et les *riflemen*, carabiniers fort adroits, habitans des frontières sauvages. Ne pouvant attaquer cette position, et ne voulant pas la tourner franchement, Howe revint le quatrième jour à Philadelphie. Malgré les renforts du nord, les Américains étaient réduits à neuf mille, et l'arrière-

(1) Journal du congrès, 1er décembre 1777.

saison accélérait leur dépérissement. La protection du pays coûta cher à l'armée. Enfin le 15 décembre, on marcha vers Swedes'Ford où par hasard lord Cornwallis fourrageait sur l'autre rive. M. de Lafayette étant de jour, il reconnaissait une position, quand son escorte et les ennemis se fusillèrent. L'incertitude étant mutuelle, lord Cornwallis et le général Washington suspendirent leur marche, et le premier s'étant retiré pendant la nuit, l'armée passa le Schuylkill et se retrancha dans la position de Valley-Forge, à vingt-deux milles de Philadelphie. C'est là que, disposant avec art les troncs de petits arbres, on vit s'élever en peu de jours une ville de bois, et toute l'armée s'y arrangea de tristes quartiers d'hiver. Un petit corps fut détaché à Wilmington, et s'y fortifia sous les ordres du brigadier-général Smallwood.

Malgré les succès du nord, la situation des Américains ne fut jamais si critique. Un papier-monnaie, sans fondement solide, sans aucun mélange d'espèces, était contrefait par les ennemis, discrédité par leurs partisans. On craignait d'établir des taxes; on pouvait encore moins les lever. Révolté contre les impôts anglais, le peuple s'étonnait d'en payer de plus chers, et la force manquait aux gouvernemens. D'un autre côté New-York et Philadelphie regorgeaient d'or et de marchandises; la menace de mort n'arrêtait pas une communication trop facile. En refusant les taxes, dépréciant le papier, nourrissant l'ennemi, on arrivait sûrement à la fortune; les privations et la misère ne tombaient que sur les bons citoyens. Chaque proclamation des Anglais était soutenue par leurs séductions, leurs richesses, et l'intrigue des tories. Tandis qu'à

New-York une nombreuse garnison vivait somptueusement, quelques centaines d'hommes mal vêtus, mal nourris, erraient sur les bords de l'Hudson. Nouvellement recrutée d'Europe, abondamment fournie de tout, l'armée de Philadelphie comptait dix-huit mille hommes; celle de Valley-Forge fut successivement réduite à cinq mille, et deux marches sur le beau chemin de Lancaster, où était la chaîne des magasins, en établissant les Anglais en arrière de notre flanc droit, eussent rendu intenable notre position, dont cependant on n'avait aucun moyen de sortir. Habits, chapeaux, chemises, souliers, tout manquait aux malheureux soldats; leurs pieds et leurs jambes noircissaient en gelant, et souvent il a fallu les couper. Faute d'argent, on n'avait ni vivres ni moyens de transport; les colonels furent toujours réduits à deux, quelquefois à une ration. Les provisions de l'armée manquaient des jours entiers, et la patiente vertu des officiers et des soldats fut un miracle continuel à chaque instant renouvelé. Mais le tableau de leur misère arrêtait les engagemens; il devint presque impossible de recruter; il était aisé de déserter sur les derrières du pays. Le feu sacré de la liberté brûlait toujours, et la majorité des citoyens abhorrait la tyrannie britannique; mais le triomphe du nord et la tranquillité du sud avaient endormi les deux tiers du continent; le reste était harassé par deux armées, et dans cette révolution la plus grande difficulté fut toujours que pour cacher le mal aux ennemis il fallait le cacher au peuple; qu'en éveillant l'un on avertissait les autres, et qu'un coup mortel eût frappé les endroits faibles avant que la lenteur démocratique y eût apporté le remède. C'est pourquoi, dans cette guerre, la force de l'armée ne cessa d'être un mystère profond; on évitait d'en instruire le congrès; les généraux eux-mêmes étaient souvent trompés. La confiance du général Washington eut toujours des bornes. Pour M. de Lafayette elle fut illimitée, parce que pour lui seul peut-être elle partait du cœur. Plus la situation était critique, plus la discipline devint nécessaire. Dans ses visites de nuit, au milieu des neiges, M. de Lafayette eut à faire casser quelques officiers négligens. Son costume, sa table, ses mœurs, tout était américain. Il voulut être plus simple, plus frugal, plus austère qu'aucun autre. Élevé mollement, il changea tout à coup de vie, et son tempérament se plia aux privations comme aux fatigues. Il avait pris le droit d'écrire librement au congrès; ou bien, imitant la prudence du général, il donnait son opinion à quelques membres d'un corps ou d'une assemblée d'État, afin qu'adoptée par eux elle fût ainsi soumise aux délibérations.

Outre les difficultés qui durèrent toute la guerre, l'hiver de Valley-Forge en rappelle encore de plus fâcheuses. A Yorktown, derrière la Susquehannah, le congrès se partageait en deux factions qui, malgré leur distinction de l'est et du sud, n'en divisaient pas moins les membres d'un même État. Aux vœux de leurs concitoyens les députés substituaient leurs propres intrigues. Plusieurs hommes impartiaux s'étant éloignés, quelques États n'avaient pas de représentans ou n'en avaient qu'un seul. Cet esprit de parti fut tel, que trois ans après le congrès s'en ressentait encore. Un grand intérêt cependant réveillait le patriotisme, et quand Burgoyne déclara son traité rompu, l'on sut bien arrêter le départ de ses troupes, dont tout, à commencer par le peu de vivres des transports, annonçait maladroitement les intentions. Mais de toutes ces divisions il manqua résulter le plus grand des maux, la perte du seul homme qui pût conduire la révolution.

Gates était à Yorktown, où il en imposait par son ton, ses promesses et ses connaissances européennes. Parmi les députés qui s'unirent à lui on distingua les Lee, Virginiens, ennemis des Washington, et les deux Adams. Mifflin, quartier-maître-général, l'aida de ses talens et de sa brillante éloquence. Il leur fallait un enfant perdu, et ils prirent Conway, qui se crut un chef de parti. Vanter Gates était, pour une partie du continent et des troupes, l'occasion de parler d'eux-mêmes. Le peuple s'attache aux généraux heureux, et le commandant en chef ne l'avait pas été. Sa personne imprimait le respect et même l'amour; mais Greene, Hamilton, Knox, ses meilleurs amis, étaient déchirés. Les tories fomentaient ces dispositions. La présidence du bureau de guerre, créée pour Gates, restreignit les pouvoirs du général. Ce dégoût ne fut pas le seul; un comité du congrès vint au camp, et l'on osa proposer l'attaque de Philadelphie. Il est remarquable que pour les plus fins Gates n'était pas l'objet de l'intrigue. Quoique bon officier il n'avait pas les moyens de se soutenir. Il eût fait place au fameux général Lee, alors prisonnier des Anglais, et le premier soin de celui-ci aurait été de leur livrer et ses amis et toute l'Amérique.

Attaché au général, et plus encore à la cause,

M. de Lafayette ne balança pas, et, malgré les caresses de l'autre parti, tint à celui dont on prévoyait la ruine. Souvent il voyait le général, lui écrivait souvent, et lui parlait ou d'améliorations dans l'armée, ou de sa situation particulière. Ayant fait venir sa femme au camp, le général portait dans la société ce noble calme d'une ame forte et vertueuse. « Je n'ai pas re-
« cherché cette place » disait-il à M. de Lafayette ;
« si je déplais au peuple je m'en irai ; mais jusque là
« je résisterai à l'intrigue. »

(1778). Le 22 janvier il fut résolu par le congrès qu'on entrerait en Canada, et le choix tomba sur M. de Lafayette. On mit sous lui les généraux Conway et Stark. Espérant enivrer et conduire un commandant si jeune, le bureau de guerre, sans consulter son commandant en chef, lui manda d'aller attendre ses instructions à Albany (1). Mais, après avoir persuadé le comité du congrès au camp, M. de Lafayette courut à Yorktown et y déclara : « qu'il lui
« fallait des ordres détaillés, un état des moyens, la
« sécurité de ne pas tromper les Canadiens, une aug-
« mentation de généraux, des grades pour plusieurs
« Français, pénétrés, » ajoutait-il « des devoirs et de
« l'avantage d'un tel nom ; enfin la condition première
« de n'être pas, comme Gates, indépendant du géné-
« ral Washington. » Ce fut chez Gates même qu'il brava son parti et leur fit porter en rougissant la santé de leur général (2). Dans le congrès, où Laurens, pré-

(1) Voyez après les mémoires le fragment C.
(2) « Après s'être ainsi prononcé, il écrivit au congrès qu'il ne pouvait accepter le commandement qu'à la condition de rester subordonné au général Washington, de n'être considéré que comme un officier déta

sident, le servit bien, on accorda ce qu'il exigeait. Les instructions du bureau de guerre promirent 2500 hommes réunis à Albany, un gros corps de milices à Coos, deux millions en papier, quelque argent monnayé, et tous les moyens de traverser sur la glace le lac Champlain, d'où, après avoir brûlé la flottille anglaise, il tomberait à Montréal et y agirait suivant les circonstances.

Repassant alors, non sans danger, la Susquehannah, qui roulait d'énormes glaçons, M. de Lafayette partit pour Albany, et malgré l'embarras des glaces et des neiges, il fit lestement cette route de 400 milles. En voyageant ainsi sur ses chevaux il voyait les mœurs pures des habitans, leur vie patriarcale, leur esprit républicain. Livrées à leur ménage, les femmes en goûtent, en procurent toutes les douceurs. C'est aux filles qu'on parle amour; leur coquetterie est aimable autant que décente. Dans les mariages de hasard qu'on fait à Paris, la fidélité des femmes répugne souvent à la nature, à la raison, on pourrait presque dire aux principes de la justice. En Amérique on épouse son amant, et ce serait en avoir deux à la fois que de rompre un traité valide, parce que les deux parties savent à quoi et comment elles s'engagent. Au milieu de leur famille les hommes travaillent à leurs affaires et se réunissent entre eux pour agiter celles de l'État. C'est en buvant qu'on politique, et le patriotisme échauffe plus que les plus fortes liqueurs. Tandis

---

ché par lui, et de lui adresser ses lettres, dont celles que recevrait le bureau ne seraient que des *duplicata*. Ces demandes et toutes celles qu'il fit furent accordées. » — (Manuscrit n° 2.)

que des enfans pleuraient du nom de tory, des vieillards priaient le ciel de leur laisser voir la fin de cette guerre. Dans ses courses aussi répétées que rapides, M. de Lafayette se mêlant à toutes les classes de citoyens, ne fut pas inutile à la bonne cause, à l'intérêt français, au parti du général Washington.

Arrivé à Albany, M. de Lafayette eut bien à décompter. Au lieu de 2500 hommes, il n'y en avait pas 1200. Les milices de Stark n'étaient pas même averties. Habits, vivres, magasins, traineaux, raquettes, tout était insuffisant pour cette expédition glaciale. En s'y préparant mieux, en nommant plus tôt le général, on aurait probablement réussi. Déjà quelques Canadiens remuaient, et dès ce moment ils s'intéressèrent à M. de Lafayette; mais pour avoir ce qui manquait il fallait deux mois, et vers le milieu de mars le lac commence à dégeler. Général, à vingt ans, d'une petite armée, chargé d'une opération importante et singulière, autorisé par les ordres du congrès, animé par l'attente de l'Amérique et bientôt celle de l'Europe, il avait bien des motifs pour s'aventurer. Mais d'un autre côté ses moyens étaient faibles, le temps trop court, les ennemis bien disposés, et le lieutenant-général Carleton lui préparait un autre Saratoga. Forcé sur-le-champ à décider, il écrivit modérément au congrès, et, en gémissant, abandonna l'expédition. A la même époque le congrès, un peu moins confiant, envoyait de ces conseils incertains qui, arrivant trop tard, ne servent qu'à compromettre le général et à justifier le gouvernement. Mais la prudence de M. de Lafayette fut ensuite applaudie par eux et par le peuple, et jusqu'à l'ouverture de la campagne il commanda ce département (1). Il y trouva cet intrépide Arnold, que sa blessure retenait encore, et qui depuis........; il s'y lia aussi très-intimement avec Schuyler, prédécesseur de Gates, disgracié comme Saint-Clair, mais qui servait encore la cause et par son esprit supérieur, et par son existence dans cette partie du continent, et par la confiance de l'État de New-York, dont il est citoyen.

Si le Canada n'envoyait plus d'armée offensive, tous les sauvages étaient soudoyés, et sous la protection de partis anglais, les Hurons, les Iroquois, dévastaient cette frontière. Quelques colifichets, un baril de rhum, leur mettait le casse-tête en main, et fondant sur les villages, ils brûlaient les maisons, détruisaient les récoltes, massacraient sans distinction d'âge ni de sexe, et recevaient au retour le prix des chevelures sanglantes. Une jeune Américaine que son amant, officier anglais, attendait pour l'épouser, fut tuée par les sauvages qu'il lui avait envoyés pour escorte. Deux Américains furent mangés par les Senecas, et un colonel de l'armée anglaise était un des convives : « C'est ainsi, leur disait-on en buvant dans

(1) « Il eut la sagesse de renoncer à une expédition qui, entreprise sans moyens, aurait eu des suites funestes pour toute la partie septentrionale des États-Unis. On fut inquiet à Georgetown, résidence momentanée du congrès, parce qu'on craignait que Lafayette ne se fût engagé sur les lacs dans la saison où la glace commençait à fondre. Les contr'ordres qu'on lui envoya seraient arrivés trop tard, et lorsqu'on sut qu'il avait renoncé lui-même à cette expédition, il reçut des remercîmens du congrès et du ministre de la guerre, le général Gates, qui, malgré la conduite qu'il avait tenue dans sa querelle avec le général Washington, lui avait toujours témoigné considération et amitié. » (Manuscrit n° 1.)

les conseils, « c'est ainsi qu'il faut boire le sang des « rebelles. » Ne pouvant garder une si vaste étendue, M. de Lafayette faisait préparer partout des quartiers, annonçait des troupes à tous les comtés, et ce stratagème arrêta les sauvages, qui n'attaquent guère là où ils prévoient beaucoup de résistance. Mais il tint ensemble les troupes d'Albany, les satisfit un peu sur leur paie, approvisionna les forts jusque là négligés, et prévint un complot dont on n'a jamais bien su les détails. Il trouva dans George Clinton, gouverneur de l'État de New-York, un coopérateur ferme et éclairé.

Bientôt après Schuyler et Duane, chargés des affaires des sauvages, indiquèrent une assemblée générale à Johnson's Town, sur la rivière Mohawk. Réveillant leur ancien amour pour les Français, M. de Lafayette fut en traineau s'y montrer à ces nations que les Anglais avaient tâché de prévenir contre lui. Cinq cents hommes, femmes et enfans, bariolés de couleurs et de plumes, avec leurs oreilles découpées, leurs nez chargés de joyaux, et leurs corps presque nus marqués de figures diverses, assistaient à ces conseils. Leurs vieillards, en fumant, y parlaient fort bien sur la politique. La balance des pouvoirs serait leur objet, si l'ivresse du rhum, comme en Europe celle de l'ambition, ne les en détournait souvent. Adopté par eux, M. de Lafayette en reçut le nom de *Kayewla*, que portait jadis un de leurs guerriers, et sous lequel il est connu de tous les sauvages. Quelques louis en guise de médailles, quelques étoffes de l'État de New-York ne brillaient pas auprès des présens de l'Angleterre. On fit un traité; quelques-uns l'observèrent; le mal fut au moins suspendu. Les Oneïdas et Tuscaroras, nos seuls vrais amis, demandèrent un fort, et M. de Lafayette leur laissa M. de Gouvion, officier français, dont les qualités et les talens forment un assemblage précieux. Quand on voulut des sauvages à l'armée, quand on eut à faire à ces nations, il fallut avoir recours au crédit de M. de Lafayette, dont ils respectaient les *colliers* et les *paroles*.

À son retour il trouva la formule d'un serment nouveau que, suivant le rit religieux de chacun, tout officier civil et militaire devait prêter. *Une reconnaissance de l'indépendance, liberté et souveraineté des États-Unis; une éternelle renonciation à George III, ses successeurs, ses ayant-cause, et tout roi d'Angleterre; une promesse de défendre lesdits États contre ledit George III*, furent jurées entre ses mains dans tout le département du nord (1). À l'approche du printemps on rappela M. de Lafayette au sud. Déjà les affaires du général allaient mieux; plusieurs États le recommandèrent à leurs députés, et sur un soupçon de lui être contraire, l'assemblée de New-York voulut rappeler un des siens. On avait un peu recruté le congrès, et l'on pensait un peu à recruter l'armée. À Valley-Forge, M. de Lafayette trouva, non sur le fond, mais sur la forme du serment, quelques difficultés qui furent bientôt aplanies. Peu de temps après, Siméon Deane apporta le traité de commerce entre la France et les États-Unis.

---

(1) « Il est assez curieux que le serment de renonciation à la Grande-Bretagne et son roi, décrété pendant cet hiver pour tous les hommes employés au service continental, ait été reçu dans la moitié des États-Unis par un Français de vingt ans. » — (Manuscrit n° 2 .)

En partant avec éclat, M. de Lafayette avait servi la révolution. Une portion de la société s'y intéressa; l'autre en fut au moins plus occupée. Si quelque émulation fit souhaiter la guerre aux gens de la cour, le reste de la nation soutint le jeune rebelle, partagea ses intérêts, suivit sa marche, et l'on sait que la rupture fut surtout nationale. Si quelques circonstances du départ avaient aigri la cour de Londres, M. de Lafayette n'oublia rien pour rapprocher les peuples dont il désirait la réunion. Aux incroyables préjugés des Américains s'était jointe la conduite des premiers Français. Ceux-ci disparurent peu à peu, et ce qui resta fut distingué par le talent ou, du moins, par l'honnêteté. Ils devinrent tous amis de M. de Lafayette, qui rechercha tous les préjugés pour les détruire. L'amour et le respect pour le nom français animaient ses lettres, ses discours, et l'amitié qui lui était personnelle il souhaita la rendre nationale. D'un autre côté, écrivant en Europe, il combattait les rapports de mauvais sujets mécontens, de bons officiers piqués de n'avoir pas été admis, de ceux mêmes qui servaient dans l'armée et qui voulaient être ou plaisans dans leurs remarques, ou intéressans par des contrastes politiques. Mais, sans s'arrêter aux influences particulières, il est certain que l'enthousiasme pour la cause et l'estime pour ses défenseurs electrisèrent toute la France, et que le coup de Saratoga décida la commotion ministérielle. Les bills conciliatoires passaient au parlement anglais, et cinq commissaires allaient offrir bien plus qu'on n'avait demandé autrefois. Cessant alors de *voir comment cela tournerait*, M. de Maurepas céda au vœu public, et ce que son esprit lumineux résolut, la raison plus constante de M. de Vergennes l'exécuta. On traita généreusement avec Franklin, Deane et Arthur Lee, et ce traité fut plus fièrement annoncé qu'on ne s'était conduit depuis long-temps. Mais on ne prévit pas assez la guerre, ou du moins on s'y prépara très-mal. Le plus singulier encore, c'est qu'à l'époque où sa résistance décidait les deux cours, l'Amérique était tombée dans un tel état de crise et de faiblesse, que jamais elle ne fut si près de sa ruine. Le 2 mai, l'armée fit un feu de joie, et M. de Lafayette, orné d'une écharpe blanche, y fut accompagné de tous les Français. Depuis l'arrivée des bills conciliatoires, il ne cessa d'écrire contre la commission et contre chaque commissaire. Leurs avances furent mal reçues au congrès, et prévoyant une coopération française, les ennemis pensèrent à quitter Philadelphie.

Pour avoir des nouvelles, le général fit passer le Schuylkill à deux mille hommes choisis. M. de Lafayette, leur commandant, se porta, le 18 mai, à Barren-Hill, onze milles des deux armées. Une bonne hauteur, ayant sa droite à des roches et à la rivière, sa gauche à d'excellentes maisons de pierre et un petit bois, son front soutenu de cinq pièces de canon bien placées, et des chemins sur ses derrières, telle était la position de M. de Lafayette. Cent dragons qui devaient le joindre n'arrivèrent pas à temps; mais il posta six cent miliciens sur sa gauche à Whitemarsh, et leur général Porter répondit de ces routes. Le 19, au soir, Howe, qu'on venait de rappeler, et Clinton, qui le remplaçait, firent sortir sept mille hommes et quatorze pièces de canon sous le général

Grant. Passant derrière l'inondation, ce corps prit la route de Francfort, et, par un détour, tomba dans celle de Whitemarsh, d'où les milices avaient jugé à propos de se retirer. Le 20, au matin, M. de Lafayette causait avec une jeune demoiselle qui, sous prétexte de voir ses parens, voulait bien aller pour lui à Philadelphie, lorsqu'il fut averti que des dragons rouges étaient à Whitemarsh. C'était l'uniforme de ceux qu'il attendait; il avait mis là Porter; il y avait annoncé sa visite, et comptait le soir y porter son détachement. Mais, pour plus de sûreté, il fit éclaircir ce rapport, et, vérifiant qu'une colonne marchait vers sa gauche, il changea son front et le couvrit des maisons, du petit bois, et d'un cimetière. A peine le mouvement s'achevait-il qu'il se vit coupé par Grant sur le chemin de Swedes'Ford, en arrière de lui. En même temps il sut que Howe, Clinton, et le reste de l'armée, avançaient sur la route de Philadelphie. C'est en présence des troupes qu'on lui criait qu'il était entouré, et il fallait sourire à ces tristes nouvelles. Plusieurs officiers, dépêchés à Valley-Forge, déclarèrent qu'ils n'avaient pu trouver un passage. Chaque minute étant précieuse, M. de Lafayette prit le chemin du gué de Matson, dont les ennemis étaient plus près que lui. Le général Poor commandait son avant-garde; il lui envoya Gimat, son aide-de-camp de confiance. Lui-même fit l'arrière-garde, et la colonne marcha lestement, mais sans précipitation; Grant avait les hauteurs, et M. de Lafayette longeait au-dessous. Cette tranquillité trompa son adversaire, et le voyant tâtonner, il lui présenta, dans les arbres et derrière les rideaux, de fausses têtes de colonnes. Le temps que Grant passait à examiner, à chercher un piège imaginaire, il l'employait à regagner les devants; enfin il dépassa la colonne qui le tournait, il en imposa à celle de Grey, qui le suivait, et quand la troisième partie, sous Howe et Clinton, fut à Barren-Hill, les Américains passaient déjà le gué de Matson. Se formant alors sur l'autre rive, ils attendirent les ennemis, qui n'osèrent attaquer. En avançant sur le terrain, Howe fut étonné de ne trouver qu'une ligne rouge ; les généraux se querellèrent ; et quoique le commandant en chef eût invité les dames à souper avec M. de Lafayette ; quoique l'amiral, son frère, le sachant entouré, lui eût destiné une frégate, toute l'armée harassée, dont la moitié fit quarante milles, s'en retourna sans prendre un seul homme. C'est là que cinquante sauvages, nos amis, et cinquante dragons anglais s'étant rencontrés, le cri de guerre d'un côté et la cavalerie de l'autre surprirent tellement les deux partis qu'ils s'enfuirent avec une égale vitesse. L'alarme avait été chaude à Valley-Forge, et trois coups de canon qu'on y tira parurent encore un mystère à Grant. Le but du général étant atteint, le détachement rentra, et M. de Lafayette fut bien reçu du général et de l'armée (1).

Depuis long-temps on négociait un échange, et la barbarie des Anglais en augmentait la nécessité. Entassés à New-York dans un vaisseau, et partant dans un air destructeur, les prisonniers souffraient tout ce qu'une grossière insolence peut ajouter à la famine, la saleté, la maladie et un entier abandon.

(1) Voyez après ces mémoires le fragment D.

La nourriture était au moins malsaine. Confondus souvent avec leurs soldats, les officiers réclamaient les capitulations, le droit des gens, et ne recevaient qu'un redoublement d'outrage. A chaque victime de ce traitement : *Bon*, disait-on aux autres, *voilà un rebelle de moins*. Les représailles avaient été trop rares, trop molles, et quand les Américains furent généreux, les Anglais, comme tous les tyrans, crurent qu'ils étaient timides. Cinq cents Américains, demi-morts, avaient été portés sur le rivage; le plus grand nombre y expira, et le général refusait avec raison de les compter en échange. Un autre obstacle au cartel était Lee, pris en 1776, que le congrès voulait ravoir, et qu'enfin, après de grands débats, on rendit pour le général Prescot. Ancien colonel anglais, général polonais, compagnon d'armes des Portugais et des Russes, Lee connaissait tous les pays, tous les services, et plusieurs langues. Son visage était laid, son esprit mordant, son cœur ambitieux et avare, son caractère incompatible, et toute sa personne originale. Une noble boutade l'avait jeté hors du service anglais, et les Américains respectaient ses oracles. Il haïssait le général, n'aimait que lui-même; mais en 1776 son conseil avait sauvé le général et le reste de l'armée. Il rechercha M. de Lafayette, mais l'un étant violent anglomane, et l'autre français enthousiaste, leur liaison ne fut jamais tranquille. Frustré dans ses grands projets, Gates commandait un corps à White-Plains, en face de l'île de New-York, sur la rive gauche de l'Hudson. Conway s'était retiré, et l'inspection créée pour lui fut donnée à Steuben, vieux Prussien, dont la médiocrité méthodique perfectionna les manœuvres de l'armée et son organisation. Pendant ce temps, le congrès recevait des épîtres conciliatoires, et ses réponses, comme toutes les délibérations de ce corps, furent pensées noblement, et noblement exprimées. Le président de la commission était lord Carlisle; et lord Howe, sir Henry Clinton, M. Eden, et le gouverneur Johnstone, en étaient membres. Celui-ci écrivit à quelques amis qui imprimèrent ses lettres, et le 17 juin Philadelphie fut évacuée.

On embarqua les hôpitaux, les magasins, les gros équipages et le général, excepté les commissaires conciliateurs. Passant à Gloucester, l'armée marcha sur deux colonnes, de 7,000 hommes environ chacune, et sous Clinton et Knyphausen se dirigea vers New-York. Celle des États-Unis, à peu près égale en nombre, se porta de Valley-Forge à Coryell's Ferry et de là à King's town, à une marche des ennemis, d'où l'on pouvait ou les suivre ou gagner White-Plains. Dans le conseil tenu à ce sujet, Lee démontra très éloquemment qu'il fallait faire un pont d'or aux ennemis; qu'à l'instant d'une alliance on ne devait pas tout risquer; que jamais l'armée anglaise ne fut si disciplinée, si excellente; il opina pour White-Plains; son discours entraîna lord Stirling avec les brigadiers-généraux. Placé au côté opposé, M. de Lafayette parla tard, et dit qu'il serait honteux pour les chefs, humiliant pour les troupes, de laisser traverser impunément les Jerseys; que sans se compromettre on pouvait entamer une arrière-garde; qu'il fallait suivre les Anglais, manœuvrer sagement, profiter d'une séparation, enfin saisir les terrains et les momens favorables. Son avis eut quelques voix, et surtout celle de M. du Portail, chef du génie, officier du plus grand talent. La majorité cependant fut bien déclarée en faveur de Lee; mais le soir, M. de Lafayette reparla au général, et fut secondé par Hamilton et Greene, nouvellement fait quartier-maître en place de Mifflin. Plusieurs généraux revinrent, et les troupes étant en marche, on s'arrêta pour former un détachement. En les réunissant tous, il y eut 3,000 continentaux et 1,200 miliciens, dont le commandement tombait à Lee, mais que, d'après le désir du général, M. de Lafayette parvint à se faire céder. Tout allait bien, lorsque Lee changea d'avis; s'étant encore rendu, il rechangea encore; et comme le général tenait au premier mot : *C'est ma fortune et mon honneur*, dit Lee à M. de Lafayette, *que je mets entre vos mains ; vous êtes trop généreux pour perdre l'une et l'autre.* Ce ton réussit mieux, et M. de Lafayette promit de le demander le jour suivant. Malheureusement les ennemis marchèrent, un manque de vivres le retarda, et le 26, à minuit moins un quart, il demanda Lee qu'on détacha avec mille hommes, à Englishtown, sur la gauche des ennemis. Le premier corps avait gagné leur droite, et Lee se fit joindre, en plein jour, à portée de l'armée anglaise, à qui M. de Lafayette fut heureux de dérober ce mouvement. Ses deux colonnes s'étaient réunies à Montmouth Court-House, qu'elle quitta le 28 au matin. En la suivant, les Américains filaient dans le bois de Freehold, et vers huit heures l'arrière-garde anglaise était encore près de la Court-House. S'il eût continué sa direction, Lee se plaçait d'autant mieux que de l'autre côté notre armée avançait sur le chemin de Freehold; mais la tête de sa colonne sortit du bois, et quelques coups de canon l'y firent rentrer. S'adressant alors à M. de Lafayette, il lui dit de se porter à travers la plaine sur le flanc gauche des ennemis; et dans l'exécution de cette manœuvre très favorable au canon anglais, il lui envoya l'ordre de reculer au village où il avait porté le reste des troupes. De là, il recula plus loin, et changeant de rôle, il se fit pousser par lord Cornwallis, et ensuite par toute l'armée anglaise, qui eut beau jeu pour se former. Dès le premier mouvement, M. de Lafayette avait fait avertir le général qui, arrivant au galop, trouva les troupes en confusion et se retirant toujours. « *Vous savez*, lui dit Lee, *que tout ceci était* « *contre mon avis.* » L'envoyant alors sur les derrières (1), le général forma lui-même sept ou huit cents hommes et du canon, avec lesquels M. de Lafayette se chargea de retarder les ennemis. Les dragons anglais donnèrent d'abord dans un petit marais qui le couvrait; l'infanterie le tourna, mais il eut le temps de se retirer, et l'armée avait eu celui de se ranger sur une hauteur où il prit le commandement de la seconde ligne. On se canonna toute la journée; deux tentatives des ennemis furent repoussées. Une batterie, placée sur leur gauche, les fit changer de

---

(1) « Les deux bataillons formés pour arrêter l'ennemi furent placés par le général Washington lui-même. Lorsqu'après avoir témoigné son mécontentement il voulut se donner le temps de former son armée sur les hauteurs derrière le passage, il y laissa le major-général Lafayette, le brigadier-général Knox, commandant l'artillerie, et quelques officiers de son état-major. Les colonels étaient excellens; ces bataillons firent à merveille. Lorsque l'armée fut en bataille, le général Greene commanda la droite de la première ligne, lord Stirling la gauche, Lafayette la seconde ligne. » (Manuscrit n° 2.)

front, et comme ils prêtèrent le flanc, le général marcha sur eux et les obligea de reculer. On gagna du terrain jusqu'à la nuit, et pendant les ténèbres Clinton se retira, laissant plus de 3oo morts et beaucoup de blessés. La chaleur était telle que les soldats mouraient sans avoir été touchés, et le champ de bataille fut bientôt intenable. Dans cette affaire, mal préparée, mais bien finie, le général Washington sembla d'un coup d'œil arrêter la fortune, et sa noblesse, sa grâce, sa présence d'esprit ne furent jamais mieux déployées (1). Wayne se distingua, Greene et le brave Stirling menèrent bien la première ligne. Depuis quatre heures du matin jusqu'à la nuit, M. de Lafayette ne fit que changer d'emploi. Couchés sur le même manteau, le général et lui se parlèrent de Lee, qui le lendemain écrivit indécemment et fut mis aux arrêts. Suspendu ensuite par un conseil de guerre, il quitta le service et ne fut point regretté. La retraite de Clinton l'ayant porté dans les gorges de Shrewsbury, le général se contenta du premier succès et marcha vers White-Plains, la seconde ligne, sous M. de Lafayette, formant la colonne de droite. A Brunswick, on célébra le 4 juillet, anniversaire de l'indépendance, et peu de jours après on sut que le comte d'Estaing était devant New-York (2).

Partis de Toulon, douze vaisseaux français avaient mis trois mois à gagner la Delaware. Ils manquèrent

(1) « Le général Washington ne fut jamais plus grand à la guerre que dans cette action Sa présence arrêta la retraite, ses dispositions fixèrent la victoire. Sa bonne mine à cheval, sa bravoure calme relevée par l'animation que produisait le dépit de la matinée, lui donnaient l'air le plus propre à exciter l'enthousiasme. » (Manuscrit n° 2.)

(2) Voyez, après ces mémoires, le fragment E.

la flotte anglaise de trois jours, et la suivant à New-York, M. d'Estaing mouilla à Sandyhook en dehors de la barre. Pour la forcer, il offrit des sommes énormes, mais les pilotes dirent que les gros vaisseaux tiraient trop d'eau, et l'on convint d'attaquer Rhode-Island que les ennemis occupaient avec cinq mille hommes retranchés, tandis que Sullivan, placé à Providence, y commandait les milices de l'État. A bord de l'escadre arriva M. Gérard, ministre de France, qu'on attendait impatiemment, et dont le retard était appelé par M. de Lafayette un témoignage de confiance. Brouillé avec la cour, dont la dernière attention fut un ordre aux Iles pour l'arrêter, il ne l'avait pas édifiée par des lettres où brillait moins la prudence d'un philosophe que la chaleur d'un jeune amant de la liberté; mais quoiqu'on ne lui eût pas écrit, M. d'Estaing n'en fut pas moins prévenant, et deux mille continentaux ayant été détachés de White-Plains à Providence, M. de Lafayette, qui en avait pressé l'envoi, les conduisit lestement le long du Sound, à travers un pays riant couvert de villages, où l'égalité de la population indiquait une parfaite démocratie; car par la prospérité de chaque colonie on pouvait juger le degré de liberté dont avait joui sa constitution.

En forçant le passage entre Rhode-Island et Connecticut, M. d'Estaing eût enlevé quinze cents Hessois sur cette dernière île; mais à la prière de Sullivan, il attendit que le général fût prêt, et quoique les troupes de M. de Lafayette eussent fait 240 milles, on ne l'était pas encore à leur arrivée. Se rendant à l'escadre, il y fut comblé d'honnêtetés, surtout par le général ; et comme M. de Suffren était placé en avant, il lui rapporta l'ordre de M. d'Estaing pour attaquer trois frégates, qui se brûlèrent. Le 8 août, l'armée américaine fut à Howland's Ferry, tandis que le passage entre les deux îles était forcé par l'escadre. Le général Greene ayant joint cette armée, M. de Lafayette lui céda la moitié de son corps, et chacun eut une aile de mille continentaux et de cinq mille miliciens. A celle de M. de Lafayette devaient se joindre deux bataillons de Foix et de Hainaut, avec des troupes de la marine. La nuit du 8 au 9, les Anglais, craignant d'être coupés, évacuèrent les forts au nord de l'île, et le lendemain matin Sullivan y débarqua. Dans l'après-midi, M. de Lafayette attendait les Français, et déjà les chaloupes étaient en marche, lorsqu'une escadre parut en dehors, au sud de l'île, à l'ancien mouillage de M. d'Estaing. Rassemblant des bâtimens plus nombreux, mais d'un calibre trop inégal, l'audacieux lord Howe avait guetté les mouvemens de l'amiral français. Par sa position et le vent du sud, il allait jeter sans risque des secours à Newport, où le général Pigot avait concentré ses forces ; mais dans la nuit le vent tourna, et le lendemain, à la vue des deux armées, M. d'Estaing repassa brillamment sous le feu des deux batteries, tandis que les ennemis, coupant leurs câbles, fuyaient à pleines voiles. Après huit heures de chasse, les deux escadres se touchaient enfin, et le brave Howe payait cher sa témérité, lorsqu'un affreux orage vint confondre les élémens et disperser les vaisseaux. Par un hasard singulier, il survint une partie de ceux de Byron, venant de Portsmouth, et qu'un autre coup de vent avait séparés sur les Açores. Isolé par la tempête, n'ayant plus ni mâts ni gouvernail, *le Languedoc*, vaisseau amiral, fut attaqué par *l'Isis*, de cinquante canons, et ne dut son salut qu'à la fermeté de M. d'Estaing. Ralliant enfin son escadre, et fidèle à ses engagemens, il reparut devant Rhode-Island; mais, n'ayant plus la supériorité, il annonça l'intention de relâcher à Boston, où *le César*, après un combat, s'était déjà rendu. Après les trois jours que dura cet orage, l'armée américaine s'était approchée de Newport; cette ville était défendue par deux lignes de redoutes et de batteries, enveloppées d'un abattis dont le front resserré s'appuyait des deux côtés à la mer, et qui plongeaient dans un ravin qu'il fallait passer. La tranchée était ouverte, de grosses batteries établies, et le général Greene avec M. de Lafayette furent députés à bord pour obtenir du temps, et proposer, soit une attaque de vive force, soit un établissement des vaisseaux dans la rivière de Providence. Si le délabrement de l'escadre avait consterné M. de Lafayette, la conduite des matelots pendant le combat, qu'il apprit les larmes aux yeux, le pénétra de douleur. Dans le conseil, où l'on agita les demandes, M. de Brugnon (quoique cinq minutes avant il eût dit le contraire) opina pour Boston, et cet avis fut unanime. Avant qu'on se quittât, l'amiral offrit ses deux bataillons à M. de Lafayette, et se plaisait à lui assurer ainsi le grade dans lequel il commanderait des Français. Mais ces troupes étant utiles à bord et n'étant pas nécessaires sur l'île, M. de Lafayette ne voulut pas les exposer pour son intérêt particulier. Au départ des vaisseaux, l'affliction, l'indignation furent générales. Le regret du temps, la perte de l'espoir, l'embarras de la position, tout irritait les milices, dont le mécontentement fut contagieux. Déjà le peuple à Boston parlait de refuser son port; les généraux firent une protestation que M. de Lafayette refusa de signer. Emporté par la passion, Sullivan mit à l'ordre *que nos alliés nous avaient abandonnés.* Son humeur était flattée par Hancock, membre du congrès, jadis son président, et commandant sur l'île les milices de Massachusets. Ce fut d'abord à lui que M. de Lafayette déclara son intention, et se rendant ensuite chez Sullivan, il exigea que l'ordre du matin fût rétracté dans celui du soir. Quelques heures après, ce général vint le trouver, et le tirant à part, ils s'expliquèrent très vivement; mais quoique très indifférent au danger d'un duel, Sullivan ne l'était ni à sa liaison avec M. de Lafayette, ni au crédit de celui-ci sur le quartier-général, le congrès et tout le peuple. Ces trois influences furent exercées dans les lettres qu'il ne cessa d'écrire. Le docteur Cooper, ministre presbytérien, fut très utile à Boston; et Hancock lui-même finit par y aller recevoir l'escadre. Plutôt que de céder au torrent public, M. de Lafayette avait risqué sa popularité, et se défiant de son intérêt personnel il avait été extrême dans la conduite opposée. Séquestré dans son quartier, il ne paraissait qu'à la tranchée, ou bien aux conseils, et n'y souffrait pas une critique contre l'escadre. Espérant encore ses secours, l'on décida une retraite au nord de l'île, et M. de Lafayette fut prié d'aller trouver M. d'Estaing. Après avoir couru toute la nuit, il arriva au moment où le général et ses officiers entraient à Boston. Un grand repas donné par la ville fut suivi d'une conférence entre le conseil, l'amiral et lui, où, s'offrant à marcher avec ses troupes, M. d'Estaing démontra l'insuffisance de ses forces navales. Chaque mot était soumis à M. de Lafayette, et l'amiral remarqua cette déférence sans en être choqué. Le même jour, 29 août, Sullivan s'était retiré, et quoique le dégoût des milices eût fort diminué ses troupes, quoiqu'elles fussent attaquées en marche, il conduisit bien son mouvement et l'affaire qu'il occasiona.

En l'apprenant le lendemain, M. de Lafayette sut que les deux armées se touchaient au nord de l'île et que Clinton était arrivé avec un renfort; faisant alors près de 80 milles en moins de huit heures, il fut à Howland's Ferry au moment qu'on le repassait. Il resta sur l'île un corps de mille hommes entrelacés dans les partis ennemis; M. de Lafayette s'en chargea, et réussit à les retirer sans perdre une seule sentinelle. En le remerciant de sa conduite dans cette retraite, le congrès le remercia aussi de sa course à Boston, au moment où il pouvait espérer un combat (1). Retournant à Providence, Sullivan le laissa dans les postes autour de l'île; celui de Bristol où était son corps principal, pouvait être tourné par eau; il avertit le général Washington qui parut à Sullivan y avoir pensé de lui-même. C'est là qu'il apprit l'affaire d'Ouessant et qu'il pensa la célébrer en victoire complète. Mais l'intérêt de l'escadre le rappelait à Boston où il servit ses compatriotes. Le mécontentement s'était bientôt apaisé, et quoique M. de Saint-Sauveur eût été tué sans intention dans

(1) Voyez le fragment F.

un tumulte, ce hasard n'empêcha pas que les Français n'eussent fort à se louer des Bostoniens. Dans une promenade avec le comte d'Estaing, M. de Lafayette lui montra les débris de l'armée de Burgoyne; deux miliciens, placés à chaque aile, en formaient la garde. N'étant plus utile à l'escadre et croyant devoir retourner en France, M. de Lafayette partit pour la grande armée et pour Philadelphie.

Pendant ce temps, les commissaires avaient beaucoup écrit et proclamé; en voulant gagner un député, Johnstone déplut au congrès, qui refusa de traiter avec lui. Dans une lettre publique signée Carlisle, la nation française était taxée *d'une perfidie trop reconnue pour avoir besoin d'une nouvelle preuve.* Avec l'effervescence de la jeunesse et du patriotisme, M. de Lafayette saisit ce nouveau moyen de déjouer la commission, et le premier mouvement de M. d'Estaing fut de l'approuver. Un cartel plein de hauteur fut porté du quartier-général à lord Carlisle; la réponse était un refus mal motivé, et l'étourderie de M. de Lafayette réussit bien, tandis que la sagesse du président fut bafouée dans tous les papiers publics (1). Pendant son séjour à Philadelphie, la commission reçut les derniers coups; c'est en déjeunant avec les

---

(1) Voici ce que M. de Lafayette écrivait quelque vingt ans après la date présumée de ces Mémoires. « Lord Carlisle refusa, et il eut raison. Ce défi ne laissa pas d'exciter contre la commission et contre son président des plaisanteries qui, bien ou mal fondées, ont toujours quelque inconvénient pour ceux qui en sont l'objet. » (Manuscrit n° 1).— « Lord Carlisle avait raison; cependant le cartel ayant quelque chose de patriotiquement chevaleresque, l'esprit de parti en fit usage, et l'avantage parut rester au sentiment qui avait dicté cette démarche irrégulière. » (Manuscrit n° 2.)

membres du congrès qu'on agitait gaîment les partis à proposer. Cette correspondance est connue, et le congrès y est toujours noble, ferme, fidèle à ses alliés : dans la dernière lettre à sir Henry Clinton, le secrétaire Thomson l'informe que *le congrès ne répond point aux lettres impertinentes.* Pour ne rien cacher au peuple on imprimait toutes les propositions, mais des plumes habiles en montraient le défaut. Dans cet heureux pays où tout homme entend et suit la chose publique, les gazettes furent un grand moyen de la révolution. Les sermons en parlaient aussi, car la bible est souvent républicaine. Ayant taxé un ministre anglican de ne parler que du ciel, M. de Lafayette l'entendit le dimanche suivant, et ces mots *l'exécrable maison d'Hanovre,* prouvèrent la docilité du prédicateur.

Après une politesse au ministre de France, M. de Lafayette écrivit au congrès que *tant qu'il s'était cru libre, il avait soutenu la cause sous les drapeaux américains; que son pays étant en guerre, il lui devait un hommage de ses services; qu'il espérait revenir et que partout il porterait son zèle pour les États-Unis.* En accordant un congé illimité, le congrès y joignit les plus flatteurs remercîmens. Il fut résolu qu'une épée chargée d'emblèmes lui serait présentée au nom des États-Unis par leur ministre en France; ils écrivirent au roi, et *l'Alliance,* de 36 canons, leur plus beau bâtiment, fut nommé pour le porter en Europe. M. de Lafayette ne voulut ni rien recevoir de plus, ni rien laisser demander pour lui à la cour de France; mais en proposant une coopération en Canada, le congrès fit entendre qu'il souhaitait l'en voir chargé : ce plan fut ensuite suspendu parce que le général n'espéra pas en avoir les moyens. Mais quoique les vieux préjugés fussent bien effacés, quoique la conduite de l'amiral et de l'escadre eussent reçu une approbation publique, le congrès, le général, et tout le monde enfin, dit à M. de Lafayette que dans l'étendue des treize États, il ne leur fallait que des vaisseaux, et qu'un corps français effaroucherait le peuple. Devant s'embarquer à Boston, M. de Lafayette recommença ce voyage de 400 milles ; il espérait y prendre congé de M. d'Estaing, qui eût voulu l'emmener aux Iles, et dont l'amitié et les malheurs le touchaient autant qu'il admirait son génie actif et son patriotique courage.

Échauffé par ses courses et ses fatigues, mais plus encore par son chagrin de Rhode Island ; ayant ensuite veillé, bu et travaillé beaucoup à Philadelphie, M. de Lafayette voyageait à cheval avec la fièvre, par une forte pluie d'automne. Fêté partout avec empressement, il se fortifiait de vin, de thé et de rhum ; mais à Fishkill, huit milles du quartier-général, il fallut céder à la violence d'une maladie inflammatoire. Réduit bientôt à l'extrémité, le bruit de sa mort prochaine affligea l'armée, où il était appelé *the soldier's friend* (l'ami du soldat), et la nation entière réunit ses vœux et ses regrets pour *le marquis*, nom sous lequel il était exclusivement désigné. Au premier instant, Cockran, directeur des hôpitaux, quitta tout pour lui ; tous les jours, le général Washington venait savoir des nouvelles de son ami ; mais craignant de l'agiter, il donnait un rendez-vous au docteur et s'en retournait le cœur serré et les larmes aux yeux (1). Brûlé par la fièvre et le plus violent mal de tête, M. de Lafayette se sentait mourir, mais sans perdre un instant la clarté de ses idées: s'étant assuré qu'on l'avertît à l'approche de la mort, il regrettait de n'avoir pas au moins revu sa patrie et les objets de son affection. Loin de prévoir le sort heureux qui l'attendait, il se fût abonné, malgré ses vingt-un ans, à ne vivre que trois mois, à condition de voir ses amis et l'heureuse fin de cette guerre. Mais aux secours de l'art, aux soins assidus du docteur Cockran, la nature avait ajouté une hémorragie aussi effrayante que salutaire. Au bout de trois semaines, M. de Lafayette fut sauvé: on lui permit enfin de voir le général et de songer aux affaires. En déchiffrant une lettre de M. d'Estaing, il sut que malgré vingt-un vaisseaux anglais l'escadre était partie pour la Martinique. Après s'être vus quelques jours, après avoir parlé des travaux passés, de la situation présente, des projets futurs, le général Washington et lui se dirent un adieu bien tendre, bien pénible. En accusant ce grand homme d'insensibilité, ses ennemis n'avouaient que sa tendresse pour M. de Lafayette; et comment n'eût-il pas été chéri de son disciple, lui qui réunissant tout ce qui est bon à tout ce qui est grand, est sublime par ses vertus encore plus que par ses talens? Simple soldat, il eût été le plus brave; citoyen obscur, tous ses voisins l'eussent respecté. Avec un cœur droit comme son esprit, il

---

(1) « Le général Washington, qui, lorsque Lafayette fut blessé à la Brandywine, avait dit au chirurgien : « Soignez-le comme mon fils, car je l'aime de même, » témoigna pour lui, dans cette occasion, la plus paternelle inquiétude. » — (Manuscrit n° 1.)

se jugea toujours comme les circonstances. En le créant exprès pour cette révolution, la nature se fit honneur à elle-même, et pour montrer son ouvrage, elle le plaça de manière à faire échouer chaque qualité, si elle n'eût été soutenue de toutes les autres.

Malgré sa faiblesse extrême, M. de Lafayette, accompagné du docteur, alla sur ses chevaux à Boston, où le vin de Madère acheva de le rétablir. L'équipage de *l'Alliance* n'étant pas complet, le conseil offrit une presse, mais ce moyen déplut à M. de Lafayette, et l'on prit des déserteurs anglais avec des volontaires prisonniers. Après qu'il eut écrit en Canada, envoyé des colliers aux nations sauvages, Brice et Nevil, ses aides-de-camp, portèrent ses derniers adieux au congrès, au général et à ses amis. Comblé de bontés par les citoyens de Boston, il en reçut de nouvelles marques à son départ, et le 11 janvier *l'Alliance* mit à la voile. Dans ces parages, la navigation d'hiver est toujours très dure ; mais aux abords du banc de Terre-Neuve la frégate essuya une vraie tempête : démâtée de son mât de hunes, endommagée par les coups de mer, faisant beaucoup d'eau, dans une nuit longue et noire, elle fut même quelque temps engagée. Mais un danger plus grand encore l'attendait à deux cents lieues de France. Par une proclamation un peu immorale, Sa Majesté Britannique, encourageant la révolte des équipages, leur avait promis la valeur de tout bâtiment *rebelle* qu'ils mèneraient dans les ports anglais, ce qui ne pouvait guère avoir lieu que par le massacre des officiers et des opposans. Ce fut l'objet du complot que firent entre eux les déserteurs anglais et prisonniers volontaires qu'on avait eu l'imprudence d'admettre en grand nombre : il n'y eut pas un seul Américain ni Français (car on avait trouvé à Boston quelques matelots restés après l'escadre) qui fût mêlé à cette conspiration. On devait crier *voile!* et au moment où les passagers et officiers monteraient sur le pont, quatre canons à mitraille préparés par le second maître canonnier, les auraient mis en pièces; un sergent anglais était aussi parvenu à se faire charger des armes. Le moment était fixé à quatre heures du matin, on le remit à quatre heures du soir. Dans cet intervalle, les conspirateurs, trompés par l'accent d'un Américain qui avait long-temps vécu en Irlande et navigué dans ces parages, s'ouvrirent à lui en lui offrant le commandement de la frégate; ce bon citoyen fit semblant d'accepter et ne put instruire le capitaine et M. de Lafayette qu'une heure avant l'exécution. Ils montèrent sur le pont l'épée à la main, avec les autres passagers et officiers, appelèrent à eux les matelots sûrs, firent approcher un à un trente-trois coupables, et les mirent aux fers; et quoique les dépositions annonçassent un plus grand nombre de coupables, on eut l'air de compter sur tout le reste de l'équipage, en ne se fiant pourtant qu'aux Américains et aux Français. Huit jours après, *l'Alliance* entra heureusement dans le port de Brest, en février 1779.

C'est en me rappelant la situation de mon pays, de l'Amérique, et la mienne à mon départ, que je voyais le port de Brest recevoir et saluer le pavillon flottant sur ma frégate. Les conjurés oubliés furent simplement échangés comme Anglais, et je ne songeai qu'à retrouver ma famille et mes amis dont depuis huit mois j'ignorais le sort. En passant à la cour qui ne m'avait encore écrit que des lettres de cachet, M. de Poix me fit faire connaissance avec tous les ministres; je fus interrogé, complimenté et exilé, mais à Paris; et l'enceinte de l'hôtel de Noailles fut préférée aux honneurs de la Bastille, pour laquelle on penchait d'abord. Quelques jours après, j'écrivis au roi pour reconnaître mon heureuse faute; il me permit d'aller recevoir une réprimande douce, et en me rendant la liberté, on me conseilla d'éviter les lieux où le public pourrait consacrer ma désobéissance. A mon arrivée, j'avais eu l'honneur d'être consulté par tous les ministres, et ce qui vaut bien mieux, embrassé par toutes les femmes. Les baisers cessèrent le lendemain; mais je conservai plus long-temps la confiance du cabinet, et j'eus à Versailles l'existence de la faveur comme à Paris celle de la célébrité. On parla bien de moi dans tous les cercles, même après que la bonté de la reine m'eut valu le régiment du Roi dragons. Les temps sont un peu changés, mais il me reste ce que j'aurais choisi, la faveur populaire et la tendresse des personnes que j'aime.

Au milieu des différens tourbillons qui m'entraînaient, je ne perdais pas de vue notre révolution dont le succès était encore bien incertain; accoutumé aux grands intérêts soutenus avec de petits moyens, je me disais que le prix d'une fête eût remonté l'armée des États-Unis, et pour la vêtir, suivant l'expression de M. de Maurepas, j'eusse bien volontiers démeublé Versailles. C'est que l'objet principal de la querelle, l'indépendance américaine, c'est que l'avantage du premier moment, dévolu à notre gouvernement et à notre caractère, ne me paraissaient pas bien saisis par ces immenses préparatifs pour de médiocres conquêtes, et ces plans calculés sur l'attente de la paix ; car on ne crut pas à la guerre, même en la déclarant après que la *centième injure* eut décidé l'Espagne pour ces coopérations qui avortèrent en bruyans exercices.

FRAGMENS

EXTRAITS

DE DIVERS MANUSCRITS [1].

A.

SUR LE DÉPART POUR L'AMÉRIQUE EN 1777.

Les histoires de la révolution et de la guerre d'Amérique sont en général très bienveillantes pour Lafayette; la vie de Washington, par M. Marshall, l'est particulièrement. On trouve cependant une phrase (page 410 du 3ᵉ volume de l'édition de Londres) qui exige quelques développemens. « *He left France,* » y est-il dit, « *ostensibly in opposition to his sovereign.* » — Cette circonstance est traitée d'une manière plus claire et très exacte dans les ouvrages suivans : *The History, etc., by William Gordon, d. d.,* tome II, pages 499 et 500. *London,* 1788. — *The History of the American revolution, by doctor Ramsay,* tome II, page 11. *Philadelphia,* 1789.

---

[1] Nous avons déjà fait connaître ces manuscrits. L'un, que nous appelons *Manuscrit nº 1*, est un récit rapide de la vie américaine du général Lafayette; l'autre, ou *Manuscrit nº 2*, est intitulé: *Observations sur quelques parties de l'histoire américaine, par un ami du général Lafayette.* Tous deux paraissent avoir été écrits vers le temps de l'Empire. Le fragment A est tiré du *Manuscrit n. 2*.

L'éclat de cette démarche fut augmenté par une circonstance particulière. Les préparatifs d'achat et d'équipement de navire l'avaient conduit à l'époque fixée depuis long-temps pour un voyage de quelques semaines en Angleterre; c'était un moyen de couvrir son départ; les commissaires américains saisirent avec empressement cette idée. Lafayette se refusa aux propositions qu'on lui fit à Londres de voir les ports et tout ce qui aurait pu être un abus de confiance. Il ne dissimula point sa partialité pour les insurgens américains, mais il profita avec plaisir de l'affectation politique que le roi et les ministres mettaient à faire valoir dans ce moment les visites des arrivans de la cour de France, et à bien traiter leurs personnes. Le marquis de Noailles, ambassadeur, était son oncle. Lafayette ne craignit pas de compromettre la diplomatie de ce représentant du roi de France, de manière que le *maximum* d'effet favorable que son départ pouvait produire fût obtenu en Angleterre.

Il en fut de même en France. On concevrait difficilement aujourd'hui le peu de considération politique et militaire à laquelle ce pays et ce gouverne- avaient été réduits depuis la guerre de sept ans, et surtout depuis le partage de la Pologne. Le ministère français, à cette époque, avait un caractère personnel de circonspection; le peu de rapports indirects qu'on se permettait avec les agens des colonies insurgées, ne passaient qu'à travers une succession d'intermédiaires non avoués et formellement démentis aussitôt que l'ambassadeur prétendait en avoir connaissance, ou que les agens américains prétendaient en tirer quelque avantage. Parmi les passagers sur lesquels les ministres voulurent bien fermer les yeux, il n'y eut jamais que quatre ingénieurs pour qui cette tolérance fût une vraie mission secrète (1). Un mot de lord Stormont suffisait pour faire arrêter, décharger, emprisonner quelquefois les Américains admis dans les ports; on ne leur rendait leur liberté ou leur propriété qu'en fraude et comme on se soustrait à la surveillance d'un supérieur.

Au milieu de ce dédale de précautions, de faiblesses et de dénégations, on jugera quel effet produisit à Versailles la démarche éclatante d'un jeune homme marquant par sa naissance et sa fortune, allié à une des plus puissantes familles de la cour, par qui le roi d'Angleterre et ses ministres allaient se croire bravés et même moqués, et dont le départ laisserait du doute sur la connivence de l'ambassadeur et du gouvernement de France. La colère des gouvernans fut au comble; une partie de sa famille partagea ce mécontentement. Il avait traversé secrètement la France. Voyant près de Paris Carmichael, secrétaire des agens américains, il avait pressé le départ de son bâtiment de Bordeaux, aimant mieux, pour ce qui restait à faire, relâcher au Passage, port espagnol. C'est là qu'il fut atteint par le porteur des dépêches royales qui l'avait manqué en France. Il revint de sa personne à Bordeaux pour tâcher d'obtenir un consentement qu'il croyait utile à sa cause. Le retour de son courrier lui ayant appris qu'on ne daignerait pas même répondre à une demande si in-

---

(1) MM. de Gouvion, Duportail, Laradière et Laumoy.

discrète, il se hâta de sortir de France déguisé en courrier, et mit sur-le-champ à la voile.

Le gouvernement, pour satisfaire de plus en plus lord Stormont, envoya deux bâtimens légers aux îles du Vent et sous le Vent pour arrêter Lafayette. Dans ce temps les navigateurs français ne risquaient pas un voyage direct au continent américain; ils allaient d'abord aux Antilles, et prenant des papiers pour France, ils rangeaient le plus possible la côte américaine, et tâchaient de saisir le moment ou le prétexte de se glisser dans un port. Le bâtiment de Lafayette avait suivi la marche commune d'expéditions; mais le jeune propriétaire, qui avait à son bord plusieurs officiers, et qui avait gagné l'affection de l'équipage, força le capitaine à passer tout droit. Le bonheur voulut qu'un coup de vent éloignât les frégates qui croisaient encore la veille devant le port de Georgetown, où il entra protégé par la fortune contre tous les obstacles qu'on avait mis à son entreprise.

Mais, tandis que le gouvernement français secondait ainsi celui de l'Angleterre, le départ du jeune Lafayette fit, à Paris, dans les villes de commerce, dans toutes les sociétés, et même celle de la cour, une sensation très favorable à la cause américaine. L'enthousiasme qu'il excita fut dû en grande partie à la stagnation politique où l'on était depuis longtemps, au ressentiment des hauteurs de l'Angleterre, de son commissaire à Dunkerque, de ses prétentions maritimes; au goût naturel des hommes pour les actions extraordinaires et hardies, surtout lorsqu'elles bravent les puissances et servent le faible combattant pour sa liberté. On peut dater de cette circonstance personnelle le redoublement d'intérêt et d'attention, le mouvement national et toujours croissant de l'opinion publique, à laquelle le gouvernement français finit par céder, lorsqu'en traitant avec les États-Unis il se jeta dans des engagemens avec eux et une guerre avec l'Angleterre, dont sa disposition naturelle l'éloignait également.

B.

SUR LA PREMIÈRE ENTREVUE DU GÉNÉRAL WASHINGTON ET DU GÉNÉRAL LAFAYETTE.

L'apparition des deux frères Howe devant les caps de la Delaware, avait fait penser que c'était de ce côté qu'ils devaient débarquer. Le général Washington se porta avec son armée près de Philadelphie. Elle avait été recrutée pendant l'hiver. Washington se rendit à Philadelphie à un dîner de cérémonie qui lui fut donné. Ce fut là que Lafayette lui fut présenté. Il avait traversé par terre les États méridionaux, et s'était rendu au congrès, où il demanda de servir d'abord comme volontaire et de servir à ses dépens. On fut frappé de deux demandes si différentes de celles de plusieurs officiers, et nommément d'un officier d'artillerie, qui était arrivé avec de grandes prétentions, et qui se noya peu après dans le Schuylkill. Lafayette eut le rang de major-général, le principal grade dans l'armée américaine. Washington fit l'accueil le plus amical au jeune général volontaire, et l'invita à vivre chez lui comme membre de sa famille militaire, ce que Lafayette accepta avec la même franchise. Il y resta jusqu'à ce qu'il eut le commandement d'une division. La cour de France avait exigé que les envoyés américains écrivissent en Amérique pour empêcher que Lafayette ne fût employé dans leur armée. Ils ne pressèrent pas l'arrivée de cette lettre, et quand on en eut connaissance, la popularité de Lafayette était déjà trop grande pour qu'elle pût produire aucun effet. On voit qu'il n'est pas un genre d'obstacles qui, dès les premiers temps, n'aient été bravés et surmontés par lui pour embrasser et servir la cause américaine. (Manuscrit n° 1.)

C.

SUR LES COMMANDEMENS DE L'HIVER DE 1778, ET SUR LES FRANÇAIS AU SERVICE DES ÉTATS-UNIS.

Parmi les moyens que l'on prit pour ôter des amis au général en chef, on ne négligea pas de tenter l'ambition de Lafayette, qui avait déjà beaucoup de popularité dans l'armée et dans le pays, et qui, d'ailleurs, par ses relations avec l'Europe, paraissait, aux ennemis de Washington, un des hommes qu'il leur convenait d'attirer dans leur parti. On imagina de le tenter par le gouvernement du nord, que Gates venait de quitter, et par l'espoir d'une expédition en Canada. Il arriva au général Washington un paquet

du ministre de la guerre renfermant, pour Lafayette, un diplôme de commandant en chef indépendant, avec ordre d'aller au congrès recevoir des instructions. Le général le lui remit sans se permettre une réflexion à cet égard. Lafayette déclara sur-le-champ, à trois commissaires du congrès qui se trouvaient en ce moment au camp : « qu'il n'accepterait jamais au-
« cun commandement indépendant du général, et
« que le titre de son aide-de-camp lui paraîtrait pré-
« férable à tous ceux qu'on pourrait lui donner. »
Lorsque le général Washington reçut l'ordre du congrès, il ne dit à son jeune ami, en lui remettant la lettre, que ces mots : « J'aime mieux que ce soit pour
« vous que pour tout autre. »

Les commandemens, pendant l'hiver de 1777 à 1778, furent distribués de la manière suivante : le général Washington réunit à Valley-Forge, sous des huttes, ce qui s'appelait l'armée principale, et qui fut réduite pendant quelque temps à quatre à cinq mille hommes manquant d'habits. Il y avait un poste à Peekskill sous le général Mac-Dougal. Lafayette commandait ce qu'on appelait l'armée du nord, c'est-à-dire une poignée de monde ; son quartier-général était à Albany. Il y eut quelques incursions des ennemis, mais peu considérables, et avec de la vigilance et un choix judicieux des postes, l'hiver se passa tranquillement. Lafayette avait sous ses ordres deux officiers-généraux qui venaient du service de France, nommément le général Kalb, Allemand de naissance, qui était arrivé sur le même vaisseau que lui; le général Conway, d'origine irlandaise, major dans un des régimens de cette nation au service de France. Outre les quatre ingénieurs que nous avons nommés plus haut, et ces deux officiers, on doit aussi, dans la nomenclature des étrangers au service des États-Unis, faire mention de Pulaski, noble polonais, qui avait joué un rôle dans la confédération de son pays, et qui, après le succès des Russes, était arrivé en Amérique avec des lettres de recommandation pour le congrès, le général Washington et le général Lafayette; Kosciuszko, son compatriote, qui était en Amérique colonel ingénieur, et qui, depuis, a joué un si grand et si beau rôle dans les dernières révolutions de Pologne; Ternant, Français de naissance, qui a servi les États-Unis, la Hollande et la France avec un talent distingué; La Colombe, aide-de-camp de Lafayette, qui, depuis, a été utilement employé dans la révolution française; le marquis de La Royerie, qu'un amour malheureux fit passer aux États-Unis, et qui, depuis, a joué un rôle dans la contre-révolution; Gimat, aide-de-camp de Lafayette, qui, depuis, a commandé aux Iles françaises; Fleury, qui se distingua dans la défense du fort Mifflin et à l'attaque du fort de West-Point, et qui est mort maréchal-de-camp en France; Mauduit-Duplessis, officier d'artillerie d'une grande bravoure, qui, depuis, prit parti contre la révolution française, et a été massacré à Saint-Domingue; Touzard, officier d'artillerie, qui eut le bras emporté à Rhode Island, où il faisait les fonctions d'aide-de-camp de Lafayette; le major Lenfant, employé comme ingénieur; le baron de Steuben, officier prussien, bon manœuvrier, qui arriva au commencement de 1778, et qui fut d'un grand secours pour la tactique des troupes de l'armée américaine. Ces officiers et quelques autres obtinrent du service en Amérique. Le plus grand nombre de ceux qui se présentèrent furent refusés et revinrent en France, à quelques exceptions près, porter tous leurs préjugés contre les Américains. Il paraît que quelques-uns de ceux qui restèrent écrivirent dans le même sens; aussi le général Washington observe-t-il, dans une de ses lettres qui, quoiqu'elle ne soit point exacte sur quelques points, l'est vraisemblement sur celui-ci, que Lafayette, par sa correspondance, en détruisant les impressions défavorables qu'on donnait, et en cherchant, au contraire, à échauffer les Français en faveur des Américains, rendait à leur cause un nouveau et très grand service. (Manuscrit n° 1.)

D.

SUR LA RETRAITE DE BARREN-HILL.

L'armée anglaise faisant des préparatifs pour évacuer Philadelphie, Lafayette fut envoyé, avec un détachement de deux mille hommes choisis et cinq pièces de canon, dans une position à moitié chemin de Valley-Forge à cette ville; c'était à Barren-Hill. Il y avait un corps de milices sous le général Poter qui avait été placé sur la gauche de Lafayette; mais il se retira plus en arrière, et les Anglais en profitèrent pour entourer le corps de deux mille hommes. Le général Grant, avec sept mille hommes et quatorze pièces de canon, se trouvait derrière lui, et plus près que lui du seul gué par où ils pussent passer le Schuylkill. Le général Grey, avec deux mille hommes, arriva sur sa gauche à Barren-Hill Church, tandis que le reste de l'armée anglaise, sous les ordres des généraux Clinton et Howe, se préparait à l'attaquer de front. On assure que l'amiral lord Howe y marcha comme volontaire. Les généraux anglais étaient si certains de la capture de Lafayette, qu'ils envoyèrent à Philadelphie des billets d'invitation à une fête où ils dirent que Lafayette assisterait. En effet, s'il n'eût pas manœuvré mieux qu'eux, tout ce corps était perdu. On tira à l'armée le canon d'alarme; le général Washington fut dans une inquiétude d'autant plus vive, que ces troupes étant la fleur de son armée, ce revers décourageait les autres. Lafayette prit son parti sur-le-champ; il jeta quelques troupes dans le cimetière de l'église pour arrêter celles du général Grey. Il fit de feintes attaques contre le général Grant en lui montrant des têtes de colonnes, et pendant que celui-ci s'arrêtait et se formait pour le recevoir, il faisait filer son détachement. Ce fut par ces manœuvres qu'il gagna le gué et le passa en présence des ennemis, sans perdre un seul homme. Deux lignes anglaises se rencontrèrent et furent au moment de s'attaquer, mais il n'y avait plus rien entre elles; les Américains étaient déjà de l'autre côté du Schuylkill. Ils retournèrent donc à Philadelphie très honteux, très fatigués et très plaisantés sur leur mauvais succès. (Manuscrit n° 1).

E.

SUR L'ARRIVÉE DE LA FLOTTE FRANÇAISE.

Ce fut peu de temps avant l'ouverture de la campagne qu'on apprit le traité avec la France. L'enthousiasme national pour les Américains avait été en croissant ; le ministère craignait la guerre; Necker surtout fit tout ce qu'il put pour empêcher la cour de France d'épouser cette cause, ce qui peut fournir une réponse aux accusations d'ardeur révolutionnaire qui lui ont été adressées par les aristocrates français. Maurepas était très timide, mais la nouvelle de la prise du général Burgoyne lui donna quelque courage. Le comte de Vergennes se flatta qu'il éviterait la guerre. La cour de France mit peu de sincérité dans ses procédés avec l'Angleterre. Enfin le traité fut conclu. Le docteur Franklin, Silas Deane, et John Adams, accompagnés de tous les Américains qui se trouvaient à Paris, furent présentés au roi et à la famille royale. Ils se rendirent ensuite chez la jeune madame de Lafayette, qui se trouvait à Versailles, et voulurent, par cet acte authentique, témoigner combien ils se croyaient redevables à Lafayette de l'heureuse tournure que leurs affaires avaient prise. La nouvelle du traité fit une grande sensation en Amérique, et surtout à l'armée. Lafayette était, depuis quelque temps, revenu de son commandement du nord au quartier-général de Washington. La déclaration du gouvernement français au cabinet britannique se servait de cette expression : « Les « Américains étant devenus indépendans par leur « déclaration de tel jour. » — « Voilà, » dit en sou-

riant Lafayette, « un principe de souveraineté na-
« tionale qui leur sera rappelé un jour chez eux. » La
révolution française et la part qu'il y a prise ont dou-
blement vérifié cette prédiction. —(Manuscrit n° 1.)

L'ouvrage de M. Marshall offre une dissertation
curieuse sur la déclaration de guerre entre la France
et l'Angleterre, et donne l'extrait d'un mémoire de
M. Turgot, qu'il serait intéressant de vérifier. On y
verrait où en était encore, sur les colonies en général
et sur la querelle des colonies anglaises en particulier,
l'opinion d'un des hommes les plus avancés et les plus
libéraux dans les questions de commerce et de politique. L'idée que la reine soutenait le parti de la
guerre n'est pas exacte ; sa disposition de société
était plus anglomane ; sa politique était toute autrichienne, et la cour de Vienne ne voulait dès-lors pas
que la France eût de prétexte pour se refuser aux
conditions du traité fait avec elle, et qu'elle réclama
bientôt après; mais la reine suivait, en femme de la société, l'impulsion de Paris, des villes de commerce, et
du public.

Le docteur Ramsay fait mention du bonheur que
dut éprouver Lafayette, lorsqu'en apprenant cette
heureuse nouvelle de l'alliance française, il embrassa
avec des larmes de joie son illustre général. Plusieurs
témoins se sont rappelés depuis que lorsqu'on fit lecture du message de la cour de Versailles à celle de
Londres, et des justifications qui portaient sur le droit
du peuple américain à se donner un gouvernement,
Lafayette s'écria : « Voilà une grande vérité que nous
« leur rappellerons chez eux. » —(Manuscrit n° 2.)

F.

SUR LES DIVISIONS ENTRE LA FLOTTE FRANÇAISE ET L'ARMÉE AMÉRICAINE.

L'histoire du docteur Gordon, celle de Ramsay, celle de M. Marshall, rendent un compte très détaillé de l'arrivée du comte d'Estaing à l'entrée de la Delaware, de son arrivée à Sandyhook, et de l'expédition contre Rhode Island. Lafayette y conduisit de White-Plains deux mille hommes de troupes continentales. Il fit cette route, de deux cent quarante milles, très lestement, et arriva avant que le reste des troupes, aux ordres de Sullivan, fût prêt. Il est à regretter que ce général eût engagé le comte d'Estaing à attendre la coopération des Américains, tandis qu'en l'invitant à forcer le passage entre Rhode Island et Connecticut Island, il eût été temps, au premier moment de son arrivée, d'enlever quinze cents Hessois qui étaient sur cette dernière île. D'un autre côté M. d'Estaing eut tort de se fâcher de ce que le général Sullivan, dès qu'il eut appris l'abandon des forts du nord de l'île, effectua son passage et s'en empara avant d'avoir pu se concerter avec l'amiral. Quoi qu'il en soit, tout allait bien. Les Américains avaient douze mille hommes sur l'île, la droite composée de la moitié des continentaux amenés par Lafayette, et de cinq mille hommes de milice, sous le général Greene; la gauche, également de cinq mille miliciens, et, de l'autre moitié des continentaux, commandée par le général Lafayette. C'est le 8 août que l'armée américaine s'était portée à Howland's

Ferry, tandis que l'escadre forçait le passage. Trois frégates anglaises se brûlèrent; il y en eût six de brûlées dans cette expédition, et plusieurs autres bâtimens. Dans l'après-midi du débarquement de l'armée de Sullivan, on attendait les bataillons de Foix et de Hainaut, et les troupes de marine, qui devaient être joints au corps de Lafayette, lorsque l'amiral Howe parut et prit le mouillage que le comte d'Estaing avait quitté pour entrer dans la passe. Les marins français craignirent qu'on ne cherchât à profiter de leur situation resserrée entre les îles, et qu'au moins on ne jetât des renforts au sud de l'île ; mais, le vent ayant changé la nuit, le comte d'Estaing sortit très brillamment sous le feu des batteries anglaises, et lord Howe, coupant ses cables, prit chasse devant lui. Cet habile amiral aurait payé cher sa manœuvre hardie, si la tempête n'était pas venue à son secours.

M. Marshall, qui avait sous les yeux les lettres de Washington et de Lafayette, parle, dans son récit, de la manière dont Lafayette risqua, d'une part, sans ménagement, sa popularité, et l'employa, de l'autre, avec zèle pour défendre l'honneur français des inculpations que le mécontentement des Américains excita de toutes parts, et surtout à Rhode Island et à Boston, contre les chefs de l'escadre, et en même temps pour empêcher que le mécontentement ne dégénérât en brouillerie. Sullivan, le plus ancien des trois majors-généraux, avait le commandement en chef. C'est après une explication avec Lafayette, son camarade et ami, qu'il adoucit par un ordre du jour subséquent celui qu'il avait imprudemment donné. Le général Greene, homme d'un mérite supérieur, contribua beaucoup à la conciliation. L'ex-président Hancock, qui avait d'abord exprimé hautement beaucoup d'humeur, consentit à partir pour Boston et à s'occuper de l'adoucissement des esprits et de l'approvisionnement de l'escadre. La popularité de Lafayette dans cette ville fut employée très utilement pendant la course rapide qu'il y fit. Le congrès, le général Washington, pensèrent aussi qu'on ne saurait trop tôt apaiser cette querelle; mais ils étaient loin, et les premiers momens demandèrent un heureux emploi de fermeté et de persuasion. La bonne intelligence se rétablit si bien qu'elle ne fut pas troublée même par le malheureux évènement qui, quelque temps après, coûta la vie à M. de Saint-Sauveur. On dut beaucoup au docteur Cooper, ministre très distingué de l'Église presbytérienne. (Manuscrit n° 2.)

CORRESPONDANCE.

1777 - 1778.

AU DUC D'AYEN (1).

Londres, 9 mars 1777.

Vous allez être étonné, mon cher papa, de ce que je vais vous mander; il m'en a plus coûté que je ne puis vous l'exprimer pour ne pas vous consulter. Mon respect, ma tendresse, ma confiance en vous,

(1) Jean-Paul-François de Noailles, duc d'Ayen, depuis duc de Noailles, mort membre de la chambre des pairs, en 1824, était, comme on sait, beau-père de M. de Lafayette, qui avait été, pour ainsi dire, élevé à l'hôtel de Noailles, et qui regardait toute la famille de sa femme comme sa propre famille. Elle se divisait alors en deux branches. Le maréchal de Noailles, gouverneur de Roussillon et capitaine des gardes de la compagnie écossaise, dite compagnie de Noailles, était le chef de la branche aînée. Il avait quatre enfans : le duc d'Ayen, le marquis de Noailles et mesdames de Tessé et de Lesparre. Le premier, officier-général, capitaine des gardes en survivance, et marié à Henriette-Anne-Louise Daguesseau, n'avait eu que des filles. L'aînée, qui est morte en 1794 sur le même échafaud que sa mère, avait épousé son cousin, le vicomte de Noailles. La seconde, Marie-Adrienne-Françoise, née le 2 novembre 1759, morte le 24 décembre 1807, était madame de Lafayette. Les trois autres, non mariées à l'époque où cette lette fut écrite, épousèrent ensuite MM. de Thésan, de Montagu et de Grammont.

La branche cadette de la famille de Noailles avait pour chef le maréchal de Mouchy, frère du maréchal de Noailles, et dont les enfans étaient le prince de Poix, mort pair de France et capitaine des gardes sous la restauration, la duchesse de Duras, et ce même vicomte de Noailles, membre de l'Assemblée constituante, mort de ses blessures dans l'expédition de Saint-Domingue de 1802.

doivent vous en assurer; mais ma parole y était engagée, et vous ne m'auriez pas estimé si j'y avais manqué; au lieu que la démarche que je fais vous donnera, j'espère, bonne opinion au moins de ma bonne volonté. J'ai trouvé une occasion unique de me distinguer et d'apprendre mon métier : je suis officier-général dans l'armée des États-Unis d'Amérique. Mon zèle pour leur cause et ma franchise ont gagné leur confiance. De mon côté, j'ai fait tout ce que j'ai pu pour eux, et leurs intérêts me seront toujours plus chers que les miens. Enfin, mon cher papa, dans ce moment, je suis à Londres, attendant toujours des nouvelles de mes amis; dès que j'en aurai, je partirai d'ici, et sans m'arrêter à Paris, j'irai m'embarquer sur un vaisseau que j'ai frété, et qui m'appartient. Mes compagnons de voyage sont M. le baron de Kalb, officier de la plus grande distinction, brigadier des armées du roi, et major-général au service des États-Unis, ainsi que moi; et quelques officiers excellens qui veulent bien partager mes aventures. Je suis au comble de ma joie d'avoir trouvé une si belle occasion de faire quelque chose et de m'instruire. Je sais bien que je fais des sacrifices énormes, et qu'il m'en coûtera plus qu'à personne pour quitter ma famille, mes amis, vous, mon cher papa, parce que je les aime plus tendrement qu'on n'a jamais aimé. Mais ce voyage n'est pas bien long, on en fait tous les jours de plus considérables pour son seul plaisir, et d'ailleurs j'espère en revenir plus digne de tout ce qui aura la bonté de me regretter. Adieu, mon cher papa, j'espère vous revoir bientôt, conservez-moi votre tendresse, j'ai bien envie de la mériter, et je la mérite déjà par celle que je sens pour vous, et le respect que conservera toute sa vie,

Votre tendre fils, LAFAYETTE.

J'arrive pour un instant à Paris, mon cher papa, ne prenant que le temps de vous dire adieu. Je voulais écrire à mon oncle (1) et à madame de Lusignem, mais je suis si pressé que je vous prie de vous charger de mes hommages.

A MADAME DE LAFAYETTE.

A bord de *la Victoire*, ce 30 mai 1777.

C'est de bien loin que je vous écris, mon cher cœur, et à ce cruel éloignement je joins l'incertitude encore plus affreuse du temps où je pourrai savoir de vos nouvelles. J'espère cependant en avoir bientôt; parmi tant d'autres raisons qui me font désirer d'arriver, aucune ne me donne autant d'impatience que celle-là. Que de craintes, que de troubles, j'ai à joindre au chagrin déjà si vif de me séparer de tout ce que j'ai de plus cher! Comment aurez-vous pris mon second départ? m'en aurez-vous moins aimé? m'aurez-vous pardonné? aurez-vous songé que dans tous les cas il fallait être séparé de vous, errant en Italie (2),

---

(1) M. de Lusignem, oncle par alliance de M. de Lafayette.

(2) Au moment où le projet de départ de M. de Lafayette éclata, on lui prescrivit d'aller joindre M. le duc d'Ayen et madame de Tessé, sa sœur, qui partaient pour un voyage en Italie et en Sicile.

et traînant une vie sans gloire au milieu des personnes les plus opposées et à mes projets, et à ma façon de penser? Toutes ces réflexions ne m'ont pas empêché d'éprouver un mouvement affreux dans ces terribles momens qui me séparaient du rivage. Vos regrets, ceux de mes amis, Henriette (1), tout s'est représenté à mon ame d'une manière déchirante. C'est bien alors que je ne me trouvais plus d'excuse. Si vous saviez tout ce que j'ai souffert, les tristes journées que j'ai passées en fuyant tout ce que j'aime au monde? Joindrai-je à ce malheur celui d'apprendre que vous ne me pardonnez pas? en vérité, mon cœur, je serais trop à plaindre. Mais je ne vous parle pas de moi, de ma santé, et je sais que ces détails vous intéressent.

Je suis depuis ma dernière lettre dans le plus ennuyeux des pays; la mer est si triste, et nous nous attristons, je crois, mutuellement, elle et moi. Je devrais être arrivé, mais les vents m'ont cruellement contrarié; je ne me verrai pas avant huit ou dix jours à Charlestown. C'est là que je compte débarquer, et ce sera un grand plaisir pour moi. Une fois arrivé, j'aurai tous les jours l'espérance de recevoir des nouvelles de France; j'apprendrai tant de choses intéressantes et sur ce que je vais trouver, et surtout sur ce que j'ai laissé avec tant de regret! Pourvu que j'apprenne que vous vous portez bien, que vous m'aimez toujours, et qu'un certain nombre d'amis sont dans le même cas, je serai d'une philosophie parfaite sur tout le reste, de quelque espèce et de

---

(1) Premier enfant de M. de Lafayette, et qu'il perdit pendant le voyage. (*Voyez* la *Lettre* du 16 juin 1778.)

quelque pays qu'il puisse être. Mais aussi si mon cœur était attaqué dans un endroit bien sensible; si vous ne m'aimiez plus tant, je serais trop malheureux. Mais je ne dois pas le craindre, n'est-ce pas, mon cher cœur?—J'ai été bien malade dans les premiers temps de mon voyage, et j'aurais pu me donner la consolation des méchans qui est de souffrir en nombreuse compagnie. Je me suis traité à ma manière, et j'ai été plus tôt guéri que les autres ; à présent je suis à peu près comme à terre. Une fois arrivé, je suis sûr d'avoir acquis l'assurance d'une santé parfaite pour bien long-temps. N'allez pas croire que je courre des dangers réels dans les occupations que je vais avoir. Le poste d'officier-général a toujours été regardé comme un brevet d'immortalité. C'est un service si différent de celui que j'aurais fait en France, comme colonel, par exemple. Dans ce grade-là, on n'est que pour le conseil. Demandez-le à tous les officiers-généraux français, dont le nombre est d'autant plus grand qu'une fois arrivés là, ils ne courent plus aucun risque, et par conséquent ne font pas place à d'autres comme dans les autres services. La preuve que je ne veux pas vous tromper, c'est que je vous avouerai qu'à présent nous courons quelques dangers, parce que nous risquons d'être attaqués par des vaisseaux anglais et que le mien n'est pas de force à se défendre. Mais une fois arrivé, je suis en sûreté parfaite. Vous voyez que je vous dis tout, mon cher cœur, ainsi ayez-y confiance et ne soyez pas inquiète sans sujet. Je ne vous ferai pas de journal de mon voyage; ici les jours se suivent, et, qui pis est, se ressemblent. Toujours le ciel, toujours l'eau; et puis le lendemain, c'est la même chose. En vérité, les gens qui font des volumes sur une traversée maritime doivent être de cruels bavards; car, moi, j'ai eu des vents contraires comme un autre; j'ai fait un très long voyage comme un autre ; j'ai essuyé des orages; j'ai vu des vaisseaux, et ils étaient beaucoup plus intéressans pour moi que pour tout autre : eh bien! je n'ai rien remarqué qui valût la peine d'être écrit, ou qui ne l'eût été par tout le monde.

A présent parlons de choses plus importantes : parlons de vous, de la chère Henriette, de son frère ou de sa sœur. Henriette est si aimable qu'elle donne le goût des filles. Quel que soit notre nouvel enfant, je le recevrai avec une joie bien vive. Ne perdez pas un moment pour hâter mon bonheur en m'apprenant sa naissance. Je ne sais pas si c'est parce que je suis deux fois père, mais je me sens père plus que jamais. M. Deane et mon ami Carmichael vous fourniront des moyens; je suis bien sûr qu'ils ne négligeront rien pour me rendre heureux le plus tôt possible. Écrivez, envoyez même un homme sûr; un homme qui vous aurait vue me ferait tant de plaisir à interroger; Landrin par exemple... Enfin comme vous le jugerez à propos. Vous ne connaissez pas mon sentiment aussi vif, aussi tendre qu'il est, si vous croyez pouvoir négliger quelque chose qui ait rapport à vous. Vous recevrez bien tard de mes nouvelles cette fois-ci; mais quand je serai établi, vous en aurez souvent et de bien plus fraîches. Il n'y a pas grande différence entre les lettres d'Amérique et les lettres de Sicile. Je vous avoue que j'ai furieusement cette Sicile sur le cœur. Je me suis cru si près de vous revoir. Mais brisons court à l'article Sicile. Adieu, mon cher cœur, je vous écrirai de Charlestown, je vous écrirai avant d'y arriver. Bonsoir pour aujourd'hui.

Ce 7 juin.

Je suis encore dans cette triste plaine, et c'est sans nulle comparaison ce qu'on peut faire de plus ennuyeux. Pour me consoler un peu, je pense à vous, à mes amis; je pense au plaisir de vous retrouver. Quel charmant moment quand j'arriverai, que je viendrai vous embrasser tout de suite sans être attendu! vous serez peut-être avec vos enfans. J'ai même à penser à cet heureux instant un plaisir délicieux; ne croyez pas qu'il soit éloigné, il me paraîtra bien long sûrement, mais dans le fait il ne sera pas aussi long que vous allez vous l'imaginer. Sans pouvoir décider ni le jour ni même le mois, sans voir par moi-même l'état des choses, cet exil prescrit jusqu'au mois de janvier par M. le duc d'Ayen me paraissait si immense que certainement je ne prendrai pas sur moi de m'en ordonner un bien long. Vous avouerez, mon cœur, que l'occupation et l'existence que je vais avoir sont bien différentes de celles qu'on me gardait dans ce futile voyage. Défenseur de cette liberté que j'idolâtre, libre moi-même plus que personne, en venant comme ami offrir mes services à cette république si intéressante, je n'y porte que ma franchise et ma bonne volonté, nulle ambition, nul intérêt particulier; en travaillant pour ma gloire, je travaille pour leur bonheur. J'espère qu'en ma faveur vous deviendrez bonne Américaine, c'est un sentiment fait pour les cœurs vertueux. Le bonheur de l'Amérique est intimement lié au bonheur de toute l'humanité; elle va devenir le respectable et sûr asile de la vertu, de l'honnêteté, de la tolérance, de l'égalité et d'une tranquille liberté.

Nous avons de temps en temps de petites alertes, mais avec un peu d'adresse et de bonne fortune, je suis bien sûr de passer sans inconvénient. J'en serai d'autant plus charmé que je deviens tous les jours excessivement raisonnable. Vous savez que le vicomte (1) est sujet à répéter *que les voyages forment les jeunes gens* ; s'il ne le disait qu'une fois tous les matins, et une fois tous les soirs, en vérité ce ne serait pas trop, car je sens de plus en plus la justesse de cette sentence. Je ne sais où il est ce pauvre vicomte, non plus que le prince (2), non plus que tous mes amis. C'est pourtant une cruelle chose que cette ignorance. Toutes les fois que vous pourrez rencontrer dans un coin quelqu'un que j'aime, dites-lui mille et dix mille choses pour moi. Embrassez bien tendrement mes chères sœurs, dites-leur qu'elles se souviennent de moi et qu'elles m'aiment; faites bien mes complimens à mademoiselle Marin; je vous recommande aussi ce pauvre abbé Fayon (3). Quant à M. le maréchal de Noailles, dites-lui que je ne lui écris pas de peur de l'ennuyer, et parce que je n'ai

---

(1) Le vicomte de Noailles, beau-frère de M. de Lafayette.

(2) Le prince de Poix, fils du maréchal de Mouchy et, par conséquent, oncle à la mode de Bretagne de madame de Lafayette.

(3) Mademoiselle Marin était une gouvernante de mesdemoiselles de Noailles, et l'abbé Fayon le précepteur de M. de Lafayette.

à lui apprendre que mon arrivée ; que j'attends ses commissions pour des arbres ou plantes, ou ce qu'il voudra de moi, et que je voudrais bien que mon exactitude pût être une preuve de mon sentiment pour lui. Présentez aussi mes hommages à madame la duchesse de la Trémoïlle (1), et dites-lui que je lui fais les mêmes offres qu'à M. le maréchal de Noailles, pour elle ou pour sa belle-fille qui a un fort beau jardin. Faites aussi savoir à mon vieil ami Desplaces (2) que je suis en bonne santé. Quant à mes tantes, à madame d'Ayen, à la vicomtesse, je leur écris.

Voilà mes petites commissions, mon cher cœur; j'ai écrit aussi en Sicile. On voit aujourd'hui plusieurs espèces d'oiseaux qui annoncent que nous ne sommes pas bien loin de la terre. L'espérance d'y arriver est bien douce; car la vie de ce pays-ci est bien ennuyeuse. Heureusement que ma bonne santé me permet de m'occuper un peu; je me partage entre les livres militaires et les livres anglais. J'ai fait quelques progrès dans cette langue qui va me devenir si nécessaire. Adieu, la nuit ne me permet pas de continuer, car j'ai interdit toute lumière dans mon vaisseau depuis quelques jours; voyez comme je suis prudent!

---

(1) Madame de Lafayette, l'auteur de *la Princesse de Clèves*, n'eut qu'une fille, qui fut madame de La Trémoïlle, et qui, héritière des biens de la famille de Lafayette, se prêta à faire rentrer dans les mains de ses cousins, qui habitaient la province, ceux de ces biens que l'esprit de famille pouvait tenir à conserver aux héritiers du nom. Depuis lors la branche de ceux-ci, dont M. de Lafayette était le dernier représentant, avait constamment entretenu des rapports intimes, non seulement de parenté, mais d'affection, avec la famille de la Trémoïlle.

(2) Ancien valet de chambre.

Adieu donc, si mes doigts sont un peu conduits par mon cœur, je n'ai pas besoin d'y voir clair pour vous dire que je vous aime et que je vous aimerai toute ma vie.

15 juin, chez le major Huger (1).

J'arrive, mon cher cœur, en très bonne santé, dans la maison d'un officier américain, et par le plus grand bonheur du monde un vaisseau français met à la voile; jugez comme j'en suis aise. Je vais ce soir à Charlestown, je vous y écrirai. Il n'y a point de nouvelles intéressantes. La campagne est ouverte, mais on ne se bat pas, très peu du moins. Les manières de ce monde-ci sont simples, honnêtes et dignes en tout du pays où tout retentit du beau nom de *liberté*. Je comptais écrire à madame d'Ayen, mais c'est impossible. Adieu, adieu, mon cœur. De Charlestown je me rendrai par terre à Philadelphie et à l'armée. N'est-il pas vrai que vous m'aimerez toujours?

A MADAME DE LAFAYETTE.

Ce 19 juin 1777, à Charlestown.

Si j'ai été pressé, mon cher cœur, de finir ma dernière lettre écrite il y a cinq ou six jours, j'espère au

---

(1) C'est le père de celui qui s'est si généreusement dévoué pour sauver Lafayette des prisons d'Olmutz. (*Note de M. de Lafayette*)

moins que le capitaine américain, que je croyais français, vous l'aura fait tenir dans le moins de temps possible. Cette lettre disait que je suis arrivé à bon port dans ce pays-ci, après avoir été un peu malade dans les premières semaines ; que j'étais actuellement chez un officier fort obligeant dans la maison duquel j'avais débarqué, que j'avais voulu aller tout droit, que mon voyage avait duré près de deux mois ; cette lettre parlait de tout ce qui intéresse le plus mon cœur, du regret de vous avoir quittée, de votre grossesse, de nos chers enfans ; elle disait aussi que je me porte à merveille. Je vous en fais l'extrait, parce que messieurs les Anglais pourraient bien s'amuser à la prendre en chemin. Cependant je compte assez sur mon étoile pour espérer qu'elle vous parviendra. Cette étoile vient de me servir de manière à étonner tout ce qui est ici ; comptez-y un peu, mon cœur ; et soyez sûre qu'elle doit vous tranquilliser entièrement. J'ai débarqué après m'être promené plusieurs jours le long d'une côte qui fourmille de vaisseaux ennemis. Quand je suis arrivé ici, tout le monde m'a dit que mon vaisseau était pris sûrement, parce que deux frégates anglaises bloquaient le port. J'ai même envoyé et par terre et par mer des ordres au capitaine de mettre les hommes à terre et de brûler le navire, s'il en était temps encore ; eh bien ! par un bonheur inconcevable, un coup de vent ayant pour un instant éloigné les frégates, mon vaisseau est arrivé en plein midi sans rencontrer ni amis ni ennemis. J'ai trouvé à Charlestown un officier-général actuellement de service, le général Howe. Le président des États doit arriver ce soir de la campagne. Tous les gens avec qui j'ai voulu faire connaissance ici m'ont comblé de politesses et d'attentions (et ce ne sont pas les politesses d'Europe); je ne peux que me louer de la réception que j'ai eue ici, quoique je n'aie pas jugé à propos d'entrer dans aucun détail, ni sur mes arrangemens, ni sur mes projets. Je veux voir auparavant le congrès. J'espère partir dans deux jours pour Philadelphie, c'est une route par terre de plus de deux cent cinquante lieues; nous nous séparerons en petites troupes; j'ai déjà acheté des chevaux et de petites voitures pour me transporter. Il se trouve actuellement ici des vaisseaux français et américains qui sortent ensemble demain matin, dans un instant où ils ne verront pas les frégates; d'ailleurs ils sont nombreux, armés et m'ont promis de se bien défendre contre de petits corsaires qu'ils rencontreront sûrement. Je partagerai mes lettres sur les différens navires, en cas qu'il arrive quelque chose à un d'eux.

Je vais à présent vous parler du pays, mon cher cœur, et de ses habitans. Ils sont aussi aimables que mon enthousiasme avait pu se le figurer. La simplicité des manières, le désir d'obliger, l'amour de la patrie et de la liberté, une douce égalité, règnent ici parmi tout le monde. L'homme le plus riche et le plus pauvre sont de niveau, et quoiqu'il y ait des fortunes immenses dans ce pays, je défie de trouver la moindre différence entre leurs manières respectives les uns pour les autres. J'ai commencé par la vie de campagne, chez le major Huger; à présent, me voici à la ville. Tout y ressemble assez à la façon anglaise, excepté qu'il y a plus de simplicité chez eux qu'en

Angleterre. La ville de Charlestown est une des plus jolies, des mieux bâties et des plus agréablement peuplées que j'aie jamais vues. Les femmes américaines sont fort jolies, fort simples et d'une propreté charmante. Elle règne ici partout avec la plus grande recherche, bien plus même qu'en Angleterre. Ce qui m'enchante ici c'est que tous les citoyens sont frères. Il n'y a en Amérique ni pauvres, ni même ce qu'on appelle paysans. Tous les citoyens ont un bien honnête, et tous, les mêmes droits que le plus puissant propriétaire du pays. Les auberges sont bien différentes d'Europe; le maître et la maîtresse se mettent à table avec vous, font les honneurs d'un bon repas, et en partant vous payez sans marchander. Quand on ne veut pas aller dans une auberge, on trouve des maisons de campagne où il suffit d'être bon Américain pour être reçu avec les attentions qu'on aurait en Europe pour un ami.

Quant à ma réception particulière, j'ai éprouvé la plus agréable possible de tout le monde. Il suffit d'être venu avec moi pour être accueilli de la manière la plus satisfaisante. Je viens d'être cinq heures à un grand dîner, donné par un particulier de cette ville à mon intention. Les généraux Howe et Moultrie, et plusieurs officiers de ma caravane, y étaient. Nous avons bu des santés et barbouillé de l'anglais, qu'à présent je commence à parler un peu. Demain je ferai ma visite et mènerai ces messieurs chez M. le président des États, et je travaillerai à mes arrangemens de départ. Après-demain, les généraux qui commandent ici me mèneront voir la ville et ses environs, et ensuite je partirai pour l'armée. Il faut que je ferme et que j'envoie ma lettre tout de suite, parce que le vaisseau ira ce soir à l'entrée du port pour décamper demain à cinq heures. Comme tous les bâtimens courent des dangers, je partage mes lettres sur tous. J'écris à MM. de Coigny, de Poix, de Noailles, de Ségur, et à madame d'Ayen (1). S'il y en a quelqu'une qui reste en chemin, donnez-leur de mes nouvelles.

D'après l'agréable existence que j'ai dans ce pays-ci, la sympathie qui me met aussi à mon aise avec les habitans que si je les connaissais depuis vingt ans, la ressemblance de leur manière de penser et de la mienne, mon amour pour la gloire et pour la liberté, on doit croire que je suis bien heureux; mais vous me manquez, mon cher cœur; mes amis me manquent; et il n'y a pas de bonheur pour moi loin de vous et d'eux. Je vous demande si vous m'aimez toujours, mais je me le demande bien plus souvent à moi-même, et mon cœur me répond toujours que oui; j'espère qu'il ne me trompe pas. J'attends de vos nouvelles avec une impatience inexprimable; j'espère en trouver à Philadelphie. Toute ma crainte est que ce corsaire qui devait m'en porter ne soit pris en voyage. Quoique j'imagine avoir fort déplu aux Anglais en prenant la liberté de partir en dépit d'eux, pour arriver à leur barbe, j'avoue qu'ils ne seront pas en reste avec moi, s'ils attrapent ce vaisseau,

(1) Le vicomte de Coigny, fils du dernier maréchal de ce nom, était un ami intime de la jeunesse de M. de Lafayette; il mourut jeune, peut-être même pendant ce voyage (Voy. les *Lettres* du 6 janvier et du 13 février 1778.) Le comte de Ségur, qui avait épousé la sœur de la duchesse d'Ayen, et qui était par conséquent oncle de M. de Lafayette, est toujours resté son ami. (Voy. ses *Mémoires* publiés avant sa mort, arrivée en 1830.)

ma chère espérance, sur lequel je compte tant pour avoir de vos lettres. Écrivez-en souvent, s'il vous plaît, et de longues. Vous ne connaissez pas assez toute la joie que j'aurai à les recevoir. Embrassez bien Henriette : puis-je dire, mon cœur, embrassez nos enfans? Ces pauvres enfans ont un père qui court les champs, mais un bon et honnête homme dans le fond, un bon père qui aime bien sa famille, et un bon mari aussi, car il aime sa femme de tout son cœur. Faites tous mes complimens à vos amies et aux miens; je dirais aussi mes amies, avec la permission de la comtesse Auguste et de madame de Fronsac (1). Ce que j'entends par mes amis, vous savez bien que c'est la chère société; société de la cour autrefois, et qui par le laps de temps est devenue société de l'Épée-de-bois (2); nous autres républicains nous trouvons qu'elle en vaut bien mieux. Cette lettre vous sera rendue par un capitaine français qui, je crois, ira vous la remettre lui-même; mais je vous confie que je me prépare encore une bonne affaire pour demain; c'est de vous écrire par un Américain qui part aussi, mais plus tard. Adieu donc, mon cher cœur, je finis faute de papier, faute de temps, et si je ne vous répète pas dix mille fois que je vous aime, ce n'est pas faute de sentiment, mais bien faute de modestie, parce que j'ai la confiance d'espérer que je

---

(1) La comtesse Auguste d'Aremberg, femme du comte de Lamark, l'ami de Mirabeau, et la duchesse de Fronsac, belle-fille du maréchal de Richelieu.

(2) C'était une société de jeunes gens qui se réunissaient d'abord à Versailles, et qui prit ensuite ses rendez-vous dans une auberge de Paris. (*Note de M. de Lafayette.*)

vous en ai persuadée. Il est fort avant dans la nuit, il fait une chaleur affreuse, et je suis dévoré de moucherons qui vous couvrent de grosses ampoules; mais les meilleurs pays ont, comme vous voyez, leurs inconvéniens. Adieu, mon cœur, adieu.

A MADAME DE LAFAYETTE.

Petersburg, ce 17 juillet 1777.

Je suis bien heureux, mon cher cœur, si le mot de bonheur est fait pour moi tant que je serai loin de tout ce que j'aime; voici un vaisseau prêt à partir pour France, et je pourrai vous dire, avant d'arriver à Philadelphie, que je vous aime, mon cœur, et que vous pouvez être bien tranquille sur ma santé. J'ai supporté la fatigue du voyage sans m'en apercevoir; il a été bien long et bien ennuyeux par terre, quoiqu'il le fût encore davantage quand j'étais dans mon triste vaisseau. Je suis à présent à huit journées de Philadelphie et dans le beau pays de la Virginie. Toutes les fatigues sont passées, et je crains bien que celles de la guerre ne soient bien légères, s'il est vrai que le général Howe est parti de New-York pour aller je ne sais où. Mais toutes les nouvelles sont si incertaines que j'attends mon arrivée pour fixer mon opinion; c'est là, mon cœur, que je vous écrirai une longue lettre. Vous devez en avoir reçu quatre de moi, si elles ne sont pas tombées entre les mains des Anglais. Je n'ai pas reçu de vos nouvelles, et mon impatience d'arriver à Philadelphie pour en avoir ne peut se comparer à rien. Jugez de l'état de mon ame, après cette immensité de temps, sans recevoir deux lignes d'aucun de mes amis. Enfin j'espère que cela finira, car je ne puis vivre dans une telle incertitude. J'ai entrepris une tâche en vérité trop forte pour mon cœur, il n'était pas né pour tant souffrir.

Vous aurez appris le commencement de mon voyage; vous savez que j'étais parti brillamment en carrosse, vous saurez à présent que nous sommes tous à cheval après avoir brisé les voitures selon ma louable coutume, et j'espère vous écrire dans peu de jours que nous sommes arrivés à pied. Il y a un peu de fatigue, mais quoique plusieurs de mes compagnons en aient beaucoup souffert, je ne m'en suis pas du tout aperçu. Peut-être le capitaine qui porte ma lettre, ira vous faire une visite; alors je vous prie de le bien recevoir.

J'ose à peine penser au temps de vos couches, mon cher cœur, et cependant j'y pense à tous les momens de ma journée. Je ne m'en occupe pas sans un tremblement, une crainte affreuse. En vérité je suis bien malheureux d'être si loin de vous; quand vous ne m'aimeriez pas, vous devriez me plaindre; mais vous m'aimez et toujours nous serons heureux l'un par l'autre. Ce petit billet est bien racourci en comparaison des volumes que je vous ai envoyés, mais vous en recevrez un autre sous peu de jours.

Plus je m'avance vers le nord, plus j'aime et ce pays et ses habitans. Il n'y a pas de politesses, de prévenances, que je n'en éprouve, quoique plusieurs sachent à peine qui je suis. Mais je vous manderai tout cela plus au long de Philadelphie. Je n'ai ici que le temps de vous prier, mon cher cœur, de ne pas oublier un malheureux qui a payé bien cher le tort de vous quitter, et qui n'avait jamais si bien senti combien il vous aime.

Mes respects à madame d'Ayen, mes tendres complimens à ma sœur. Faites savoir à M. de Coigny et à M. de Poix que je me porte bien, s'il arrive malheur à des lettres que j'enverrai par une autre occasion qu'on m'a dite, où je vous écrirai encore un mot, mais je n'en suis par si sûr que de celle-ci.

A MADAME DE LAFAYETTE.

Ce 23 juillet 1777.

Je tombe toujours, mon cher cœur, sur des occasions qui vont partir; mais pour celle-ci, elle est si pressée que je n'ai qu'un demi-quart d'heure à moi. le vaisseau est à la voile, et je ne puis vous mander autre chose que mon heureuse arrivée à Annapolis, à quarante lieues de Philadelphie. Je ne vous dirai pas comment est cette ville, car en descendant de cheval, je m'arme d'une petite broche trempée dans de l'encre blanche. Vous avez dû recevoir cinq lettres de moi, à moins que le roi George n'en ait reçu quelqu'une. La dernière a été expédiée il y a trois jours; je vous y rendais compte de ma bonne santé qui n'a pas été altérée un moment, de mon impatience d'arriver à Philadelphie. J'apprends ici une mauvaise nouvelle : Ticonderoga, le poste le plus fort de l'Amérique, a été forcé par les ennemis; c'est bien fâcheux, il faudra tâcher de réparer cela. En revanche nos troupes ont pris un officier-général anglais près de New-York. Je suis tous les jours plus malheureux de vous avoir quittée, mon cher cœur, j'espère recevoir de vos nouvelles à Philadelphie, et cette espérance tient une grande place dans l'impatience que j'ai d'y être arrivé. Adieu, mon cœur, je suis si pressé que je ne sais pas ce que je vous mande; mais je sais bien que je vous aime plus tendrement que jamais, qu'il fallait le chagrin de cette séparation pour me convaincre à quel point vous m'étiez chère, et que je donnerais la moitié de mon sang pour obtenir le plaisir de vous embrasser une fois, de vous dire une fois moi-même combien je vous aime. Mes respects à madame d'Ayen, mes complimens à la vicomtesse, à mes sœurs, à tous mes amis; je n'ai le temps d'écrire qu'à vous. Ah! si vous saviez combien je vous regrette, combien je souffre d'être loin de vous, et tout ce que me dit mon cœur, vous me trouveriez un peu digne d'être aimé. Il ne me reste plus de place pour mon Henriette; dirai-je pour mes enfans? Embrassez, embrassez cent mille fois, je serai toujours de moitié.

A MADAME DE LAFAYETTE.

Ce 12 septembre 1777. Philadelphie.

Je vous écris deux mots, mon cher cœur, par des officiers français de mes amis qui étaient venus avec moi, et qui, n'ayant pas été placés, s'en retournent en France. Je commence par vous dire que je me porte bien, parce que je veux finir par vous dire que nous nous sommes battus hier tout de bon, et nous n'avons pas été les plus forts. Nos Américains, après avoir tenu ferme pendant assez long-temps, ont fini par être mis en déroute ; en tâchant de les rallier, messieurs les Anglais m'ont gratifié d'un coup de fusil qui m'a un peu blessé à la jambe, mais cela n'est rien, mon cher cœur, la balle n'a touché ni os ni nerf, et j'en suis quitte pour être couché sur le dos pour quelque temps, ce qui me met de fort mauvaise humeur. J'espère, mon cher cœur, que vous ne serez pas inquiète ; c'est au contraire une raison de l'être moins, parce que me voilà hors de combat pour quelque temps, étant dans l'intention de me bien ménager; soyez-en bien persuadée, mon cher cœur. Cette affaire aura, je crains, de bien fâcheuses suites pour l'Amérique. Il faudra tâcher de réparer, si nous pouvons. Vous devez avoir reçu bien des lettres de moi, à moins que les Anglais n'en veuillent à mes épîtres autant qu'à mes jambes. Je n'en ai encore reçu qu'une de vous, et je soupire après des nouvelles. Adieu, on me défend d'écrire plus long-temps. Depuis plusieurs jours, je n'ai pas eu celui de dormir. La nuit dernière a été employée à notre retraite et à mon voyage ici où je suis fort bien soigné. Faites savoir à mes amis que je me porte bien. Mille tendres respects à madame d'Ayen. Mille complimens à la vicomtesse et à mes sœurs. Ces officiers partiront bientôt. Ils vous verront; qu'ils sont heureux ! Bonsoir, mon cher cœur. Je vous aime plus que jamais.

A MADAME DE LAFAYETTE.

Ce 1ᵉʳ octobre 1777.

Je vous ai écrit, mon cher cœur, le 12 septembre; c'est que ce douze est le lendemain du onze, et pour ce onze-là j'ai une petite histoire à vous raconter. A la voir du beau côté, je pourrais vous dire que des réflexions sages m'ont engagé à rester quelques semaines dans mon lit à l'abri des dangers; mais il faut vous avouer que j'y ai été invité par une légère blessure que j'ai attrapée, je ne sais comment, car je ne m'exposais pas en vérité. C'était la première affaire où je me trouvais; ainsi voyez comme elles sont rares. C'est la dernière de la campagne, du moins la dernière grande bataille suivant toute apparence, et s'il y avait quelque autre chose, vous voyez bien que je n'y serais pas. En conséquence, mon cher cœur, vous pouvez être bien tranquille. J'ai du plaisir à vous rassurer; en vous disant de ne pas craindre pour moi, je me dis à moi-même que vous m'aimez, et cette petite conversation avec mon cœur lui plaît fort, car il vous aime plus tendrement qu'il n'a jamais fait.

Je n'eus rien de plus pressé que de vous écrire le lendemain de cette affaire. Je vous disais bien que ce n'est rien et j'avais raison. Tout ce que je crains, c'est que vous ne l'ayez pas reçue. Comme en même temps le général Howe donne au roi son maître des détails un peu bouffis de ses exploits d'Amérique;

s'il m'a mandé blessé, il pourrait bien me mander tué aussi, cela ne coûte rien ; mais j'espère que mes amis et vous surtout n'ajouterez jamais foi aux rapports de gens qui avaient bien osé faire imprimer, l'année passée, que le général Washington et tous les officiers-généraux de son armée étant ensemble sur un bateau, la barque avait chaviré, et tout le monde était noyé. Mais parlons donc de cette blessure ; elle passe dans les chairs, ne touche ni os ni nerf. Les chirurgiens sont étonnés de la promptitude avec laquelle elle guérit. Ils tombent en extase toutes les fois qu'ils me pansent, et prétendent que c'est la plus belle chose du monde. Moi, je trouve que c'est une chose fort sale, fort ennuyeuse et assez douloureuse, cela dépend des goûts ; mais dans le fond si un homme se faisait blesser pour se divertir, il viendrait regarder comme je le suis pour l'être de même. Voilà, mon cher cœur, l'histoire de ce que j'appelle pompeusement ma blessure pour me donner des airs et me rendre intéressant.

A présent, comme femme d'un officier-général américain, il faut que je vous fasse votre leçon. On vous dira : « Ils ont été battus. » Vous répondrez : « C'est vrai, mais entre deux armées *égales en nombre* et en plaine, de vieux soldats ont toujours de l'avantage sur des neufs ; d'ailleurs ils ont eu le plaisir de tuer beaucoup, mais beaucoup plus de monde aux ennemis qu'ils n'en ont perdu. » Après cela, on ajoutera : « C'est fort bon, mais Philadelphie est prise, la capitale de l'Amérique, le boulevart de la liberté. » Vous repartirez poliment : « Vous êtes des imbéciles. Philadelphie est une triste ville, ouverte de tous côtés, dont le port était déjà fermé; que la résidence du congrès a rendue fameuse, je ne sais pourquoi; voilà ce que c'est que cette fameuse ville, laquelle, par parenthèse, nous leur ferons bien rendre tôt ou tard. » S'ils continuent à vous pousser de questions, vous les enverrez promener en termes que vous dira le vicomte de Noailles, parce que je ne veux pas perdre le temps de vous écrire à vous parler politique.

J'ai conservé votre lettre pour la dernière dans l'espérance que je recevrais de vos nouvelles, que je pourrais y répondre, et que je vous en donnerais le plus tard possible de ma santé. Mais on me dit que si je n'envoie pas sur-le-champ à vingt-cinq lieues où est le congrès, mon capitaine sera parti, et adieu l'occasion de vous écrire. C'est cela qui occasione un griffonnage plus barbouillé encore qu'à l'ordinaire; au reste, si je vous écrivais autrement qu'un chat, c'est alors qu'il faudrait demander pardon pour la nouveauté du fait. Pensez, mon cher cœur, que je n'ai encore reçu de vos nouvelles qu'une fois par le comte Pulaski. J'ai un guignon affreux et j'en suis cruellement malheureux. Jugez quelle horreur d'être loin de tout ce que j'aime, dans une incertitude si désespérante; il n'y a pas moyen de la supporter, et encore, je le sens, je ne mérite pas d'être plaint : pourquoi ai-je été enragé à venir ici? J'en suis bien puni. Je suis trop sensible, mon cœur, pour faire de ces tours de force. Vous me plaindrez, j'espère; si vous saviez tout ce que je souffre, surtout dans ce moment où les nouvelles de vous sont si intéressantes! Je n'y pense pas sans frémir. On m'a dit qu'un paquet de

France était arrivé : j'ai dépêché des exprès sur tous les chemins et dans tous les coins ; j'ai envoyé au congrès un officier ; je l'attends tous les jours ; vous sentez avec quelle impatience. Mon chirurgien l'attend aussi avec ardeur, parce que cette inquiétude me fait bouillir le sang qu'il veut tranquilliser. Mon Dieu, mon cher cœur, si j'apprends de bonnes nouvelles de vous, de tout ce que j'aime, si ces charmantes lettres arrivent aujourd'hui, que je puis être heureux ! Mais aussi avec quel trouble je vais les ouvrir !

Soyez tranquille sur le soin de ma blessure, tous les docteurs de l'Amérique sont en l'air pour moi. J'ai un ami qui leur a parlé de façon à ce que je sois bien soigné ; c'est le général Washington. Cet homme respectable dont j'admirais les talens, les vertus, que je vénère à mesure que je le connais davantage, a bien voulu être mon ami intime. Son tendre intérêt pour moi a eu bientôt gagné mon cœur. Je suis établi chez lui, nous vivons comme deux frères bien unis, dans une intimité et une confiance réciproques. Cette amitié me rend le plus heureux possible dans ce pays-ci. Quand il m'a envoyé son premier chirurgien, il lui a dit de me soigner comme si j'étais son fils, parce qu'il m'aimait de même. Ayant appris que je voulais rejoindre l'armée de trop bonne heure, il m'a écrit une lettre pleine de tendresse pour m'engager à me bien guérir. Je vous fais tous ces détails, mon cher cœur, pour que vous soyez tranquille sur les soins qu'on prend de moi. Parmi les officiers français qui tous m'ont témoigné beaucoup d'intérêt, j'ai M. de Gimat, mon aide-de-camp, qui depuis et avant la bataille, a toujours été comme mon ombre et m'a donné toutes les marques possibles d'attachement. Ainsi, mon cœur, soyez bien rassurée sur cet article pour à présent et pour l'avenir.

Tous les étrangers qui sont à l'armée, car je ne parle seulement pas de ceux qui n'ont pas d'emploi, et qui rendront à leur retour en France des comptes de l'Amérique très peu justes, parce que l'homme piqué et l'homme qui se venge ne sont pas de bonne foi, tous les autres étrangers, dis-je, employés ici, sont mécontens, se plaignent, sont détestans et détestés. Ils ne comprennent pas comment je suis aimé seul d'étranger en Amérique; moi je ne comprends pas comment ils y sont si haïs. Pour ma part, au milieu des disputes et des dissensions ordinaires dans toutes les armées, surtout quand il y a des officiers d'autres nations, moi qui suis un bon homme, je suis assez heureux pour être aimé par tout le monde, étranger ou américain. Je les aime tous, j'espère mériter leur estime et nous sommes fort contens mutuellement les uns des autres. Je suis à présent dans la solitude de Bethléem dont l'abbé Raynal parle tant. Cet établissement est vraiment touchant et fort intéressant; ils mènent une vie douce et tranquille. Nous causerons de tout cela à mon retour, et je compte bien ennuyer les gens que j'aime, vous toute la première par conséquent, de la relation de mes voyages, car vous savez que je suis un bavard.

Soyez-le, je vous en prie, mon cher cœur, dans tout ce que vous direz pour moi à Henriette; ma pauvre petite Henriette; embrassez-la mille fois, parlez-lui de moi, mais ne lui dites pas tout le mal que je mérite. Ma punition sera de ne pas être reconnu par elle en arrivant. Voilà la pénitence que m'imposera Henriette. A-t-elle une sœur ou un frère? Le choix m'est égal, pourvu que j'aie une seconde fois le plaisir d'être père et que je l'apprenne bientôt. Si j'ai un fils, je lui dirai de bien connaître son cœur; et s'il a un cœur tendre, s'il a une femme qu'il aime comme je vous aime, alors, je l'avertirai de ne pas se livrer à un enthousiasme qui l'éloigne de l'objet de son sentiment, parce qu'ensuite ce sentiment vient vous donner d'affreuses inquiétudes.

J'écris par une autre occasion à différentes personnes, mais je vous écris aussi à vous. Je pense que celle-ci arrivera plus tôt. Si par hasard ce vaisseau arrive et que l'autre se perde, j'ai donné au vicomte la liste des lettres que j'écrivais par lui. J'y ai oublié mes tantes (1); donnez-leur de mes nouvelles, dès que vous recevrez celle-ci. Je n'ai guère fait de *duplicata* que pour vous, parce que je vous écris dans toutes les occasions. Faites aussi savoir de mes nouvelles à M. Margelay (2), l'abbé Fayon et Desplaces. Mille tendresses à mes sœurs; je leur permets de me mépriser comme un infame déserteur, mais il faut qu'elles m'aiment en même temps. Mes respects à madame la comtesse Auguste et à madame de Fronsac. Si la lettre de mon grand-père ne lui parvient pas, présentez-lui aussi mes tendres hommages. Adieu,

---

(1) Madame de Chavaniac et madame de Motier, sœurs du père du général Lafayette.

(2) Ancien militaire à qui M. de Lafayette avait été confié, comme à un gouverneur, quand il était sorti du collége.

adieu, mon cher cœur, aimez-moi toujours, je vous aime si tendrement.

Faites mes complimens au docteur Franklin et à M. Deane. Je voulais leur écrire, mais le temps me manque.

A M. DE VERGENNES,
MINISTRE DES AFFAIRES ÉTRANGÈRES.

Au camp de Whitemarsh, ce 24 octobre 1777.

Monsieur,

Vous avez été ennuyé bien malgré moi par la part qu'on vous fit prendre à mes premiers projets; vous allez l'être encore malgré vous par l'attention que j'ose vous demander pour les nouveaux. Ils pourraient se trouver aussi peu dignes que les autres d'occuper des momens précieux; mais à présent comme alors ma bonne volonté (fût-elle mal dirigée), me servira d'excuse. Mon âge en fut une aussi peut-être; tout ce que je demande aujourd'hui, c'est qu'il ne vous empêche pas de considérer ce que mes idées pourraient avoir de raisonnable.

Je ne me permets pas d'approfondir quels secours reçoit la belle cause que nous défendons ici, mais mon amour pour ma patrie me fait considérer avec plaisir sous combien de points de vue les chagrins de famille de l'Angleterre peuvent lui être avantageux. Il en est un surtout qui, dans tous les cas et *à tout évènement*, me paraît présenter une utilité d'autant plus grande qu'il serait suivi avec plus de moyens, et je sens que c'est lui en ôter déjà un que de me proposer pour l'exécution. Je parle d'une expédition plus ou moins considérable aux Indes orientales.

Sans me donner des airs de prophète sur les affaires présentes, mais persuadé bonnement que nuire à l'Angleterre c'est servir (oserai-je dire c'est venger) ma patrie, je crois cette idée faite pour mettre en activité les ressources quelconques de tout individu qui a l'honneur d'être Français. Je suis venu ici sans permission; j'y suis sans autre approbation que celle du silence; je pourrais me permettre encore un petit voyage sans autorisation; si le succès en est douteux, j'ai l'avantage de ne risquer que moi, et qui m'empêche alors d'être entreprenant? Pour peu que je pusse réussir, la flamme du moindre établissement anglais, dût-elle fondre une partie de ma fortune, satisferait mon cœur en échauffant mes espérances pour une occasion plus propice.

Guidé par les légères connaissances dont mon ignorance a pu s'éclairer, voici, Monsieur, comment je pourrais tenter cette entreprise. Une patente américaine qui me mettrait en règle, les minces secours dont elle pourrait être soutenue, ceux que me fourniraient aux îles françaises, ou les spéculations de quelques négocians, ou la bonne volonté de quelques compagnons de voyage, telles sont les faibles ressources qui me conduiraient pacifiquement à l'Ile de France. C'est là que je trouverai, je crois, et des armateurs pour m'aider, et des hommes pour me suivre, assez au moins pour aller attendre les vaisseaux qui reviennent de la Chine comme une source de nouveaux moyens; assez peut-être pour descendre sur un ou deux de leurs comptoirs et les ruiner avant qu'ils fussent secourus. Avec des forces que je n'ose pas espérer, surtout avec des talens que je suis encore bien plus loin d'acquérir, ne pourrait-on pas tirer quelque parti, et de la jalousie des différens nababs, et de la haine des Marattes, et de la vénalité des Cipaïes, et de la mollesse des Anglais? Ne pourrait-on pas employer utilement la foule de Français dispersés sur cette côte? Pour moi, dans tous les cas, la crainte de compromettre ma patrie m'empêcherait de me glorifier de ce nom; à peu près comme dans certaines provinces la noblesse dépose quelquefois ses marques d'honneur pour les reprendre un jour.

Quoique nullement aveuglé sur mon imprudence, j'eusse hasardé seul ce voyage, si la crainte de nuire aux intérêts que je veux servir faute de les bien connaître, ou de faire tort à quelque expédition mieux concertée, n'eût arrêté tous mes désirs; car j'ai la vanité de croire qu'un projet à peu près pareil pourrait être un jour exécuté plus en grand par des mains plus habiles. Il peut l'être au moins d'une manière qui me paraîtrait presque certaine, si je pouvais espérer du gouvernement, non pas un ordre, non pas des secours, non pas cependant une simple indifférence, mais un je ne sais quoi, pour lequel aucune langue ne me fournit une expression assez délicate.

Alors un ordre du roi qui daignerait me rendre, pour un temps, à ma famille et à mes amis, sans me défendre de revenir, m'avertirait de me munir de commissions continentales de l'Amérique; alors quelques instructions, quelques préparatifs en France précéderaient ce prétendu retour, et me conduiraient droit aux Indes orientales; alors cette même discrétion qui fut peut-être autrefois un tort, devenant un devoir sacré, servirait à cacher ma vraie destination, et surtout l'espèce d'approbation qu'elle pourrait obtenir.

Telles sont, Monsieur, les idées que, tout pénétré de mon incapacité et du défaut de ma jeunesse, j'ai cependant la présomption de soumettre à votre jugement, et, si elles pouvaient vous plaire, aux différentes modifications dont vous les croiriez susceptibles; je suis sûr au moins qu'elles ne le sont pas de ridicule, parce qu'elles partent d'un motif trop respectable, l'amour de la patrie. Je ne demande que l'honneur de la servir sous un autre pavillon, et j'aime à voir ses intérêts unis à ceux des républicains pour lesquels je combats, en désirant qu'il me soit bientôt permis de faire la guerre sous les drapeaux français. Alors une commission de grenadier dans l'armée du roi me flatterait plus que tous les grades des armées étrangères.

Je me reproche trop, Monsieur, de vous présenter étourdiment des projets d'Asie, pour vous tracer encore maladroitement des dispositions d'Amérique ornées de mes réflexions dont vous n'avez que faire et qu'on ne me demande pas; d'ailleurs le zèle qui m'a conduit ici, et principalement l'amitié qui m'unit au général en chef, me ferait soupçonner d'une partialité dont je crois cependant être exempt. Je me réserverai seulement l'honneur de vous parler à mon retour des officiers de mérite, que l'amour de leur métier a fait venir dans ce continent. Tout ce qui est français,

Monsieur, a le droit d'avoir confiance en vous. C'est à ce titre que je vous demande votre indulgence; j'en ai un second dans le respect avec lequel j'ai l'honneur d'être,

 Monsieur,
  Votre très humble et très obéissant serviteur,
   LAFAYETTE.

Cette lettre vous parviendra, Monsieur, d'une manière trop sûre peut-être, si elle vous ennuie; je la confie à M. de Valfort, capitaine au régiment d'Aunis, avec brevet de colonel dans nos îles, que ses talens, sa réputation et ses recherches rendaient intéressant à ce pays-ci, que le désir du général Washington y aurait retenu, si sa santé ne l'obligeait absolument de retourner en France. J'attendrai ici vos ordres (qui ne parviennent pas dans les ports américains sans difficulté); ou j'irai les chercher, suivant les circonstances, n'en ayant pas reçu depuis mon arrivée qui puissent me diriger.

A MADAME DE LAFAYETTE.

Ce 29 octobre, au camp près Whitemarsh, 1777.

Je vous envoie une lettre tout ouverte, mon cher cœur, dans la personne de M. de Valfort, mon ami, et que je vous prie de traiter comme tel. Il vous dira bien au long de mes nouvelles; mais moi, je veux vous dire ici combien je vous aime. J'ai trop de plaisir à éprouver ce sentiment pour n'en avoir pas à vous le répéter mille fois, si je le pouvais. Je n'ai d'autres ressources, mon cher cœur, que d'écrire et de récrire encore sans espérance que mes lettres puissent vous parvenir, et cherchant à me consoler par le plaisir de m'entretenir avec vous du chagrin, du tourment mortel de ne pas recevoir un mot de France. Il est impossible de vous exprimer à quel point mon cœur est inquiété, déchiré souvent. Quand je le pourrais, je ne l'essaierais pas, pour ne pas mêler de noir aux plus doux instans de mon exil, ceux où je puis vous parler de ma tendresse. Au moins me plaignez-vous, comprenez-vous combien je souffre ? Au moins si je savais ce que vous faites, où vous êtes ! Je le saurais bien tard, mais enfin je ne serais pas séparé de vous comme si j'étais mort. J'attends des lettres avec une avidité que rien ne peut distraire. On me promet qu'il en arrivera bientôt, mais puis-je m'y fier ? Ne négligez pas une occasion de m'écrire, mon cher cœur, si mon bonheur vous intéresse encore. Répétez-moi que vous m'aimez ; moins je mérite votre sentiment, plus les assurances que vous m'en donnerez sont pour moi une consolation nécessaire.

Vous devez avoir reçu tant de nouvelles de ma légère blessure que des répétitions deviennent inutiles ; d'ailleurs si vous avez cru que ce fût quelque chose, M. de Valfort pourra vous désabuser. Dans très peu de temps, je ne serai plus boiteux du tout.

N'est-il pas affreux, mon cher cœur, de penser que c'est par le public, par des papiers anglais, des gazettes venant de l'ennemi, que je sais de vos nouvelles ?

Dans un article assez inutile sur mon arrivée ici, ils finissent par parler de vous, de votre grossesse, de vos couches, de cet objet de mes craintes, de mes espérances, de mon tremblement, de ma joie. Quel bonheur en effet pour moi, si j'apprenais que je suis père une seconde fois, que vous vous portez bien, que mes deux enfans, que leur mère se préparent à faire ma félicité pour toute ma vie! Ce pays-ci est charmant pour l'amour paternel et filial; il y est poussé à une passion et à des soins vraiment touchans. La nouvelle de vos couches y sera reçue avec joie surtout à l'armée, et surtout par celui qui la commande.

Je vais trouver ma pauvre petite Henriette bien gentille, quand je reviendrai; j'espère qu'elle me fera un beau sermon, et elle me parlera avec toute la franchise de l'amitié; car ma fille sera toujours, j'espère, la meilleure de mes amies; je ne veux être père que pour aimer, et l'amour paternel s'arrangera à merveille avec l'amitié. Embrassez-la, mon cœur; dirai-je embrassez-les pour moi? mais je ne veux pas m'appesantir sur tout ce que je souffre de cette incertitude. Je sais que vous partagez les peines de mon cœur, et je ne veux pas vous affliger. J'ai écrit la dernière fois à madame d'Ayen; depuis ma blessure, j'ai écrit à tout le monde; mais ces lettres ont peut-être été perdues. Ce n'est pas ma faute; je peux rendre un peu de mal à ces vilains preneurs de lettres, quand ils sont sur terre, mais en pleine mer je n'ai que la consolation du faible qui est de maudire de bon cœur tout ce dont on ne peut encore se venger. Mille tendres respects à madame votre mère; mille amitiés à mes sœurs. Ne m'oubliez pas auprès de M. le maréchal de Noailles, de vos parens paternels et maternels. J'ai reçu quatre sottes lignes du maréchal de Mouchy qui ne me dit pas un mot de vous. J'ai juré après lui dans toutes les langues. Adieu, mon cœur, adieu; interrogez M. de Valfort, mon bon et honnête ami, le papier me manque. C'est une terrible chose que d'être réduit à écrire quand on aime autant que je vous aime, et que je vous aimerai jusqu'au dernier soupir.

Je n'ai pas laissé passer une occasion, pas la plus indirecte, sans vous écrire. Faites-en autant, mon cher cœur, si vous m'aimez, et je serais bien ingrat, bien insensible, si j'en doutais.

A MADAME DE LAFAYETTE.

Au camp de Whitemarsh, 6 novembre 1777.

Vous recevrez peut-être cette lettre, mon cher cœur, dans cinq ou six ans, car je vous écris par une occasion à crochet dont je n'ai pas grande idée. Voyez un peu le tour que va faire ma lettre : un officier de l'armée la porte au fort Pitt à trois cents milles sur les derrières du continent; ensuite elle sera embarquée sur le grand fleuve de l'Ohio à travers des pays habités uniquement par des sauvages; une fois arrivée à la Nouvelle-Orléans, un petit bâtiment la transportera aux îles espagnoles; ensuite un vaisseau de cette nation la prendra, Dieu sait quand!

lorsqu'il retournera en Europe. Mais elle sera encore bien loin de vous, et ce n'est qu'après avoir été crassée par toutes les sales mains de tous les maîtres de poste espagnols, qu'il lui sera permis de passer les Pyrénées. Elle pourra bien être décachetée et recachetée cinq ou six fois avant de parvenir en vos mains; alors, elle sera une preuve à mon cher cœur, que je ne néglige pas une occasion, même la plus éloignée, de lui donner de mes nouvelles, et de lui répéter combien je l'aime. Cependant ce n'est guère que pour ma propre satisfaction que je vous le dis ici avec un nouveau plaisir; j'espère avoir celle de jeter la présente au feu à son arrivée, attendu que je serai là et que ma présence rendra ce chiffon de papier fort inutile. Cette idée est bien douce à mon cœur, je m'y livre avec transport. Qu'il est charmant de prévoir les momens où nous serons ensemble! mais qu'il est cruel aussi, de penser que mon sentiment ne peut encore se nourrir que d'illusions, et que la réalité de mon bonheur est à deux mille lieues de moi, à travers des mers immenses et ces coquins de vaisseaux anglais! Ils me rendent bien malheureux, ces vilains vaisseaux. Une seule lettre de vous, une seule, mon cher cœur, m'est encore parvenue. Les autres sont égarées, prises, au fond de la mer selon toute apparence. Je ne puis m'en prendre qu'aux ennemis, de cette affreuse privation; car vous sûrement vous ne négligez pas de m'écrire par tous les ports, par tous les paquets du docteur Franklin et de M. Deane. Cependant des vaisseaux sont arrivés, j'ai dépêché des exprès dans tous les coins du continent, et toutes mes espérances ont été frustrées. Apparemment vous n'êtes pas bien instruite. Je vous en prie, mon cœur, informez-vous avec attention des moyens de me faire parvenir quelques lettres. La privation est si cruelle, je suis si malheureux d'être séparé de tout ce que j'aime. Tout coupable que je suis de mon propre malheur, vous me plaindriez bien, si vous saviez tout ce que mon cœur souffre.

A quoi bon vous mander des nouvelles dans une lettre destinée à voyager des années, qui vous arrivera peut-être en morceaux et qui représentera l'antiquité même? Toutes mes autres dépêches vous ont instruite de reste des évènemens de la campagne. La bataille de Brandywine où j'ai laissé habilement un petit morceau de jambe; la prise de possession de Philadelphie si loin d'avoir les inconvéniens dont on est persuadé en Europe; une attaque de poste à Germantown, où je n'étais pas parce que j'étais blessé tout fraîchement, et qui n'a pas réussi; la reddition du général Burgoyne avec cinq mille hommes, de ce même Burgoyne qui voulait nous avaler tous ce printemps, et se trouve en automne fait prisonnier de guerre par notre armée du nord; enfin notre position actuelle à quatre lieues vis-à-vis les uns des autres, le général Howe établi à Philadelphie, faisant tous ses efforts pour prendre certains forts qui ne se rendent pas et y ayant déjà perdu un gros et un petit vaisseau. Vous voilà, mon cher cœur, tout aussi instruite que si vous étiez général en chef d'une des deux armées. J'ajouterai seulement ici que cette blessure du 11 septembre dont je vous ai déjà parlé mille fois, est presque entièrement guérie, quoique je boite encore un peu, mais dans quelques jours il n'y paraîtra plus ou pas grand'chose. Mais tous ces détails vous auront été faits bien au long par mon ami, M. de Valfort, à qui j'ai donné une lettre pour vous, et dans les rapports duquel vous pouvez avoir la plus entière confiance. Je viens d'apprendre qu'il est parti, non sur un paquebot comme je croyais, mais à bord d'une bonne frégate de 35 canons; ainsi il y aurait du malheur s'il était pris. Entre lui et l'épître que je lui ai confiée, il y a cinq ou six jours, vous saurez tout ce que votre bonté pour moi peut vous faire désirer d'apprendre. Je voudrais bien que vous sussiez aussi le jour précis de mon retour, car j'ai bien de l'impatience de le fixer moi-même et de pouvoir vous dire dans la joie de mon cœur: Tel jour je pars pour vous joindre, pour retrouver le bonheur.

Un petit monsieur bleu, paremens citron et veste blanche, Allemand de nation, venant solliciter du service qu'il n'obtiendra pas, et baragouinant le français, m'a dit qu'il était parti au mois d'août; il m'a parlé politique, il m'a parlé ministre, il a bouleversé l'Europe en général et toutes les cours en particulier; mais il ne savait pas un mot de ce qui pourrait intéresser mon cœur. Je l'ai tourné de tous les côtés, je lui ai nommé cinquante noms; il me disait toujours: « *Moi pas connaître ces seigneurs-là.* »

Je vous fais grace de grands raisonnemens sur mes finances. L'accident arrivé à mon vaisseau m'a fort affligé parce que ce vaisseau allait à l'arrangement de mes affaires comme un charme; mais il n'est plus, et je me reprocherais bien de l'avoir renvoyé, si je n'avais pas été obligé d'en faire une clause de mes arrangemens en conséquence de ma minorité (1). Tout est ici d'une cherté incroyable. Nous avons la consolation des méchans, en pensant que la disette de tout est bien plus grande à Philadelphie. A la guerre on se console de ce qu'on peut souffrir en en faisant quatre fois pis à son ennemi. D'ailleurs nous sommes ici dans l'abondance de nourriture, et j'apprends avec plaisir que messieurs les Anglais ne sont pas de même.

N'allez pas vous aviser d'être à présent inquiète sur moi; tout est fini pour les grands coups, il y aurait tout au plus de petites affaires en miniature qui ne me regardent pas : ainsi je suis aussi en sûreté dans le camp qu'au milieu de Paris. Si tout l'agrément possible en servant ici, si l'amitié de l'armée en gros et en détail, si une union tendre avec le plus respectable, le plus admirable des hommes, le général Washington, soutenue d'une confiance réciproque, si le sentiment de tous les Américains dont je puis désirer d'être aimé, si tout cela suffisait à mon bonheur, je n'aurais rien à souhaiter. Mais que mon cœur est loin d'être tranquille! que vous seriez attendrie, si vous saviez et tout ce qu'il sent et combien il vous aime!

Nous sommes à présent dans une saison qui me fait espérer quelques lettres. Que m'apprendront-elles? Que dois-je craindre? que dois-je espérer? Ah! mon cher cœur, qu'il est cruel de gémir de cette affreuse incertitude, dans une circonstance si intéressante à mon bonheur! Ai-je deux enfans? Un second objet de ma tendresse est-il joint à ma chère

---

(1) On voit dans les *Mémoires* que ce vaisseau échoua en partant sur la barre de Charlestown.

Henriette? Embrassez-la mille fois pour moi, ma chère petite fille, embrassez-les, mon cher cœur, bien tendrement. J'espère qu'ils connaîtront un jour combien je les aime.

Mille respects à madame d'Ayen. Mille choses tendres à la vicomtesse, à mes sœurs; dites-en aussi un million à tous mes amis; chargez-vous de mes hommages pour tout le monde. Adieu, mon cœur, ayez soin de votre santé, donnez-moi des nouvelles bien détaillées, croyez que je vous aime plus que jamais, et que je vous regarde comme le premier objet de ma tendresse et la plus sûre assurance de mon bonheur. Les sentimens gravés dans un cœur qui est tout à vous, y seront conservés jusqu'à son dernier soupir. M'aimerez-vous toujours, mon cher cœur? j'ose l'espérer, et que nous nous rendrons heureux mutuellement et par une affection aussi tendre qu'éternelle. Adieu, adieu; qu'il me serait doux de vous embrasser à présent, de vous dire moi-même: Je t'aime plus que je n'ai jamais aimé, et c'est pour toute ma vie.

A S. EXC. LE GÉNÉRAL WASHINGTON (1).

(*Traduction.*)

Haddonfield, le 26 novembre 1777.

Cher Général,

Je suis venu avant-hier ici afin de bien reconnaître tous les chemins et le terrain dans le voisinage

(1) Toutes les lettres adressées au général Washington ainsi qu'à d'autres Américains, ont été écrites en anglais : c'est la première

de l'ennemi. J'appris à mon arrivée que leur principal corps était depuis le même soir placé entre le grand et le petit Timber-Creek. On me dit hier matin qu'ils cherchaient à traverser la Delaware. Je les vis moi-même dans leurs bateaux, et j'envoyai vite informer le général Greene de cette nouvelle et de toutes celles que j'avais recueillies. Mais je veux rendre compte à Votre Excellence d'un petit évènement d'hier au soir. L'affaire est en elle-même peu importante, mais vous fera plaisir à cause de la bravoure et de la vivacité que nos troupes si peu nombreuses ont montrées. Après avoir passé la plus grande partie de la journée à m'assurer des mouvemens de l'ennemi, j'arrivai assez tard sur la route de Gloucester, entre les deux Creeks. J'avais dix chevau-légers avec M. Lindsey, à peu près cent cinquante *riflemen* (1) sous le colonel Butler et deux piquets de milice commandés par les colonels Hite et Ellis : le tout n'allait pas à trois cents hommes. Les colonels Armand (2) et Laumoy, les chevaliers Duplessis et Gimat, étaient les Français qui m'accompagnaient. Quelques uns de nos hommes, avec M. Duplessis, s'avancèrent pour

---

fois qu'elles sont traduites. Depuis la mort du général Washington, sa famille avait rendu au général Lafayette les originaux des lettres qu'il lui avait écrites, et ils sont dans nos mains. Ceux des lettres de Washington ont été presque tous perdus pendant la révolution française; mais M. de Lafayette, dans son dernier voyage aux Etats-Unis, en avait fait recopier une grande partie sur les minutes conservées par Washington lui-même; et d'ailleurs elles ont été insérées dans la collection souvent citée que publie M. Sparks.

(1) Littéralement les *carabiniers*. En Amérique ce nom désigne un corps de tireurs en général fort adroits et armés de carabines à balles forcées; mais en France il a un autre sens.

(2) Nom que portait dans l'armée américaine le marquis de La Royerie.

voir à quelle distance de Gloucester se trouvaient les premiers postes, et rencontrèrent à deux milles et demi de cette ville trois cent cinquante Hessois avec des pièces de campagne (ce nombre a été connu par le témoignage unanime des prisonniers). Ils attaquèrent sur-le-champ, et comme mon détachement était fort animé, j'arrivai pour les soutenir; nous poussâmes les Hessois à plus d'un demi-mille du principal corps, et nous les fîmes courir très vite. On leur envoya deux fois des renforts d'Anglais; mais loin de reprendre leur terrain, ils reculaient toujours. L'obscurité de la nuit nous empêcha de poursuivre notre avantage, et après nous être arrêtés sur le terrain que nous avions gagné, j'ordonnai de revenir très lentement à Haddonfield. Les ennemis jugeant peut-être par le son du tambour que nous n'étions plus si près, revinrent tirer sur nous, mais le brave major Moriss, avec une poignée de ses tirailleurs, les renvoya très vite. J'apprends qu'ils ont eu vingt-cinq ou trente blessés, au moins un pareil nombre de morts, parmi ces derniers un officier, quelques uns assurent plusieurs, et les prisonniers prétendent qu'ils ont perdu le commandant du détachement. Nous avons fait encore aujourd'hui quatorze prisonniers, je vous envoie le calcul le plus modéré d'après eux-mêmes. Nous n'avons eu qu'un homme tué; un lieutenant de milice et cinq des nôtres sont blessés. Les chevaux du colonel Armand, du chevalier Duplessis et du major Brue l'ont été. Tel est le récit de notre petite affaire beaucoup trop long pour son peu d'importance ; mais j'éprouve le plus grand plaisir à vous dire que la conduite de nos soldats est au-dessus de tout éloge. Je n'ai jamais vu d'hommes aussi joyeux, aussi animés, aussi désireux de joindre l'ennemi, quelles que fussent ses forces, que l'étaient nos soldats pendant ce petit combat. J'ai trouvé les *riflemen* encore au-dessus de leur réputation, et les miliciens au-dessus de mon attente. Je leur ai fait ce matin mes bien sincères remercîmens. Je souhaite que ce petit succès vous soit agréable. Quoique léger, je le crois intéressant par la conduite de nos soldats.

Le général Varnum est arrivé peu après mon retour; le général Greene est ici depuis ce matin, il m'a engagé à vous rendre compte moi-même du petit avantage de cette portion des troupes sous son commandement. Je n'ai rien à dire de plus sur les affaires de ce côté-ci, puisqu'il écrit à Votre Excellence. J'aurais désiré lui être utile sur une plus grande échelle. Comme il est obligé d'aller lentement pour suivre la marche de ses troupes, et que je ne suis ici qu'un volontaire, j'aurai l'honneur de rejoindre Votre Excellence aussitôt que possible. Je partirai aujourd'hui, et j'éprouverai une grande satisfaction à me retrouver avec vous.

Avec l'affection la plus tendre et le plus grand respect, j'ai l'honneur d'être, cher général, de Votre Excellence, le très humble et très obéissant serviteur,

LAFAYETTE.

Je dois dire aussi que les *riflemen* ont couru toute la journée devant mon cheval sans manger ni prendre aucun repos.

Je viens d'acquérir la certitude que deux officiers anglais, outre ceux dont je vous parlais, sont morts ce matin de leurs blessures. D'après cela et d'autres circonstances, je crois leur perte plus considérable que je ne l'avais dit à Votre Excellence.

AU DUC D'AYEN.

Au camp du Golphe en Pensylvanie, 16 décembre 1777.

Cette lettre-ci, si jamais elle arrive, vous trouvera du moins en France; c'est toujours quelques risques d'évités, quoique cependant je ne doive jamais me flatter beaucoup. Je n'écris jamais un mot pour l'Europe, sans m'attendrir d'avance sur le sort qui l'attend, et je travaille certainement plus pour lord Howe que pour aucun de mes amis. Heureusement, voici la mauvaise saison; les vaisseaux anglais seront obligés de quitter leur maudite croisière; alors il m'arrivera des lettres, il en partira d'ici sur lesquelles je pourrai compter avec quelque certitude; cela me rendra bien heureux, et m'évitera de vous rendre bien ennuyé par la répétition de choses que je voulais vous faire savoir, mais dont je ne voudrais pas vous faire souvenir à chaque fois. J'attends avec bien de l'impatience des nouvelles de votre voyage. Je compte principalement sur madame de Lafayette pour en obtenir quelques détails; elle doit bien connaître tout l'intérêt que je mets à en avoir. M. le maréchal de Noailles me dit en général que les lettres qu'il reçoit d'Italie l'assurent que tous les voyageurs sont en bonne santé. C'est aussi par lui que j'ai appris les couches de madame de Lafayette; il ne m'en parle pas comme de l'évènement du monde le plus heureux; mais mon inquiétude était trop grande pour faire de distinction de sexe, et la bonté qu'il a eue de m'écrire, de me faire savoir toutes ces nouvelles, m'a fait cent fois plus de plaisir qu'il n'a pu l'imaginer, en me mandant que je n'avais qu'une fille (1). Voilà la rue Saint-Honoré décréditée pour jamais, tandis que l'autre hôtel de Noailles a acquis un nouveau lustre par la naissance d'Adrien (2). C'est vraiment un bien vilain procédé de faire ce tort-là à une maison où j'ai reçu tant de bontés. Vous devez à présent vous geler sur les grands chemins de France; ceux de Pensylvanie deviennent aussi fort froids, et je tâche en vain de me persuader que la différence de latitude devrait nous donner un hiver charmant, en comparaison de Paris. On m'annonce même qu'il sera plus rigoureux. Nous sommes destinés à le passer sous des huttes, à vingt milles de Philadelphie, tant pour couvrir le pays que pour profiter des circonstances, et en même temps être plus à même d'instruire les troupes en les tenant plus rassemblées. Peut-être eût-il mieux valu prendre tranquillement de vrais quartiers d'hiver; mais des raisons politiques ont engagé le général Washington à se décider pour ce parti mitoyen.

Je voudrais bien être assez habile pour vous rendre, des évènemens militaires de ce pays-ci, un

---

(1) Madame Charles de Latour-Maubourg.

(2) C'était un fils du vicomte de Noailles, fils du maréchal de Mouchy et marié à la fille aînée du duc d'Ayen.

compte qui pût vous satisfaire; mais outre mon insuffisance, des raisons que vous sentirez bien, m'empêchent de risquer dans une lettre, à travers les vaisseaux anglais, ce qui pourrait expliquer bien des choses, si j'avais le bonheur d'en causer avec vous. Cependant je vais tâcher de vous répéter encore une fois ce qui s'est passé d'intéressant dans cette campagne. Ma gazette, à laquelle je n'ajoute pas de remarques et qui en vaut bien mieux, sera toujours préférable à celles d'Europe, parce qu'enfin l'homme qui voit, dût-il ne pas bien voir, est toujours plus digne de foi que celui qui ne voit rien du tout. Quant aux gazettes dont les Anglais nous inondent, elles sont tout au plus faites pour amuser les porteurs de chaise de Londres, à côté d'un pot de porter; encore faut-il avoir déja bu quelques coups pour en méconnaître la mauvaise foi. Il me paraît que le plan du ministère anglais était de couper en long cette partie de l'Amérique qui s'étend depuis la baie de Chesapeak jusqu'à Ticonderoga. Le général Howe avait ordre de se rendre à Philadelphie par Elk; Burgoyne de descendre à Albany, et Clinton de remonter de New-York par la rivière du Nord. Les trois généraux devaient par ce moyen se donner la main; on aurait reçu ou fait semblant de recevoir les soumissions des provinces prétendues conquises; on ne nous laissait pour quartier d'hiver que les derrières du pays, et pour ressource unique les quatre États du sud. Peut-être aussi une entreprise sur Charlestown était-elle projetée; ainsi voilà l'Amérique presque soumise dans le cabinet du roi d'Angleterre. Heureusement la Providence a permis quelques altérations dans l'exécution de ce beau projet pour exercer encore quelque temps la constance britannique.

En arrivant à l'armée au mois d'août, j'ai été bien étonné de ne point trouver d'ennemis. Après quelques marches en Jersey, où il ne s'était rien passé, le général Howe s'était embarqué à New-York. Nous étions campés et on attendait leur descente du côté de Chester, lorsqu'on apprit qu'ils étaient à l'embouchure de la rivière d'Elk. Le général Washington alla au devant d'eux, et après avoir pris plusieurs positions, il se détermina à les attendre au ruisseau de Brandywine sur de fort bonnes hauteurs. Le 11 septembre, les Anglais vinrent nous attaquer, et pendant qu'ils nous amusaient par leur canon et beaucoup de mouvemens vis-à-vis de nous, ils firent filer la plus nombreuse partie de leurs troupes avec toute l'élite de l'armée et tous les grenadiers commandés par le général Howe lui-même et lord Cornwallis, pour passer un gué à quatre milles, sur notre droite. Dès que le général Washington eut connu ce mouvement, il détacha pour aller au devant d'eux toute son aile droite. De maudits avis qui avaient toute l'apparence de la vérité et qui détruisaient les premiers rapports, la firent arrêter long-temps dans sa marche, et quand elle arriva, les ennemis étaient passés. Alors il fallut combattre en plaine contre des troupes supérieures en nombre; aussi, après avoir soutenu quelque temps un feu très vif et tué de leur côté beaucoup de monde aux Anglais, les Américains plièrent. Une partie fut ralliée et ramenée; c'est là que je fus blessé. Enfin, pour couper court, tout alla mal de tous les côtés, et le général Washington fut battu, par cette raison qu'il ne pouvait pas gagner la première bataille générale qui ait été donnée dans cette guerre. On se rassembla à Chester. Ayant été transporté loin de l'armée, je n'en suivis pas les différens mouvemens. Le général Howe profita du désordre où une pluie affreuse avait mis notre armée pour passer le Schuylkill; il se rendit à Philadelphie pour en prendre possession, et prit poste entre la ville et Germantown. Le général Washington l'attaqua le 4 octobre, et l'on peut dire que notre général battit le leur, quoique leurs troupes aient repoussé les nôtres, puisqu'il le surprit et chassa même les Anglais pendant longtemps; mais à la fin, leur expérience triompha encore de la nouveauté de nos officiers et de nos soldats. Quelque temps auparavant, un brigadier américain, détaché de l'autre côté de la rivière, avait été attaqué la nuit dans son camp et avait perdu du monde. Voilà tout ce qu'il y avait eu d'intéressant de ce côté, quand je revins au camp, après avoir été six semaines au lit sans être parvenu à fermer ma blessure. Dans ce temps-là, nous reçûmes de bonnes nouvelles du général Burgoyne. La première fois que je joignis l'armée, pendant que le général Howe était sur l'eau, je sus que les Américains avaient évacué précipitamment Ticonderoga en y laissant beaucoup de canons et de munitions. Ce succès enfla l'orgueil du général Burgoyne. Il donna au public une pompeuse proclamation qu'il a bien payée depuis. Son premier pas fut d'envoyer un détachement qui fut repoussé; il ne se rebuta pas, et s'avança au milieu de bois immenses, dans un pays où il n'y a qu'un chemin. Le général Gates avait sous ses ordres quinze à seize mille hommes. On se battait en tirant des coups de fusil derrière les arbres. Vainqueur ou vaincu, le général Burgoyne s'affaiblissait, et chaque quart de lieue lui coûtait beaucoup de monde. Enfin, entouré de toutes parts, mourant de faim, il a été obligé de faire une convention en vertu de laquelle il a été conduit par les milices de la Nouvelle-Angleterre dans cette même province de Massachusets où on avait promis à Londres qu'il prendrait ses quartiers d'hiver. Il doit de là être transporté avec ce qui lui restera de troupes en Angleterre aux dépens du roi son maître. Ticonderoga a été depuis évacué par les Anglais.

Le général Clinton, qui était parti un peu tard de New-York, après avoir pris et détruit le fort Montgommery, sur la rivière du Nord, tâchait d'arriver sur les derrières de Gates ; mais ayant entendu parler de la convention, il s'en retourna par le même chemin par lequel il était venu. S'il s'y était pris plus tôt, les affaires du général Gates eussent été moins bonnes.

Lorsque ma blessure, après six semaines, m'a permis de joindre l'armée, je l'ai trouvée à quinze milles de Philadelphie; des renforts du nord nous étaient arrivés ; le général Howe était fort gêné par deux forts, l'un sur la côte de Jersey, l'autre sur la petite île de Mud, que vous trouverez sur votre carte au-dessous du Schuylkill. Ces deux forts défendaient les chevaux de frise de la Delaware; ils ont soutenu fort long-temps tous les efforts des troupes anglaises de terre et de mer. Deux jeunes Français qui y faisaient le service d'ingénieurs, y ont acquis beaucoup de gloire ; MM. de Fleury, du régiment de Rouergue, et Mauduit-Duplessis qui y commandait en même temps l'artillerie; il est officier d'artillerie en France. Des Hessois, commandés par le comte Donop, sont venus attaquer le fort où était Mauduit et ont été repoussés avec une perte considérable. Le comte Donop y fut pris et blessé mortellement. Ces forts, après une résistance vigoureuse, ont été évacués. Lord Cornwallis passa alors dans le Jersey avec cinq mille hommes. Un pareil nombre de nos troupes y étaient sous un de nos majors-généraux. N'étant encore que volontaire, j'allai m'y promener, et m'étant trouvé par hasard avec un détachement qui était près de l'ennemi, la bonne conduite de mes soldats justifia une attaque imprudente. On nous a dit que milord y avait été blessé. Il repassa ensuite la rivière et nous en fîmes autant. Notre armée était rassemblée quelques jours après à Whitemarsh, à treize milles de Philadelphie; toute celle du général Howe vint nous attaquer. Mais après avoir regardé notre position de tous les côtés, ils jugèrent plus prudent de s'en aller pendant la nuit, après quatre jours d'incertitudes. Alors nous poursuivîmes le projet de passer de ce côté-ci du Schuylkill, et après avoir été arrêtés sur l'autre bord, parce que nous trouvâmes sur celui-ci une partie de l'armée ennemie (quoique cela se soit borné à quelques coups de canon), ils nous laissèrent le passage libre pour le lendemain; et nous allons être tous sous des huttes pour tout l'hiver.

C'est là que l'armée américaine va tâcher de se vêtir parce qu'elle est nue, de toute nudité, de se former parce qu'elle a besoin d'instruction, et de se recruter parce qu'elle est très faible; mais les treize États vont s'exécuter et nous envoyer du monde. Ma division sera, j'espère, une des plus fortes, je ferai mon possible pour qu'elle soit une des meilleures. La situation présente des ennemis n'est pas désagréable; l'armée de Burgoyne est nourrie aux dépens de la république, et le peu qu'ils en pourront retirer, car plusieurs se perdront en chemin, sera remplacé sur-le-champ par d'autres troupes; Clinton est fort tranquille à New-York avec une nombreuse garnison; le général Howe fait sa cour aux belles à Philadelphie. La liberté que les Anglais se donnent de voler et de piller amis comme ennemis, les met fort à leur aise. Leurs vaisseaux viennent à présent jusqu'à la ville, pas cependant sans danger, et sans compter le vaisseau de 64 canons et la frégate brûlés devant les forts, sans compter tous ceux que j'espère que la glace nous vaudra, plusieurs périssent tous les jours dans le passage difficile où ils sont obligés de se risquer.

La perte de Philadelphie est bien loin d'avoir l'importance qu'on lui donne en Europe. Si la différence de circonstances, de pays, de proportion dans les deux armées n'était pas aussi manifeste, les succès du général Gates seraient bien surprenans à côté des évènemens de cette partie-ci, vu la prodigieuse supériorité de mérite du général Washington sur l'autre. Notre général est un homme vraiment fait pour cette révolution qui ne pouvait s'accomplir sans lui. Je le vois de plus près qu'aucun homme au monde, et je le vois digne de l'adoration de son pays. Sa tendre amitié et son entière confiance en moi sur tous les objets militaires et politiques, grands et petits, qui le concernent, me mettent à portée de juger tout ce qu'il a à faire, à concilier et à vaincre. J'admire tous les jours davantage la beauté de son caractère et de son ame. Quelques étrangers piqués de ne pas être placés, quoique cela ne dépende en aucune façon de lui, quelques-uns dont il n'a pas voulu servir les projets ambitieux, quelques jaloux cabaleurs, voudraient ternir sa réputation; mais son nom sera révéré dans tous les siècles par tous les amateurs de la liberté et de l'humanité, et quoique je dusse faire les honneurs de mon ami, je crois que le rôle qu'il joue me donne le droit de faire connaître combien je le respecte et l'admire. Il y a bien des choses intéressantes que je ne peux pas écrire, que je vous dirai un jour, sur lesquelles je vous prie de suspendre votre jugement et qui redoubleront votre estime pour lui.

L'Amérique attend avec impatience que nous nous déclarions pour elle, et un jour, j'espère, la France se déterminera à humilier la fière Angleterre. Cette considération et les démarches que l'Amérique me paraît décidée à faire, me donnent de grandes espérances pour le glorieux établissement de l'indépendance. Je ne nous vois pas aussi forts que je le croyais, mais nous pouvons nous battre; nous le ferons, j'espère, avec quelque succès; et avec le secours de la France, nous gagnerons avec dépens la cause que je chéris parce qu'elle est juste, parce qu'elle honore l'humanité, parce qu'elle intéresse ma patrie, et parce que mes amis américains et moi, y sommes engagés fort avant. La campagne prochaine sera intéressante. On dit que les Anglais nous envoient des Hanovriens ; quelque temps auparavant, c'était bien pis, on nous annonçait des Russes. Une petite menace de la France diminuera le nombre de ces renforts. Plus je vois les Anglais de près, plus je m'aperçois qu'il faut leur parler haut.

Après vous avoir ennuyé des affaires publiques, vous ne pouvez pas vous dispenser d'être ennuyé des miennes. Il est impossible d'être plus agréablement en pays étranger que je ne le suis ici. Je n'ai qu'à me louer et j'ai lieu d'être tous les jours plus satisfait de la conduite du congrès pour moi, quoique mes occupations militaires ne m'aient laissé connaître que très peu de membres. Ceux-là surtout me comblent d'honnêtetés et de soins. Le nouveau président, M. Laurens, un des hommes les plus respectables d'Amérique, est mon ami particulier. Quant à l'armée, j'ai eu le bonheur d'obtenir l'amitié de tout le monde ; on ne perd pas une occasion de m'en donner des preuves. J'ai passé tout l'été sans prendre de division comme vous savez que c'était mon projet ; j'ai été pendant tout ce temps-là chez le général Washington comme j'aurais pu être chez un ami de vingt ans. Depuis mon retour du Jersey, il m'a dit de choisir de plusieurs brigades la division qui me conviendrait le mieux. J'en ai pris une toute composée de Virginiens. Elle est faible à présent même en proportion de la faiblesse de l'armée ; elle est presque nue, mais on me fait espérer et du drap dont je ferai des habits, et des recrues dont il faudrait faire des soldats à peu près dans le même temps ; mais par malheur, l'un est plus difficile que l'autre, même pour des gens plus habiles que moi. Le métier que je fais ici, si j'avais déjà assez d'acquis pour le bien faire, serait fort utile à mon instruction. Le major-général remplace le lieutenant-général et le maréchal-de-camp dans leurs fonctions les plus intéressantes, et j'aurais de quoi employer bien du mérite et de l'expérience, si la Providence et mon extrait de baptême m'avaient donné lieu de me vanter de l'un et de l'autre. Je lis, j'étudie, j'examine, j'écoute, je pense, et de tout cela je tâche de former une idée où je fourre le plus de sens commun que je peux. Je ne parlerai pas beaucoup de peur de dire des sottises; je hasarderai encore moins de peur d'en faire; car je ne suis pas disposé à abuser de la confiance qu'on daigne me témoigner. Tel est le plan de conduite que j'ai suivi et suivrai jusqu'ici; mais lorsque j'ai quelques idées dont je crois qu'en les rectifiant on peut faire quelque chose, je me presse d'en faire part à un grand juge qui veut bien me faire croire qu'elles lui plaisent. D'un autre côté, quand le cœur me dira qu'il se présente une occasion favorable, je ne pourrai pas lui refuser d'en courir les risques, mais je ne crois pas que la gloriole d'un succès doive faire hasarder le salut d'une armée, ou d'une de ses parties qui n'est pas faite ni calculée pour l'offensive. Si j'osais risquer une maxime avec quelque assurance de ne pas dire une bêtise, je m'aventurerais à ajouter que, quelques forces que nous ayons, il faut nous en tenir à un plan purement défensif, excepté pourtant dans le moment où nous sommes forcés à une action, parce que j'ai cru m'apercevoir que les troupes anglaises seraient plus étonnées d'une attaque brusque que d'une résistance ferme.

Cette lettre vous sera remise par le célèbre Adams dont le nom vous est sûrement connu : comme je ne me suis jamais permis de quitter l'armée, je n'ai pas pu le voir. Il a désiré que je le recommandasse en France, et surtout à vous. Puis-je espérer que vous aurez la bonté de le bien recevoir et même de lui donner quelques connaissances sur les affaires présentes ? j'ai imaginé que vous ne seriez pas fâché de causer avec un homme dont le mérite est si connu. Il désire ardemment de réussir à obtenir l'estime de notre nation. C'est un de ses amis qui m'a dit tout cela.

AU GÉNÉRAL WASHINGTON (1).

(*Traduction.*)

Au camp, 30 décembre 1777.

Mon cher général,

J'avais été hier matin au quartier-général dans l'intention de parler à Votre Excellence ; mais vous étiez trop occupé, et je vous écrirai tout ce que je voulais vous dire.

Je n'ai pas besoin de vous exprimer combien je

(1) Cette lettre fut provoquée par le succès momentané d'une intrigue connue dans l'histoire de l'Amérique sous le nom de *Conway's cabal*. Conway, qui voulait opposer Gates à Washington, avait écrit au premier une lettre où il attaquait le général en chef. Un aide-de-camp de lord Stirling eut connaissance de cette lettre, et ce dernier en donna communication à Washington, qui eut avec Conway une explication à la suite de laquelle celui-ci lui envoya sa démission et annonça

suis affligé de tout ce qui arrive depuis quelque temps ; c'est une suite nécessaire de ma tendre et respectueuse amitié pour vous. Cette affection est aussi vraie que tous les sentimens de mon cœur, et beaucoup plus forte qu'une connaissance si récente ne semble le permettre. Mais ma peine dans les circonstances actuelles vient aussi de mes vœux ardens, peut-être enthousiastes, pour la liberté et le bonheur de ce pays. Je vois clairement que l'Amérique peut se défendre, si l'on prend de sages mesures ; mais je commence à craindre qu'elle ne soit perdue par elle-même et par ses propres enfans.

Lorsque j'étais en Europe, je pensais qu'ici tout homme, ou peu s'en faut, aimait la liberté, et préférait la mort à l'esclavage. Vous pouvez juger de ma surprise quand je vis que le torysme était aussi ouvertement professé que le whigisme. Cependant je croyais encore qu'au moins tous les bons Américains étaient unis, que la confiance du congrès en vous était sans bornes. Alors je conservais la certitude que l'Amérique serait indépendante, si elle ne vous perdait pas. Mettez un instant de côté cette modeste défiance de vous-même qui, pardonnez ma liberté, mon cher général, est quelquefois trop grande, (et je voudrais que vous pussiez juger comme moi-

---

l'intention de rentrer au service de France. La démission ne fut pas acceptée par le congrès, et Conway fut au contraire élu inspecteur-général de l'armée avec le rang de major-général. La formation du bureau de la guerre est expliquée dans les *Mémoires*. On voit, par une lettre de Washington, que M. de Lafayette fut le seul à qui il montra la lettre du général Conway, transmise par l'aide-de-camp de lord Stirling. (Lettre à Horace Gates du 4 janvier 1778, *Écrits de Washington*, tom. v, *appendice* n° 6.)

même la différence qui existe entre vous et tout autre homme), vous verrez clairement que si vous étiez perdu pour l'Amérique, personne ne pourrait maintenir l'armée et la révolution pendant six mois. Les dissensions qui existent dans le congrès sont connues; les partis qui le divisent se détestent mutuellement autant que l'ennemi commun; des hommes dépourvus de connaissances militaires, entreprennent de vous juger, de faire des comparaisons ridicules. Ils sont infatués de Gates, sans songer à la différence des positions, et croient qu'il suffit d'attaquer pour conquérir. Ces idées sont entretenues par quelques envieux, peut-être même par des amis secrets des Anglais, qui cherchent à vous pousser, dans un moment d'impatience, à quelque téméraire entreprise sur les lignes ou contre une armée supérieure à la vôtre. Je ne prendrais pas la liberté d'entrer dans ces détails, si je n'avais reçu une lettre d'un excellent jeune homme de Yorktown, que Conway a perdu par ses conseils artificieux, mais qui conserve le plus grand respect pour vous.

J'ai été d'abord fort surpris de voir le pauvre établissement du bureau de la guerre, la différence mise entre le département du nord et celui du sud, et les opérations militaires ordonnées par le congrès. Mais la promotion de Conway surpasse tout ce que je pouvais attendre. Je devrais être content de voir nommer de nouveaux majors-généraux, parce que comme je sais que vous prenez quelque intérêt à mon bonheur et à ma réputation, ce peut être une occasion pour Votre Excellence de me confier de plus agréables commandemens dans quelques circonstances intéressantes. D'ailleurs, le général Conway prétend être à ma disposition, s'appelle mon soldat, parce qu'il veut qu'on parle bien de lui à la cour de France, et que son protecteur, le marquis de Castries, qé est mon ami. Mais depuis la lettre de lord Stirling, j'ai pris sur lui des informations, et j'ai vu que c'était un homme ambitieux et dangereux ; il a fait tout au monde pour vous enlever mon affection et ma confiance; il voulait m'engager à quitter ce pays. Je vois à présent tous les officiers-généraux animés contre le congrès. Ces dissensions, si l'ennemi les connaissait, pourraient avoir les plus funestes conséquences. Je suis très affligé des disputes qui s'élèvent parmi les défenseurs d'une même cause; mais ma peine est bien plus grande encore lorsque des officiers venus de France, des officiers de quelque réputation, tombent dans une telle faute. J'ai eu, il est vrai, du goût pour Conway que je savais un brave et habile officier. Cependant le talent des manœuvres qui paraît si merveilleux au congrès, n'est pas une chose bien difficile pour tout homme de bon sens qui voudra s'y appliquer. Je dois rendre au général Duportail et à d'autres officiers français qui sont venus me parler, la justice de dire qu'ils m'ont paru tels que je pouvais les désirer dans cette occasion, quoique tout cela ait troublé bien du monde dans l'armée. Je voudrais que vous pussiez leur faire comprendre à tous combien vous êtes nécessaire, les engager à se tenir tranquilles et à faire semblant d'être unis, jusqu'au moment où ces petites querelles cesseront d'être dangereuses. Ce serait trop grande pitié que l'esclavage, le déshonneur, la ruine, le malheur de tout un monde, fût le résultat de frivoles disputes entre quelques hommes.

Vous trouverez peut-être cette lettre inutile et importune ; mais je désirais avoir une longue conversation avec vous sur les circonstances actuelles, pour vous expliquer tout ce que je pense ; je n'en ai pas trouvé l'occasion, et j'ai pris la liberté d'écrire parce qu'il importait à ma satisfaction que vous, mon cher général, qui avez été assez indulgent pour me permettre de vous regarder comme un ami, vous reçussiez sur un objet si important la confession de tous mes sentimens.

J'aime, il est vrai, vivement mon pays, et tous les bons Français ; leurs succès me causent une vraie joie ; mais Conway est Irlandais, et d'ailleurs je veux des Français qui de tout point fassent honneur à leur patrie. Cet officier a voulu m'entraîner par des idées de gloire et de brillans projets, et j'avoue à ma honte, que c'est un moyen trop assuré de m'éblouir. Je voudrais joindre au peu de théorie que j'ai appris, au peu de dispositions que j'ai peut-être reçu de la nature, l'expérience de trente campagnes, dans l'espoir d'être plus utile. Mon désir de mériter votre approbation est plus grand que jamais. De quelque manière et dans tel lieu qu'il vous plaira de m'employer, comptez sur mes efforts. Je suis lié à votre sort, je le suivrai, et vous servirai de mon épée et de toutes mes facultés. Pardonnez mon importunité en faveur du sentiment qui la cause. La jeunesse et l'amitié me rendent trop ardent peut-être, mais les derniers évènemens m'ont causé un profond chagrin.

J'ai l'honneur d'être, avec le respect le plus tendre et le plus profond, votre etc.

DU GÉNÉRAL WASHINGTON A M. DE LAFAYETTE.
(*Traduction.*)

Au quartier-général, 31 décembre 1777.

Mon cher marquis,

Votre lettre d'hier me donne une nouvelle preuve de cette amitié dont j'ai fait l'heureuse expérience depuis le premier moment où nous nous sommes connus, et à laquelle je réponds par la plus pure affection. La certitude de posséder une place élevée dans votre estime sera toujours nécessaire à mon bonheur. Je sais si bien que vous êtes incapable de vues dont le succès s'appuie sur le mensonge, et que votre ame est trop haute pour s'abaisser à chercher la réputation par d'ignobles moyens et par l'intrigue. Heureuses, trois fois heureuses l'armée et la cause, si tous ceux qui la servent étaient animés de ce généreux esprit! Mais un officier dont vous avez dit le nom, a, j'en suis certain, des vues bien différentes; son ambition, et son envie d'être cité comme un des premiers militaires du siècle, sont infinies comme les moyens qu'il emploie pour réussir : mais voyant que j'étais déterminé à ne pas sortir de la ligne de mes devoirs pour satisfaire l'une, à ne pas franchir les justes limites de la vérité pour flatter l'autre, il est devenu mon ennemi invétéré, et il a, j'en suis convaincu, tout fait pour me nuire, au point de blâmer, lorsqu'elle n'eut pas réussi, une mesure que lui même avait conseillée. Jusqu'à quel point peut-il avoir atteint son but, je ne le sais pas; et, si ce n'est pour la chose publique, je ne m'en inquiète pas. On sait bien que ni l'ambition, ni aucune vue intéressée ne m'a fait accepter le poste que j'occupe. Je m'y suis efforcé de suivre une inflexible et uniforme règle de conduite, et j'y persévérerai invariablement, tant que j'aurai l'honneur de commander, sans m'embarrasser de ce que peut la malignité et de ce que dit la calomnie.

La fatale tendance à la désunion est si visible, que j'ai exhorté, dans les termes les plus pressans, les officiers qui m'ont exprimé leur mécontentement de la promotion du général Conway, à deposer toute chaleur et toute passion en prenant un parti, et j'ai l'espoir qu'ils ne souffriront aucune détermination précipitée qui pût nuire au service. Il faut en même temps reconnaître que dans cette occasion il n'y a pas lieu de retenir leurs sentimens, quoique l'on doive surveiller leurs actions.

Vos autres observations ne sont que trop justes, et l'on doit déplorer que les choses ne soient pas comme elles étaient naguère; mais dans une si grande lutte il ne faut pas compter uniquement sur des jours sereins. J'ai la conviction que ce qui arrive est pour le mieux, que nous triompherons de tous nos revers, et que le dénouement sera heureux. Alors, mon cher marquis, si vous venez me voir en Virginie, nous sourirons de nos anciennes traverses et des folies des autres, et je m'efforcerai de vous montrer combien sincèrement je suis votre affectionné et obéissant serviteur.

Geo. Washington.

AU GÉNÉRAL WASHINGTON.

(*Traduction.*)

Valley-Forge, 31 décembre 1777.

Cher Général,

Je me serais bien reproché la liberté que j'ai prise en écrivant à Votre Excellence, si j'avais pensé que vous prissiez la peine de me répondre; mais à présent je dois vous dire que j'ai reçu cette faveur avec la plus vive satisfaction. Chaque témoignage d'une affection si chère, si précieuse, remplit mon cœur de joie. Plus vous me connaîtrez, plus vous trouverez en moi un tendre et respectueux attachement et une invariable franchise. Mais après ces mérites, je dois vous avouer que les autres sont encore à découvrir. Je n'ai jamais si vivement souhaité d'être doué d'immenses talens, je pourrais alors être un peu utile à votre bonheur, à votre gloire, aussi bien qu'à la mienne. Quel homme ne joint pas la pure ambition de la gloire à cette autre ambition d'avancement, de rang et de fortune? Pour moi, dans mon ardent amour pour elle, je ne supporte pas l'idée qu'un si noble sentiment soit mêlé à des sentimens peu élevés.

En vous voyant prêcher la modération aux brigadiers, je reconnais sans surprise votre vertueux caractère. J'ose me flatter que vous serez assez bon pour m'instruire de ce qui vous concernera, toutes les fois que l'obligation du secret ou des circonstances particulières ne vous l'interdiront pas.

Avec l'amitié la plus tendre et le respect le plus profond, je suis, mon cher général, etc.

A MADAME DE LAFAYETTE.

Au camp, près Valley-Forge, ce 6 janvier 1778.

Quelle date, mon cher cœur, et quel pays pour écrire au mois de janvier ! C'est dans un camp, c'est au milieu des bois, c'est à quinze cents lieues de vous que je me vois enchaîné au milieu de l'hiver. Il n'y a pas encore bien long-temps que nous n'étions séparés des ennemis que par une petite rivière ; à présent même nous en sommes à sept lieues, et c'est là que l'armée américaine passera l'hiver sous de petites baraques qui ne sont guère plus gaies qu'un cachot. Je ne sais s'il conviendra au général Howe de visiter notre nouvelle ville, nous tâcherions de lui en faire les honneurs, et le porteur de cette lettre vous dira quel est l'agréable séjour que je préfère au bonheur d'être avec vous, avec tous mes amis, au milieu de tous les plaisirs possibles. De bonne foi, mon cher cœur, croyez-vous qu'il ne faille pas de fortes raisons pour se déterminer à ce sacrifice ? Tout me disait de partir, l'honneur m'a dit de rester, et vraiment quand vous connaîtrez en détail les circonstances où je me trouve, où se trouve l'armée, mon ami qui la commande, toute la cause américaine, vous me pardonnerez, mon cher cœur, vous m'excuserez même, et j'ose presque dire que vous m'approuverez. Que j'aurais de plaisir à vous dire moi-même toutes mes raisons, à vous demander en vous embrassant un pardon que je suis sûr alors d'obtenir ! Mais ne me condamnez pas avant de m'avoir entendu. Outre la raison que je vous ai dite, j'en ai encore une autre que je ne voudrais pas raconter à tout le monde, parce que cela aurait l'air de me donner une ridicule importance. Ma présence est nécessaire dans ce moment-ci à la cause américaine plus que vous ne le pouvez penser; tant d'étrangers qu'on n'a pas voulu employer, ou dont on n'a pas voulu ensuite servir l'ambition, ont fait des cabales puissantes; il ont essayé par toutes sortes de piéges de me dégoûter et de cette révolution et de celui qui en est le chef; ils ont répandu tant qu'ils ont pu que je quittais le continent. D'un autre côté, les Anglais l'ont dit hautement. Je ne peux pas en conscience donner raison à tout ce monde-là. Si je pars, beaucoup de Français, utiles ici, suivront mon exemple. Le général Washington serait vraiment malheureux, si je lui parlais de partir. Sa confiance en moi est plus grande que je n'ose l'avouer à cause de mon âge ; dans la place qu'il occupe, on peut être environné de flatteurs ou d'ennemis secrets; il trouve en moi un ami sûr, dans le sein duquel il peut épancher son cœur et qui lui dira toujours la vérité. Il n'y a pas de jour qu'il n'ait de grandes conversations avec moi ou ne m'écrive de longues lettres, et il veut bien me consulter sur les points les plus intéressans. Il y a dans ce moment une circonstance particulière où ma présence ne lui est pas inutile; ce n'est pas le moment de parler de départ. J'ai aussi dans le moment présent avec le président du congrès une correspondance intéressante. L'abaissement de l'Angleterre, l'avantage de ma patrie, le bonheur de l'humanité qui est intéressée à ce qu'il y ait dans le monde un peuple entièrement libre, tout m'engageait à ne pas quitter dans un moment où mon absence aurait fait tort. D'ailleurs après un petit succès dans le Jersey, le général, par le vœu unanime du congrès, m'a engagé à prendre une division dans l'armée et à la former à ma guise autant que mes faibles moyens le pourraient permettre; je ne devais pas répondre à ces marques de confiance en lui demandant ses commissions pour l'Europe. Voilà une partie des raisons que je vous confie sous le secret. Je vous en ajouterai moi-même bien d'autres que je ne puis hasarder dans une lettre. Celle-ci vous sera remise par un honnête Français qui est venu de cent milles pour prendre mes commissions. Je vous ai écrit, il y a peu de jours, par le célèbre M. Adams; il vous facilitera les occasions de me donner de vos nouvelles. Vous en aurez reçu auparavant que je vous envoyai dès que j'eus appris vos couches. Que cet évènement m'a rendu heureux, mon cher cœur! J'aime à vous en parler dans toutes mes lettres, parce que j'aime à m'en occuper à tous momens. Quel plaisir j'aurai à embrasser mes deux pauvres petites filles, et à leur faire demander mon pardon à leur mère! Vous ne me croyez pas assez insensible et en même temps assez ridicule pour que le sexe de notre nouvel enfant ait diminué en rien la joie de sa naissance. Notre caducité n'est pas au point de nous empêcher d'en avoir un autre sans miracle. Celui-là, il faudra absolument que ce soit un garçon. Au reste, si c'est pour le nom qu'il fallait être fâché, je déclare que j'ai formé le projet de vivre assez long-temps pour le porter bien des années moi-même, avant d'être obligé d'en faire part à un autre. C'est à M. le maréchal de Noailles que je dois cette nouvelle. J'ai une vive impatience d'en recevoir de vous. J'eus l'autre jour une lettre de Desplaces qui m'en annonce une antérieure; mais la fantaisie des vents, sans compter la rencontre des Anglais, dérange bien souvent l'ordre de mes correspondances. J'ai eu plusieurs jours des inquiétudes sur le vicomte de Coigny, qu'on me mandait qui allait plus mal. Mais cette lettre de Desplaces, qui ne me parle point de lui et qui me dit que tout le monde est bien, m'a rassuré. J'en ai aussi reçu quelques autres qui ne me disent pas un mot de sa santé. Je vous en prie, quand vous m'écrirez, mon cher cœur, envoyez-moi bien des détails sur tous les gens que j'aime et même toute la société. C'est une chose bien extraordinaire que je n'aie pas entendu parler des couches de madame de Fronsac. Dites-lui mille choses aussi tendres que respectueuses pour moi, ainsi qu'à la comtesse Auguste. Si ces dames n'entrent pas dans les raisons qui me forcent à rester ici, elles doivent me juger un être bien ridicule, surtout étant à portée de voir de quelle charmante femme je me sépare; mais cette même idée doit leur faire sentir que j'ai d'invincibles motifs pour m'y déterminer. Plusieurs officiers-généraux font venir leurs femmes au camp; je suis bien envieux, non de leurs femmes, mais du bonheur qu'ils ont d'être à portée de les voir. Le général Washington va aussi se déterminer à envoyer chercher la sienne. Quant à messieurs les Anglais, il leur est arrivé un renfort de trois cents demoiselles de New-York; et nous leur avons pris un vaisseau plein de chastes épouses d'officiers qui viennent rejoindre leurs maris; elles avaient grand' peur qu'on ne voulût les garder pour l'armée américaine.

Vous apprendrez par le porteur de cette lettre que ma santé est très bonne, que ma blessure est guérie, et que le changement de pays ne m'a fait aucun effet. Ne pensez-vous pas qu'après mon retour nous serons assez grands pour nous établir dans notre maison, y vivre heureux ensemble, y recevoir nos amis, y établir une douce liberté et lire les gazettes des pays étrangers sans avoir la curiosité d'aller voir nous-mêmes ce qui s'y passe? J'aime à faire des châteaux en France de bonheur et de plaisir. Vous y êtes toujours de moitié, mon cher cœur, et une fois que nous serons réunis, on ne pourra plus nous séparer et nous empêcher de goûter ensemble et l'un par l'autre la douceur d'aimer et la plus délicieuse, la plus tranquille félicité. Adieu, mon cœur; je voudrais bien que ce plan pût commencer dès aujourd'hui. Ne vous conviendra-t-il pas? Présentez mes plus tendres respects à madame d'Ayen; embrassez mille fois la vicomtesse et mes sœurs. Adieu, adieu; aime-moi toujours, et n'oublie pas un instant le malheureux exilé qui pense toujours à toi avec une nouvelle tendresse.

AU GÉNÉRAL WASHINGTON.

(*Traduction.*)

Cher Général,

J'userai dans cette occasion de la liberté que vous m'avez donnée de dire franchement toutes les idées qui peuvent me frapper comme propres à produire quelque amélioration dans le service.

Il y a deux officiers du même grade, ayant même devoir à remplir et montré même négligence, qui ont été arrêtés le même jour par mon ordre. En faisant la nuit la ronde des piquets, je les trouvai en faute et en rendis compte le jour suivant à Votre Excellence. Vous me répondites que j'avais eu grand tort de ne pas les avoir relevés et arrêtés immédiatement; j'objectai qu'il était bien tard pour un tel changement, et j'ajoutai que j'ignorais quelle était la règle dans cette armée; mais qu'ils allaient être arrêtés au moment même. Voici la dernière réponse de Votre Excellence: « Ils doivent être traduits devant « la cour martiale, et vous devez rendre compte du « fait à l'adjudant-général: » En conséquence, le major Nevil fit deux lettres contenant l'ordre d'arrestation de l'un, pour s'être laissé surprendre à son poste, de l'autre, pour la même cause et pour avoir laissé des sentinelles entretenir des feux qu'il pouvait voir en se tenant devant le piquet; je vous donne ma parole d'honneur qu'il n'y avait pas la moindre exagération.

Maintenant je vois dans l'ordre du jour le moins coupable puni d'une manière beaucoup trop sévère et renvoyé du service, c'est-à-dire pour tous les hommes délicats privé de son honneur, tandis qu'il devait seulement être fortement réprimandé et garder quelque temps les arrêts. Mais cela peut être attribué à une très sévère discipline.

Mais que faut-il que je pense de la même cour lorsqu'elle acquitte à l'unanimité, ce qui est dire que mon accusation n'est pas vraie, l'officier qui a joint à la même faute celle de permettre à ses sentinelles d'avoir du feu à portée de sa vue? car dans tous les services être surpris ou trouvé au milieu de son piquet sans aucune sentinelle qui demande le mot d'ordre ou vous arrête, ainsi que le major Nevil qui me précédait à cheval, a trouvé cet officier, est entièrement la même chose. Et le major Nevil, qui marchait devant moi, tandis que j'étais occupé à faire éteindre au factionnaire son feu, peut attester que tel était le cas où se trouvait cet officier; il peut faire plus que l'attester, car il peut en donner sa parole d'honneur; et je pense que cette idée d'*honneur* est la même dans tous les pays.

Mais les *préjugés* ne sont pas la même chose; car donner publiquement l'avantage dans un tel débat (cela devient en effet un procès entre deux parties) à un officier du dernier rang militaire contre un officier du premier, devrait être regardé comme un affront au grade, et acquitter un homme qu'un autre homme accuse, comme un affront à la personne. C'est ce que l'on pense en Pologne : car le comte Pulaski tint pour injure la décision d'une cour martiale portant entier acquittement du colonel Molens. Cependant comme je connais les usages anglais, je ne suis que surpris de voir une telle partialité dans une cour martiale.

Votre Excellence m'approuvera certainement si je ne fais arrêter aucun de mes officiers avec la condition de paraître devant une cour martiale, pour une simple négligence, mais seulement pour vol, lâcheté ou meurtre, en un mot dans le cas où ils auraient mérité d'être cassés ou condamnés à mort. Permettez-moi de vous dire combien je suis opposé aux cours martiales; je sais que c'est un usage des Anglais, et je crois que c'est un très mauvais usage; il vient de leur amour pour les gens de loi, les parleurs, et tout ce noir appareil de sentences et de justice, mais tel n'est pas le tempérament américain; et je pense que cette armée toute neuve doit recueillir les bonnes institutions et laisser les mauvaises à qui les voudra. En France un officier est mis aux arrêts par son supérieur; les soldats sont punis à l'instant même par ordre de leurs officiers immédiats; et ce n'est que dans les cas graves et lorsqu'il s'agit de l'honneur, de la vie ou d'un emprisonnement un peu long qu'une cour martiale intervient et que la sentence est publique. La loi est toujours dure, et porte avec elle une marque éternelle d'infamie; lorsque les juges sont partiaux comme dans cette occasion-ci, c'est encore pis, car ils ajoutent leurs inconvéniens à ceux de la loi. Désormais, je ne renverrai devant les cours martiales que les crimes qui ne donneront jour à aucune indulgence ou partialité de la part des juges.

Avec le plus tendre respect, etc.

A MADAME DE LAFAYETTE.

York, 3 février 1778.

Je ne me reprocherai jamais, mon cher cœur, de laisser passer une occasion de vous écrire, et j'en trouve une par M. du Bouchet qui a le bonheur de s'embarquer pour France. Vous aurez reçu déjà plusieurs lettres où je vous parle de la naissance de notre nouvel enfant, et de la joie que ce charmant évènement m'a causée. Si je pensais que vous avez soupçonné ce contentement d'avoir reçu quelque diminution parce que notre Anastasie n'est qu'une fille, en vérité, mon cœur, je serais si en colère contre vous que je ne vous aimerais plus qu'un peu pour quelques instans. Ah! mon cœur, quel délicieux plaisir de vous embrasser tous; quelle consolation de pouvoir pleurer avec mes autres amis celui que j'ai perdu!

Je ne vous ferai pas de longs détails sur la marque de confiance dont l'Amérique m'honore. Il vous suffira de savoir que le Canada est opprimé par les Anglais; tout cet immense pays est en possession des ennemis, ils y ont une flotte, des troupes et des forts. Moi, je vais m'y rendre avec le titre de général de l'armée du nord, et à la tête de trois mille hommes, pour voir si l'on peut faire quelque mal aux Anglais dans ces contrées. L'idée de rendre toute la Nouvelle-France libre et de la délivrer d'un joug pesant, est trop brillante pour s'y arrêter. Alors mon armée augmenterait immensément, et serait augmentée par des Français. J'entreprends un terrible ouvrage, surtout ayant peu de moyens. Quant à ceux de mon propre mérite, ils sont bien nuls pour une telle place, et ce n'est pas à vingt ans qu'on est fait pour être à la tête d'une armée, chargé de tous les immenses détails qui roulent sur un général, et ayant sous mes ordres directs une grande étendue de pays.

Le nombre de troupes que j'aurai sous moi qui serait peu de chose en Europe, est considérable en Amérique. Ce qui me fait le plus de plaisir dans tout cela, c'est que de façon ou d'autre je serai plus tôt en état de vous joindre. Qu'il serait charmant de faire bien vite mes affaires avec les Anglais de là-haut! Je pars dans l'instant pour Albany et de là à un autre endroit, à peu près à cent cinquante lieues d'ici, et de là je commencerai à travailler. Ce mois-ci n'est pas agréable pour voyager. Je ferai une partie de la course en traîneaux; une fois arrivé là-haut, je ne marcherai que sur des glaces.

Je n'écris à aucun de mes amis par cette occasion. J'ai une immensité d'affaires, et il y a une infinité de choses politiques et militaires à arranger; il y a tant de choses à réparer, tant de nouveaux obstacles à lever, qu'en vérité il me faudrait quarante ans d'expérience et des talens supérieurs pour ne pas en sortir avec désagrément. Au moins je ferai de mon mieux, et ne pussé-je réussir qu'à occuper leur attention dans le nord, quand je ne leur ferais pas d'autre mal, c'est toujours un grand service à rendre, et ma petite armée ne serait pas inutile. Faites-moi le plaisir de dire au prince (1) que son chétif capitaine, tout général en chef qu'il est, n'en sait guère plus long qu'il n'en savait au Polygone, et qu'il ne sait trop, à moins que le hasard ou son bon ange ne l'inspire, comment justifier la confiance qu'on lui témoigne. Mille tendres respects à madame d'Ayen. Mille assurances de ma tendre amitié à la vicomtesse, à toutes mes sœurs. Ne m'oubliez pas auprès de vos amies, de M. votre père, madame de Tessé, M. le maréchal de Noailles. Adieu, adieu, mon cher cœur; embrassez nos chers enfans; j'embrasse leur charmante mère un million de fois. Quand me retrouverai-je dans ses bras ?

AU GÉNÉRAL WASHINGTON.

(*Traduction.*)

Flemmingtown, 9 février 1778.

Cher Général,

Je ne puis laisser repartir mon guide sans profiter de cette occasion d'écrire à V. E, quoique je n'aie à vous parler d'aucune chose d'intérêt public. J'avance très lentement, tantôt percé par la pluie, tantôt couvert de neige, et ne m'entretenant pas de bien riantes idées sur l'incursion projetée en Canada. S'il y avait des succès, ce serait pour moi une surprise très agréable, par la raison que je n'en attends point de fort

---

(1) Le prince de Poix, colonel du régiment de Noailles, dans lequel M. de Lafayette était capitaine.

brillans. Le lac Champlain est trop froid pour produire le moindre brin de laurier, et, si je ne suis pas noyé ou ne meurs pas de faim, je serai aussi fier que si j'avais gagné deux batailles.

M. Duer m'avait donné rendez-vous à une taverne, mais il ne s'y est trouvé personne. J'imagine qu'il aura été, avec M. Conway, plus vite qu'il ne m'avait dit. Peut-être conquerront-ils le Canada avant mon arrivée, et je m'attends à les trouver à l'hôtel du gouverneur, à Quebec. Si je pouvais craindre un seul instant que ce pompeux commandement *de l'armée du nord* vous fît un peu oublier un ami absent, je renverrais le projet au lieu d'où il vient; mais j'ose espérer que vous vous souviendrez de moi quelquefois. Je vous souhaite du fond de mon cœur tous les succès, tous les bonheurs publics et privés. J'éprouve une grande tristesse de ne pouvoir plus suivre votre fortune aussi près de vous que je le voudrais, mais mon cœur prendra sa part de tout ce qui vous arrivera; et je pense déjà à l'heureux moment où je reviendrai vous assurer moi-même de la plus tendre affection et du respect avec lesquels, etc.

AU GÉNÉRAL WASHINGTON.

(*Traduction.*)

Albany, 19 février 1778.

Cher Général,

Pourquoi suis-je si loin de vous ? Et quelle raison pouvait porter le bureau de la guerre à me faire courir à travers les glaces et les neiges, sans savoir ce que je ferais, ni ce qu'il faisait lui-même ? Vous avez pensé peut-être que l'expédition projetée serait accompagnée de quelques difficultés, que quelques moyens d'exécution auraient été négligés, et que je ne pourrais pas obtenir tous les succès, ni cette quantité de lauriers qu'ils m'avaient promis. Mais je défie Votre Excellence de concevoir une idée de ce que j'ai vu, depuis que j'ai quitté le lieu où j'étais tranquille auprès d'un ami, pour me jeter au milieu de toutes les bévues de la sottise ou de la perfidie, Dieu sait laquelle. Mais laissez-moi commencer le journal de ma glorieuse campagne.

D'après l'avis de lord Stirling, j'allai à Ringo's Tavern où M. Duer m'avait donné rendez-vous. Mais là, point de Duer, et l'on n'a jamais entendu parler de lui. De là je continuai ma route par l'État de New-York, et j'eus le bonheur de trouver les amis de l'Amérique aussi vifs dans leur amour pour le commandant en chef que son meilleur ami pouvait le désirer. Je parlai au gouverneur Clinton, dont je fus très satisfait; et je suis enfin arrivé le 17 à Albany où je n'étais pas attendu avant le 25. Le général Conway m'avait précédé de trois jours seulement, et je dois avouer que je l'ai trouvé actif et ne montrant que de bonnes intentions; mais nous en savons beaucoup sur ce point. Son premier mot a été que l'expédition était impossible. J'ai d'abord été d'un avis très opposé; mais depuis j'ai trouvé qu'il avait raison. Telle est du moins l'idée que j'ai pu me former, dans ces deux jours, de cette opération mal concertée.

Les généraux Schuyler, Lincoln et Arnold, avaient,

avant mon arrivée, écrit au général Conway, dans les termes les plus forts, que dans les circonstances actuelles, on ne pouvait pas commencer une entreprise contre le Canada. Le quartier-maître-général, le commissaire-général et l'agent-général de l'habillement dans ce qu'ils appellent le département du nord, sont entièrement de cette opinion. Le colonel Hazen qui par ses fonctions entretient des relations avec les trois autres, était le plus disposé à aller en avant. Je crois qu'on peut attribuer cette ardeur à des motifs particuliers. Cependant, quoiqu'il se prétende tout prêt pour ce qui le concerne, ce dont je ne puis être certain, il avoue que nous ne sommes pas assez forts pour penser à l'expédition en ce moment. Quant aux troupes, elles sont dégoûtées, et, à l'exception de quelques Canadiens de Hazen, effrayées au plus haut point d'entreprendre une incursion d'hiver dans un pays si froid. J'ai consulté tout le monde, et tout le monde m'a répondu qu'il serait fou de la tenter. J'ai été induit en erreur par le bureau de la guerre; on m'avait avec les plus fortes expressions promis trois mille, et, ce qui est plus positif, garanti par écrit deux mille cinq cents combattans, au calcul le plus faible. En ce moment, je n'en compterais pas en tout douze cents propres au service, et la plupart sont comme nus, même pour une campagne d'été. Je devais trouver le général Stark avec un corps considérable, et même le général Gates m'a dit : « Il aura brûlé la flottille avant votre arrivée. » Eh bien, la première lettre que je reçois à Albany, est du général Stark qui veut savoir *quelle quantité, de quel lieu, pour quel temps, pour quel rendez-vous je désire qu'il recrute du monde*. Le colonel Biddle, qui devait aussi lever des hommes, aurait, dit-il, fait quelque chose, *s'il avait eu de l'argent*. L'un demande quel encouragement il peut donner à ses gens, un autre n'a pas d'habits, aucun n'a reçu un dollar de ce qui leur était dû. Depuis deux jours, je m'adresse à tout le monde, je frappe à toutes les portes, et je vois qu'il serait possible de faire quelque chose si l'expédition devait commencer dans cinq semaines. Mais vous savez que nous n'avons pas une heure à perdre, et même à présent, si tout était prêt, il serait presque trop tard.

Il règne un esprit de mécontentement parmi les soldats et même les officiers; cela tient à ce que depuis un temps énorme, ils n'ont point été payés. Ce département est fort endetté, et autant que j'ai pu m'en assurer, près de 800,000 dollars sont dûs aux troupes continentales, à quelques milices, au service du quartier-maître, etc., etc. C'était avec 400,000 dollars, dont la moitié seulement est arrivée aujourd'hui, que je devais entreprendre l'expédition, et satisfaire les hommes sous mon commandement. J'envoie au congrès la note de ces dettes. Quelques habillemens, mais loin d'être suffisans, nous sont arrivés de Boston, grâce à l'activité du colonel Hazen; et encore, une grande partie n'est pas coupée.

Nous avons eu des renseignemens par un déserteur; ses rapports représentent l'ennemi plus fort que je ne le croyais. Il n'y a pas telle chose *que de la paille à bord des bâtimens pour les brûler*. J'ai rendu au congrès un compte très complet de tout ceci, et j'espère qu'il ouvrira les yeux. Je ne sais ce qu'il résoudra, mais je dois attendre ici sa réponse. J'ai envoyé au président la copie des plus importantes lettres que j'aie reçues. J'ennuierais Votre Excellence, si j'essayais d'entrer dans de minutieux détails; il suffira de dire que faute d'hommes, d'habits, d'argent et de temps, je ne puis rien espérer de l'expédition. Si elle peut être remise au mois de juin, et entreprise par l'est, c'est ce que je ne puis assurer; mais dans ce moment telle est l'idée que j'ai conçue de cette excursion si vantée.

Votre Excellence peut juger combien je suis affligé de ce désappointement. Ma nomination à ce commandement est connue dans tout le continent; elle le sera bientôt en Europe, car plusieurs membres du congrès m'avaient demandé d'écrire à mes amis que j'étais à la tête d'une armée. Le public va s'attendre à de grandes choses, et comment répondrai-je à cette attente? Je crains que cela ne touche à ma réputation, et je le crains à ce point que je voudrais redevenir simple volontaire, à moins que le congrès ne m'offre les moyens de réparer cette triste affaire par quelque glorieuse opération; mais je suis loin de laisser entrevoir ce désir. Le général Arnold semble espérer beaucoup d'une diversion contre New-York, et il est trop malade pour faire la guerre d'ici à quatre ou cinq mois. Je serais heureux si quelque chose de ce genre m'était proposé, mais jamais je ne demanderai, ni même ne paraîtrai désirer rien du congrès directement. Pour vous, mon cher général, je sais bien que vous ferez tout pour me procurer la seule chose que j'ambitionne, la gloire.

Je pense que Votre Excellence approuvera que j'attende ici de nouveaux ordres, et que j'aie pris la liberté d'envoyer par une prompte occasion mes dépêches au congrès, sans les faire passer par les mains de mon général. Je voulais ne pas différer à l'instruire de ma désagréable et ridicule situation.

J'ai l'honneur d'être, etc.

AU MÊME.
(*Traduction.*)

Albany, 23 février 1778.

Cher Général,

Je trouve une occasion d'écrire à Votre Excellence ; je ne voudrais pas la manquer, même par la crainte de devenir ennuyeux et importun. Si l'on m'a envoyé si loin de vous dans je ne sais quel dessein, au moins dois-je faire quelque petit usage de ma plume pour empêcher que toute communication soit coupée entre mon général et moi. Je vous ai dernièrement rendu compte de mon affligeante et ridicule situation, qui réellement n'a pas de nom. Je suis envoyé avec grand bruit à la tête d'une armée pour faire de grandes choses. Le continent, et bientôt la France, l'Europe, et qui pis est, l'armée anglaise, sont dans l'attente. Combien ils seront trompés, combien on se rira de nous ! vous pouvez en juger par le récit sincère que vous avez reçu de moi. Il y a des choses, j'ose le dire, dans lesquelles on cherche à m'abuser. Un certain colonel n'est pas ici pour rien ; un autre officier était devenu fort populaire avant mon arrivée ; Arnold lui-même en est charmé. Dès que je veux regarder quelque part, je suis sûr qu'on étend un nuage devant mes yeux. Cependant il y a des points sur lesquels on ne peut me tromper : le manque d'argent, le mécontentement des soldats, la répugnance de tous pour l'expédition, à l'exception des Canadiens, qui s'imaginent rentrer chez eux; tout cela est aussi clair que possible. Je crains la risée, et mon expédition va devenir aussi fameuse que *l'expédition secrète* contre Rhode-Island.

J'avoue, mon cher général, que je ne puis maîtriser la vivacité de mes sentimens, dès que ma réputation et ma gloire sont touchées. Il est vraiment bien dur que cette portion de mon bonheur, sans laquelle je ne puis vivre, se trouve dépendre de projets que j'ai connus seulement lorsqu'il n'était plus temps de les exécuter. Je vous assure, mon ami cher et vénéré, que je suis plus malheureux que je ne l'ai jamais été.

Mon désir de faire quelque chose est tel, que j'ai eu la pensée de tenter une surprise avec un détachement, mais cela m'a paru téméraire et tout-à-fait impraticable. Je serais heureux, si vous étiez ici pour me donner des conseils, mais je n'ai personne que je puisse consulter. On m'a envoyé plus de vingt officiers français dont je ne sais que faire. Tracez-moi la ligne de conduite que vous me conseillez de suivre sur chaque point. Je ne sais comment agir, je ne sais même plus pourquoi je suis ici. Cependant comme je suis le plus ancien officier après le général Arnold qui a voulu que je prisse le commandement, je pense qu'il est de mon devoir de régler autant que possible les affaires de cette partie de l'Amérique. Le général Gates conserve, il est vrai, le titre et le pouvoir de commandant en chef dans le département du nord; mais comme il est arrivé 200,000 dollars, j'ai pris sur moi d'acquitter la partie la plus pressante des dettes dont nous sommes accablés. J'envoie des provisions au fort Schuyler; j'irai le visiter. Je tâche de procurer des vêtemens aux troupes, d'acheter quelques articles pour la campagne prochaine. J'ai donné ordre d'emprunter quelque argent en mon nom, afin de satisfaire les troupes qui sont très mécontentes. En tout je m'efforce de faire de mon mieux, quoique je n'aie ni autorité ni instructions particulières, et je cherche à me rapprocher des intentions du général Gates; mais j'aurais grand besoin d'avoir une réponse à mes lettres.

J'imagine entre nous que le projet actuel est de m'éloigner d'ici et d'y placer le général Conway en chef sous la direction immédiate du général Gates. Je ne sais comment ils arrangeront cela, mais soyez sûr que nous verrons quelque chose de ce genre. Vous êtes plus près que moi, et dans le congrès tout honnête homme est votre ami; ainsi vous pouvez prévoir et prévenir le mal cent fois mieux que moi. Je ne voulais que donner cette idée à Votre Excellence. Après avoir écrit en Europe, d'après le désir des membres du congrès, tant de belles choses sur mon commandement et mon armée, je serais honteux de ne rien tenter dans ces parages. On dit que le général Putnam est rappelé... mais mieux que moi, vous savez ce qu'il convient de faire, et je n'ai besoin de vous suggérer aucune combinaison.

Soyez assez bon pour présenter mes respects à madame Washington.

Avec la plus tendre affection et la plus haute considération, j'ai l'honneur, etc.

DU GÉNÉRAL WASHINGTON A M. DE LAFAYETTE.

(*Traduction.*)

Au quartier-général, 10 mars 1778.

Mon cher Marquis,

J'ai eu le plaisir de recevoir vos deux lettres des 19 et 23 février et je m'empresse de dissiper toutes vos inquiétudes; elles viennent d'une sensibilité peu commune pour tout ce qui touche votre réputation. Vous semblez craindre que le monde ne laisse tomber sur vous un blâme proportionné à son attente déçue, par suite de l'abandon de l'expédition du Canada. Mais d'abord je ne vois rien de fâcheux pour vous à ce qu'il soit connu en Europe que vous avez reçu du congrès une éclatante preuve d'estime et de confiance dans l'important commandement d'un corps détaché; et je suis persuadé que tout le monde approuvera la prudence qui vous a fait renoncer à une entreprise dont la poursuite vous eût engagé dans une lutte vaine contre des impossibilités physiques. En effet, à moins de vous imputer les invariables effets des causes naturelles, et de vous faire un crime de ne pas avoir arrêté le cours des saisons pour marcher sur le lac, le plus porté à la critique ne trouvera matière à aucun reproche. Quelle que soit la peine que votre ardeur pour la gloire vous fait ressentir de ce désappointement, soyez assuré que votre réputation est aussi belle qu'elle fut jamais et qu'aucune nouvelle entreprise n'est nécessaire pour effacer cette tache imaginaire.

Il n'est pas, je crois, à propos de tenter dans nos circonstances présentes l'expédition dont vous parlez; toute attaque régulière serait annoncée à l'ennemi par les indispensables préparatifs qu'elle nécessiterait probablement. On ne peut agir de ce côté qu'en employant des troupes naturellement assez rapprochées pour profiter de la première occasion favorable offerte par l'ennemi; et le succès alors dépendrait surtout de la promptitude d'une attaque dont le hasard plutôt qu'aucune préméditation aurait amené la possibilité.

Vous avez sans aucun doute agi fort judicieusement, en attendant de nouveaux ordres du congrès. Soit qu'ils me procurent le plaisir de vous voir bientôt, soit qu'ils vous destinent à une plus longue absence, vous pouvez, mon cher monsieur, compter sur les vœux bien sincères de, etc.

P. S. Les ordres que vous avez donnés pour le paiement des dettes les plus urgentes sont fort sages. Il n'y a pas assez d'argent pour suffire à toutes les demandes, et j'aurais désiré qu'on eût pu vous procurer plus de vêtemens. L'approvisionnement du fort Schuyler est une très bonne mesure dont je vous remercie.

AU BARON DE STEUBEN.

(FRAGMENT DE LETTRE.)

Albany, 12 mars 1778.

Permettez-moi, Monsieur, de vous exprimer le plaisir que me fait votre visite au général Washington. Ce grand homme ne peut avoir d'autres ennemis que ceux de son pays. Il est impossible à un esprit noble de se défendre contre l'attrait de tant de qualités. Je crois le connaître autant que qui que ce soit; son honnêteté, sa franchise, sa haute raison, sa vertu dans l'acception la plus étendue du mot, sont au-dessus de toute louange. Il ne m'appartient pas de juger ses talens militaires; mais suivant mes connaissances bien imparfaites, son avis dans le conseil m'a toujours paru le meilleur, quoique sa modestie l'empêchât quelquefois de le soutenir, et ses prédictions ont généralement été accomplies. Je m'empresse d'autant plus de vous faire part de mon impression, que d'autres personnes cherchent à vous tromper sur ce point.

FRAGMENT D'UNE LETTRE AU PRÉSIDENT DU CONGRÈS.

Albany, 20 mars 1778.

.... Son Excellence le général Washington fera, je pense, connaître au congrès qu'à la demande des commissaires des affaires indiennes, j'ai envoyé le colonel Gouvion, muni d'ordres pour la construction d'un petit fort que nous avons cru nécessaire d'accorder aux Oneïdas. L'amour du sang français mêlé à l'amour des louis d'or français, a engagé ces Indiens à promettre de venir avec moi (1).

Comme je suis très assuré que le congrès des États-Unis ne me proposera rien que de conforme à mes sentimens et à ceux que je me flatte de lui avoir inspirés, je puis assurer par avance que tout poste qu'il me confiera, toute disposition qu'il prendra sera acceptée par moi avec joie et reconnaissance. Cependant je demande la permission de dire que je regarderais comme n'étant pas fait pour moi, un commandement, quelque honorable qu'il pût être, où je ne serais pas près du danger et des occasions d'agir.

Je n'ai j'ai jamais parlé au congrès d'une longue

---

(1) M. de Lafayette eut dans ce voyage de curieux rapports avec les Indiens. Dans une lettre du 27 février au général Washington, lettre d'ailleurs dénuée d'intérêt et qui a dû être supprimée, on voit qu'il fut prié par le général Schuyler d'assister à une réunion nombreuse d'Indiens convoqués pour un traité. On retrouvera plus tard les traces de ces communications.

lettre que j'ai écrite, il y a quatre mois, en France, concernant un projet aux Indes orientales; j'attends la réponse. Si elle devait satisfaire mon attente, l'exécution de mon plan amènerait bientôt, en dépit de quelques hommes pacifiques, cette guerre française tant désirée, et pourrait être utile à la cause de la liberté sans entraîner le continent dans aucune dépense.

Avec le plus grand respect, etc.

AU GÉNÉRAL WASHINGTON.

(*Traduction.*)

Albany, 25 mars 1778.

Cher Général,

J'espère que vous connaissez assez ma tendre affection pour juger du bonheur que m'a fait éprouver votre lettre du 10. Je suis pénétré de cette bonté qui s'efforce de dissiper mes inquiétudes sur la ridicule expédition du Canada. A présent nous connaissons le but que se proposait l'honorable bureau, et pour quel résultat trois ou quatre hommes auraient entraîné le pays dans de grandes dépenses, risqué la réputation de nos armes, et la vie de plusieurs centaines d'hommes si le général, votre ami, qu'on voulait tromper, eût été aussi imprudent et aussi insensé qu'on semblait l'espérer. Oh! liberté américaine, qu'adviendra-t-il de toi, si tu restes dans de telles mains! J'ai reçu une lettre du bureau de la guerre et la résolution du congrès (1), par laquelle il vous est enjoint de me rappeler ainsi que le baron de Kalb, notre présence étant jugée absolument nécessaire à votre armée. Je crois que celle du général Conway est *absolument nécessaire* à Albany, et il a reçu ordre d'y rester, ce à quoi je n'ai aucune objection, car il n'y aura peut-être rien à faire de ce côté, si ce n'est de veiller à quelques disputes d'Indiens et de Tories. Cependant vous savez que j'ai écrit au congrès, et aussitôt que la permission sera arrivée, je laisserai à Conway le commandement du peu de régimens qui sont ici, et je joindrai mon respectable ami; j'attendrai toutefois que j'aie reçu de vous-même l'ordre de partir, et resterai commandant en chef, comme si le congrès n'avait jamais décidé que ma présence est *absolument nécessaire* à la grande armée.

Depuis votre dernière lettre, j'ai abandonné toute idée sur New-York ; mon seul désir est de vous rejoindre. La seule faveur que j'aie désirée en venant ici, et que j'aie demandée à vos commissaires en France, a été de ne servir que sous les ordres du général Washington ; je semblais prévoir notre future amitié, et ce que j'ai fait par l'estime et le respect qu'inspirait votre nom, je le ferais aujourd'hui par pure affection pour le général Washington lui-même.

(1) Par la même résolution le congrès déclare : « qu'il a une haute « opinion de sa prudence, de son activité, de son zèle, et qu'il est plei- « nement convaincu que ni lui, ni aucun des officiers qui l'accompa- « gnaient n'ont manqué à rien de ce qui pouvait donner à l'expédition « le plus d'effet possible. » (*Journal secret du congrès*, 2 mars 1778.)

Je suis content d'apprendre que le général Greene est quartier-maître-général, il est important que cette place soit remplie par un honnête homme et qui soit votre ami; mais je m'afflige de ne rien apprendre quant aux renforts. Que pouvez-vous faire avec une poignée de monde? Et ma pauvre division que je désirais tant instruire, habiller, préparer moi-même pendant l'hiver, et qu'on m'avait promis de porter à six mille hommes à l'ouverture de la campagne, ne pourrais-je pas la recruter un peu dans la division du général Greene, puisqu'il est quartier-maître-général? Je suis très fier de me trouver par cette promotion le troisième officier-général de votre armée.

Avec les plus grands sentimens de respect et d'affection, j'ai l'honneur, etc.

A MADAME DE LAFAYETTE.

Au camp de Valley-Forge, en Pensylvanie, 14 avril 1778.

Si trente occasions se présentent à la fois, mon cher cœur, soyez sûre que j'écrirai trente lettres, et que si vous ne recevez pas souvent de mes nouvelles, je n'aurai du moins rien à me reprocher. Celles-ci seront accompagnées d'autres qui diront la même chose, étant à peu près de la même date, mais les accidens ne sont malheureusement que trop communs, et par ce moyen quelques unes au moins l'échapperont. Pour les vôtres, mon cher cœur, j'aime mieux m'en prendre au destin, aux flots, à lord Howe et au diable, que de vous soupçonner un instant de négligence. Je suis parfaitement sûr que vous ne laisserez échapper aucune occasion de m'écrire. Je le serais encore plus, s'il est possible, si je pouvais espérer que vous connaissez bien à quel point vos lettres me rendent heureux. Je vous aime plus que jamais, mon cher cœur, les assurances de votre tendresse sont absolument nécessaires à mon repos et à cette espèce de félicité que je peux goûter loin de ce que j'aime, si cependant le mot de *félicité* peut convenir à mon triste exil. Travaillez au moins pour ma consolation, mon cœur, ne négligez aucune occasion de me donner de vos nouvelles. Il y a des millions de siècles que je n'en ai reçu de personne. C'est un cruel état que cette affreuse ignorance du sort de tout ce qui m'est cher. J'ai cependant des raisons de me flatter qu'elle cessera bientôt; la scène va devenir intéressante; la France prendra un parti quelconque, et alors des vaisseaux m'apporteront des nouvelles. Je ne vous en manderai aucune; tout est ici dans un grand repos, et nous attendons avec impatience que l'ouverture de la campagne vienne réveiller notre engourdissement. Je vous parle dans mes autres lettres de mon voyage à Albany, de celui que j'ai fait à une assemblée de sauvages. J'attends plusieurs honnêtes Iroquois qui m'ont promis de venir me joindre ici. Peu après ou peu avant cette lettre, madame d'Ayen, la vicomtesse, mon grand-père (1) en recevront par une occasion plus certaine que celle-ci, avec une

---

(1) Le comte de La Rivière (Charles-Yves-Thibault), capitaine-lieutenant des mousquetaires noirs, et grand-père de la mère de M. de Lafayette, dont il était le curateur.

beaucoup plus longue pour vous. J'écris une immensité d'épitres; Dieu veuille qu'elles arrivent! Présentez mes hommages à madame votre mère, à mon grand-père; embrassez mille fois la vicomtesse, mes sœurs; rappelez-moi au souvenir de madame la comtesse Auguste, madame de Fronsac, toutes vos amies et tous mes amis. Mille tendres embrassemens à notre chère famille. Quand me sera-t-il permis de t'assurer, mon cher cœur, que je t'aime plus que tout au monde et jusqu'à mon dernier soupir? Adieu, je ne regarde cette lettre que comme un billet.

Présentez mes hommages à M. le maréchal de Noailles, et dites-lui que je lui ai envoyé des arbres d'Albany; mais que j'en ferai partir plusieurs envois consécutifs pour qu'il en arrive quelques-uns. Parmi ceux de nos connaissances à qui vous ferez mes complimens, n'oubliez pas le chevalier de Chastellux.

A MADAME DE LAFAYETTE.

Germantown, 28 avril 1778.

Je vous écris, mon cher cœur, par une occasion assez extraordinaire, puisque c'est un officier anglais qui est chargé de ma lettre. Mais vous cesserez d'être étonnée quand vous saurez que cet officier est mon ami Fitz-Patrick (1). Il retourne en Angleterre, et je

(1) M. de Lafayette s'était fort lié avec lui en Angleterre; c'est ce même général Fitz-Patrick, qui, dans la chambre des communes, fit

n'ai pu résister à l'envie de l'embrasser avant son départ. Nous nous sommes donné rendez-vous dans cette ville. C'est la première fois que nous nous trouvons sans avoir les armes à la main, et cet état convient beaucoup mieux à l'un et à l'autre que les airs d'ennemis que nous nous étions jusqu'ici donnés. Il y a quelque temps que je n'ai reçu des nouvelles de France, et j'en attends avec bien de l'impatience ; écrivez-moi souvent, mon cher cœur, c'est une consolation qui m'est absolument nécessaire dans une si grande séparation. Il n'y a point de nouvelles intéressantes, et d'ailleurs il ne convient pas à M. Fitz-Patrick de porter des nouvelles politiques écrites d'une main à présent bataillant avec son armée. Je me porte à merveille ; ma blessure est parfaitement guérie, mais mon cœur n'est pas tranquille, je suis trop loin des gens que j'aime, et mes inquiétudes, ainsi que le désir de les revoir, augmentent tous les jours. Dites-leur mille choses pour moi. Présentez mes hommages à madame d'Ayen, à M. le maréchal de Noailles. Embrassez la chère vicomtesse. Mille choses tendres au prince, au vicomte, à tous mes amis et amies. Embrassez surtout nos enfans, mon cher cœur, et soyez sûre que les momens où je suis séparé d'eux et de vous sont des siècles pour moi. Adieu, je vais songer à ma retraite, il est tard, et demain n'est plus un jour pacifique. Adieu, adieu.

deux célèbres motions, l'une le 17 mars 1794, pour les prisonniers de Magdebourg, l'autre le 16 décembre 1796, pour les prisonniers d'Olmütz.

AU GÉNÉRAL WASHINGTON.

(*Traduction.*)

Au camp de Valley-Forge, 15 mai 1778.

Mon cher Général,

Conformément aux ordres de Votre Excellence, j'ai reçu le serment des officiers de la brigade du général Woodford, et leurs certificats ont été envoyés au bureau de l'adjudant-général. Permettez-moi à présent de vous adresser quelques observations présentées par plusieurs officiers qui m'ont demandé de vous les soumettre (1). Je ne partage pas leur opinion sur le fond, et je sais d'ailleurs que je ne devrais pas recevoir pour vous les objections que ces messieurs peuvent avoir collectivement à des ordres du congrès; mais j'avoue que le désir de leur être agréable, de leur donner toutes les marques d'affection qui sont

---

(1) Le serment contenait la reconnaissance de la souveraineté des États-Unis, la renonciation à toute allégeance ou obéissance envers George III, et l'engagement de soutenir la cause de l'Amérique contre lui, ses héritiers et successeurs, assistans et adhérens, etc. Les officiers qui firent des difficultés, étaient Virginiens, et au nombre de 26. Ils alléguaient quatre objections principales. La réponse du général Washington les fera connaître. Il suffira de dire que selon la première objection, il y avait *indignité* dans le serment, en ce qu'il paraissait supposer que quelques-uns d'entre eux avaient agi contre leurs convictions; et que suivant la quatrième, les officiers en s'engageant par serment *dans leur situation présente*, semblaient renoncer au droit et au pouvoir d'obtenir un changement d'organisation ou de position désiré par l'armée. (*Washington's writings*, tom. V, pag. 367.)

en mon pouvoir, et de reconnaître la bienveillance dont ils m'honorent, a été ma première considération. De plus, veuillez remarquer qu'ils ont commencé par obéir; ils veulent seulement faire connaître à leur bien-aimé général les motifs d'une sorte de répugnance (autant que la répugnance peut s'allier avec leur devoir et leur honneur) à prononcer un serment dont ils méconnaissent, je crois, l'esprit et le but. Je puis ajouter, avec une parfaite conviction, que parmi ces officiers il n'en est pas un qui ne fût trois fois heureux s'il s'offrait une occasion de prouver, par de nouveaux efforts, son amour pour la patrie, son zèle pour les devoirs militaires, son respect pour l'autorité civile, son attachement à votre personne.

Avec le plus grand respect et la plus tendre affection, j'ai l'honneur d'être, etc.

DU GÉNÉRAL WASHINGTON A M. DE LAFAYETTE.

(*Traduction.*)

Au camp, 17 mai 1778.

Mon cher Monsieur,

J'ai reçu hier votre lettre du 15, contenant un papier souscrit par plusieurs officiers de la brigade du général Woodford, exposant les raisons de ne pas prêter le serment d'abjuration, d'allégeance et de service, et je vous remercie de la manière délicate dont vous me communiquez cette affaire.

Un serment doit être un acte libre du cœur, fondé sur une pleine conviction de la convenance de l'engagement qu'il contient; je ne voudrais donc en aucun cas exercer aucune espèce de contrainte, ni même interposer mon opinion, de manière à induire à le prononcer ceux à qui il est demandé. Ainsi, les officiers signataires de ce papier useront de leur libre arbitre, et suivant ce que leur dicteront leurs sentimens et leur conscience, prononceront ou refuseront le serment. En même temps, je ne puis m'empêcher de regarder comme une circonstance un peu singulière que ces scrupules soient particuliers aux officiers d'une seule brigade, et si répandus parmi eux. Le serment en lui-même n'est pas une chose nouvelle; il est en substance semblable à celui qui est exigé par tout gouvernement; il ne contient donc aucune *indignité*, et il est parfaitement en harmonie avec la profession, les actions et les engagemens implicites de tout officier.

L'objection fondée sur ce que les grades ne sont pas définitivement établis, n'est d'aucune valeur; le grade n'est mentionné que pour désigner la personne qui fait le serment. On ne peut penser sérieusement que cette circonstance soit destinée ou propre à empêcher les promotions ou les démissions.

La quatrième objection présentée par ces messieurs est la clé de leurs scrupules, et j'aimerais à me persuader que la réflexion leur montrera l'inconvenance de leur procédé, et que dans la suite ils ne se laisseront pas engager à une semblable conduite. Je les estime tous, et ne puis que m'affliger qu'ils aient été entraînés à cette démarche. Je suis certain qu'ils le regretteront eux-mêmes; je le suis du moins qu'ils doivent le regretter.

Je suis, mon cher Marquis, votre affectionné ami et serviteur.

AU MARQUIS DE LAFAYETTE.

INSTRUCTION (1).

Monsieur,

Le détachement sous vos ordres avec lequel vous marcherez immédiatement vers les lignes de l'ennemi, est destiné à remplir la destination suivante : protéger le camp, et le pays entre la Delaware et le Schuylkill, couper la communication avec Philadelphie, gêner les incursions des partis ennemis, connaître leurs mouvemens et leurs projets; ce dernier point réclame votre attention particulière. Vous tâcherez d'avoir des espions fidèles et intelligens qui vous instruisent exactement de ce qui se passe dans la ville, et vous me communiquerez sans retard toute information importante.

D'après les différens rapports, l'évacuation de Philadelphie semble probable. Il est d'une haute impor-

---

(1) On a inséré cette instruction comme étant celle que reçut M. de Lafayette pour se porter en corps détaché entre la Delaware et le Schuylkill. Ce fut à la suite de ce mouvement qu'il fit cette retraite de Barren-Hill, qui fut louée par le général Washington. (Voy. les *Mémoires*, et dans la collection de M. Sparks, la lettre de Washington du 24 mai 1778.)

tance de connaître la vérité, et s'il est possible, la future destination des troupes. Si l'on obtenait des renseignemens certains sur l'époque de l'embarquement, vous pourriez en profiter pour tomber sur l'arrière-garde ennemie durant la retraite ; mais cette tentative rencontrerait de grandes difficultés et exigerait dans l'exécution la plus grande prudence. Toute erreur ou précipitation aurait les conséquences les plus désastreuses. Vous vous rappellerez que votre détachement est composé de troupes choisies, que l'échec qu'il éprouverait serait un rude coup pour notre armée. Prenez en conséquence toutes les précautions contre une surprise. Ne risquez rien sans une grande chance de succès. Je ne vous désigne aucune position précise, je vous laisse le choix des différens postes que vous croirez avantageux d'occuper. J'observe seulement en général qu'il faut éviter les stations qui donnent à l'ennemi la facilité de connaître votre situation et de former avec succès des plans d'attaque. En cas de mouvement offensif contre mon armée, vous vous appliquerez à conserver vos communications avec elle, et à incommoder l'ennemi dans sa marche.

Nos partis de cavalerie et d'infanterie entre les rivières, sont sous vos ordres, et font partie de votre détachement. De grandes plaintes m'ont été faites de la conduite de ceux que j'ai envoyés vers les lignes ennemies; soyez attentif à arrêter les excès et vérifiez si les plaintes qui m'ont été adressées sont fondées en justice.

Donné de ma main, au quartier-général, 18 mai, 1778.

A MADAME DE LAFAYETTE.

Au camp de Valley-Forge, ce 16 juin 1778.

Le hasard me fournit, mon cher cœur, une occasion fort incertaine de vous écrire; mais telle qu'elle soit, j'en profite parce que je ne puis pas résister à l'envie de vous dire un mot. Vous devez avoir reçu beaucoup de mes nouvelles depuis quelque temps; du moins s'il ne tient qu'à vous en donner souvent, j'ai tout droit de l'espérer. Plusieurs vaisseaux sont partis qui tous étaient chargés de mes lettres. Elles auront renouvelé votre douleur par le mélange de la mienne. Que mon éloignement est affreux! je n'ai jamais si cruellement senti combien cette situation est horrible. Mon cœur est affligé de ma propre douleur et de la vôtre que je n'ai pu partager. Le temps immense que j'ai été à apprendre cet évènement y ajoute encore. Songez, mon cœur, combien il est cruel, en pleurant ce que j'ai perdu, de trembler encore pour ce qui me reste. La distance d'Europe en Amérique me paraît plus immense que jamais. La perte de notre malheureuse enfant est presque à tous momens présente à mon idée. Cette nouvelle m'est arrivée tout de suite après celle du traité, et tandis que mon cœur était dévoré de chagrin, j'avais à recevoir et à prendre part aux assurances de la félicité publique. J'ai appris en même temps la perte de notre petit Adrien, car j'ai toujours regardé leur enfant comme s'il était à moi, et je l'ai regretté comme j'aurais regretté mon fils. J'ai écrit deux fois au vicomte et à la vicomtesse, pour leur parler de mes regrets, et j'espère que mes lettres leur parviendront. Pour cette fois-ci je n'écris qu'à vous, parce que je ne sais ni quand l'occasion partira, ni quand elle arrivera, et qu'on me fait espérer un paquebot qui sûrement sera rendu avant ce que je vous envoie à présent.

J'ai eu de vos nouvelles par M. de Cambrai et M. Carmichael. Le premier sera placé avantageusement et agréablement à ce que j'espère ; le second n'est pas encore arrivé à l'armée, je l'attends avec une vive impatience. Que j'aurai de plaisir à causer avec lui, et lui parler de vous ! Il se rendra au camp le plus tôt possible. Nous attendons tous les jours des nouvelles d'Europe; elles sont bien intéressantes, surtout pour moi qui fais des vœux ardens pour les succès et la gloire de ma patrie. Le roi de Prusse est, dit-on, entré en Bohême et a oublié de déclarer la guerre. Si cependant il y en avait une entre la France et l'Angleterre, j'aimerais qu'on nous laissât faire et que toute l'Europe se contentât de regarder; alors nous ferions une charmante guerre, et nos succès seraient bien faits pour plaire à la nation.

Si la malheureuse nouvelle que j'ai apprise m'était arrivée tout de suite, je serais parti sur-le-champ pour vous joindre ; mais celle du traité reçue le 1er mai m'a arrêté. La campagne qui s'ouvrait ne me permettait pas de partir : au reste, mon cœur a toujours été bien convaincu qu'en servant la cause de l'humanité et celle de l'Amérique, je combattais pour les intérêts de la France. Une autre raison, mon cœur, pour rester ici quelque temps, est que les commissaires anglais sont arrivés et que je suis bien aise d'être à portée des négociations. Tous les moyens de servir ma patrie me seront bons. Je ne comprends pas pourquoi on n'a pas déjà envoyé un ministre plénipotentiaire ou quelque chose de cette espèce en Amérique; je désire impatiemment d'en voir un, pourvu que ce ne soit pas moi, car je ne suis pas fort tenté de quitter la carrière militaire pour entrer dans le corps diplomatique.

Il n'y a point de nouvelles ici, et on ne parle que de celles d'Europe auxquelles on ajoute bien des contes. On ne s'est presque pas remué d'aucun côté. La seule affaire intéressante est celle qui m'est échue en partage le 20 du mois dernier; encore n'y a-t-il pas eu de sang répandu.

Le général Washington m'avait confié un détachement de deux mille quatre cents hommes d'élite pour aller très près de Philadelphie; il serait trop long de vous expliquer pourquoi, et il suffira de vous dire que quelque précaution que je pusse prendre, je ne pus pas empêcher l'armée ennemie de faire une marche nocturne par laquelle je me trouvai le lendemain matin sept mille hommes derrière moi et le reste devant. Ces messieurs s'occupaient obligeamment des moyens d'envoyer à New-York ceux qu'on ne tuerait pas; mais ils eurent cependant la complaisance de nous laisser retirer doucement sans nous faire de mal. Nous avons perdu six ou sept tués ou blessés, et eux vingt-cinq ou trente, ce qui ne les dédommagea pas d'une marche où une partie de l'armée avait fait quarante milles.

Quelques jours après, les circonstances ayant changé, je suis rentré au camp, et il ne s'est rien passé d'intéressant. Nous attendons l'évacuation de Philadelphie qui paraît ne devoir pas tarder. J'ai l'assurance que le 10 avril, on était plus près de négocier que de guerroyer, et que l'Angleterre devenait tous les jours plus humble.

Si cette lettre vous parvient, mon cher cœur, présentez mes respects à M. le duc d'Ayen, à M. le maréchal de Noailles, à madame de Tessé, à qui j'ai écrit par tous les vaisseaux, quoiqu'elle me reproche une négligence dont mon cœur est bien loin. J'ai aussi écrit à madame d'Ayen ces deux dernières fois, et plus anciennement aussi. Embrassez mille fois la chère vicomtesse, dites-lui combien je l'aime. Mille tendresses à mes sœurs; mille et mille amitiés au vicomte, à M. de Poix, à Coigny (1), Ségur, son frère, Etienne (2) et tous mes amis. Embrassez un million de fois notre petite Anastasie; hélas! c'est tout ce qui nous reste! Je sens que ma tendresse partagée s'est réunie sur elle; ayez-en bien soin. Adieu, je ne sais quand ma lettre arrivera et je doute qu'elle vous parvienne.

(1) Probablement le marquis de Coigny.
(2) Le comte Étienne de Durfort, aujourd'hui pair de France.

AU MARQUIS DE LAFAYETTE.

INSTRUCTION (1).

Monsieur,

Vous marcherez immédiatement avec le détachement commandé par le général Poor, et opérerez aussitôt que possible votre jonction avec le corps du général Scott. Vous ferez tous vos efforts pour atteindre le flanc gauche et l'arrière-garde de l'ennemi et lui faire tout le mal possible. Les portions de troupes continentales déjà sur les lignes seront sous vos ordres, et vous prendrez de concert avec le général Dickinson les mesures qui causeront le plus de gêne et de perte à l'ennemi dans sa marche. En conséquence, vous l'attaquerez par détachement toutes les fois que vous en aurez l'occasion; et s'il se présente une circonstance favorable, vous agirez avec toutes vos forces.

Vous prendrez toutes les précautions nécessaires pour vous mettre à l'abri de toute surprise, et conserver vos communications avec cette armée.

Donné à Kingston, 25 juin, 1778.

---

(1) C'est l'ordre qui a précédé le combat de Monmouth.

AU GÉNÉRAL WASHINGTON.

(*Traduction.*)

Icetown, 26 juin 1778, à sept heures un quart.

Cher Général,

J'espère que vous avez reçu ma lettre de Cranberry, où je vous préviens que, quoique fort à court de provisions, je me rends à Icetown. A mon arrivée, j'ai été très fâché d'apprendre que M. Hamilton avait couru à cheval toute la nuit sans parvenir à recueillir des renseignemens positifs. Mais par quelques tirailleurs qui reviennent à l'instant, j'apprends que l'ennemi est en mouvement, et que son arrière-garde doit être à présent à un mille du lieu où elle se trouvait la nuit dernière, c'est-à-dire à six ou sept milles d'ici. J'ai fait marcher sur-le-champ les brigades des généraux Maxwell et Wayne; et je donnerai ensuite avec les hommes du général Scott, le régiment de Jackson, et quelque milice. Je serais bien heureux si nous pouvions les surprendre avant qu'ils eussent fait halte, car je n'ai pas l'idée de prendre un autre moment que celui de la marche. Si je ne puis les atteindre aujourd'hui, nous pouvons rester à quelque distance et attaquer demain matin, pourvu qu'ils ne s'échappent pas dans la nuit.

J'imagine que Votre Excellence se rapprochera avec l'armée, et, si je suis à distance convenable de vous, je n'ai rien à craindre, en frappant un coup, au cas que l'occasion se présente; je crois qu'avec notre force actuelle, toujours *pourvu qu'ils ne s'échappent pas*, nous pouvons faire quelque chose.

Le général Forman dit que d'après la nature du pays je ne puis être tourné ni par la droite, ni par la gauche; mais je ne me repose pas sur cette assurance. Un officier qui vient des lignes confirme le rapport sur le mouvement de l'armée. Le général Dickinson me fait dire qu'on entend une forte fusillade sur le front de la colonne ennemie. Je crains qu'elle ne vienne de Morgan qui n'aura pas reçu ma lettre; mais cela aura au moins l'avantage d'arrêter l'ennemi; et si nous attaquons, il pourra recommencer.

J'ai besoin de vous répéter par écrit ce que je vous ai dit : c'est que si vous jugez ou si l'on juge nécessaire ou utile au bien du service et à l'honneur du général Lee, de l'envoyer ici avec deux mille hommes ou plus, je lui obéirai avec joie, et servirai sous lui, non seulement par devoir, mais aussi par considération pour la réputation de cet officier.

J'espère recevoir bientôt vos ordres sur ce que j'ai à faire aujourd'hui ou demain, et savoir où vous êtes et ce que vous projetez. Je serais heureux de vous fournir l'occasion de completer quelque petit avantage que nous aurions remporté.

La route que prend l'ennemi est celle qui mène droit à Monmouth.

J'ai l'honneur, etc.

DU GÉNÉRAL WASHINGTON A M. DE LAFAYETTE.

(*Traduction.*)

Cranberry, 26 juin 1778.

Mon cher Marquis,

La peine que notre arrangement d'hier causait au général Lee n'a fait qu'augmenter; et le désir obligeant que vous m'exprimez de le satisfaire m'a décidé à le détacher avec quelques troupes pour renforcer, ou au moins protéger les différens détachemens qui sont sous vos ordres. Tout en compatissant à son chagrin, je songeais à vous et à la délicatesse de votre situation. J'ai obtenu sa parole qu'en vous prévenant de son approche et de son commandement, il vous demanderait de suivre le plan que vous auriez formé contre l'ennemi. C'est le seul expédient que j'aie pu imaginer pour répondre aux vues de tous deux. Le général Lee en paraît satisfait; je voudrais que vous le fussiez, car je forme les vœux les plus ardens pour votre honneur et votre gloire (1).

Je suis, avec l'estime et l'affection les plus sincères, votre, etc.

---

(1) La combinaison offerte par M. de Lafayette, et désirée par le général Washington, ne réussit pas. Malgré l'heureuse issue du combat de Monmouth, les résultats n'en furent pas tels qu'on pouvait l'espérer, par suite de la conduite du général Lee, qui fut traduit devant une cour martiale, et suspendu par jugement pour une année. (Voy. ci-dessus les *Mémoires*, la vie de Washington, par Marshall, et l'*Appendix* n° 18, du tom. V des lettres de Washington.)

DU GÉNÉRAL WASHINGTON A M. DE LAFAYETTE (1).

(*Traduction.*)

White-Plains, 22 juillet 1778.

Monsieur,

Vous aurez le commandement immédiat d'un détachement de cette armée, composé des brigades de Glover et de Varnum, et du détachement commandé par le colonel Henry Jackson. Vous les conduirez avec la promptitude convenable et par les meilleurs chemins à Providence dans l'état de Rhode-Island. Une fois rendu, vous serez vous-même sous les ordres du major-général Sullivan qui aura le commandement de l'expédition contre Newport et les Anglais et troupes à leur solde sur ce point et les îles adjacentes.

Si dans votre marche vous apprenez des nouvelles certaines de l'évacuation de Rhode-Island par l'ennemi, vous ferez immédiatement une contre-marche vers le lieu d'où je vous écris, en m'en donnant le plus prompt avis. Ayant la plus entière confiance dans votre activité et votre zèle, et vous souhaitant tout ce que peut desirer votre cœur de succès, d'honneur et de gloire, je suis avec la plus parfaite considération, etc.

(1) Ordre pour l'expédition de Rhode-Island.

DU GÉNÉRAL WASHINGTON A M. DE LAFAYETTE.

(*Traduction.*)

Au quartier-général de White-Plains, 27 juillet 1778.

Cette lettre vous sera remise par le major-général Greene, qui par sa connaissance de Rhode-Island, son pays natal, et l'influence qu'il exercera sur les habitans, sera particulièrement utile à l'expédition, et facilitera les moyens de la poursuivre, en contribuant, soit à former, soit à exécuter le plan des opérations.

L'honneur et les intérêts de la cause commune sont tellement attachés au succès de l'entreprise, qu'il m'a paru d'une haute importance de ne rien négliger de ce qui pouvait l'assurer, et sous différens rapports, le général Greene rendra d'importans services. Ces considérations m'ont déterminé à l'envoyer vous joindre; il n'était ni convenable ni avantageux qu'il servît dans sa seule qualité de quartier-maître-général; je lui ai donc donné un commandement dans le corps destiné au débarquement. J'écris en conséquence au général Sullivan de partager les troupes continentales, de l'État et de milice en deux divisions égales, sous le commandement immédiat du général Greene et de vous. Les troupes continentales se trouvant à côté des miliciens, leur inspireront de la confiance, et probablement ils agiront mieux que s'ils étaient seuls. Cet arrangement diminuera le nombre des continentaux qui sont sous vos ordres; cette perte sera plus que compensée par l'addition de la milice; et je me flatte que votre commandement n'en sera ni moins agréable ni moins honorable.

Je suis avec beaucoup d'estime et d'affection, mon cher marquis, votre, etc.

AU GÉNÉRAL WASHINGTON.

(*Traduction.*)

Providence, 6 août 1778.

Cher Général,

J'ai reçu la lettre de V. E. par le général Greene, dont l'arrivée m'a fait grand plaisir. Il pourra non-seulement par ses talens personnels et la justesse de son coup d'œil, mais aussi par sa connaissance du pays et sa popularité dans l'État, servir très utilement l'expédition. Puisque vous le jugez convenable au bien du service, je me sépare volontiers de la moitié de mon détachement sur lequel pourtant je comptais beaucoup. Tout ce que vous ordonnerez ou même désirerez, mon cher général, me sera agréable, et je me trouverai toujours heureux en faisant ce qui pourra vous plaire et contribuer au bien public. Je pense comme vous qu'il vaut mieux partager les troupes continentales pour servir avec les miliciens, au lieu de les réunir dans une seule aile.

Vous recevrez par le général Sullivan le rapport de ses dispositions, préparatifs, etc. Je n'ai donc rien à ajouter si ce n'est que j'ai été avant-hier à bord de l'amiral (1); j'ai trouvé dans la flotte une ardeur et un désir d'agir qui tournera bientôt en impatience, si nous ne lui fournissons une prompte occasion de combattre. Les officiers ne peuvent contenir les soldats et les matelots, qui se plaignent de courir depuis quatre mois après les Anglais, sans être parvenus à les joindre; mais j'espère qu'ils seront bientôt satisfaits.

Le comte d'Estaing a été ravi de mon arrivée, et de pouvoir s'ouvrir librement à moi. Il m'a exprimé la plus grande anxiété sur ses besoins de toute espèce, vivres, eau, etc. Il espère que la prise de Rhode-Island le mettra en état d'y pourvoir. L'amiral voudrait, aussitôt que possible, joindre des troupes françaises au corps que je commande. J'avoue que la pensée de coopérer avec elles me rend très heureux; et si j'avais imaginé un songe agréable, je n'aurais pu en souhaiter un plus doux que l'union de mes compatriotes à mes frères d'Amérique sous mon commandement et sous les mêmes drapeaux. Lorsque j'ai quitté l'Europe, j'étais loin d'espérer une telle amélioration dans les affaires de la glorieuse révolution américaine. Quoique je n'aie ni compte officiel ni observations à vous présenter, puisque je ne suis ici qu'*un vaisseau du troisième rang* (2), je griffonnerai, après l'expédition, quelques lignes pour vous, et je joindrai au rapport du général Sullivan

---

(1) Le comte d'Estaing. C'est le 8 juillet que la flotte française avait paru à l'entrée de la Delaware. Elle était maintenant stationnée devant Newport, au dessous du passage entre Rhode-Island et Long-Island.

(2) *A man of whr of the third rate*. On sait qu'en anglais un bâtiment de guerre s'appelle *man of war*, littéralement *un homme de guerre*.

l'assurance que j'aurai conservé tous mes membres, et qu'avec la plus tendre affection et une entière confiance dans la vôtre, je serai toujours avec le plus grand respect, votre, etc.

DU GÉNÉRAL WASHINGTON A M. DE LAFAYETTE.

(*Traduction.*)

White-Plains, 10 août 1778.

Mon cher Marquis,

Votre lettre du 6 est une nouvelle preuve des nobles principes qui vous guident, et elle vous donne un juste droit à mes sincères et tendres remerciemens. La présence du général Greene à Rhode-Island, où il est né, doit de toute manière servir la cause dont vous êtes un zélé défenseur. J'ai donc accepté ses services, quoique troublé par la crainte de diminuer votre commandement. Le général Greene ne voulait pas agir seulement comme quartier-maître dans un corps détaché, et cela était naturel. Il devenait donc nécessaire de lui donner un commandement et de diviser les troupes continentales. Votre consentement donné d'une manière si aimable a levé toute difficulté, et m'a fait un extrême plaisir.

Je suis heureux de l'idée que les étendards français et américains vont probablement s'unir sous vos ordres. Je suis persuadé que leurs défenseurs rivaliseront de zèle pour se signaler et contribuer à votre gloire. Le courrier du comte d'Estaing attend, et je n'ai que le temps, mon cher marquis, de vous assurer de l'estime la plus haute, avec laquelle je suis, etc.

AU GÉNÉRAL WASHINGTON (1).

(*Traduction.*)

Au camp devant Newport, 25 août 1778.

Mon cher Général,

J'avais attendu pour répondre à votre première lettre d'avoir à vous mander quelque chose d'inté-

---

(1) Les circonstances qui provoquèrent cette lettre sont indiquées dans les *Mémoires.* Les détails suivans achèveront de les faire connaître.

Après la tempête qui avait dispersé sa flotte, M. d'Estaing écrivit au général Sullivan une lettre remarquable, où il lui exposait l'impossibilité de rester en vue de Rhode-Island sans danger et sans contrevenir aux ordres formels du roi. Il lui témoignait également son regret de ce que le débarquement des Américains dans l'île, effectué un jour avant le jour convenu, n'avait pu être protégé par les vaisseaux, et il repoussait avec force l'imputation de l'avoir blâmé dans cette circonstance pour avoir opéré si tôt, et avec deux mille hommes seulement. A sa grande douleur, sa position le forçait à répondre par un refus à la proposition d'une attaque combinée. Cette réponse excita beaucoup de mécontentement parmi les Américains. Leurs officiers imaginèrent de signer une protestation qui paraît avoir été considérée par quelques-uns comme un moyen de seconder l'inclination secrète de l'amiral en le contraignant à combattre. Le bruit courait en effet qu'une cabale dans le corps de la marine l'obligeait seule à faire retraite, par jalousie de la gloire qu'il aurait pu acquérir, lui qui appartenait originairement à l'armée de terre. Cette protestation lui fut portée par le colonel Laurens; après une récapitulation de tous les argumens contre le départ de la flotte, elle se terminait par la déclaration solennelle que cette mesure était *dérogatoire à l'honneur de la France*, contraire aux inten-

ressant. Chaque jour semblait devoir terminer nos incertitudes ; bien plus, chaque jour augmentait l'espoir d'un succès dont je me promettais de vous instruire. Telle était la raison qui me faisait différer ce que le devoir et l'inclination me portaient à faire beaucoup plus tôt. Permettez maintenant que je vous offre mes remercîmens pour vos deux lettres ; la première m'est arrivée lorsque nous attendions à chaque moment des nouvelles de la flotte française ; je viens de recevoir la seconde.

Si je ne vous ai pas écrit le jour même du départ de la flotte française pour Boston, c'est que je ne voulais pas troubler votre amitié, par l'expression des sentimens d'un cœur affligé, froissé, et froissé par ceux-là mêmes que j'étais venu de si loin aimer

tions de S. M. T. C. et aux intérêts de la nation américaine, etc. Lorsque cette protestation fut soumise au congrès, il se hâta d'ordonner qu'elle serait tenue secrète et que M. Gérard serait informé de cet ordre que le général Washington était chargé d'exécuter par tous les moyens en son pouvoir.

En même temps, le général Sullivan fit un ordre du jour portant : « Le général espère que cet évènement montrera l'Amérique capable « de se procurer, par ses propres forces, le secours que ses alliés lui « refusent. » Deux jours après, le 26 août, pressé par M. de Lafayette, Sullivan rectifia cet ordre par le suivant : « Comme il a été supposé par « quelques personnes que dans son ordre du 24, le commandant en « chef avait voulu insinuer que le départ de la flotte française était le « résultat d'une détermination fixe de refuser assistance dans la présente « entreprise, et attendu que le général ne veut pas laisser le moindre « prétexte à des esprits sans élévation et sans libéralité de faire cette « indigne supposition, il croit nécessaire de dire que, ne pouvant en « ce moment connaître les instructions de l'amiral français, il ne peut « décider si l'éloignement de la flotte était ou non absolument nécessaire, « et n'entend point par conséquent censurer un acte que ses instruc- « tions peuvent rendre absolument nécessaire. » Ces détails, empruntés à l'éditeur des écrits de Washington, feront bien comprendre certains passages de cette lettre et le sens des lettres suivantes.

et soutenir. N'en soyez pas surpris, mon cher général, la générosité de votre noble cœur serait offensée du spectacle choquant que j'ai sous les yeux.

Je suis si éloigné de tout penchant à la critique, que je ne vous donnerai pas le récit de nos opérations, ni de quelques circonstances qui pourraient bien trouver place dans cette lettre. Je ne dirai même pas comment on contraria la flotte française, lorsqu'il fut question d'entrer dans le port, à son arrivée, ce qui, d'après les rapports des donneurs d'avis, aurait eu les plus grands résultats; combien l'amiral fut surpris, lorsqu'à la suite d'une convention faite et acceptée, une heure après que le général américain avait renouvelé, par écrit, ses assurances, nos troupes firent leur débarquement un jour avant celui où elles étaient attendues; combien les officiers français furent mortifiés de ne pas trouver un canon dans ces forts qu'il leur était recommandé de protéger. Je ne remarquerais pas ces faits, ni beaucoup d'autres, s'ils n'étaient pas dans ce moment la cause pour laquelle on suppose que le comte d'Estaing est parti pour Boston. Croyez-moi, mon cher général, sur mon honneur, l'amiral, quoique un peu surpris de quelques circonstances de notre conduite, les a considérées comme vous et moi l'aurions fait, et s'il est parti, c'est qu'il s'y est vu forcé par la nécessité.

Considérons, mon cher général, les mouvemens de cette flotte depuis qu'elle a été demandée par le comte d'Estaing lui-même, et accordée par le roi pour être employée à servir les Etats-Unis. Je ne remonterai pas plus haut, et je ne rappellerai pas tous les témoignages d'affection donnés aux Américains par la nation française. L'annonce de cette flotte a décidé l'évacuation de Philadelphie; son arrivée a fait ouvrir tous les ports, rassuré toutes les côtes, obligé les vaisseaux anglais à se concentrer; six de ces frégates, dont j'avais vu deux seulement terrifier tout le commerce des deux Carolines, ont été prises ou brûlées. Le comte d'Estaing allait offrir la bataille, et en imposer pour long-temps à la marine anglaise à New-York; il fut décidé qu'il irait à Rhode-Island, et il y alla; dans le premier moment, on l'empêcha d'entrer, ensuite on le lui demanda, ce qu'il fit. Le même jour, nous débarquâmes sans l'en prévenir et une flotte anglaise parut. Il avait lieu d'être inquiet; la sienne se trouvait divisée en trois portions, et cela d'après nos ordres, car, bien que lieutenant-général, il ne s'est jamais prévalu de son titre. Sa situation n'était pas sûre; mais voyant le lendemain le vent tourner au nord, convaincu d'ailleurs que son devoir est d'empêcher tout renfort de parvenir à Newport, il passe sous le feu le plus vif des batteries de terre, met en fuite les vaisseaux anglais, les poursuit, et tous allaient tomber en son pouvoir, lorsque vint le terrible coup de vent qui a ruiné nos espérances. Les deux flottes sont séparées, les vaisseaux dispersés; *le César* de 74 canons est perdu, *le Marseillais* du même rang a ses mâts brisés, et cet accident le force de laisser échapper un vaisseau ennemi de 64. *Le Languedoc* démâté, ne pouvant être gouverné ni faire de mouvemens, séparé des autres, est attaqué par un vaisseau de ligne auquel il n'avait à opposer que le feu de six canons.

Lorsque la tempête fut apaisée, on se rallia dans une situation fort triste, et l'on ne trouva plus *le César*. Tous les capitaines représentèrent à l'amiral qu'après une aussi longue navigation, dans une telle disette de vivres et d'eau, car on ne leur en avait pas encore fourni, et d'après l'avis donné par le général Sullivan de la prochaine arrivée d'une flotte anglaise, il fallait aller à Boston; mais le comte d'Estaing avait promis de revenir ici, et il le fit à tous risques. La nouvelle de son arrivée et de sa situation nous parvint par *le Sénégal*, frégate prise à l'ennemi. Le général Greene et moi, nous nous rendîmes à bord; le comte m'exposa, moins comme à un envoyé du général Sullivan que comme à un ami, les malheureuses circonstances dans lesquelles il se trouvait; lié par l'ordre positif du roi de se rendre à Boston en cas d'accident ou de l'arrivée d'une flotte supérieure, pressé par l'opinion de tous les officiers, *même de quelques pilotes américains*, qui jugeaient qu'un retard amènerait la perte de l'escadre, il tint un nouveau conseil de guerre, et d'après l'unanimité des avis, il ne se crut pas permis de rester davantage; et il prit congé de moi avec un regret sincère de ne pouvoir pendant quelques jours assister l'Amérique. Ce sentiment a été récompensé par la plus grande ingratitude; mais n'en parlons pas, je rapporte simplement les faits. Le comte termina par ces mots :
« Après plusieurs mois de souffrances, mes hommes
« se reposeront quelques jours; je réparerai mes
« vaisseaux, et si je suis aidé pour me procurer des
« mâts, etc., trois semaines après mon entrée dans le
« port, j'en sortirai, et nous combattrons alors pour

« la gloire du nom français et les intérêts de l'Amé-
« rique. »

Le jour du départ du comte, les officiers-généraux américains firent une protestation. Ayant été, ce qui est étrange, appelé à leur réunion, je refusai de la signer, mais j'écrivis à l'amiral; ni la lettre, ni la protestation ne parvinrent à temps.

A présent, mon cher général, je vais blesser vos généreux sentimens par la peinture bien imparfaite de ce que je suis forcé de voir. Pardonnez-le-moi, ce n'est pas au commandant en chef, c'est à mon plus cher ami, c'est au général Washington que je parle. J'ai besoin de m'affliger avec lui des sentimens peu généreux que j'ai été forcé de reconnaître dans plusieurs cœurs américains.

Pourriez-vous croire, qu'oubliant les obligations nationales, ce qu'il devait à la flotte, ce qu'on pouvait encore en attendre, et au lieu de s'affliger des malheurs survenus à des alliés et à des frères, le peuple est devenu furieux de leur départ, et leur souhaitant tous les maux du monde, s'exprime sur eux en des termes que des hommes généreux rougiraient d'employer contre des ennemis? Vous ne pouvez vous en faire une idée; plusieurs chefs eux-mêmes, se trouvant désappointés, ont partagé cette ingratitude; les Français les plus recommandables ont été exposés à beaucoup de désagrémens, et moi, moi-même, l'ami de l'Amérique, l'ami du général Washington, je suis sur un pied d'hostilité en dedans de nos lignes, plus en vérité que lorsque j'approche de celles des Anglais à Newport.

Tel est, mon cher général, le véritable état des

choses. Je suis sûr que vos sentimens en seront extrêmement blessés, et que vous approuverez le parti que j'ai pris de rester chez moi avec les Français qui sont ici, et de déclarer en même temps que je regarderais comme une injure personnelle tout ce qui serait dit devant moi contre ma nation.

Je vous envoie l'ordre du jour du 24, d'après lequel je me suis cru obligé d'aller trouver le général Sullivan qui est convenu de le modifier comme vous le verrez.

Rappelez-vous, mon cher général, que je ne parle pas au commandant en chef, mais à mon ami. Je suis loin d'accuser personne; je n'ai aucune plainte à former contre qui que ce soit, mais je m'afflige avec vous d'avoir dans cette occasion aperçu des sentimens si peu généreux dans des cœurs américains.

Je vais vous dire la vraie raison de tout. Les chefs de l'expédition sont pour la plupart un peu honteux de reparaître devant leurs familles, leurs amis, leurs ennemis intérieurs, après avoir parlé en termes magnifiques de leurs succès de Rhode-Island; les autres, sans songer aux dépenses que la flotte a coûtées à la France, aux ennuis, aux fatigues d'un long voyage entrepris pour leur cause, tout en murmurant de ce qu'elle prend dans une campagne trois semaines pour se refaire, ne peuvent supporter la pensée de faire le sacrifice d'un peu d'argent et de temps, ni la fatigue de rester quelques jours de plus dans un camp à quelques milles de leurs maisons; car je suis loin de renoncer à l'expédition et j'en crois même le succès assuré.

Si dès que la flotte sera réparée (ce qui, pourvu

qu'elle reçoive l'assistance qu'on rencontre dans tout pays avec lequel on n'est pas en guerre, sera fait dans trois semaines), le comte d'Estaing revient dans ces parages, l'expédition me paraît offrir de très belles chances. Si l'ennemi évacue Newport, nous aurons toute l'armée continentale; sinon, nous pourrions peut-être réunir plus d'hommes sur ce point, ce que cependant je ne prétends pas juger; tout ce que je sais, c'est que je serais bien heureux de voir la flotte agir de concert avec le général Washington en personne. Je crois que le comité des officiers-généraux m'obligera d'aller à Boston. Je m'y rendrai aussitôt, quoique avec répugnance, car je ne pense pas que *dans cette partie de l'île notre position soit sans danger;* mais mon principe est de faire tout ce qu'on croira bon pour le service; d'un autre côté j'ai souvent communiqué avec la flotte, avec les frégates, et peut-être, je le dis avec plaisir, serai-je utile à la flotte; peut-être aussi le comte aura-t-il les moyens de faire quelque chose qui satisfasse. Je voudrais que vous pussiez savoir comme moi, combien il désire contribuer au bien public, seconder vos succès et servir la cause américaine.

Je vous prie instamment de recommander aux principaux habitans de Boston de faire tous leurs efforts pour que la flotte française soit bientôt en état de mettre à la voile. Permettez-moi d'ajouter que je désirerais qu'une déclaration de vos sentimens dans cette affaire pût apprendre à quelques-uns à reformer les leurs et à rougir à la vue de votre générosité.

Vous trouverez ma lettre énorme, je ne l'ai finie que le second jour, mon temps étant dévoré par ces éternels conseils de guerre. J'aurai le plaisir de vous écrire de Boston. Je crains que le comte d'Estaing n'ait senti vivement la conduite du peuple dans cette circonstance ; vous ne pouvez concevoir combien il était désolé de se trouver pendant quelque temps dans l'impossibilité de servir ce pays. Je vous assure que sa position était difficile et désolante.

Pour moi, mes sentimens sont connus de l'univers, ils sont encore augmentés par ma tendre affection pour le général Washington ; ainsi je n'ai pas besoin d'apologie pour avoir écrit ce qui m'affligeait comme Américain et comme Français.

Je vous remercie du soin que vous voulez bien prendre de mon pauvre cheval ; s'il n'eût pas trouvé une aussi bonne écurie que celle du quartier-général, il aurait fait une piteuse figure à la fin de ses voyages, et j'aurais été heureux d'en conserver seulement les os, la peau et les quatre fers.

Adieu, mon cher général, toutes les fois que je vous quitte, j'éprouve quelque désappointement ; je n'ai pas besoin de cela pour désirer de vous voir autant que possible.

Avec la plus tendre affection et la plus haute considération, j'ai l'honneur d'être, etc.

Cher général, je dois ajouter à ma lettre que j'en ai reçu une du général Greene ; ses expressions sont bien différentes de celles dont j'ai droit de me plaindre, et il semble bien juger ce que j'éprouve. Je suis heureux de pouvoir rendre justice à tout le monde.

DU GÉNÉRAL WASHINGTON A M. DE LAFAYETTE.

(*Traduction.*)

White-Plains, 1ᵉʳ septembre 1778.

Mon cher Marquis,

M. de Pontgibaud m'a remis votre lettre du 25, et j'aurais désiré que mon temps qui m'est pris tout entier par un comité du congrès me permît de répondre pleinement à ce qu'elle contient; mais cela m'est impossible aujourd'hui. Toutefois, je veux vous dire en un seul mot, que je sens tout ce qui blesse la délicatesse d'un homme d'honneur, et je le sens dans cette circonstance pour vous et nos grands et bons alliés les Français. Je me sens blessé moi-même par les réflexions dénuées de convenance et de raison, qui peuvent avoir été faites sur le comte d'Estaing et la conduite de la flotte; et j'en souffre pour mon pays. Laissez-moi cependant vous conjurer, mon cher marquis, de ne pas attacher trop d'importance à d'absurdes propos tenus peut-être sans réflexion, et dans le premier transport d'une espérance trompée. Tous ceux qui raisonnent reconnaîtront les avantages que nous devons à la flotte française et au zèle de son commandant; mais dans un gouvernement libre et républicain, vous ne pouvez comprimer la voix de la multitude; chacun parle comme il pense, ou pour mieux dire sans penser, et par conséquent juge les résultats, sans remonter aux causes. Les critiques qui ont été dirigées contre les officiers de la flotte française, seraient très probablement tombées avec plus de violence encore sur notre flotte, si nous en avions une en pareille situation. C'est la nature de l'homme que de s'irriter de tout ce qui déjoue une espérance flatteuse et un projet favori, et c'est une folie trop commune que de condamner sans examen.

Laissez-moi vous prier, mon cher Monsieur, de porter une main secourable sur cette blessure faite involontairement. L'Amérique estime vos vertus et vos services ; elle admire les principes qui vous guident. Vos concitoyens dans notre armée vous regardent comme leur patron; le comte et ses officiers vous considèrent comme un homme élevé par son rang, élevé par l'estime qu'il inspire ici et en France ; et moi, votre ami, je ne doute pas que vous n'employiez tous vos soins pour rétablir l'harmonie, afin que l'honneur, la gloire et le commun intérêt des deux nations profitent de tous les efforts et s'affermissent sur des fondemens inébranlables. Je voudrais en dire davantage sur ce sujet, mais le temps me manque, et j'ajouterai seulement que je suis, mon cher marquis, avec tous les sentimens d'estime et de considération, votre obéissant serviteur et affectionné ami.

DU GÉNÉRAL WASHINGTON
AU MAJOR-GÉNÉRAL SULLIVAN.

Au quartier-général, White-Plains, 1er septembre 1778.

Mon cher Monsieur,

La mésintelligence qui est survenue entre l'armée que vous commandez et la flotte, m'a fait un singulier chagrin. Le continent tout entier est intéressé à la cordialité de nos rapports, et elle doit être maintenue par tous les moyens possibles qu'avouera notre honneur et notre politique. Les premières impressions, vous le savez, sont en général celles dont on se souvient le plus long-temps, et elles serviront en grande partie à établir notre réputation nationale parmi les Français. Dans notre conduite envers eux, nous devons nous souvenir qu'ils sont un peuple qui fait la guerre depuis long-temps, très strict sur l'étiquette militaire, et prêt à prendre feu là où d'autres sont à peine échauffés. Permettez-moi de vous recommander de la manière la plus particulière d'entretenir l'harmonie et le bon accord, et de vous efforcer de détruire le mécontentement qui peut s'être emparé des officiers. Il est de la plus grande importance que les soldats et le peuple ne connaissent rien de ce malentendu, et s'ils en sont instruits, de prendre des moyens pour en arrêter les progrès et en prévenir les conséquences.

J'ai reçu du congrès l'incluse qui vous apprendra

son opinion sur la convenance de garder secrète la protestation des officiers-généraux. Je n'ai besoin de rien ajouter sur cet article. J'ai cependant encore une chose à vous dire : je ne mets pas en doute que vous ne fassiez tout ce qui est en votre puissance pour faciliter les moyens de réparer la flotte du comte, et de la remettre en état de servir, par vos recommandations, à ceux qui peuvent y coopérer immédiatement. Je suis, mon cher Monsieur, etc.

DU GÉNÉRAL WASHINGTON
AU MAJOR - GÉNÉRAL GREENE.

Au quartier-général, White-Plains, 1er septembre 1778.

Mon cher Monsieur,

J'ai eu le plaisir de recevoir plusieurs lettres de vous, dont la dernière est du 22. Je n'ai pas le temps en ce moment de m'occuper des argumens que l'on a mis en avant pour ou contre la sortie du comte de la rade de Newport, et son départ pour Boston. Bon ou mauvais, ce parti déjouera probablement nos flatteuses espérances de succès, et ce qui est à mes yeux d'une plus fâcheuse conséquence, je crains que cela ne jette des semences de dissension et de défiance entre nous et nos alliés, à moins qu'il ne soit pris les plus sages mesures pour dissiper les brouilleries et les jalousies qui se sont déjà élevées. Je compte beaucoup sur votre caractère et sur votre influence pour calmer cette irritation, qui, je le vois pleinement par une lettre du marquis, existe entre les officiers américains et les Français à notre service. Elle s'étendra, vous pouvez y compter, jusqu'au comte, ainsi qu'aux officiers et aux hommes de la flotte entière, si elle revient à Rhode-Island, à moins qu'à son arrivée elle ne trouve qu'une réconciliation s'est opérée. Le marquis me parle en termes bienveillans d'une lettre que vous lui avez écrite à ce sujet. Il prendra donc d'une manière amicale tout avis qui viendra de vous; et s'il peut être apaisé, tous les autres officiers français seront également satisfaits, le regardant tous comme leur chef. Le marquis fonde ses plaintes sur un ordre du jour du 24 août, dont la dernière partie est certainement très impolitique, surtout si l'on considère la clameur générale qui s'élève contre la nation française.

Je vous prie de prendre toutes mesures pour empêcher que la protestation souscrite par les officiers-généraux, ne soit rendue publique. Le congrès, frappé des fâcheuses conséquences qui résulteraient de la connaissance que le monde prendrait de nos différends, a adopté une résolution dans ce sens. En tout, mon cher Monsieur, vous pouvez comprendre ma pensée mieux que je ne saurais l'exprimer; et je me repose entièrement sur vos propres efforts pour détruire toute animosité particulière entre nos principaux officiers et les Français, et pour empêcher toute expression et toute réflexion illibérale qui pourrait venir du reste de l'armée.

Je reçois à l'instant une lettre du général Sullivan, du 28, dans laquelle il m'informe simplement d'une affaire où nous avons eu l'avantage; mais il ne donne aucun détail. Je suis, etc.

AU GÉNÉRAL WASHINGTON.

(*Traduction.*)

Tyvertown, 1ᵉʳ septembre 1778.

Mon cher Général,

Qu'il y ait eu un combat où j'aurais pu être et où je n'étais pas, vous semblera aussi étrange qu'à moi-même. Après un long voyage et un plus long séjour loin de *chez nous* (je veux dire le quartier-général), le seul jour qui m'eût satisfait, m'a trouvé au milieu d'une ville. J'y avais été envoyé, poussé, pressé par le comité des officiers-généraux, principalement par les généraux Sullivan et Greene qui pensèrent que je serais fort utile à la cause commune, et à qui j'avais prédit le désagréable évènement qui m'attendait. J'ai senti dans cette circonstance l'empire de cette mauvaise étoile qui depuis quelques jours semble avoir eu sur toutes les entreprises françaises une influence qui, je l'espère, cessera bientôt. On me dit que je n'ai pas besoin d'un combat de plus ou de moins; mais s'il n'était pas nécessaire à ma réputation d'un soldat assez passable, il l'était à ma satisfaction et à mon plaisir. J'ai cependant été assez heureux pour arriver avant la seconde retraite; mais elle n'a pas été accompagnée d'autant de difficultés et de danger qu'elle devait l'être si l'ennemi avait été moins engourdi, et j'ai été encore déçu dans mes espérances belliqueuses.

D'après ce que j'ai appris de Français capables et sincères, l'action précédente fait grand honneur au général Sullivan; il a fait une retraite en bon ordre, résistant à propos à chaque effort de l'ennemi; jamais il n'a fait avancer de troupes que bien soutenues, et a montré dans toute cette journée un grand sang-froid. L'évacuation que j'ai vu terminer a été très bien conduite, et *mon opinion privée* est que si ces deux opérations doivent nous satisfaire, elles sont honteuses pour les troupes britanniques et leurs généraux; ils avaient de si belles chances pour nous tailler en pièces; mais ce sont de très bonnes gens.

A présent, mon cher général, je dois vous rendre compte de ce voyage que j'ai payé si cher. Le comte d'Estaing était arrivé un jour avant moi. Je l'ai trouvé fort mécontent de la protestation, et des différentes circonstances que je vous ai rapportées. J'ai fait mon possible dans cette occasion; mais je dois lui rendre cette justice que son vif désir de servir l'Amérique n'en est pas diminué. Nous nous sommes rendus au conseil où se trouvaient le général Heath, et le général Hancock, et nous avons été fort contens d'eux. Ce dernier s'est distingué par son zèle. Quelques habitans de Boston semblaient mal disposés; mais ils suivront, j'espère, l'exemple donné par le conseil et par les généraux Heath et Hancock. Je ne crains que les retards; les mâts sont loin, les provisions difficiles à rassembler. Le comte d'Estaing était prêt à venir avec ses troupes de terre pour se mettre aux ordres du général Sullivan, quoiqu'il eût lieu de se plaindre de lui; mais les circonstances nouvelles changeront ce projet.

Je vous demande encore une fois pardon, mon cher général, de vous avoir inquiété et affligé par le récit de ce que j'avais vu après le départ de la flotte française; ma confiance en vous est telle, que je ne puis rien sentir vivement sans vous le dire, et j'ai le plaisir de vous annoncer aujourd'hui que le mécontentement paraît diminuer.

Les malades français sont arrivés à Boston, quoique avec des difficultés que j'espère avoir adoucies en les faisant accompagner d'une partie de mes aides-de-camp chargés d'ordres pour les uns, de prières pour les autres, afin de leur procurer des secours. Tout ira bien à présent pourvu que le comte d'Estaing soit promptement en état de mettre à la voile. Toutes les ressources que présentent les diverses parties du continent doivent, je pense, être employées à accélérer ce moment. Il faut des mâts, du biscuit, de l'eau, des provisions. Il me tarde que nous reprenions la supériorité ou au moins l'égalité sur les mers américaines.

Vos lettres au général Sullivan me font penser qu'il y a un mouvement général dans l'armée anglaise, et que vous allez nous envoyer des renforts. Dieu veuille qu'ils soient assez considérables pour former avec la milice une armée dont vous prendriez vous-même le commandement. Je soupire après le moment où je me retrouverai avec vous; et le plaisir d'agir avec la flotte française et sous vos ordres immédiats, serait le plus grand que je puisse éprouver. Tout irait bien alors!

Le comte d'Estaing, si l'on veut encore prendre Rhode-Island, ce que je souhaite vivement, serait fort heureux de faire cette prise de concert avec le général Washington, et cela couperait court à toutes les autres difficultés. Le général Sullivan m'a confié la garde de Warren, Bristol et la côte de l'est. J'ai à défendre un pays avec si peu de troupes, qu'elles ne seraient pas en état de défendre un seul point. Je ne puis répondre que l'ennemi n'aille pas où il voudra faire ce qu'il lui plaira, car je ne suis en mesure de lutter que contre une partie de son armée, encore faut-il que le débarquement ne se fasse pas trop loin de moi. Mais je réponds que si je suis attaqué par des forces égales ou peu supérieures aux miennes, elles seront frottées comme il faut : c'est du moins mon espérance. Ma situation, au reste, me semble momentanée; car nous attendons prochainement des ordres de Votre Excellence.

Vous connaissez M. Touzard, officier de mon état-major; il a été horriblement blessé dans la dernière affaire. Il s'était, par un excès de bravoure, élancé au milieu des ennemis, pour prendre une pièce de canon; il a été aussitôt couvert de coups de feu, son cheval tué, son bras droit fracassé; heureusement il n'a pas été pris, et on ne désespère pas de sa vie. Le congrès allait lui envoyer un brevet de major.

Félicitez-moi, mon cher général, j'aurai votre portrait; et M. Hancock m'a promis la copie de celui qu'il a à Boston. Il en a donné une au comte d'Estaing; et je n'ai jamais vu d'homme aussi content de posséder le portrait de sa maîtresse, que le paraissait l'amiral en recevant le vôtre.

En attendant avec la plus grande impatience vos premières lettres qui nous instruiront du plan général et de vos mouvemens particuliers, j'ai l'honneur, cher général, etc.

AU GÉNÉRAL WASHINGTON.

(*Traduction.*)

Au camp, près de Bristol, 3 septembre 1778.

Mon cher Général,

Je ne puis laisser M. de la Neuville se rendre au quartier-général, sans rappeler au souvenir de Votre Excellence un habitant de la côte orientale de Rhode-Island, qui soupire après le moment où il vous rejoindra, et qui d'après le mouvement de sir Henry Clinton vers Newport, conçoit à présent l'espoir que vous viendrez ici le combattre en personne. Je pense que si nous voulons résister dans ces quartiers, il faut absolument des troupes plus nombreuses, car nous ne pouvons rien faire dispersés comme nous sommes. J'avoue que je suis moi-même assez mal à l'aise, et si ces gens-là se mettaient en tête de prendre quelques-unes de nos batteries, il serait difficile d'empêcher une attaque un peu bien dirigée. Je suis sur une petite langue de terre, où en cas d'alarme un long séjour serait dangereux. Au reste nous ferons de notre mieux.

On dit que l'ennemi doit évacuer New-York. Ma politique me porte à croire qu'il enverra des troupes à Halifax, aux Antilles et au Canada. Ce Canada, je pense, sera votre occupation de l'hiver et du printemps prochain. Cette idée change le projet que j'avais de faire une course en France dans quelques mois ; car aussi long-temps que vous combattrez, j'ai besoin de combattre avec vous, et je souhaite fort voir Votre Excellence à Quebec l'été prochain.

Avec la plus tendre affection et la plus haute considération, j'ai l'honneur d'être, etc.

AU DUC D'AYEN.

Bristol, près Rhode-Island, 11 septembre 1778.

J'ai déjà tâché de vous exprimer une partie de la joie que m'avait fait votre dernière lettre, mais je ne puis pas commencer celle-ci sans vous en parler encore ; elle est trop vive pour n'avoir pas besoin d'en répéter les assurances. J'ai mille fois béni le vaisseau qui l'a portée, cette lettre, et l'heureux vent qui l'a poussé sur les côtes d'Amérique. Vous m'y parlez avec une bonté, une amitié qui a pénétré mon cœur ; il en sent bien vivement le prix. L'indulgence que vous m'y témoignez est bien au-dessus du peu que je pourrai jamais prétendre ; mais votre approbation m'est si précieuse et le plaisir de l'obtenir est si vif, que je n'y regarde pas de si près, et qu'elle m'a charmé tout autant que si j'étais fermement convaincu de la mériter. Je vous aime trop pour n'être pas enchanté, comblé de joie, quand je recevrai de vous des marques de bonté. Vous trouverez des gens qui en sont plus dignes, mais je prends la liberté de vous défier d'en trouver qui les sentent mieux que moi et qui les désirent davantage. J'y ai une grande confiance, et fussé-je assez malheureux pour être désapprouvé, j'ose espérer que je ne cesserais pas d'être aimé de vous. Je puis répondre que ce second chagrin ne m'arrivera jamais par ma faute, et je voudrais aussi bien répondre de ne jamais faire de ces sottises dont la tête et non pas le cœur décide. Les bontés de mes amis m'ont imposé d'immenses obligations. Le plus vif plaisir que je puisse goûter sera de vous entendre dire en vous embrassant que vous ne désapprouvez pas ma conduite, et que vous me conservez cette amitié qui me rend si heureux. Il m'est impossible de vous peindre toute la joie que m'a causée votre lettre, et le sentiment plein de bonté qui l'a dictée. Qu'il me sera doux de vous en remercier moi-même, de me retrouver avec vous! Si vous vous amusez à regarder les campagnes américaines et à les suivre sur vos cartes, je demanderai la permission d'y ajouter quelque petite rivière ou quelque montagne; cela me donnera l'occasion de dire le peu que j'ai vu, de vous confier mes faibles idées et de tâcher de les combiner pour les rendre plus militaires; car il y a tant de différence de ce que je vois ici, à ces grandes belles armées, bien organisées, d'Allemagne, que vraiment, en retombant de là à nos armées d'Amérique, c'est tout au plus si on ose dire qu'on fait la guerre. Si celle de France se terminait avant celle de l'autre partie de l'Europe, que vous eussiez la curiosité d'y aller vous promener et que vous me permissiez de vous accompagner, je serais bien parfaitement heureux; en attendant, j'aime à penser que j'irai vous voir le matin chez vous, et je me promets autant de plaisir que d'utilité de ces conversations, si vous voulez bien vous y prêter.

J'ai reçu avec une vive reconnaissance le conseil que vous me donnez de rester ici cette campagne; il est dicté par une amitié réelle et la connaissance de mes vrais intérêts; ces avis-là sont de ceux qu'on donne aux gens qu'on aime, et cette raison m'a rendu le vôtre bien cher; je m'y conformerai autant que les circonstances se rapprocheront de vos idées. Les changemens d'évènemens obligent quelquefois à un changement de conduite. J'avais fait le projet, aussitôt que la guerre se déclarerait, d'aller me ranger sous les étendards français; j'y étais poussé par la crainte que l'ambition de quelque grade, ou l'amour de celui dont je jouis ici, ne parussent être les raisons qui m'avaient retenu. Des sentimens si peu patriotiques sont bien loin de mon cœur. Mais votre lettre, qui me conseillait de rester, en m'assurant qu'il n'y aurait pas de campagne de terre, m'a entièrement décidé, et je m'en sais bien bon gré. L'arrivée de la flotte française sur ces côtes m'a offert l'agréable perspective de coopérer avec elle et d'être l'heureux témoin de la gloire du pavillon français. Quoique tous les élémens aient été jusqu'ici contre nous, je ne perds pas mes espérances dans toute leur étendue, et les grandes qualités de M. d'Estaing sont un bon pronostic. Vous serez étonné que les Anglais gardent encore tous leurs postes et se soient bornés à l'évacuation de Philadelphie. Je m'attendais, et le général Washington s'attendait comme vous, à leur voir abandonner tout pour le Canada, Halifax et tout au plus les îles ; mais il paraît que ces messieurs ne se pressent pas. Il est vrai que la flotte avait pu jusqu'ici gêner cette répartition de leurs troupes ; à présent qu'elle est à Boston, il serait temps pour eux de se mettre en mouvement ; et il me paraît qu'au lieu de partir, ils ont l'air de vouloir guerroyer dans ce pays-ci. J'ai cru devoir consulter M. d'Estaing et même M. Gérard. L'un et l'autre ont pensé que je faisais bien de rester, et même que ma présence n'était pas inutile à ma patrie. Pour n'avoir rien à me reprocher, j'écris à M. de Montbarrey une courte lettre qui lui rend compte de mon existence et du parti que j'ai pris de ne pas retourner en France au milieu de cette campagne.

Le trop bon accueil que vous avez daigné faire à la gazette portée par John Adams, vous en a attiré une autre qui vous rendait compte du peu d'évènemens de cette campagne. La visite que l'armée anglaise daigna faire à un détachement que je commandais le 28 mai, et que leur tâtonnement leur fit manquer ; l'arrivée des commissaires après celle du traité, leur lettre au congrès, et la réponse pleine de fermeté qui leur fut faite, l'évacuation de Philadelphie, la retraite du général Clinton à travers le Jersey, en sont les seuls articles qui valent la peine d'être rapportés. Je vous y disais comment nous suivîmes l'armée anglaise, et comment, après que mon détachement fut joint au général Lee, celui-ci se laissa battre. L'arrivée du général Washington arrêta la déroute et fixa la victoire de son côté. C'est la bataille, ou pour mieux dire l'affaire de Monmouth. Le général Lee a été depuis suspendu pour un an et un jour par un conseil de guerre à cause de sa conduite dans cette occasion.

Il me reste donc à vous raconter ce qui s'est passé depuis l'arrivée de la flotte ; elle a été contrariée par les vents depuis son départ ; ce n'est qu'après trois mois qu'elle est arrivée devant la Delaware où les Anglais n'étaient plus ; de là elle s'est portée à Sandy-hook, le même endroit où le général Clinton s'était embarqué après son échec de Monmouth. Notre armée s'est rendue à White-Plains, cet ancien champ de bataille des Américains. M. d'Estaing a bloqué New-York, et nous étions voisins des Anglais par terre et par mer. Lord Howe enfermé dans le port, et séparé de notre flotte par le banc de Sandyhook, n'a jamais accepté la bataille que l'amiral français lui a offerte et a désirée pendant plusieurs jours. Il y avait un projet superbe, celui d'entrer dans le port ; mais nos vaisseaux tiraient trop d'eau, et les vaisseaux anglais de 74 n'y entrent pas avec leurs canons. Quelques pilotes donnaient des espérances ; mais lorsque l'on consulta sérieusement, tous convinrent de l'impossibilité, et la sonde en fut une preuve convaincante : alors on forma de nouveaux projets.

Le général Washington, ayant voulu faire une diversion sur Rhode-Island, ordonna au général Sullivan, qui commandait dans cet État, d'assembler des troupes. La flotte se porta devant la passe qui conduit à Newport, et je fus chargé de conduire un détachement de la grande armée au général Sullivan, qui est mon ancien. Après bien des retards impatientans pour la flotte, et bien des circonstances trop longues à écrire, nous fûmes prêts et nous mîmes à terre sur l'île douze mille hommes, dont beaucoup étaient de la milice et dont je commandais la moitié gauche. M. d'Estaing était entré deux jours avant dans la passe malgré les batteries anglaises. Le général Pigot s'était renfermé dans les très respectables fortifications de Newport. Le soir de notre arrivée, la flotte anglaise parut devant la passe avec tous les vaisseaux que lord Howe avait pu ramasser et quatre mille hommes de renfort pour les ennemis qui étaient déjà de cinq à six mille. Heureusement que le lendemain matin le vent du nord souffla, et la flotte française passant fièrement sous le feu le plus vif des batteries auquel elle répondit de ses bordées, alla accepter la bataille que lord Howe avait l'air de lui proposer. L'amiral anglais coupa sur-le-champ ses cables et s'enfuit à toutes voiles, poursuivi vivement par tous nos vaisseaux et l'amiral à la tête; ce spectacle se donnait par le plus beau temps du monde à la vue des armées anglaise et américaine. Je n'ai jamais été si fier que ce jour-là.

C'est le lendemain, au moment que la victoire allait se compléter, que les canons du *Languedoc* portaient sur la flotte anglaise, au plus beau moment de la marine française, qu'un coup de vent, suivi d'un orage affreux, sépara et dispersa les vaisseaux français, les vaisseaux de Howe et ceux de Byron qui, par un hasard singulier, se trouvèrent arriver là. *Le Languedoc* et *le Marseillais* furent démâtés, *le César* perdu pour quelque temps; il n'y avait plus moyen de retrouver la flotte anglaise. M. d'Estaing revint à

Rhode-Island, y resta deux jours en cas que le général Sullivan voulût se retirer, et puis relâcha à Boston. Dans toutes ces différentes courses, la flotte a pris ou brûlé six frégates anglaises, et une quantité de bâtimens dont plusieurs armés ; elle a éclairci les côtes et ouvert les ports. L'homme qui la commande me paraît fait pour les grandes choses ; les talens qu'on lui reconnaît, les qualités de son ame, son amour pour la discipline, pour l'honneur de sa nation, et son activité infatigable, jointe, à ce qu'il me paraît, à beaucoup d'esprit, me le font admirer comme un homme fait pour être chargé de grands intérêts.

Quant à nous, nous restâmes quelque temps à Rhode-Island, et passâmes plusieurs jours à nous tirer mutuellement des coups de canon qui ne signifiaient pas grand' chose ; mais le général Clinton, ayant mené lui-même un renfort de cinq mille hommes, et une partie de notre milice étant retournée chez eux, on songea à se retirer ; le port n'était plus bloqué, et les Anglais reprenaient leur avantage maritime. Dans cette partie, notre retraite fut précédée d'une escarmouche peu importante où je ne me trouvai pas, ayant été à Boston pour une affaire que je n'ose pas écrire crainte d'accident. Je revins vite, comme vous l'imaginez bien, et après mon arrivée, nous achevâmes l'évacuation de l'île. Comme les Anglais étaient sortis, nous étions si voisins que nos piquets se touchaient ; ils nous laissèrent cependant rembarquer sans s'en apercevoir, et ce manque d'activité me parut d'autant plus heureux que s'ils avaient attaqué l'arrière-garde, ils n'auraient pas laissé que de me gêner beaucoup.

Je suis à présent sur le continent et commande une partie des troupes les plus voisines de Rhode-Island; le général Sullivan est à Providence, M. d'Estaing prend à Boston des mâts et des provisions, le général Washington est à White-Plains avec trois brigades avancées de quelques milles de ce côté-ci, en cas de besoin. Quant aux Anglais, ils occupent New-York et les îles adjacentes, plus défendues par leurs vaisseaux que par leurs troupes. Ils ont le même nombre de troupes à Rhode-Island qu'autrefois, et le général Grey, à la tête d'environ cinq mille hommes, se promène par mer sur les côtes dans l'intention de brûler les villes et de rançonner les petites îles le long de la côte. On croit cependant que la scène deviendra plus animée; il y a de grands mouvemens dans New-York; lord Howe est sorti avec toute sa flotte, très fortifiée par la plus grande partie de l'escadre de Byron; M. d'Estaing est embossé dans le port et a établi des batteries redoutables. D'un autre côté M. Grey peut tous les jours devenir plus sérieux; il est à présent dans mon voisinage, et je me tiens d'autant plus alerte, que les postes que je commande s'étendent depuis Seconnet-Point que vous trouverez sur la carte, jusqu'à Bristol. J'espère que tout cela finira bientôt, car nous sommes à présent dans une ennuyeuse inaction.

Voilà bien du bavardage, mais je m'aperçois que j'ai oublié les dates, et deux lignes de plus ou de moins ne vous ennuieront pas beaucoup davantage. L'évacuation de Philadelphie a été le 18 juin; l'affaire de Monmouth le 28; notre arrivé sur Rhode-Island, je crois, le 10 août, et l'évacuation le 30 du même mois ; ainsi voilà ma gazette bien complétée.

Il est arrivé sur cette île un accident qui m'a infiniment touché. Plusieurs des officiers français, au service de l'Amérique, ont l'amitié d'être beaucoup avec moi et de me joindre surtout aux coups de fusil. M Touzard, officier d'artillerie au régiment de La Fère, était depuis quelques mois de ce nombre. Trouvant sur l'île une occasion heureuse d'enlever une pièce de canon aux ennemis, il se jeta au milieu d'eux avec la valeur la plus brillante ; mais sa témérité attira sur lui un feu très vif qui tua son cheval et lui emporta le bras droit. Son action a été admirée même par les Anglais ; il serait fâcheux que son éloignement empêchât qu'on ne la connût en France ; je ne peux pas m'empêcher d'en rendre compte à M. de Montbarrey, quoique je n'aie aucun titre pour cela ; mais je désire vivement être utile à ce brave officier. Je prends la liberté de le recommander à votre amour pour les belles actions, si jamais occasion se trouve. Je confie mes lettres à M. d'Estaing qui les fera passer en France. Si vous avez la bonté de m'écrire, et qu'il y ait des paquebots pour la flotte, je vous prierais de vouloir bien en profiter. L'admiration que j'ai pour l'amiral qui la commande et la conviction où je suis qu'il ne manquera rien de ce qu'il y a de beau à faire, me donneront toujours un grand désir d'être employé dans les opérations combinées avec lui ; et l'amitié du général Washington m'assure que je n'aurai pas besoin de le lui demander ; d'ailleurs je reçois très souvent des lettres de M. d'Estaing, et il m'enverra les vôtres aussitôt qu'il les recevra. Vous sentez combien il m'est impossible de prévoir quand j'aurai le bonheur de me retrouver avec vous. Je me conduirai d'après les circonstances. La grande raison de retour serait l'idée d'une descente en Angleterre. Je me regarderais comme presque déshonoré si je n'y étais pas. Je serais si honteux et si fâché que j'aurais envie de me noyer ou de me pendre à l'anglaise. Mon grand bonheur serait de les chasser d'ici, et puis d'aller en Angleterre, et d'y servir sous vous dans le commandement que vous aurez. Ce projet est bien charmant. Dieu veuille qu'il réussisse ; il est fait exprès pour mon cœur. Je vous prie de vouloir bien m'envoyer vos conseils le plus tôt possible. Si je puis les recevoir à temps, ils seront la règle de ma conduite. Adieu, je n'ose pas commencer une autre page ; je vous prie donc de recevoir ici l'assurance de mon tendre respect, et de tous les sentimens que je sens si vivement pour tout le reste de ma vie.

Je vais ajouter ce sale morceau de papier tel qu'Harpagon pourrait s'en servir, à ma longue épître, pour vous dire que je suis devenu fort raisonnable sur la partie de la dépense. A présent que j'ai fait mon établissement, elle va être moins considérable que jamais, et vraiment je me conduis fort sagement, vu la cherté extrême de tout, principalement avec le papier-monnaie.

Je vais écrire par une autre occasion, peut-être plus prompte, à madame de Tessé. Je vous supplie de lui présenter l'hommage de mes tendres respects. Si M. de Tessé, M. de Mun, M. de Neuilli, M. Scnac (1) me conservent encore un petit coin de bonté, daignez me rappeler à leur souvenir. Si M. le comte de Broglie ne recevait pas de nouvelles de ce pays-ci, comme il m'a toujours témoigné des bontés, voulez-vous bien lui en donner, quand vous le verrez.

Puis-je me flatter de conserver les vôtres? j'oserais n'en pas douter, si je pouvais vous persuader à quel point elles me sont chères. Je ferai toujours tous les efforts qui seront en moi pour les mériter, et je serais bien malheureux, si vous doutiez un moment combien ce sentiment est gravé profondément dans mon ame. Si jamais je me suis égaré dans la route que j'ai suivie pour y parvenir, pardonnez les illusions de ma tête en faveur de la bonne volonté et de la droiture de mon cœur. Il est plein de la plus vive reconnaissance pour vous, de la plus vive tendresse, du plus profond respect qu'il vous a voué, et qu'il conservera dans tous les pays et toutes les occasions jusqu'au dernier soupir.

LAFAYETTE.

---

(1) M. de Tessé, premier écuyer de la reine, avait épousé mademoiselle de Noailles, fille du maréchal, et tante de madame de Lafayette. M. de Neuilli était sous ses ordres, attaché aux écuries de la reine. M. de Mun, père de M. de Mun pair de France, était intimement lié avec toute cette famille. M. Senac de Meilhan a été contrôleur-général.

A MADAME DE LAFAYETTE.

Bristol, près Rhode-Island, 13 septembre 1778.

Si rien pouvait troubler le plaisir de vous écrire, mon cher cœur, il le serait par cette cruelle idée que je vous écris encore d'un coin de l'Amérique, et que tout ce que j'aime est à deux mille lieues de moi. Mais aussi je puis espérer que ce n'est pas pour longtemps, et le moment où nous nous retrouverons ne peut plus être éloigné. La guerre, qui ordinairement sépare, doit nous rapprocher; elle assure même mon retour en envoyant des vaisseaux ici, et la crainte d'être pris va bien s'évanouir; au moins serons-nous à deux de jeu, et si messieurs les Anglais viennent interrompre ma course, nous aurons de quoi leur répondre. Qu'il me serait doux de pouvoir me féliciter ici d'avoir reçu de vos nouvelles! mais je suis bien loin de posséder ce bonheur. Votre dernière lettre m'est arrivée en même temps que la flotte; depuis ce temps immense, depuis deux mois, j'en attends et rien ne me parvient. Il est vrai que l'amiral et le ministre du roi ne sont guère mieux traités par la fortune; il est vrai qu'on attend plusieurs bâtimens, un entre autres tous les jours; cela me donne de l'espérance; car c'est sur l'espérance, cette creuse et vaine nourriture, qu'il faut que je vive. Ne me laissez donc pas dans cette cruelle ignorance, mon cher cœur, et quoique j'espère ne pas recevoir de réponse à la lettre que j'écris ici, je vous conjure de me répondre bien longuement et sur-le-champ, tout comme si je n'attendais que votre lettre pour partir; ainsi, tout en lisant ceci, ordonnez qu'on vous apporte une plume et de l'encre, et mandez-moi bien vite par toutes les occasions que vous m'aimez et que vous serez bien aise de me revoir. Ce n'est pas que je ne le sache parfaitement, mon cœur; ma tendresse n'admet pas de complimens avec vous, et il y aurait plus de fatuité à dire que je doute de la vôtre qu'à vous assurer que j'y compte fermement et pour toute ma vie. Mais c'est un plaisir toujours nouveau pour moi de me l'entendre répéter. Ces sentimens me sont trop chers, ils sont trop nécessaires à ma félicité pour ne pas aimer les assurances que vous m'en faites d'une manière si charmante. Ce n'est pas ma raison, puisque je n'en doute pas, c'est mon cœur que vous satisfaites en lui disant mille fois ce qui le charme, s'il est possible, toujours davantage. Ah! mon cher cœur! quand serai-je auprès de vous, quand pourrai-je vous embrasser cent fois?

Je me flattais que la déclaration de la guerre me mènerait sur-le-champ en France; indépendamment de tous les liens de cœur qui m'attirent vers les personnes que j'aime, l'amour de ma patrie et l'envie de la servir étaient des motifs puissans. Je craignais même que les gens qui ne me connaissent pas pussent imaginer qu'une ambition de grades, un amour pour le commandement que j'ai ici et la confiance dont on m'honore, m'engageraient à y rester quelque temps de plus. J'avoue que je trouvais de la satisfaction à faire ces sacrifices à mon pays et à tout quitter sur-le-champ pour voler à son service, sans même parler de celui que je quittais. Cette jouissance était chère à mon cœur, et j'étais décidé à partir au moment où j'apprendrais la nouvelle. Vous allez apprendre ce qui m'a retardé, et j'ose dire que vous approuverez ma conduite.

La nouvelle de la guerre a été portée par une flotte française qui venait coopérer avec les troupes américaines; on allait commencer de nouvelles opérations; on était au milieu d'une campagne; ce n'était pas le moment de quitter l'armée. D'ailleurs on m'assurait de bonne part qu'il n'y aurait rien cette année en France et que je ne perdrais rien dans ce genre. Je risquais au contraire de rester tout l'automne sur un vaisseau, et avec le désir de me battre partout, de ne me battre nulle part. Ici j'étais flatté de voir des entreprises faites de concert avec M. d'Estaing; et les personnes chargées des intérêts de la France, comme lui, m'ont dit que mon départ était contraire et mon séjour utile au service de ma patrie. Il m'a fallu sacrifier des espérances charmantes, reculer la réalisation des plus agréables idées. Enfin, mon cher cœur, le moment heureux s'approche où je vais vous rejoindre, et l'hiver prochain me reverra heureusement réuni à tout ce que j'aime.

Vous allez tant entendre parler guerre, combats navals, projets d'expéditions, et opérations militaires faites et à faire en Amérique, que je vous épargnerai l'ennui d'une gazette. Je vous ai d'ailleurs rendu compte du peu d'évènemens qui se sont passés depuis le commencement de la campagne. J'ai toujours été assez heureux pour y être employé, et je n'ai fait aucune rencontre fâcheuse de boulets ni de balles qui vinssent me heurter en chemin. Il y a aujourd'hui plus d'un an que je traînais à Brandywine une jambe assez mal accommodée, mais depuis ce temps il n'y paraît plus, et ma jambe gauche est presque aussi forte que l'autre. Voilà la seule égratignure que j'aie eue et même que j'aurai jamais, je puis vous en répondre, mon cher cœur. J'avais deviné que je serais blessé à la première occasion, et je devine à présent que je ne le serai plus. Je vous écrivis après notre avantage de Monmouth, et je barbouillai ma lettre presque sur le champ de bataille, encore tout entouré de figures balafrées. Depuis ce temps, les évènemens se réduisent à l'arrivée et aux opérations de la flotte française, jointes à notre entreprise sur Rhode-Island. J'ai envoyé un grand détail à M. votre père. La moitié des américains dit que j'aime furieusement mon pays, et l'autre dit que, depuis l'arrivée des vaisseaux français, je suis devenu fou, et que je ne bois ni ne mange ni ne dors qu'en conséquence du vent qu'il fait. Entre nous, ils ont bien un peu raison ; je n'ai jamais si vivement senti l'amour-propre national. Jugez, mon cœur, quelle joie j'ai dû ressentir en voyant toute la flotte anglaise fuyant à pleines voiles devant la nôtre, en présence des armées anglaise et américaine rassemblées sur Rhode-Island. M. d'Estaing ayant malheureusement perdu quelques mâts, a été obligé de relâcher à Boston. C'est un homme dont j'admire les talens, le génie, et toutes les grandes qualités du cœur et de l'esprit, autant que j'aime ses vertus, son patriotisme et son amabilité. Il a éprouvé toutes les contrariétés possibles de tous les genres; il n'a pas pu faire autant qu'il aurait désiré; mais il est à mes yeux un homme fait pour être chargé des intérêts d'une nation comme la nôtre. Quel que soit le sentiment particulier d'amitié qui m'attache à lui, je dégage toute prévention de la bonne opinion que j'ai de notre amiral. On a ici en lui une grande confiance, et les Anglais le redoutent. Quant à l'expédition de Rhode-Island, je me contenterai de vous dire que le général Washington n'y était pas, et qu'il m'avait envoyé conduire un renfort à l'officier, mon ancien de date, qui y commandait. Nous avons eu pendant plusieurs jours une réciprocité de coups de canon qui ne faisaient pas grand mal, et le général Clinton ayant mené un secours, nous avons évacué l'île, non sans dangers, mais sans accidens. Nous sommes tous dans un état d'inaction dont nous allons bientôt sortir.

Lorsque nous étions sur l'île, un officier qui est depuis l'hiver avec moi, appelé M. Touzard, du régiment de La Fère, voyant une occasion d'enlever une pièce de canon au ennemis, se jeta au milieu d'eux avec la valeur la plus brillante. Cette action attira sur lui un feu très vif qui tua son cheval et lui emporta le bras droit qu'on a achevé de lui couper. S'il était en France, une telle action, suivie d'un tel accident, lui vaudrait la croix de Saint-Louis et une pension. Je serais au comble du bonheur si, par vous et mes amis, je pouvais lui obtenir des récompenses.

Je vous prie, mon cher cœur, de présenter mes plus tendres respects à M. le maréchal de Noailles; il a dû recevoir des arbres que je lui ai envoyés. Je vais profiter du mois de septembre pour lui en faire un envoi plus considérable, parce que c'est le bon temps. Ne m'oubliez pas auprès de madame la maréchale de Noailles ; embrassez mille et mille fois mes sœurs. Si vous voyez le chevalier de Chastellux, faites-lui mes complimens et mille assurances d'amitié.

Mais que vous écrirai-je, mon cher cœur ? quelles expressions ma tendresse pourra-t-elle trouver pour ce qu'il faudra dire à notre chère Anastasie ? vous les trouverez bien mieux dans votre cœur et dans le mien qui ne vous est pas moins connu. Couvrez-la de baisers ; apprenez-lui à m'aimer en vous aimant. Nous sommes trop unis pour qu'en aimant l'un, on n'aime pas l'autre. Cette pauvre petite enfant doit me tenir lieu de tout, elle a deux places à occuper dans mon cœur, c'est une grande charge que notre malheur lui a imposée ; mais mon cœur me dit qu'elle la remplira autant qu'il lui est possible. Je l'aime à la folie, et le malheur de trembler pour elle ne m'empêche pas de m'abandonner à la plus vive tendresse. Adieu, mon cher cœur, quand me sera t-il permis de te revoir pour ne te plus quitter, de faire ton bonheur comme tu fais le mien, de demander mon pardon à tes genoux ? Adieu, adieu ; nous ne sommes plus séparés pour long-temps.

DU PRÉSIDENT LAURENS A M. DE LAFAYETTE (1).

Philadelphie, 13 septembre 1778.

Monsieur,

J'éprouve une satisfaction particulière à exécuter les ordres du congrès et à vous transmettre l'acte du 9 de ce mois; il contient l'expression des sentimens des représentans des États-Unis, et leur appréciation du mérite de votre conduite durant l'expédition de Rhode-Island. Vous rendrez justice au congrès, Monsieur, en recevant ce témoignage comme le tribut de la reconnaissance et de l'estime d'un peuple libre.

RÉSOLUTION DU CONGRÈS.

Résolu :

Le président est chargé d'écrire au marquis de Lafayette, que le congrès a jugé que le sacrifice qu'il a fait de ses sentimens personnels, lorsque, pour l'intérêt des États-Unis, il s'est rendu à Boston, dans le moment où l'occasion d'acquérir de la gloire sur le champ de bataille pouvait se présenter; son zèle militaire, en retournant à Rhode-Island, lorsque la plus grande partie de l'armée l'avait déjà quitté, et ses mesures pour assurer la retraite, ont droit au présent témoignage de l'approbation du congrès.

Le 9 septembre 1778.

---

(1) Cette lettre, ainsi que toutes celles qui suivent jusqu'à celle du 11 janvier 1779, à l'exception de la lettre à lord Carlisle, est traduite de l'anglais.

AU PRÉSIDENT LAURENS.

Au camp, 23 septembre 1778.

Monsieur,

Je viens de recevoir votre lettre du 13; elle m'apprend l'honneur que le congrès a daigné m'accorder par la plus bienveillante résolution. Quel que soit l'orgueil qu'une telle déclaration peut justement m'inspirer, je ne suis pas moins pénétré des sentimens de la reconnaissance et du bonheur en songeant que mes efforts pour la gloire de la cause à laquelle je suis si profondément dévoué n'ont pas été jugés inutiles.

Veuillez, Monsieur, offrir au congrès les simples remerciemens de mon cœur, et la franche assurance d'un sincère dévouement. Du premier moment où j'ai entendu prononcer le nom de l'Amérique, je l'ai aimée; dès l'instant où j'ai su qu'elle combattait pour la liberté, j'ai brûlé du désir de verser mon sang pour elle; les jours où je pourrai la servir seront comptés par moi dans tous les temps et dans tous les lieux parmi les plus heureux de ma vie. Je n'ai jamais si vivement souhaité les occasions de mériter les sentimens dont m'honorent les États et leurs représentans; la confiance flatteuse qu'ils daignent avoir en moi remplit mon cœur des plus vifs sentimens d'une gratitude et d'une affection éternelles.

AU GÉNÉRAL WASHINGTON.

Warren, 21 septembre 1778.

Mon cher Général,

Je viens de recevoir votre dernière lettre. Les sentimens de Votre Excellence m'étaient connus, et mon cœur avait prévu votre réponse. J'avoue cependant qu'elle m'a causé une satisfaction nouvelle. Mon attachement pour vous est tel, mon cher général, que s'il est possible, j'en jouis plus encore comme sentiment personnel que comme affection politique. Rien ne me rend plus heureux que de reconnaître une conformité d'impressions entre vous et moi en toute chose, et l'opinion de votre cœur m'est si précieuse, que je veux l'attendre toujours pour fixer la mienne. Je ne sais comment trouver une juste expression de ce que j'éprouve, mon ami révéré, mais j'espère que vous connaissez mon cœur et je vous conjure d'y lire.

Conformément à vos avis et à mes propres sentimens, j'ai fait tous mes efforts pour détruire des deux côtés toutes fâcheuses préventions. J'ai suivi la même conduite dans la dernière affaire de Boston, relative à M. de Saint-Sauveur. Je souhaite avoir été utile dans ces deux circonstances, et j'espère que nous avons assez bien réussi. Le comte d'Estaing est entièrement des nôtres; au moins j'ai lieu de le croire d'après ses lettres confidentielles, et cela me fait grand plaisir. Il m'a procuré une occasion d'écrire en France, et vous devinerez mieux que je ne pourrais le dire ce que j'ai fait. Il m'a paru que la meilleure manière de parler de ces affaires d'intérieur était de n'en pas parler du tout, ou de le faire du moins avec une indifférence propre à ôter toute valeur et toute consistance aux récits qui pourraient en parvenir en Europe. J'ose croire que j'aurai réussi, et qu'en France il n'en sera pas question. J'ai pensé qu'il serait bon de faire connaître à l'amiral que vous n'avez pas le moindre reproche à lui faire, et que vos sentimens sont tels que tout bon Français doit le désirer.

D'après un article fort utile d'une lettre au général Sullivan, j'ai quitté ma position de Bristol pour en occuper une plus sûre, derrière Warren. Le peu d'espions que j'ai pu avoir sur l'île supposeraient plutôt un projet d'évacuation que d'entreprise offensive. Mais vous savez que New-York est pour nous l'objet principal. Il me tarde beaucoup de vous retrouver, mon cher général; notre séparation a été bien longue, et je suis ici aussi inactif que partout ailleurs. Mon vœu, vous le comprendrez aisément, avait été d'opérer en commun avec la flotte française; je ne sais plus à présent ce qu'elle fera. L'amiral m'a entretenu dans ses lettres de plusieurs idées et ne semble fixé sur aucune. Il brûle du désir de frapper un coup, et n'est pas encore décidé sur la manière de le porter. Il m'a mandé qu'il voudrait me voir; mais je crains de quitter mon poste, il pourrait survenir quelque chose; une absence m'a déjà coûté assez cher. Cependant, si vous me le permettez, je le demanderai au général

Sullivan, et ferai ce qui me paraîtra le plus utile aux deux pays.

J'ai entendu parler d'un combat au pistolet entre deux officiers, qui a duré fort long-temps sans grand résultat. Cela ressemblait à cette canonnade de Newport dont on a trop parlé.

Je n'ai pu encore réussir à vérifier ce que vous désirez que j'éclaircisse relativement à la reine de France (1). Les officiers de marine vivent trop loin de Versailles pour bien connaître cela, et le comte d'Estaing lui-même n'a aucune intimité avec elle. J'obtiendrai des informations par une meilleure voie, et vous pourrez faire alors ce que vous jugerez convenable, si l'on vous a dit vrai.

Je vous prie, mon cher général, lorsque vous écrirez à madame Washington, de lui offrir mon hommage. Je prends aussi la liberté de faire mille complimens à l'état-major.

Avec la plus haute considération et la plus tendre amitié, j'ai l'honneur d'être, etc.

---

(1) Quelques dames de New-York étaient récemment sorties de cette ville, et avaient rapporté qu'un vaisseau pris par les Anglais y avait été amené, qu'il se trouvait à bord un présent envoyé par la reine de France à madame Washington, « élégant témoignage de son approbation de la conduite du général, » et que ce présent avait été vendu aux enchères au profit des capteurs. Ce fait avait été affirmé avec tant de confiance, et la nouvelle venait de si bonne source, que le général Washington avait prié M. de Lafayette de s'informer de la vérité auprès de madame de Lafayette. (*Note de l'éditeur de la Correspondance de Washington*, M. Sparks.) Voy. la lettre suivante.

DU GÉNÉRAL WASHINGTON A M. DE LAFAYETTE.

Fredericksburg, État de New-York, 25 septembre 1778.

Mon cher Marquis,

Les sentimens d'affection qui se montrent si visiblement dans vos lettres, me touchent et m'honorent à la fois. Le bonheur de vous connaître est pour moi une abondante source de jouissances. Votre amour pour la liberté, votre juste appréciation de ce bien précieux, vos efforts nobles et désintéressés pour sa cause et la bonté naturelle de votre cœur, tout conspire à vous rendre cher au mien, et je me trouve heureux de me sentir uni à vous par les liens de la plus étroite amitié.

Le zèle ardent que vous avez montré dans toute la campagne de l'Est et vos efforts pour conserver l'harmonie entre les officiers de puissances alliées, et dissiper les impressions fâcheuses, produites chez des esprits légers par des accidens au-dessus de la prévoyance humaine, méritent et reçoivent ici l'expression de ma plus vive gratitude.

Je suis fort affligé que M. Touzard ait perdu un bras dans l'affaire de Rhode-Island : qu'il reçoive par vous tous mes remerciemens pour sa vaillante conduite.

Si j'avais pu imaginer que vous eussiez quelque désir d'avoir mon portrait, j'aurais demandé à

M. Peale, lorsqu'il vint au camp de Valley-Forge, d'en faire un de son mieux, et je vous l'aurais offert. Mais réellement, je n'avais pas assez bonne opinion de mon propre mérite pour ne pas craindre qu'un tel don vous parût une preuve de ma vanité, plutôt qu'un témoignage de mon désir de vous plaire.

Si vous avez conçu la pensée, mon cher marquis, de faire cet hiver une visite à votre cour, à votre femme, à vos amis, et que vous hésitiez par la crainte de manquer une expédition dans le Canada, l'amitié m'engage à vous avertir que je ne crois pas la chose assez probable pour changer vos projets. Il faudrait bien des circonstances et des évènemens, pour rendre cette invasion praticable et raisonnable. D'abord nous ne pourrions détacher un corps considérable que si l'ennemi abandonnait en tout ou en partie ses positions actuelles ; puis, s'il fallait envoyer des forces importantes en Canada, une expédition d'hiver deviendrait impossible, à cause des difficultés que rencontrerait la marche de troupes nombreuses transportant avec elles leurs armes, leurs provisions, leur fourrage, dans une saison aussi rigoureuse. En un mot, les chances me paraissent tellement contre l'entreprise, qu'il ne faudrait pas pour elle renoncer à vos idées de voyage ; j'en faciliterai l'exécution, et vous emporterez de moi en partant tous les témoignages d'approbation et d'estime que vous pourrez souhaiter. Mais comme c'est une marque d'égard qui est due, je suis persuadé que vous jugerez convenable de prévenir le congrès de votre projet de voyage et d'absence. Je donne bien volontiers mon consentement à votre visite au comte d'Estaing, et vous pouvez l'annoncer au général Sullivan, qui, à ma grande satisfaction, vous a retiré d'un *cul-de-sac*. Je lui avais depuis longtemps conseillé de ne point mettre de détachement en pareille situation, de façon à laisser certains points dégarnis et exposés faute de troupe. Immédiatement après mon départ de White-Plains pour venir ici, l'ennemi a jeté des troupes dans les Jerseys : je ne puis savoir dans quel but, si ce n'est de faire de grands fourrages. En même temps, quelques partis se sont avancés de leurs lignes de King's-Bridge jusqu'à notre ancien camp de Plains, enlevant aux habitans indistinctement, non-seulement leurs provisions, mais jusqu'aux vêtemens qu'ils portaient.

Le renseignement que je vous demandais de me procurer, mon cher marquis, ne peut, je le pense bien, être obtenu des officiers de la flotte, mais seulement en écrivant à madame de Lafayette à qui je serais heureux d'offrir mon hommage en Virginie, si, après la guerre, elle pouvait consentir à quitter pendant quelques mois les magnificences de la cour, pour les plaisirs champêtres d'une humble chaumière.

Je ne manquerai pas d'informer madame Washington de votre obligeant souvenir. Les officiers de l'état-major sont fort touchés de vos aimables commissions, ils se joignent à moi dans l'assurance d'un tendre attachement; aucun ne peut vous l'offrir avec une affection plus vraie que celle que je vous ai vouée pour la vie.

Avec tous les sentimens que vous pouvez désirer, etc.

AU GÉNÉRAL WASHINGTON.

Au camp, près de Warren, 24 septembre 1778.

Mon cher Général,

Je viens consulter Votre Excellence sur une démarche pour laquelle j'ai besoin non seulement de l'aveu et de l'opinion du commandant en chef, mais du conseil plein de franchise de celui dont j'ai le bonheur d'être l'ami. Dans une adresse des commissaires anglais au congrès, la première depuis l'exclusion de Johnstone (1), il est parlé de mon pays dans les termes les plus offensans. Cette pièce est signée par tous les commissaires et plus particulièrement par le président, lord Carlisle. Je suis l'officier français le plus élevé en grade dans l'armée américaine, je ne suis pas inconnu aux Anglais, et si quelqu'un

---

(1) Dans la session précédente, le parlement d'Angleterre avait passé des bills dits *conciliatoires*, et au mois de juin, des commissaires conciliateurs s'étaient présentés pour négocier un accommodement : c'étaient lord Carlisle, le gouverneur George Johnstone et William Eden ; le docteur Adam Ferguson, professeur de philosophie morale à l'Université d'Édimbourg, était secrétaire de la commission. Ils adressèrent à M. Laurens une lettre qui devait être communiquée au congrès. A cette lettre étaient jointes des lettres particulières de M. Johnstone à divers membres de l'assemblée qu'il essayait de séduire par des espérances intéressées. Les lettres furent livrées au congrès, qui déclara *incompatible avec son propre honneur d'entretenir aucune sorte de correspondance ou de relation avec ledit George Johnstone*. (Voy. les Lettres du général Washington, tom. V, pag. 397, et tom. VI, page 31, et l'*Histoire de la Révolution américaine*, par David Ramsay, tom. II, ch. XVI.)

doit relever de telles expressions, je crois que cet avantage m'appartient. Ne pensez-vous pas, mon cher général, que je ferais bien d'écrire à lord Carlisle pour lui en demander compte d'une manière peu amicale? J'ai dit quelque chose de ce projet au comte d'Estaing; mais il me faut votre opinion avant de fixer la mienne, et je vous la demande avec instance.

Tout est ici parfaitement tranquille, et le général Sullivan est persuadé que je puis en toute sûreté aller à Boston; je vais donc y faire un très court voyage. L'amiral a plusieurs fois exprimé le désir de causer avec moi. Il a parlé de projets pour mettre Boston à l'abri de toute attaque; mais il remet toujours à s'expliquer de vive voix. Mon voyage sera court, car en temps de guerre, je n'aime pas les villes, quand je puis être au camp. Si vous me répondez sur-le-champ, je puis recevoir bientôt votre lettre.

J'ai bien besoin de vous voir, mon cher général, de vous consulter sur plusieurs objets, relatifs à moi. Si vous approuvez que j'écrive à lord Carlisle, ce sera peut-être, s'il n'est pas satisfait de ma missive, une occasion de me rapprocher de vous quelques instans.

Avec les plus parfaits sentimens de respect, de confiance et d'affection, j'ai l'honneur d'être, etc.

A LORD CARLISLE (1).

J'avais cru jusqu'à ce jour, Milord, n'avoir jamais affaire qu'avec vos généraux, et je n'espérais les voir qu'à la tête des troupes qui nous sont respectivement confiées; votre lettre au congrès des États-Unis, la phrase insultante pour ma patrie, que vous avez signée, pouvaient seules me donner quelque chose à démêler avec vous. Je ne daigne pas la réfuter, Milord, mais je désire la punir. C'est vous, comme chef de la commission, que je somme de m'en donner une réparation aussi publique que l'a été l'offense, et que le sera le démenti qui la suit; il n'aurait pas tant tardé si la lettre me fût parvenue plus tôt. Obligé de m'absenter quelques jours, j'espère en revenant trouver votre réponse. M. de Gimat, officier français, prendra pour moi les arrangemens qui vous conviendront; je ne doute pas que pour l'honneur de son compatriote, le général Clinton ne veuille bien s'y prêter. Quant à moi, Milord, tous me sont bons, pourvu qu'à l'avantage glorieux d'être Français, je joigne celui de prouver à un homme de votre nation qu'on n'attaque jamais inpunément la mienne.

LAFAYETTE.

(1) Cette lettre était en français.

AU GÉNÉRAL WASHINGTON.

Boston, 28 septembre 1778.

Cher Général,

Les nouvelles que j'ai reçues de France, les réflexions que j'ai faites, celles qui m'ont été suggérées par plusieurs personnes, notamment par l'amiral, ajoutent plus que jamais au désir que j'avais de de revoir Votre Excellence. J'ai besoin de vous communiquer mes sentimens, de connaître votre opinion sur ma situation actuelle; je regarde cela comme d'une grande importance pour mes intérêts privés. J'ai de plus quelques idées à vous présenter, des renseignemens à vous donner sur les affaires publiques. Je suis sûr, mon cher général, que la part que vous prenez à ce qui me touche personnellement est telle que vous n'aurez aucune objection à ce que je passe quelques instans avec vous (1).

(1) Malgré les obstacles qui avaient arrêté M. de Lafayette au début de la campagne projetée dans le nord, il avait embrassé avec chaleur l'idée d'une diversion qui serait opérée en Canada par les forces combinées de la France et de l'Amérique; et c'est en partie pour entretenir de ce plan Washington, et plus tard le cabinet de Versailles, qu'il insistait pour avoir une conférence avec le général en chef et pour retourner en France avant l'hiver. Il fut même appelé à s'en expliquer avec un comité du congrès, qui adopta le plan en principe, mais décida que le général Washington serait préalablement consulté. Celui-ci développa ses objections dans une lettre ostensible au congrès et dans une lettre confidentielle au président Laurens (14 novembre 1778). La décision définitive de l'assemblée se fit attendre. M. de Lafayette fut

Le moment où la flotte sera prête n'est pas éloigné ; et je crois fort important de décider avec vous, avant ce moment, ce qui me concerne. Je vais écrire au général Sullivan, et s'il y consent, je me rendrai sur-le-champ au quartier-général. Je vous prie de m'en envoyer la permission pour le cas où il ferait quelques difficultés. Je voyagerai comme un courrier afin d'abréger le temps. Vous pouvez croire, mon cher général, que je ne demanderais pas ce que je n'ai demandé de ma vie, de quitter mon poste, sans de fortes raisons pour cela. Mais les lettres que j'ai reçues de France me font vivement souhaiter de vous voir.

Avec la plus tendre affection et le plus grand respect, etc.

DU GÉNÉRAL WASHINGTON A M. DE LAFAYETTE.

Fishkill, 4 octobre 1778.

Mon cher Marquis,

J'ai eu le plaisir de recevoir, par M. de la Colombe,

obligé de s'embarquer avant d'avoir pu la connaître. Le 29 décembre seulement on la lui adressa avec une lettre du président John Jay, chargé par le congrès de lui exposer que la difficulté de l'exécution, le manque d'hommes et de matériel, et surtout l'épuisement des finances ne permettaient pas de donner suite au projet ; que si cependant la France en prenait l'initiative, les États-Unis feraient tous leurs efforts pour la seconder. Mais la France ne se montra pas, pour diverses raisons, disposée à enlever aux Anglais le Canada. (Voy. la *Correspondance de Washington*, tom. VI, et sa *Vie*, par Marshall, tom. III.)

votre lettre du 28 septembre et celle du 24, qu'on lui a remise sur sa route. Je suis aussi intéressé à accorder la permission demandée dans la première, qu'à refuser mon approbation au cartel dont vous parlez dans la seconde.

Le généreux esprit de chevalerie, chassé du reste du monde, a trouvé un refuge, mon cher ami, dans la sensibilité de votre nation seulement. Mais c'est en vain que vous tâcherez de le conserver, si vous ne trouvez pas d'antagoniste; et quoique cette susceptibilité pût être bien adaptée aux temps où elle existait, de nos jours, il serait à craindre que votre adversaire, se couvrant des opinions modernes et de son caractère public, ne tournât un peu en ridicule une vertu de si ancienne date. D'ailleurs, en supposant que Sa Seigneurie acceptât votre défi, l'expérience a prouvé que souvent le hasard décide dans ces sortes d'affaires autant que la bravoure, et toujours plus que la justice de la cause; je ne voudrais donc pas que votre vie courût le moindre danger, lorsqu'elle doit être réservée pour tant de plus grandes occasions.

Je me flatte que Son Excellence l'amiral partagera mon opinion, et qu'aussitôt qu'il n'aura plus besoin de vous, il vous enverra au quartier-général où je jouis par avance du plaisir de vous voir.

Vous ayant écrit longuement il y a peu de jours, et mis ma lettre sous le couvert du général Sullivan, je n'ai rien à ajouter, si ce n'est pour vous assurer qu'avec la plus parfaite considération, etc.

AU PRÉSIDENT LAURENS.

Philadelphie, 13 octobre 1778.

Monsieur,

Quel que soit mon désir de ne pas employer le précieux temps du congrès à l'entretenir d'intérêts particuliers, je demande qu'il me soit permis de lui exposer ma situation avec la confiance qui est la suite naturelle de l'affection et de la reconnaissance. Je ne puis parler des sentimens qui m'attachent à mon pays, sans être certain d'être compris par ceux qui ont fait tant de choses pour le leur.

Aussi long-temps que j'ai pu disposer de moi-même, j'ai mis mon bonheur et mon orgueil à combattre sous les drapeaux américains, pour la défense d'une cause que j'ose appeler la nôtre, puisque j'ai eu la bonne fortune de verser mon sang pour elle. A présent, Monsieur, que la France est engagée dans une guerre, je suis pressé par un sentiment de devoir et de patriotisme, de me présenter devant le roi, et de savoir comment il juge à propos d'employer mes services. La plus agréable manière de servir sera toujours pour moi celle qui me permettra de combattre pour la cause commune, parmi ceux dont j'ai eu le bonheur d'obtenir l'amitié et l'honneur de suivre la fortune dans des temps moins favorables. Cette raison et d'autres que le congrès voudra bien sentir, m'engagent à solliciter la permission d'aller en France l'hiver prochain.

Je n'ai pas songé à quitter l'armée tant qu'on a pu espérer une campagne active, je profite à présent d'un intervalle de tranquillité pour venir présenter ma demande. Si elle est accordée, je différerai mon départ de manière à être certain que la campagne est terminée. Je joins ici une lettre de Son Excellence le général Washington, dans laquelle il donne son assentiment à la permission que je sollicite. J'ose me flatter que je serai regardé comme un soldat en congé qui souhaite ardemment rejoindre ses drapeaux et ses chers compagnons d'armes. Dans le cas où l'on penserait qu'une fois parmi mes compatriotes, je puis en quelque façon servir l'Amérique, j'espère, Monsieur, que toujours j'y serai considéré comme un homme profondément dévoué aux intérêts des États-Unis et pénétré d'affection, de respect et de confiance pour leurs représentans.

LE PRÉSIDENT DU CONGRÈS
AU MARQUIS DE LAFAYETTE.

Philadelphie, 24 octobre 1778.

Monsieur,

J'ai eu l'honneur de présenter au congrès la lettre où vous sollicitez la permission de vous absenter. Je suis chargé par la chambre de vous offrir ses remerciemens pour le zèle que vous avez montré dans la défense de la juste cause qu'elle soutient, et les services désintéressés que vous avez rendus aux États-Unis d'Amérique. Leurs représentans au congrès ont ordonné qu'une épée vous serait offerte par le ministre américain à la cour de Versailles, comme un témoignage de la haute estime et de l'affection que le peuple vous porte, et un souvenir de la valeur et des talens militaires que vous avez fait paraître dans plusieurs occasions importantes.

Je joins ici l'acte du congrès qui autorise ces déclarations et vous accorde un congé dont la durée dépendra de votre volonté. Je prie Dieu de vous bénir et de vous protéger, Monsieur, et de vous ramener en sûreté près de votre prince, au milieu de votre famille et de vos amis. J'ai l'honneur etc.

En congrès, le 21 octobre 1778.

Résolu :

Qu'il est accordé au marquis de Lafayette, major-général au service des États-Unis, une permission d'aller en France, avec la liberté de fixer l'époque de son retour.

Que le président offrira au marquis de Lafayette les remerciemens du congrès pour le zèle désintéressé qui l'a conduit en Amérique, les services qu'il a rendus aux États-Unis, par son courage et ses talens, dans beaucoup d'occasions importantes.

Que le ministre plénipotentiaire des États-Unis à la cour de Versailles sera chargé d'offrir en leur nom, au marquis de Lafayette, une épée de prix ornée d'emblêmes convenables.

22 octobre.

Résolu :

Qu'il sera écrit au roi de France la lettre suivante, pour recommander le marquis de Lafayette.

« A notre grand, fidèle et cher allié et ami Louis XVI, roi de France et de Navarre.

« Le marquis de Lafayette ayant obtenu notre permission de retourner dans sa patrie, nous ne pouvons le laisser partir sans lui témoigner les profonds sentimens que nous inspirent son zèle, son courage et son dévouement. Nous l'avons élevé au rang de major-général dans nos armées ; avancement manifestement mérité par sa prudente et courageuse conduite. Nous recommandons ce noble jeune homme à l'attention de Votre Majesté, parce que nous l'avons vu sage dans le conseil, brave sur le champ de bataille, patient au milieu des fatigues de la guerre. Le dévouement à son souverain a toujours dirigé sa conduite, conforme à tous les devoirs d'un Américain ; et c'est ainsi qu'il a acquis la confiance des États-Unis, vos bons et fidèles amis et alliés, et l'affection de leurs citoyens. Nous prions Dieu de tenir Votre Majesté dans sa sainte garde.

« Fait à Philadelphie le 22 octobre 1778, par le congrès des États-Unis de l'Amérique du Nord, vos bons amis et alliés. »

HENRI LAURENS, *Président.*

AU GÉNÉRAL WASHINGTON.

Philadelphie, 24 octobre 1778.

MON CHER GÉNÉRAL,

Vous serez étonné d'apprendre que je suis encore dans cette ville et que jusqu'à présent je n'ai pu partir.

Ce qui me touche personnellement a été immédiatement terminé, et j'ai été comblé par le congrès de témoignages de bonté et d'affection; mais les affaires publiques ne vont pas si vite, et je suis retenu pour l'expédition de projets, d'instructions et papiers divers que je dois emporter avec moi. Je partirai pourtant certainement demain soir au plus tard. Le congrès a bien voulu m'accorder un congé illimité par la plus obligeante et la plus honorable résolution ; il y a joint une lettre au roi en ma faveur. Je vous montrerai tout cela, et comme j'espère arriver deux jours après ma lettre, je crois inutile de vous envoyer des copies. J'ai reçu une réponse de lord Carlisle; il se renferme dans sa dignité, et par une prudente prévoyance, refuse d'avance d'entrer dans aucune explication lorsqu'il changera de situation.

On s'occupe d'un projet qui, je crois, sera approuvé par vous ; je ne l'ai pas suggéré et n'ai eu qu'un rôle passif dans cette affaire. Je vous en parlerai en plus longs termes et avec plus de liberté à notre première entrevue.

Puis-je espérer, mon cher général, que vous voudrez bien faire porter sur-le-champ les lettres ci-jointes à Boston? Elles contiennent l'ordre de tenir une frégate prête à partir.

J'ai l'honneur d'être, etc.

LORD CARLISLE A M. DE LAFAYETTE.

Monsieur,

J'ai reçu votre lettre par M. de Gimat; j'avoue qu'il me paraît difficile d'y faire une réponse sérieuse; la seule que l'on pût attendre de moi en qualité de commissaire du roi, et que vous devriez avoir prévue, est que je me regarde et me regarderai toujours comme n'ayant à répondre à aucun individu de ma conduite publique et de ma façon de m'exprimer. Je ne le dois qu'à mon pays et à mon roi. A l'égard des opinions ou des expressions contenues dans l'une des pièces publiées sous l'autorité de la commission dans laquelle j'ai l'honneur d'être nommé, à moins qu'elles ne soient publiquement rétractées, vous pouvez être assuré que, quelque changement qui puisse survenir dans ma situation, je ne serai jamais disposé à en rendre compte, encore moins à les désavouer en particulier. Je dois vous rappeler que l'insulte à laquelle vous faites allusion dans la correspondance qui a eu lieu entre les commissaires du roi et le congrès, n'est pas d'une nature privée. Or, je pense que toutes ces disputes nationales seront mieux décidées lorsque l'amiral Byron et le comte d'Estaing se rencontreront.

AU PRÉSIDENT LAURENS.

Philadelphie, 26 octobre 1778.

Monsieur,

J'ai reçu l'obligeante lettre de Votre Excellence, jointe aux diverses résolutions dont le congrès m'a honoré et au congé qu'il a bien voulu m'accorder. La pensée que mes services ont obtenu son approbation me rend heureux plus que toute chose au monde. Les glorieux témoignages de confiance et de satisfaction que les représentans de l'Amérique ont deux fois daigné m'adresser, sont bien au-dessus de mes mérites; mais ils ne peuvent surpasser les sentimens de reconnaissance qu'ils ont excités. Le noble présent qui m'est offert au nom des États-Unis est le plus grand honneur que je puisse recevoir. Mon vœu le plus ardent est d'employer bientôt cette épée pour leur service, contre l'ennemi commun de ma patrie et de ses fidèles et chers alliés.

Puissent la liberté, la sécurité, la richesse, la concorde, être à jamais le partage des États-Unis! C'est le vœu ardent d'un cœur plein d'un zèle dévoué, d'un amour sans bornes pour eux, du plus grand respect et de la plus sincère affection pour leurs représentans.

Veuillez, Monsieur, en offrant au congrès mes remerciemens, agréer vous-même l'assurance de mon respectueux attachement. J'ai l'honneur d'être avec une profonde vénération, de Votre Excellence, etc.

EXTRAIT

D'UNE LETTRE DE M. GÉRARD, MINISTRE DE FRANCE AUX ÉTATS-UNIS, AU COMTE DE VERGENNES (1).

. . . . Je ne dois pas terminer cette longue dépêche sans rendre à la sagesse et à la dextérité de M. le marquis de Lafayette, pour la part qu'il a prise dans ces discussions, la justice due à son mérite. Il a donné les plus salutaires conseils avec l'autorité de son amitié et de son expérience. Les Américains l'ont fortement sollicité de revenir avec les troupes que le roi pourrait envoyer. Il a répondu avec la sensibilité convenable, mais avec une entière soumission aux ordres du roi. Je ne puis me dispenser de dire que la conduite également prudente, courageuse et aimable, de M. le marquis de Lafayette l'a rendu l'idole du congrès, de l'armée et du peuple des États-Unis. On a une haute opinion de ses talens militaires. Vous savez combien je suis peu enclin à la flatterie; mais je manquerais à la justice si je ne vous transmettais ces témoignages qui sont ici dans la bouche de tout le monde.

(1) Traduit sur la version anglaise insérée par M. Sparks dans sa collection des écrits de Washington. (Tom. VI, Appendice n° 1.)

DU GÉNÉRAL WASHINGTON A M. DE LAFAYETTE (1).

Philadelphie, 29 décembre 1778.

Mon cher Marquis,

La présente sera accompagnée d'une lettre du congrès, qui vous apprendra qu'après un examen approfondi, le projet d'une certaine expédition a été abandonné. Je suis fâché que l'indécision où l'on est resté si long-temps vous ait fait différer votre départ jusqu'à présent.

Je suis persuadé, mon cher marquis, que vous n'avez pas besoin de nouvelles preuves, pour être bien convaincu de mon affection, et de la haute idée que j'ai conçue de votre mérite et de vos talens militaires. Cependant puisque vous êtes au moment de retourner dans votre patrie, j'ai besoin de satisfaire mon amitié, en joignant aux honorables témoignages que vous avez reçus du congrès, la lettre que voici, pour notre ministre à votre cour. J'ai tâché de lui donner une idée de l'estime que mon pays vous porte; et l'intérêt que je mets à votre bonheur me fait souhaiter que vous soyez également cher au vôtre. Adieu, mon cher marquis, mes vœux les plus tendres vous accompagnent. Puissiez-vous avoir une bonne traversée et une heureuse arrivée près de votre femme et de vos amis. A vous.

(1) Cette lettre ne parvint pas à M. de Lafayette avant son départ.

DU GÉNÉRAL WASHINGTON A BENJAMIN FRANKLIN,
MINISTRE D'AMÉRIQUE EN FRANCE.

Philadelphie, 28 décembre 1778.

Monsieur,

Le marquis de Lafayette qui a servi avec distinction comme major-général dans l'armée des États-Unis durant deux campagnes, a été déterminé, par la perspective d'une guerre européenne, à retourner dans sa patrie. C'est avec plaisir que je saisis cette occasion de vous faire faire une connaissance personnelle avec un homme dont le mérite ne peut vous être resté inconnu au moins de réputation. Les généreux motifs qui l'ont décidé à traverser l'Atlantique, le tribut qu'il a payé à la bravoure à la journée de Brandywine, ses succès en Jersey, avant que ses blessures ne fussent guéries, dans une affaire où il menait de la milice contre des grenadiers anglais, la brillante retraite par laquelle il a évité une manœuvre combinée de toutes les forces britanniques dans la dernière campagne, ses services dans l'expédition contre Rhode-Island, sont de telles preuves de son zèle, de son ardeur guerrière et de ses talens, qu'elles l'ont rendu cher à l'Amérique, et doivent grandement le recommander à son prince.

Lorsqu'il arrive avec tant de titres à votre estime, il serait inutile, si ce n'était pour satisfaire mes propres sentimens, d'ajouter que j'ai pour lui une amitié très particulière, et que tous les services qu'il sera en votre pouvoir de lui rendre, obligeront envers vous celui qui a l'honneur d'être avec la plus grande estime et la plus respectueuse considération, etc.

AU GÉNÉRAL WASHINGTON.

Boston, 5 janvier 1779.

Cher Général,

Dans ma situation embarrassante, à une telle distance de vous, je suis obligé de prendre seul une résolution qui, j'espère, obtiendra votre approbation. Vous vous rappelez qu'en accordant largement le temps nécessaire pour les délibérations, la réponse du congrès devait m'atteindre avant le 15 du mois dernier. J'ai long-temps attendu depuis lors sans recevoir aucune nouvelle; de plus quelques personnes de Philadelphie assurent que le congrès me croit parti, il y a long-temps. Quoique mes affaires m'appellent dans ma patrie, un intérêt personnel pourrait m'engager à attendre les lettres de Votre Excellence, pour la décision du congrès quant à la manière de m'échanger dans le cas où je serais pris, et pour les dernières déterminations relativement aux plans de la prochaine campagne.

Mais l'importance des dépêches dont je suis porteur, l'incertitude et l'improbabilité d'en recevoir d'autres ici, le service que je puis rendre aux deux nations par les renseignemens que je donnerais à Versailles, l'inconvénient de retenir la belle frégate à bord de laquelle je pars, le danger de perdre tous les hommes qui désertent très vite, sont des raisons si fortes qu'elles m'obligent à ne pas tarder plus long-temps; d'autant que le congrès ayant résolu d'envoyer bientôt trois bâtimens légers en France, et le comité de la marine ayant promis de donner des dépêches aux officiers que je recommanderais, c'est une très bonne manière d'expédier ses lettres, et de me transmettre celles que Votre Excellence voudra bien m'écrire.

Avoir de vos nouvelles, mon respectable ami, sera un des plus grands bonheurs que je puisse ressentir; les plus longues lettres seront les mieux reçues. J'espère que vous m'accorderez ce plaisir aussi souvent que vous le pourrez, et que vous me conserverez cette affection à laquelle je réponds par les sentimens les plus tendres. Que je serais heureux de revenir au printemps, surtout parce que l'on pourrait encore proposer ce que vous savez! Votre première lettre m'apprendra sur quoi je dois compter à cet égard, et je me flatte que la première des miennes vous confirmera que je suis libre, et que bien certainement je dois revenir pour la prochaine campagne.

Ma santé est maintenant excellente, et je ne me souviendrais pas d'avoir été jamais malade sans les marques d'amitié que vous m'avez données dans cette circonstance. Mon bon docteur a continué de me soigner avec son zèle accoutumé. Il me viendra voir à bord, puis retournera au quartier-général; mais il avait reçu votre ami en dépôt jusqu'à son embarquement. J'ai trouvé la plus aimable hospitalité dans cette ville, et excepté de boire de l'eau, le docteur a fait tout ce qu'il a pu pour être heureux. Il danse et chante dans les réunions de la manière la plus charmante.

Les officiers qui, j'espère, viendront en France, ont ordre de passer par le quartier-général, et je me flatte, mon cher général, que vous m'écrirez par eux. Je vous prie de faire connaître au porteur de cette lettre, le capitaine La Colombe, que je le recommande à Votre Excellence pour le brevet de major.

Soyez assez bon, mon cher général, pour offrir mes plus empressés complimens à madame Washington, ainsi qu'à vos officiers. J'espère que vous jouirez tranquillement du bonheur d'être auprès d'elle sans être troublé par l'ennemi, jusqu'à ce que je vous rejoigne. J'espère aussi que vous approuverez mon départ, commandé par la nécessité après une si longue attente.

Adieu, mon bien cher général; ce n'est pas sans émotion que je vous dis ce dernier adieu, au moment d'une séparation si longue. N'oubliez pas un ami absent, et croyez-moi toujours et pour toujours, avec le plus grand respect, avec l'affection la plus tendre, etc.

A bord de *l'Alliance*, 10 janvier 1779.

Je rouvre ma lettre, mon cher général, pour vous dire que je ne suis pas encore parti; mais si le vent devient bon, je mettrai à la voile demain. Rien de Philadelphie, rien du quartier-général; tout le monde, aussi bien que moi, est d'avis que j'aurais tort de plus long-temps attendre. J'espère que j'ai raison, et que j'aurai bientôt de vos nouvelles. Adieu, mon cher et à jamais bien-aimé ami, adieu.

AU GÉNÉRAL WASHINGTON.

A bord de *l'Alliance*, Boston, 11 janvier 1779.

On met à la voile, mon cher général, et je n'ai que le temps de vous dire une dernière fois adieu. Je puis être sûr à présent que le congrès ne compte envoyer rien de plus par moi. Le bureau de la marine et M. Nevill m'écrivent ce matin de Boston que l'on peut traverser la rivière du Nord, et qu'un officier du camp affirme n'avoir entendu parler d'aucun exprès qui dût m'être adressé. Tous s'accordent à regarder comme certain que le congrès me croit en route, et que le plus tôt que je partirai sera le mieux.

Adieu, mon cher général, j'espère que votre ami français vous sera toujours cher. J'espère que je vous reverrai bientôt, que je pourrai vous dire moi-même avec quelle émotion je quitte à présent la côte que vous habitez, et avec quelle affection, quelle vénération je serai toujours votre respectueux et sincère ami.

SECOND VOYAGE

EN AMÉRIQUE,

ET CAMPAGNES DE 1780 ET 1781.

MÉMOIRES HISTORIQUES

SUR

LES ANNÉES 1779, 1780 ET 1781 (1).

Lafayette, parti de France en rebelle et en fugitif, y revint favori et triomphant. A peine se donna-t-on le temps de punir par huit jours d'arrêts sa désobéissance au roi; encore ne fut-ce qu'après avoir eu une conversation avec le premier ministre Maurepas. Lafayette se trouvait le lien entre les États-Unis et la France; il avait la confiance des deux pays et des deux gouvernemens. Sa faveur à la cour et dans la société fut employée à servir la cause des Américains, à détruire les mauvaises impressions qu'on cherchait à donner

(1) Ces Mémoires sont extraits de la biographie américaine de M. de Lafayette écrite par lui-même, que nous avons désignée sous le nom de *Manuscrit n° I*. Nous les avons complétés par des extraits du *Manuscrit n° II*, contenant des observations sur les historiens de l'Amérique.

contre eux, à obtenir pour eux des secours de tout genre. Il éprouva néanmoins beaucoup de difficultés ; les amis de l'alliance autrichienne voyaient avec humeur que cette guerre eût servi au refus de quarante mille auxiliaires stipulés par le traité de Vienne ; le ministère français craignait déjà le trop grand agrandissement des États-Unis, et se refusa décidément à la conquête du Canada, sous prétexte qu'avant d'ajouter un quatorzième État à ceux qui s'étaient déclarés indépendans, il convenait de délivrer les treize autres du joug des Anglais. M. Necker craignait tout ce qui pouvait augmenter les dépenses ou prolonger la guerre. Maurepas lui-même, qui y avait été entraîné, en était très fatigué ; il espérait obtenir la paix par une tentative sur l'Angleterre. Lafayette, profitant de cette disposition, avait organisé une expédition où le célèbre Paul Jones aurait commandé la marine, et qui aurait transporté sous pavillon américain un corps de troupes sur les côtes d'Angleterre, pour y lever des contributions destinées à fournir aux Américains l'argent qu'on ne pouvait pas tirer du trésor de France. Liverpool et quelques autres villes auraient été justement punies de la part qu'elles avaient prise aux vexations exercées contre les colonies auxquelles elles avaient dû leur prospérité ; mais l'économie, la timididé des ministres français, firent encore manquer cette entreprise. Lafayette, désespérant de faire réussir l'expédition du Canada, prit un parti très hardi sans doute, mais qui fut justifié par le succès. Il lui avait été enjoint de ne point demander de troupes auxiliaires pour les États-Unis, parce que la jalousie populaire contre les étrangers, et particulièrement les Français, non seulement éloignait le congrès lui-même de cette idée, mais lui avait persuadé qu'elles exciteraient de l'inquiétude et du mécontentement. Lafayette prévit qu'avant que le secours pût être prêt, les États-Unis en sentiraient le besoin, et qu'il pourrait arriver, comme il arriva en effet, dans un moment décisif pour le salut de la cause. Il prit donc sur lui seul, ne pouvant obtenir les troupes pour le Canada, de solliciter au nom du congrès ce qu'il lui avait été positivement interdit de demander, un secours de troupes auxiliaires envoyé dans un port des États-Unis, et il fit choix de celui de Rhode-Island, qui, ayant été évacué par les Anglais et se trouvant dans une île aisée à défendre, était plus propre que tout autre à prévenir tous les inconvéniens. Il obtint six mille hommes; on n'en envoya dans la suite que quatre mille, sous le comte de Rochambeau; mais quelque peu considérable que fût ce nombre, Lafayette savait qu'en y employant de jeunes officiers de la cour, en attirant l'attention des Français sur ce petit corps, les ministres seraient forcés tôt ou tard de le rendre utile en lui donnant sur les côtes d'Amérique une supériorité maritime qui était le principal objet de Lafayette, et que les autres plans d'opération rendaient très difficile à obtenir; aussi ne l'eut-on qu'en 1781, et pour quelques semaines. L'évènement a prouvé combien Lafayette avait raison d'en prêcher tous les jours la nécessité. Ce ne fut qu'au commencement de l'année 1780 que le secours fut prêt à partir. En attendant, Lafayette fut employé dans l'état-major de l'armée qui se préparait à une descente en Angleterre sous les ordres du maréchal de Vaux. C'est là que le petit-fils du docteur Franklin lui présenta officiellement l'épée que le congrès lui avait décernée. On y voyait représentés Monmouth, Barren-Hill, Gloucester et Rhode-Island; l'Amérique, délivrée de ses chaînes, offrait une branche de laurier à un jeune guerrier; le même guerrier était représenté faisant une blessure mortelle au lion Britannique. Franklin avait placé dans une autre partie une devise ingénieuse de l'Amérique; c'était un croissant de lune avec ces mots : *Crescam ut prosim;* de l'autre côté était la devise *Cur non?* que le jeune homme avait prise en partant pour l'Amérique.

Lafayette, à la fin de la campagne, renouvela ses instances pour l'accomplissement des espérances qu'on lui avait données; il obtint pour les États-Unis des secours pécuniaires qui furent remis à la disposition du général Washington, car c'était sur ce général que reposaient toute la confiance du gouvernement et les espérances de la nation française. On avait promis des habits pour toute l'armée, mais il restèrent avec la division de deux mille hommes, qui devait compléter le corps de Rochambeau; et l'amiral Ternay, au lieu d'amener, comme il aurait dû, une supériorité maritime, ne partit pour Rhode-Island qu'avec sept vaisseaux. Cette expédition fut tenue très secrète (1).

---

(1) « Il fut réglé que ce corps de six mille hommes, commandé par le lieutenant-général Rochambeau, serait entièrement aux ordres du commandant en chef américain, et ne ferait qu'une division de son armée. L'ordre du service fut réglé de manière à ce que les Français ne fussent jamais regardé que comme auxiliaires, prenant la gauche des troupes américaines, et le commandement appartenant, à parité de grade et de date, à l'officier américain. En un mot les droits et les

Lafayette l'avait précédée à bord de la frégate française *l'Hermione* ; il arriva à Boston avant que les Américains et les Anglais eussent la moindre connaissance de ce renfort auxiliaire.

(1780.) L'arrivée de Lafayette à Boston produisit la plus vive sensation ; elle tenait uniquement à sa popularité personnelle, car personne ne se doutait de ce qu'il avait obtenu pour les États-Unis. Tout courut au rivage, il fut reçu avec de grandes acclamations et conduit en triomphe chez le gouverneur Hancock, d'où il partit pour le quartier-général. Washington apprit avec une vive émotion l'arrivée de son jeune ami ; on remarqua qu'à la réception du courrier qui lui apporta cette nouvelle, des larmes de joie coulèrent de ses yeux, ce qui, pour quiconque a connu le caractère de Washington, est le témoignage le plus certain d'une tendresse vraiment paternelle. Lafayette fut reçu avec la plus vive joie par l'armée ; il était aimé des officiers et des soldats qu'il payait du retour le plus affectionné. Après ces premiers momens, le général Washington et lui s'enfermèrent pour causer de la situation des affaires. Celle de l'armée était très mauvaise : elle manquait d'argent, il devenait presque impossible de la recruter ; enfin il fallait un évènement qui rendît de l'énergie aux différens États, et qui donnât à l'armée des moyens d'exercer la sienne. Ce fut là que Lafayette apprit au commandant en chef ce qui avait été fait et l'arrivée du secours qu'il pouvait attendre. Le

avantages du gouvernement, du général et des militaires américains furent stipulés d'avance de manière à prévenir toute discussion future.» (Manuscrit n° 2.)

général Washington en sentit toute l'importance, et regarda cette heureuse nouvelle comme décisive pour le succès des affaires. On prépara tout ce qu'il fallait; le secret fut bien gardé, malgré les préparatifs qu'il fallut faire pour l'arrivée de ces troupes, qui débarquèrent heureusement à Rhode-Island, et qui, malgré leur longue inaction, formèrent, en contenant les Anglais, une diversion nécessaire et puissante.

Pendant la campagne de 1780, le corps français resta à Rhode-Island. Après la defaite de Gates, Greene alla commander en Caroline; Arnold fut placé à West-Point, l'armée principale sous les ordres immédiats de Washington avait pour avant-garde l'infanterie légère de Lafayette, à laquelle était joint le corps de l'excellent partisan colonel Lee. C'est ici le lieu de parler de cette infanterie légère. Les troupes américaines n'avaient point de grenadiers; leurs chasseurs ou *riflemen* formaient un régiment à part sous les ordres du colonel, depuis brigadier-général, Morgan, et étaient pris, non dans les différens corps, mais dans les pays frontières des sauvages parmi des hommes que leur manière de vivre et leur adresse à tirer leurs longues carabines rendaient singulièrement propres à ce service. Mais tous les régimens de la ligne fournissaient des hommes de choix dont on choisissait aussi les officiers, et qui composaient la troupe d'élite d'environ deux mille hommes sous les ordres de Lafayette. L'attachement mutuel de ce corps et de son chef était passé en proverbe en Amérique. De même qu'un voyageur rapporte des pays lointains des présens à sa famille et à ses amis, il avait rapporté de France pour une somme considérable d'ornemens pour les soldats, d'épées pour les officiers et sous-officiers, de drapeaux (1) pour les bataillons. Cette troupe d'hommes choisis, bien exercée et disciplinée, quoique mal habillée, et reconnaissable à ses hautes plumes noires et rouges, avait une agréable apparence et était excellente. Mais excepté ce petit nombre d'objets dus à Lafayette, on ne vit point arriver les effets que la France devait envoyer; l'argent prêté par elle fut du plus grand secours à l'armée.

Il y eut pendant cette année à Hartford, en Connecticut, une conférence entre les généraux français et le général Washington accompagné du général Lafayette et du général Knox; il fut décidé qu'on enverrait à Paris le colonel américain Laurens, chargé de solliciter de nouveaux secours et surtout une supériorité maritime. C'est en revenant de cette conférence que fut découverte la conspiration d'Arnold. Le général Washington aurait encore trouvé ce général à son quartier, si le hasard ou plutôt le désir de montrer à Lafayette le fort de West-Point, construit pendant son absence, ne l'avait point porté à s'y rendre avant d'arriver à Robinson's House où logeait le général Arnold (1).

Les historiens rendent un compte détaillé de la trahi-

---

(1) Un de ces drapeaux portait un canon avec cette devise : *Ultima ratio* retranchant le mot *regum* usité en Europe ; l'autre, une couronne de laurier unie à une couronne civique, et pour devise *No other* (point d'autre); et ainsi des autres emblèmes. (*Note de M. de Lafayette.*)

(2) West-Point, fort sur une langue de terre qui s'avance dans l'Hudson, et qui en domine le cours, est une position tellement importante qu'elle est appelée par un historien le Gibraltar de l'Amérique. Arnold y commandait, et sa trahison, n'eût-elle eu d'autre but que de la livrer, aurait porté, si elle avait réussi, un coup mortel à la cause des États-Unis. Il avait formé depuis dix-huit mois des rela-

son d'Arnold. Lorsqu'à sa propre demande on lui confia le commandemnt de West-Point, il pressa le général Washington de lui faire connaître les moyens d'intelligence qu'il avait à New-York. Il fit es mêmes instances à Lafayette que sa fortune mettait à même d'en avoir pour son compte, et aux autres officiers qui avaient commandé près des lignes ennemies. Heureusement que chacun de ces généraux se crut lié par la loi du secret qu'ils avaient promis, d'autant mieux que plusieurs des correspondans agissaient par un sentiment de patriotisme. Si Arnold avait pu parvenir à les connaître, ces malheureuses personnes eussent été perdues et tout moyen d'intelligence supprimé.

Arnold manqua recevoir le billet du lieutenant-

tions secrètes avec sir Henry Clinton, qui confia tout le soin de cette affaire à un aide-de-camp, le major André. Arnold manqua une première entrevue avec celui-ci le 11 septembre, à Dobbs's Ferry. Une seconde fut projetée à bord du sloop de guerre *le Vautour*, que le 16, Clinton envoya à cet effet à Teller's Point, environ 15 ou 20 milles au-dessous de West Point. Cependant, le général Washington qui se rendait avec M. de Lafayette à la conférence d'Hartford, passa l'Hudson le 18, et vit Arnold, qui lui montra une lettre du colonel Robinson, embarqué sur *le Vautour*, prétendant que cet officier lui demandait un rendez-vous pour l'entretenir de quelque affaire privée. Washington lui dit de refuser le rendez-vous. Arnold se ménagea alors une entrevue secrète; et quittant New-York, le major André vint à bord du sloop, et de là avec un faux passeport à Long-Clove, où il vit Arnold le soir du 21. Ils se séparèrent le lendemain. André, en retournant à New-York, fut pris à Tarrytown par trois miliciens, et conduit au poste de North Castle où commandait le lieutenant-colonel Jameson qui en rendit compte le 23 à son supérieur le général Arnold. Celui-ci reçut la lettre le 25, le jour même où il attendait chez lui le général Washington qui revenait d'Hartford. Il prit aussitôt la fuite; quelques momens après, le général en chef arriva, et ne reçut que quatre heures plus tard les dépêches qui lui révélèrent le complot. (*Washington's writings*, tom. VII, *appendice* n° 7.)

colonel Jameson, en présence du commandant en chef; il s'était détourné avec Lafayette et Knox pour voir une redoute; les lieutenans-colonels Hamilton et Mac-Henry, aides-de-camp, l'un de Washington, l'autre de Lafayette, étaient allés en avant pour prier madame Arnold de ne pas retarder son déjeuner. Ils y étaient, et Arnold avec eux, lorsqu'il reçut le billet; il pâlit, monta chez lui, fit appeler sa femme qui s'évanouit. Il la laissa dans cet état sans qu'on s'en doutât, ne rentra pas dans la salle, mais monta sur un cheval de son aide-de-camp qui se trouvait prêt. Il chargea celui-ci de dire au général qu'il allait l'attendre à West-Point, et gagnant le bord de la rivière, il prit son canot et se fit conduire au *Vautour*. Cependant le général, en arrivant et apprenant qu'Arnold était à West-Point, crut que c'était pour préparer sa réception, et sans entrer dans la maison, s'embarqua avec les deux généraux qui l'accompagnaient. Arrivés sur l'autre rive, ils furent étonnés de n'être pas attendus; ce ne fut qu'au retour que le mystère fut expliqué, parce que les dépêches du lieutenant-colonel Jameson étaient arrivées dans l'intervalle.

Un historien parle de la générosité avec laquelle madame Arnold fut traitée. Il est en effet honorable pour le caractère américain que, dans la plus grande effervescence d'indignation contre son mari, elle ait pu aller à Philadelphie, y prendre ses effets et se rendre avec un parlementaire à New-York, sans éprouver la moindre insulte. Le même historien (M. Marshall) aurait pu dire que, le soir même de l'évasion d'Arnold, le général recevant de lui une lettre insolente, datée à bord du *Vautour*, chargea un de ses aides-de-camp d'aller dire à madame Arnold, qui était dans les convulsions de la douleur, qu'il avait fait ce qui dépendait de lui pour arrêter son mari, mais que, n'y ayant pas réussi, il trouvait du plaisir à l'informer que son mari était en sûreté (1).

On ne saurait donner trop d'éloges et de regrets au major André. Les quatorze officiers-généraux qui eurent le pénible devoir de prononcer sur son sort, le commandant en chef et toute l'armée américaine

(1) Le général Arnold est le seul officier américain qui ait jamais pensé à se faire de son commandement un moyen de fortune. Le désintéressement de ces militaires dans un temps de révolution qui facilite tellement les abus, forme un singulier contraste avec les reproches d'avidité que des gouvernemens, qui n'ont pas produit la même modération, ont jugé à propos de faire aux citoyens des États-Unis. Les officiers, les généraux américains ont fait presque toute la guerre à leurs dépens; les affaires d'un grand nombre ont été ruinées par leur absence. Ceux qui avaient des professions, en ont perdu l'exercice. Il a été prouvé par des comptes exigés en France dans des temps de proscription et de terreur, que Lafayette avait dépensé au service de la révolution américaine, outre ses revenus, plus de sept cent mille francs de son capital. La conduite de Washington a eu quelque chose de plus simple et de plus louable à notre gré : c'est de n'avoir voulu avoir ni le mérite des sacrifices ni le profit des émolumens, se faisant payer ses dépenses nécessaires, et n'augmentant ni ne diminuant sa fortune que de ce qu'elle a dû souffrir par son absence. Et pendant que la totalité des officiers américains se conduisait avec le désintéressement le plus patriotique, qu'une compensation de sept années de paye a satisfait, après la guerre, toutes les prétentions de l'armée, on ne peut citer que le seul exemple du traître Arnold, pour avoir tiré des circonstances la moindre spéculation pécuniaire. Quelques présens de terre ont été faits par les États du sud aux généraux Greene et Wayne, au colonel Washington, mais depuis la révolution. Les actions du Potomac données aussi depuis la révolution au général Washington ont été employées par lui dans son testament à la fondation d'un collége : en un mot, on peut affirmer que la délicatesse et le désintéressement ont été universels dans l'armée américaine. (*Note de M. de Lafayette.*)

furent pénétrés d'admiration et de sympathie pour lui. La conduite des Anglais dans une occasion précédente n'avait pas été pareille. Le capitaine Hale, du Connecticut, jeune homme très distingué, et chéri de sa famille et de ses amis, avait été pris sur Long-Island dans des circonstances du même genre que celles qui perdirent le malheureux André; mais au lieu d'être traité avec la considération dont le major André se loua hautement, l'aimable capitaine Hale fut insulté jusqu'au dernier moment. « Voilà une belle mort pour un militaire, lui dit un des officiers anglais qui entouraient la charrette d'exécution. » Les yeux de Hale étaient déjà couverts du bonnet que les Anglais ont coutume d'avancer sur le visage au moment de l'exécution : « Monsieur, lui dit Hale en relevant son bonnet, il n'y a point de mort qui ne soit ennoblie par une si belle cause. » Il replaça tranquillement son bonnet, et la fatale charrette marchant, il mourut avec un sang-froid admirable.

Il y eut dans l'hiver suivant une révolte de la ligne de Pensylvanie. Lafayette était à Philadelphie; le congrès et le pouvoir exécutif de l'État, qui connaissaient son influence sur les troupes, l'engagèrent à y aller avec le général Saint-Clair. Ils furent reçus par les troupes avec beaucoup de respect, ils entendirent leurs plaintes qui n'étaient que trop bien fondées. Le général Wayne était déjà au milieu d'eux, et avait entrepris une négociation concertée avec le gouvernement de l'État de Pensylvanie. Lafayette n'eut donc qu'à se rendre au quartier-général. L'affaire des Pensylvaniens fut apaisée par la voie de conciliation qui avait été entamée; mais une révolte pareille dans une brigade du Jersey fut comprimée avec plus de vigueur par le général en chef qui, partant avec quelques bataillons de l'infanterie légère de Lafayette, mit les mutins à la raison, de manière que les généraux, n'étant pas gênés par l'intervention du pouvoir civil, rétablirent dans un instant la discipline militaire qui était au moment de se dissoudre (1).

(1781). Le général Arnold était en Virginie à Portsmouth; Washington forma un projet combiné avec les Français pour l'y attaquer et prendre cette garnison. Lafayette partit du quartier-général avec douze cents hommes d'infanterie légère; il feignit une attaque contre Staten-Island, et marchant ensuite rapidement par Philadelphie jusqu'à Head-of-Elk, il s'embarqua sur de petits bateaux et arriva heureusement à Annapolis. Il partit de là dans un canot avec quelques officiers, et malgré les frégates anglaises qui étaient dans la baie, il parvint à Williamsburg pour y rassembler les milices, tandis que son déta-

---

(1) Les ouvrages rendent compte de la révolte des soldats de Pensylvanie; les plaintes de la plupart d'entre eux étaient fondées. Lorsque le général Saint-Clair, Lafayette et Laurens, se rendant de Philadelphie au quartier-général, s'arrêtèrent à Princetown, comme ils en avaient été priés par le conseil de l'État de Pensylvanie, ils trouvèrent une négociation entamée par le général Wayne et les colonels Stewart et Butler, tous trois fort aimés des soldats pensylvaniens; des comités du congrès et de l'État arrivaient pour traiter la chose civilement; ils ne restèrent que quelques heures à Princetown, et l'affaire ne tarda pas à être arrangée de la manière qui avait été commencée. Mais lorsque des soldats de la ligne de Jersey voulurent imiter la révolte des Pensylvaniens, le général Washington l'étouffa dès sa naissance par une mesure vigoureuse. Au reste, les souffrances et les désappointemens de cette vertueuse et brave armée étaient faits pour lasser toute patience humaine; la conduite des troupes continentales pendant la révolution a été vraiment admirable. (*Manuscrit n° 2.*)

chement attendait l'escorte que les Français devaient lui envoyer. Lafayette avait déjà bloqué Portsmouth, repoussé les piquets ennemis, lorsque l'issue du combat entre l'amiral Arbuthnot et M. Destouches, commandant l'escadre française, fut de laisser les Anglais maîtres de la Chesapeake. Lafayette n'eut donc qu'à revenir d'Annapolis pour reconduire son détachement au camp. Il le trouva bloqué par de petites frégates anglaises qui étaient en force beaucoup trop considérable pour ses bateaux; mais ayant placé du canon sur deux vaisseaux marchands, et ayant mis des troupes à bord, il éloigna par cette manœuvre les frégates, et profitant d'un bon vent, il arriva avec son embarcation à Head-of-Elk où il reçut d'importantes dépêches du général Washington. Le plan de campagne des ennemis venait d'être connu; il paraissait que la Virginie devait en être l'objet. Le général Phillips était parti de New-York avec un corps de troupes pour renforcer Arnold. Le général mandait à Lafayette d'aller au secours de la Virginie. La tâche n'était pas facile; les hommes qu'il commandait étaient partis pour une courte expédition; ils tenaient aux États du nord où il existait encore de grands préjugés sur l'insalubrité de ceux du midi; on n'avait ni souliers ni chemises. Des négocians de Baltimore prêtèrent à Lafayette sur son billet une somme d'argent suffisante pour avoir de la toile, deux mille guinées. Les dames de Baltimore, qu'il alla trouver à un bal donné pour son passage, se chargèrent de faire ces chemises. Les jeunes gens de la même ville formèrent une compagnie de dragons volontaires. La désertion se mettait dans son corps;

Lafayette mit à l'ordre qu'il partait pour une opération difficile et dangereuse, qu'il espérait que les soldats ne l'abandonneraient pas, mais que quiconque voudrait s'en aller le pouvait à l'instant ; et il renvoya deux soldats qui devaient être punis pour des fautes graves. Dès ce moment, la désertion cessa, pas un seul homme ne voulut le quitter; ce fut au point qu'un sous-officier, qu'un mal de jambe empêchait de suivre le détachement, loua à ses dépens un chariot pour ne pas s'en séparer. Cette anecdote fait honneur aux troupes américaines et mérite d'être citée.

Lafayette avait jugé que la capitale de la Virginie serait le principal objet de l'attaque des ennemis. Richmond était encombré de magasins ; le pillage en eût été fatal. Lafayette marcha avec une telle rapidité que lorsque le général Phillips, arrivant devant Richmond, apprit que Lafayette y était de la veille au soir, il ne le voulut pas croire. Cependant, ayant été forcé de reconnaître la vérité, il n'osa pas attaquer les hauteurs de Richmond. Lafayette avait un convoi à faire passer dans les États du sud; il fit une forte reconnaissance sur Petersburg; la menace d'une attaque y réunit les Anglais, et ce mouvement fait avec du canon et des préparatifs d'attaque, servit à faire filer un convoi de munitions et d'habillemens dont le général Greene avait un besoin urgent. Après la mort du général Phillips qui expira le jour même de cette reconnaissance, Arnold écrivit par un parlementaire à Lafayette, qui refusa de recevoir sa lettre ; il fit venir l'officier anglais, et avec beaucoup de politesses pour l'armée britannique lui dit qu'il ne consentirait jamais à correspondre avec son général actuel. Ce refus fit grand plaisir au général Washington et au public, et mit Arnold dans une situation très pénible avec sa propre armée.

Lord Cornwallis, en entrant en Virginie par la Caroline, s'était débarrassé de tous ses équipages; il en fit de même pour toute l'armée réunie sous ses ordres. Lafayette se mit au même régime, et pendant toute cette campagne les deux armées couchèrent au bivouac, ne portant que l'absolu nécessaire. De cette lutte active et décisive allait dépendre le sort de la guerre; car si les Anglais, qui portaient là tous leurs efforts de la campagne, se rendaient maîtres de la Virginie, non seulement l'armée de Lafayette, mais celle de Greene qui tirait de là toutes ses ressources, étaient perdues; non seulement la Virginie, mais tous les États au sud de la Chesapeake. Aussi les lettres du commandant en chef, en disant à Lafayette qu'il ne se dissimulait pas toutes ses difficultés, se bornaient-elles à lui demander de prolonger la défense de l'État le plus long-temps possible. Le résultat fut bien plus heureux que les vœux mêmes qu'on s'était permis de former dans le temps où tous les yeux et toutes les pensées commencèrent à se porter sur ce point décisif.

La scène militaire en Virginie allait donc devenir encore plus intéressante. Le général Greene avait marché par sa droite pour attaquer les postes de la Caroline méridionale, tandis que lord Cornwallis était dans la Caroline du nord. Cornwallis le laissa aller, et marchant également par sa droite, brûlant ses équipages et ses tentes pour marcher plus légèrement, il se porta rapidement sur Petersburg et transporta en Virginie le siége principal de la guerre. Le général Washington écrivit à Lafayette qu'il ne pouvait lui envoyer d'autre renfort que huit cents de ces Pensylvaniens révoltés qu'on avait formés de nouveau du côté de Lancaster. Lord Cornwallis avait eu, et généralement par le secours des nègres, les meilleurs chevaux de la Virginie. Il avait monté une avant-garde de Tarleton sur des chevaux de course qui, semblables à des oiseaux de proie, arrêtaient tout ce qu'ils pouvaient voir. Le corps actif de Cornwallis était de plus de quatre mille hommes, huit cents hommes montés. Les commandemens se divisèrent de la manière suivante : le général Rochambeau restait à Rhode-Island avec son corps français; Washington commandait en personne les troupes américaines devant New-York ; il appela quelque temps après le corps de Rochambeau. Ce lieutenant-général français était à ses ordres comme les majors-généraux américains; car Lafayette, en demandant ce secours de troupes, avait eu soin de stipuler de la manière la plus positive qu'il serait entièrement aux ordres de Washington. Les Américains avaient la droite ; l'officier américain, à égalité de grade et de date, commandait l'officier français. Lafayette avait voulu donner à la république naissante tous les avantages et toute l'importance des puissances les plus grandes et le plus anciennement établies. Washington avait envoyé l'année précédente le général Greene pour commander dans les États du sud; la Virginie se trouvait nominalement dans ce commandement, et n'était point encore devenue le théâtre de la guerre; mais la distance entre les opérations de la Caroline et celles de la Virginie était si grande, les communications si difficiles, qu'il était impossible que Greene dirigeât ce qui se passait en Virginie. Lafayette y prit donc le commandement en chef, correspondant directement avec le général Washington, et dans l'occasion avec le congrès. Cependant il voulut que Greene conservât le titre de suprématie, et il n'envoya au quartier-général que des copies de lettres au général Greene qui était son ami intime, de même que tous les deux avaient toujours été intimement et constamment liés avec le général Washington. Aussi pendant cette campagne l'harmonie entre les généraux fut-elle parfaite et contribua-t-elle beaucoup au succès.

Lafayette, après avoir sauvé les magasins de Richmond, s'était hâté de les faire évacuer; il avait pris lui-même une position à Osborn, et mandait au général Washington qu'il y resterait, tant qu'on ne menacerait pas le côté faible qui était sa gauche. Lord Cornwallis ne tarda pas à le reconnaître, et Lafayette se retira avec son petit corps qui, en comptant les recrues et les milices réunies par le baron de Steuben, ne passait pas deux mille cinq cents hommes. Les jeunes gens les plus riches de la Virginie et du Maryland étaient venus le joindre comme dragons volontaires, et par leur intelligence, ainsi que par la supériorité de leurs chevaux, lui avaient rendu de grands services. Les Américains se retiraient de manière à ce que l'avant-garde de l'ennemi arrivât sur le terrain au moment où ils venaient de le quitter, et sans se compromettre, ils retardèrent le plus possible ses progrès. Wayne s'avançait avec le renfort de

Pensylvaniens. Lafayette avait tout calculé pour que sa jonction pût être formée sans se mettre hors de portée de couvrir les magasins militaires des États du sud, qui étaient à la naissance des montagnes au haut de la Fluvana. Mais les Pensylvaniens tardèrent, il fallut que Lafayette choisît. Il alla joindre son renfort à Raccoon-Ford, et courut ensuite par marche forcée se mettre en mesure avec lord Cornwallis qui avait eu le temps de faire un détachement à Charlottesville, et un au Fork de James-River. Le premier avait dissipé l'assemblée de Virginie, le second n'avait fait aucun mal important; mais le coup principal allait être frappé. Lord Cornwallis avait une bonne position à une marche des magasins, lorsque Lafayette arriva près de lui sur le chemin qui y conduisait. Il fallait passer contre l'armée anglaise en lui prêtant le flanc, et s'exposer à une défaite certaine; heureusement, il découvrit un chemin plus court inconnu depuis longtemps, qu'il fit réparer dans la nuit, et le lendemain à la grande surprise du général anglais, il se trouva dans une position inexpugnable, entre lui et les magasins dont la perte aurait entraîné celle de toute l'armée du sud dont ils étaient toute la ressource; car il y avait une route derrière les montagnes que les Anglais n'interceptèrent jamais et par laquelle on pourvoyait aux besoins du général Greene. Lord Cornwallis, en se mettant à la poursuite de Lafayette, avait écrit une lettre qui fut interceptée, et où il se servait de cette expression : *The boy cannot escape me* (1). Il s'était flatté de terminer par ce seul coup

---

(1) L'enfant ne peut m'échapper.

la guerre dans toute la partie méridionale des États-Unis, car il lui eût été facile de s'emparer de Baltimore et de marcher ensuite vers Philadelphie. C'est ainsi qu'il vit échouer la principale partie de son plan, et se retira sur Richmond où Lafayette qui, dans sa nouvelle position, avait été joint par un corps de *riflemen*, avertis d'avance de s'y rendre tel jour, ainsi que par quelques milices, suivit pas à pas le général anglais, sans cependant compromettre dans une affaire l'infériorité de ses forces. Elles augmentaient peu à peu. Lord Cornwallis crut devoir évacuer Richmond; Lafayette le suivit et fit attaquer son arrière-garde par le colonel Butler, près de Williamsburg. Il se passa encore quelques manœuvres de ce côté, dont le but principal, de la part de Lafayette, fut de persuader à lord Cornwallis que ses forces étaient plus considérables qu'elles ne l'étaient en effet. Les Anglais évacuèrent Williamsburg, et passèrent James-River à James-Island. Il y eut là une action assez vive entre l'armée anglaise et l'avant-garde que Lafayette avait prise pour les attaquer au passage de la rivière. Lord Cornwallis avait disposé les premières troupes de l'autre côté, de manière à persuader que la plus grande partie de ses troupes avait passé. Quoique tous les rapports fussent unanimes à cet égard, Lafayette se douta de cette feinte, et pour mieux reconnaître lui-même, il quitta son détachement pour aller sur une langue de terre d'où il était plus facile de voir le passage des ennemis. Pendant ce temps, une pièce de canon, exposée sans doute à dessein, tenta le général Wayne, officier plein de bravoure et très entreprenant. Lafayette trouva à son retour l'avant-garde engagée contre des forces très supérieures ; il la retira néanmoins après un combat court mais très vif, en bon ordre et sans échec. On répandit qu'il avait eu un cheval tué sous lui, mais c'était le cheval de main que l'on conduisait à ses côtés (1). L'armée anglaise poursuivit sa route jusqu'à Portsmouth ; elle vint ensuite par eau prendre poste à Yorktown et à Gloucester sur la rivière d'York. Il restait encore une garnison à Portsmouth. Lafayette fit des démonstrations d'attaque, et cette garnison se réunit au corps d'armée à Yorktown.

C'est là que Lafayette souhaitait passionnément de réunir l'armée anglaise. Tel était le but de tous ses mouvemens depuis qu'un peu d'accroissement de ses forces lui avait permis de penser à autre chose qu'à se retirer sans être détruit et à sauver les magasins. Il savait qu'une flotte française devait arriver des îles sur la côte américaine. Son principal objet avait été

---

(1) M. Marshall rend compte de l'affaire de Jamestown. Il n'y eut d'autre milice que les *riflemen*, jetés en avant dans le bois. Ils jetèrent à bas trois commandans successifs de l'avant-poste placé par Cornwallis pour qu'on ne vît pas ce qui se passait derrière. Cette obstination à couvrir la position donna du soupçon à Lafayette, malgré l'unanimité des avis qu'il ne restait plus là qu'une arrière-garde. Dès qu'il eut vu de la langue de terre avancée que ceux qui avaient passé étaient disposés de manière à paraître nombreux, il revint à toutes jambes ; mais le général Wayne s'était laissé tenter. Heureusement que voyant son erreur il s'y était présenté de bonne grâce, étant un brave et bon officier ; heureusement aussi Lafayette n'avait poussé en avant que les Pensylvaniens, et avait laissé l'infanterie légère à portée de les secourir. La première moitié de ses troupes continentales se retira sur l'autre, et le tout fut placé de manière à ce que lord Cornwallis craignît une embuscade, d'autant mieux, comme l'observe M. Marshall, qu'il avait toujours été trompé sur la force de l'armée de Lafayette. (*Manuscrit n* 2.)

de repousser lord Cornwallis du côté de la mer, et de l'enlacer dans les rivières de manière à ce qu'il ne pût avoir de retraite. Les Anglais au contraire se croyaient dans une bonne position, en étant possesseurs d'un port de mer où ils pouvaient recevoir des secours de New-York, et communiquer avec les différentes parties de la côte. Une circonstance fortuite, mais bien heureuse, augmenta leur sécurité. Tandis que Lafayette, plein d'espérances, mandait au général Washington qu'il prévoyait pouvoir pousser lord Cornwallis dans une situation où il serait facile, avec une assistance maritime, de lui couper toute retraite, le général, qui avait toujours cru que Lafayette serait bien heureux de sauver la Virginie sans être entamé, lui parlait du projet d'attaque contre New-York, lui permettant d'y venir prendre part, s'il le voulait, mais représentant en même temps que l'armée de Virginie avait grand besoin qu'il restât à sa tête. Les deux lettres se croisèrent; celle de Lafayette arriva à bon port, et Washington se prépara d'avance à profiter de la situation de lord Cornwallis. La lettre du général Washington fut interceptée, et les Anglais, voyant cette communication confidentielle, ne doutèrent pas que New-York ne fût l'objet des Américains ; aussi leur sécurité à Yorktown fut-elle entière (1).

(1) James Moody rendit un mauvais service à ceux qui l'employaient en s'emparant dans les Jerseys de la malle des lettres. Il s'y trouva entre autres celles où le général Washington informait Lafayette des projets contre New-York. Elles contenaient une communication confidentielle, amicale, de la main du général, qui ne pouvait laisser aucun doute; on trouve ces lettres dans les publications des généraux Clinton et Cornwallis l'un contre l'autre, qui contiennent aussi des lettres de

Cependant le comte de Grasse arrivait avec une armée navale et trois mille hommes de troupes de débarquement (1). Il trouva aux attérages du cap Henry le colonel Gimat, Français de naissance et commandant de bataillon américain, chargé des dépêches de Lafayette. Il rendait compte à l'amiral de sa position militaire, de celle des ennemis, et le conjurait d'entrer à pleines voiles dans la Chesapeake; de pousser des frégates dans le James-River pour garder ce passage; de bloquer la rivière d'York; de faire remonter deux bâtimens au-dessus de la position de lord Cornwallis, avant que les batteries du côté de l'eau eussent été mises en état à Yorktown et à Gloucester. Le comte de Grasse adhéra à ces propositions, excepté à celle de faire forcer les batteries par deux vaisseaux, ce qui eût rendu le blocus de Cornwallis

Lafayette interceptées. Mais les ennemis ne prirent pas celles où le général Lafayette rendait compte au général Washington de ses manœuvres, de ses espérances et de tout ce qui détermina le commandant en chef à adopter le projet de Virginie, ni les réponses faites en conséquence par Washington; de manière que lorsque les troupes combinées firent leurs premières marches vers le sud, le général Clinton resta encore dans l'illusion produite par ce singulier hasard de la capture de la malle des lettres par James Moody. (*Manuscrit n.* 2.)

(1) « Les instances du comte de Rochambeau contribuèrent beaucoup à déterminer le parti que prit le comte de Grasse de venir avec la totalité de sa flotte, d'y embarquer les trois mille deux cents hommes qui se joignirent en arrivant à l'armée de Lafayette, et de se porter droit sur le cap Henry en Virginie. C'est une obligation de plus que la cause commune des alliés eut au général Rochambeau, qui d'ailleurs par ses talens, son expérience, sa modération, sa subordination au commandant en chef, son respect pour le pouvoir civil, son maintien de la discipline, prouva que c'était un excellent choix du roi de France pour le commandement du corps auxiliaire envoyé aux Etats-Unis. (*Note de M. de Lafayette*).

par les troupes de terre encore plus facile. Le marquis de St-Simon débarqua avec trois mille hommes à James-Island. Lafayette réunit un petit corps dans le comté de Gloucester, se porta lui-même avec les forces américaines sur Williamsburg, où il fut joint par le corps du marquis de St-Simon, qui vint se ranger sous ses ordres, de manière que lord Cornwallis se trouva tout à coup comme par enchantement bloqué par mer et par terre. L'armée combinée aux ordres de Lafayette était placée dans une excellente position à Williamsburg. On ne pouvait y arriver que par deux passages difficiles et bien gardés. Lord Cornwallis s'y présenta pour tâcher d'échapper par une attaque de vive force; mais ayant reconnu l'impossibilité de les forcer, il ne s'occupa plus que d'achever promptement les fortifications de Yorktown; ses espérances diminuèrent encore, lorsque le comte de Grasse, n'ayant laissé que les vaisseaux nécessaires au blocus, et étant sorti pour combattre l'amiral Graves, eut forcé les Anglais à s'éloigner, et revint prendre sa place dans la baie. L'amiral français était néanmoins impatient de retourner aux îles; il voulait qu'on prît Yorktown de vive force. Le marquis de St-Simon était du même avis; tous deux représentèrent vivement à Lafayette qu'il était juste, après une campagne si fatigante, si longue et si heureuse, que la gloire de faire mettre bas les armes à Cornwallis appartînt à celui qui l'avait réduit à cette position. L'amiral lui offrit d'envoyer pour l'attaque non-seulement les garnisons des vaisseaux, mais tous les matelots qu'il voudrait demander. Lafayette fut sourd à cette tentation, et il répondit que le général Washington et le corps du général Rochambeau ne tarderaient pas à arriver; qu'il valait mieux accélérer ce moment que de le prévenir par une attaque meurtrière qui, pour une vaine gloire personnelle, ferait verser beaucoup de sang, tandis qu'on était sûr, après l'arrivée des secours, de prendre l'armée ennemie par une attaque régulière, en épargnant la vie des soldats qu'un bon général doit ménager autant qu'il est en lui, et surtout dans un pays où les remplacemens étaient si difficiles. Le général Washington et le comte de Rochambeau arrivèrent les premiers ; ils furent bientôt suivis de leurs troupes; mais dans ce moment même, l'amiral de Grasse écrivit qu'il était forcé de retourner aux îles. Toute l'expédition allait manquer, le général Washington pria Lafayette d'aller dans la baie à bord de l'amiral pour le faire changer d'avis; il y réussit, et le siége de Yorktown commença. Le comte de Rochambeau y commandait les Français, y compris le corps de St-Simon; les Américains étaient partagés en deux divisions; l'une sous le major-général Lincoln qui était venu du nord avec quelques troupes, l'autre sous le général Lafayette qui avait été joint par deux bataillons de plus de l'infanterie légère sous les ordres du colonel Hamilton. Il devint nécessaire d'attaquer deux redoutes. Une de ces attaques fut confiée au baron de Viomenil, l'autre au général Lafayette. Le premier ayant témoigné avec un peu de jactance l'idée qu'il avait de la supériorité des Français pour une attaque de ce genre, Lafayette, un peu piqué, lui dit : « Nous sommes de jeunes soldats, et n'avons « qu'une tactique en pareil cas; c'est de décharger nos « fusils et d'entrer tout droit, à la baïonnette. » Il conduisit les troupes américaines dont il donna le commandement au colonel Hamilton, ayant sous lui les colonels Laurens et Gimat. Les troupes américaines enlevèrent la redoute à la baïonnette. Comme le feu des Français durait encore, Lafayette envoya un aide-de-camp demander au baron de Viomenil s'il avait besoin d'un secours américain (1); mais les Français ne tardèrent pas à s'emparer de la redoute, et ce succès détermina bientôt après la capitulation de lord Cornwallis (19 octobre 1781). On doit rappeler ici un trait qui fait honneur à l'humanité américaine. Les Anglais s'étaient souillés plusieurs fois, et récemment à New-London, par le meurtre de garnisons prisonnières. Le détachement du colonel Hamilton n'abusa pas un instant de la victoire; et dès que les ennemis eurent mis bas les armes, ils ne reçurent aucun mauvais traitement. Le colonel Hamilton se distingua beaucoup à cette attaque (2).

(1) Les Français furent à cette occasion très frappés du sang-froid d'un des officiers que Lafayette avait envoyés au baron de Viomenil, peut-être avec le plaisir secret de constater cet avantage des troupes américaines. Quoi qu'il en soit, le major Barber fut blessé par le vent d'un boulet qui lui fit une contusion au côté, mais il ne consentit à se laisser panser que lorsqu'il eut été rendre compte de sa commission. (*Manuscrit n.* 2.)

(2) L'humanité des soldats américains dans cet assaut est attestée par tous les historiens. La lettre suivante doit être citée :

« A l'éditeur du journal *the Evening Post*. New-York, 2 août 1802.

« Monsieur, trouvant qu'une anecdote dès long-temps répandue, et dans des circonstances qui, on pouvait du moins l'attendre, devaient la condamner à l'oubli, a été récemment renouvelée et a acquis une sorte d'importance en étant répétée dans différentes publications tant en Europe qu'en Amérique, c'est un devoir pour moi à qui dans cette occasion on a fait des complimens aux dépens des généraux Washington et Lafayette, d'en arrêter la propagation et le crédit par un explicite désaveu.

Lord Cornwallis avait demandé dans la capitulation de sortir tambours battans et drapeaux déployés ; le comte de Rochambeau et les officiers français étaient d'avis de le lui accorder ; les généraux américains ne combattaient point cette opinion ; Lafayette se rappelant que les mêmes ennemis avaient forcé le général Lincoln, lors de la capitulation de Charlestown, à tenir ployés les drapeaux américains, et à ne pas jouer une marche anglaise, insista fortement pour qu'on usât de représailles à leur égard, et obtint que la capitulation exigerait ces deux conditions. Lord Cornwallis ne défila point avec les troupes. Les généraux Washington, Rochambeau et Lafayette l'en-

« Ce conte porte en substance que le général Lafayette, avec l'approbation ou la connivence du général Washington, m'ordonna, comme commandant l'attaque d'une redoute anglaise dans le cours du siége de Yorktown, de mettre à mort tous ceux des ennemis qui seraient pris dans la redoute, et que par des motifs d'humanité je m'abstins d'exécuter cet ordre. Je déclare positivement, et sans équivoque, que je n'ai jamais reçu ni jamais entendu dire qu'on ait donné un ordre semblable, ni aucune *intimation* ou insinuation qui y ressemble. Il est inutile d'entrer dans l'explication des circonstances du fait dont on veut parler, et qui selon toute apparence a donné lieu à cette calomnie ; il suffit de dire qu'elles n'avaient aucun rapport avec un acte quelconque de l'un ou de l'autre des deux généraux qui ont été accusés.

« Je suis avec considération, Monsieur, votre très obéissant serviteur.

« A. HAMILTON. »

Le fait auquel il est fait allusion dans cette lettre a été raconté dans la Vie de Hamilton publiée par son fils. Peu de temps avant la prise de Yorktown, un colonel Scammell, surpris dans une reconnaissance par les Anglais et fait prisonnier, avait été blessé mortellement. A la prise de la redoute, lorsque le colonel Cambell qui commandait s'avança pour se rendre, un capitaine qui avait servi sous Scammell, saisit une baïonnette et voulut le frapper ; Hamilton détourna le coup et Cambell s'écriant : « Je me place sous votre sauve-garde », fut fait prisonnier par Laurens. (*The life of A. Hamilton*, t. I, chap. 14.)

voyèrent complimenter par leurs aides-de-camp. Il retint celui de Lafayette, le jeune George Washington, et lui dit, qu'ayant fait cette longue campagne contre le général Lafayette, il souhaitait, d'après le prix qu'il mettait à son estime, lui rendre un compte particulier des motifs qui l'avaient forcé à se rendre. Il lui dit une partie des choses qui depuis se sont retrouvées dans sa discussion avec le général Clinton. Lafayette alla le lendemain le voir. « Je connais, lui dit lord Corn-
« wallis, votre humanité envers les prisonniers, je vous
« recommande ma pauvre armée. » Cette recommandation étant faite d'un ton de confiance purement personnelle, et qui affectait d'en témoigner peu pour les Américains, Lafayette lui répondit : « Vous savez,
« Milord, que les Américains ont toujours été hu-
« mains envers les armées prisonnières » ; faisant allusion à la prise du général Burgoyne à Saratoga (1).

(1) Lord Cornwallis prétexta une indisposition pour ne pas sortir à la tête de ses troupes ; elles furent commandées par le général O'Hara, et après avoir passé les deux haies de l'armée américaine et française, elles mirent bas les armes à l'ordre du général Lincoln. Les généraux Washington, Rochambeau et Lafayette, envoyèrent chacun un aide-de-camp complimenter lord Cornwallis. Il retint l'aide-de-camp de Lafayette, le major Washington, neveu du général, pour lui dire qu'il mettait du prix à ce que le général contre lequel il avait fait cette campagne fût persuadé qu'il ne s'était rendu que par l'impossibilité de se défendre plus long-temps. Les généraux américains et français et les Anglais se visitèrent, et tout se passa avec toutes sortes d'égards, principalement envers lord Cornwallis, un des caractères les plus estimés en Angleterre, et qui passait pour leur meilleur général... O'Hara ayant dit un jour à la table des généraux français, faisant semblant de ne pas vouloir être entendu du général Lafayette, qu'il regardait comme heureux de n'avoir pas été pris par les Américains seuls : « C'est appa-
« remment, répartit celui-ci, que le général O'Hara n'aime pas les répé-
« titions. » En effet il avait été pris avec Burgoyne, et l'a été une troisième fois à Toulon. (*Manuscrit n° 2.*)

En effet, l'armée anglaise fut traitée avec tous les égards possibles.

Quoique les troupes françaises eussent sous tous les rapports l'état d'auxiliaires, les Américains s'empressèrent de leur accorder les préférences de nourriture et tous les autres soins qui dépendaient d'eux. Il est assez remarquable que lorsque les troupes du marquis de St-Simon joignirent celles de Lafayette, le jeune général, quoique Français, prit sur lui d'ordonner qu'on ne délivrât de farine aux troupes américaines que lorsque les Français auraient reçu trois jours de provisions complets. Aussi les Américains n'avaient-ils presque jamais que de la farine de maïs. Il fit prendre les chevaux des *gentlemen* du pays pour monter les hussards français, et les officiers supérieurs eux-mêmes cédèrent leurs propres chevaux; et cependant il ne s'éleva pas la moindre plainte sur ces préférences que les soldats américains reconnaissaient devoir être accordées à des étrangers qui venaient de loin combattre pour leur cause (1).

La nouvelle de la prise de Yorktown fut portée en France par une frégate française qui fit le trajet en dix-huit jours. Les Anglais furent consternés de cette nouvelle; elle détermina la chute du ministère de lord North. On sentit à Londres, comme dans toute l'Europe, que cet échec décisif avait déterminé le sort de la querelle entre l'Angleterre et les États-Unis, et depuis cette époque il ne fut plus question que de reconnaître l'indépendance à des conditions avanta-

---

(1) Voyez à la fin du volume un précis stratégique de toute cette campagne de Virginie, redigé également par les soins de M. de Lafayette. (*Pièces n.* 1).

geuses pour la Grande-Bretagne. Le général Washington et Lafayette avaient voulu profiter de la supériorité du comte de Grasse pour attaquer Charlestown, et ce qui restait d'anglais dans les États du sud. Lafayette devait prendre son infanterie légère, les grenadiers et chasseurs français, ainsi que le corps de St-Simon, et aller débarquer du côté de Charlestown, pour coopérer avec le général Greene qui commandait toujours dans la Caroline. Il est évident que ce projet eût réussi. On a su depuis que lord Cornwallis, voyant Lafayette monter dans un canot pour se rendre à la flotte du comte de Grasse, dit à quelques officiers anglais : « Il va décider la perte de Charlestown.» Mais l'amiral se refusa obstinément à toute opération sur la côte de l'Amérique septentrionale (1).

Le général Lafayette se rendit ensuite au congrès. L'heureuse issue de cette campagne, à l'âge de vingt-quatre ans, était un succès aussi flatteur pour lui

(1) Le général Lafayette aurait pris deux mille Américains et le corps de St-Simon, qui en débarquant près de Charlestown du côté de la mer, bien moins défendu que le côté de terre, aurait coopéré avec les troupes du général Greene, aurait assuré la prise de cette capitale de la Caroline, et de tout ce qui restait d'anglais au sud de New-York. On se rabattit à la demande que Lafayette avec ces cinq mille hommes prît les mille hommes qui étaient à Wilmington, et qui furent tellement frappés du danger qu'ils avaient couru, qu'ils ne gardèrent pas ce poste. Enfin, on se borna à demander à l'amiral de conduire le général Wayne et son détachement envoyé pour renforcer l'armée de Greene ; il ne le voulut pas. On a su depuis que lorsque Lafayette revenant de sa dernière visite à l'amiral, débarqua à Yorktown, lord Cornwallis, qui y était encore, dit à ses officiers : « Je parie qu'il vient de machiner notre ruine à Charlestown. » Les Anglais sont convenus que cette expédition était immanquable, mais le comte de Grasse ne crut pas devoir perdre plus de temps sur la côte de l'Amérique du nord avant de retourner à la défense des Antilles. (*Manuscrit n. 2.*)

qu'il avait été déterminant pour la cause américaine. Il prit les instructions du congrès relativement aux affaires des États-Unis en Europe, et alla s'embarquer à Boston, sur la frégate *l'Alliance*. Il arriva en vingt-trois jours en France. La réception qu'on lui fit, et le crédit dont il jouissait à la cour et dans le monde, furent constamment et utilement employés au service de la cause qu'il avait embrassée.

CORRESPONDANCE.

1779, 1780, 1781.

A M. DE VERGENNES (1).

Ce 14 Février 1779.

Monsieur,

Le désir de suivre les ordres du roi avec l'exactitude la plus ponctuelle, me fait prendre la liberté de vous importuner pour mieux connaître mon devoir. La défense que m'a fait M. le Maréchal de Noailles n'avait point d'exclusion en faveur d'un homme dont cependant je ne crois pas que la visite me soit interdite. M. le docteur Franklin devait me joindre ce matin à Versailles, si j'y eusse été, pour me communiquer des affaires qu'il dit être importantes. Je lui ai mandé les raisons qui me retenaient à Paris, mais je n'ai pas cru devoir refuser une conversation qui peut n'être pas entièrement inutile au service du roi. Il doit venir demain matin, et j'es-

(1) Pour cette période de trois années, nous ne possédons pas, comme pour la précédente, un grand nombre de lettres de famille et d'intimité. Nous avons inséré toutes celles de ce genre qui ont pu être retrouvées. En revanche plus de deux cents lettres politiques, diplomatiques ou militaires, sont dans nos mains. Nous n'en publions pas le tiers, quoiqu'il y en ait bien peu qui ne pussent avoir quelque prix pour l'historien de la révolution d'Amérique. Nous rappellerons une dernière fois que toutes les lettres écrites à des Américains ou par des Américains sont des traductions.

père que vous joindrez à vos bontés celle de me faire mander quelle doit être ma conduite à cet égard.

Permettez-moi, Monsieur, de vous apprendre que j'ai entendu plusieurs personnes parler d'une expédition qui avait des rapports avec le projet proposé par le congrès. J'ose me flatter que je ne vous suis pas assez inconnu, pour croire qu'aucun lien de sang ou d'amitié pût me faire oublier le profond secret qu'on doit à tout ce qui peut intéresser les affaires de l'État; j'ai joint un peu d'habitude sur cet article à mon caractère naturel. Ma seule raison en vous prévenant est donc d'ajouter ici que l'indiscrétion de plusieurs membres du congrès et le nombre d'officiers revenant d'Amérique répandront toujours des bruits impossibles à étouffer. La vérité ne pourra rester cachée qu'en se perdant dans la foule des fausses nouvelles; c'est la seule ressource qui a pu sauver nos secrets en Amérique de quelques inconvéniens de la forme du gouvernement.

J'ai l'honneur, etc.

DU GÉNÉRAL WASHINGTON
AU MARQUIS DE LAFAYETTE (1).

Au camp de Middlebrook, 8 mars 1779.

Mon cher Marquis,

Je regrette extrêmement que ma lettre de Philadelphie et les pièces y incluses n'aient pas atteint

(1) Nous croyons que cette lettre ne parvint pas à M. de Lafayette.

Boston avant votre départ de ce port. Elle a été écrite aussitôt que le congrès eut décidé les différentes questions qui faisaient le sujet de la lettre que le président vous adressait, et elle avait été confiée au messager chargé de ses dépêches pour cette ville.

M. de La Colombe m'a fait l'honneur de me remettre vos lettres, et sera probablement porteur de mes remerciemens pour la manière affectueuse dont vous m'avez exprimé vos sentimens dans vos derniers adieux. Rien pour moi ne peut être plus flatteur ni plus doux ; et il n'est rien que je désire plus que les occasions de vous donner des preuves réelles de mon affection et de mon dévouement.

Il n'est rien arrivé d'important depuis que vous nous avez quittés, si ce n'est l'entrée de l'ennemi dans la Géorgie et la prise de la capitale, ce qui peut bien augmenter ses ressources du côté des provisions, mais ajoutera très peu à l'éclat de ses armes. Car, semblable à l'île sans défense de Sainte-Lucie, ce pays n'exige qu'une force apparente pour en effectuer la conquête, la milice entière de l'État n'excédant pas douze cents hommes, dont beaucoup sont désaffectionnés. Le général Lincoln rassemble des forces pour reprendre cette conquête, et ma seule crainte est qu'il ne précipite son entreprise, sans attendre d'être complètement prêt pour l'exécution. A New-York et à Rhode-Island, l'ennemi est demeuré tranquille jusqu'au 25 du mois dernier, jour où il a fait une tentative pour surprendre le poste d'Elisabethtown ; mais en tombant dans ce poste, se trouvant étroitement pressé et mis en danger par les détachemens de mon armée qui marchaient sur lui, il a fait une retraite précipitée à travers un marais profond et fangeux, après avoir abandonné tout son butin; mais non sans avoir auparavant, suivant sa coutume, mis le feu à deux ou trois maisons. Le régiment d'Anspach et quelques autres troupes sont partis de Rhode-Island pour New-York.

Nous sommes heureux des assurances et des preuves répétées de l'amitié de notre grand et bon allié, qui, nous en avons l'espoir et la confiance, aura pu, avant l'arrivée de cette lettre, se féliciter de la naissance d'un prince et ressentir toute la joie que doit donner à la nation le spectacle de la félicité royale. Nous nous flattons aussi qu'avant la même époque, les rois d'Espagne et des Deux-Siciles auront pu être salués du titre d'alliés des États-Unis, et nous ne sommes pas peu satisfaits d'apprendre par de bonnes autorités que les sollicitations et les offres de la Grande-Bretagne à l'impératrice de Russie ont été réjetées. Nous ne sommes pas non plus fort mécontens de voir que les ouvertures de la ville d'Amsterdam, pour entrer en relation commerciale avec nous aient été faites en des termes si nets et si précis. Ces favorables sentimens témoignés par des princes et des États si puissans ne peuvent être qu'intéressans, honorables et rassurans aux yeux de gens qui ont lutté contre l'obstacle et le malheur pour maintenir les droits et assurer les libertés de leur patrie. Mais malgré ces flatteuses apparences, le roi d'Angleterre et ses ministres continuent de nous menacer de la guerre et de ses ravages. Quelques mois cependant décideront si c'est la guerre ou la paix que nous devons attendre. Nous nous préparons pour toutes deux. Si la première se prolonge, je ne désespère pas d'en partager encore avec vous en Amérique les fatigues et les dangers; mais si la seconde a lieu, je conçois bien peu l'espérance de voir les amusemens champêtres d'un monde enfant et la scène étroite d'un théâtre américain détourner votre attention et vos services des plaisirs d'une cour, et de la part active que vous serez sans doute appelé à prendre aux affaires de votre gouvernement. Le soldat alors aura fait place à l'homme d'état; et les occupations de cette nouvelle carrière ne vous laisseront le temps ni de revoir ce continent, ni de penser aux amis qui gémiront de votre absence.

Les troupes américaines sont encore sous des huttes, mais dans un pays plus agréable et plus fertile que l'hiver dernier à Valley-Forge; et elles sont mieux portantes et mieux vêtues qu'elles n'ont jamais été depuis la formation de l'armée. Madame Washington est actuellement avec moi et vous offre ses sincères complimens; et si ceux d'étrangers inconnus peuvent être convenablement offerts et doivent être accueillis, nous désirons également que les nôtres soient présentés à votre aimable femme. Nous espérons avec confiance que votre passage a été court, agréable et sûr, et que vous jouissez de tout le bonheur que peut donner le sourire d'un gracieux prince, d'une femme chérie, d'amis dévoués, et l'attente d'un grand avenir. A présent que j'ai satisfait à votre demande, en vous écrivant une longue lettre, j'ajouterai seulement qu'avec les plus purs sentimens d'attachement, avec l'estime et l'amitié la plus vive, je suis, mon cher marquis, etc.

P. S. Harrison et Meade sont en Virginie. Tous les autres officiers de mon état-major se réunissent bien cordialement pour vous offrir leurs plus sincères complimens.

10 mars 1779. Je reçois au moment même les lettres qui étaient dans les mains du major Nevill, accompagnées des vôtres du 7 et du 11 janvier. Le major lui-même n'est pas encore arrivé au quartier-général, étant, m'a-t-on dit, très malade. J'ai encore à vous remercier, mon cher ami, des sentimens répétés d'affection et d'amitié qui respirent si visiblement dans votre lettre d'adieu, et à vous assurer que j'en garderai toujours un souvenir profond et reconnaissant. Le major Nevill aura mon consentement pour retourner en France, si sa santé le lui permet, et si la sanction du congrès peut être obtenue; car il en est référé à lui pour toutes les demandes de permission de sortir des États-Unis formées par des officiers.

A M. DE VERGENNES.

Paris, ce 1er avril 1779.

Monsieur,

D'après ce que m'avait dit M. de Sartine, j'ai prié hier M. de Chaumont d'envoyer chercher le capitaine Jones, et quoique le lieu de sa demeure actuelle soit inconnu, notre courrier fera son possible pour l'amener bientôt. Je l'ai chargé d'une lettre assez pressante pour Jones, et comme le docteur Franklin n'était pas chez lui, j'y en ai laissé une, où je donnais à notre désir de voir ce capitaine, l'air d'une consultation plutôt que d'un projet formé. Le temps que j'ai passé avec M. de Chaumont m'a mis à portée de connaître ce que je vais avoir l'honneur de vous confier (1).

L'armement du *Bonhomme Richard* (le vaisseau de 50 canons), s'avance le plus lentement possible. Le refus de ce qu'on trouverait dans les magasins du roi, et principalement des canons, retardera notre expédition d'un grand mois, parce qu'il en sera de même de tous les autres bâtimens. La seule manière d'obvier à tant de lenteur serait de charger un seul homme de cet armement, et de l'envoyer dans les ports avec l'ordre de prendre tout ce qui sera nécessaire.

(1) On a vu dans le récit quelques mots relatifs à cet armement. Deux frégates sous pavillon américain devaient être mises sous les ordres de Paul Jones, et M. de Lafayette eût commandé la petite armée destinée à descendre à l'improviste sur la côte occidentale de l'Angleterre, et à rançonner au profit des finances américaines Bristol, Liverpool, et d'autres places de commerce. Mais cette expédition ne tarda pas à être jugée au-dessous de la position de M. de Lafayette; et l'idée en fut abandonnée pour le plan d'une descente en Angleterre qui eût été opérée par les forces combinées de la France et de l'Espagne. Les lenteurs de cette dernière puissance firent plus tard manquer ce projet; et tout se réduisit à la course de Paul Jones, et au combat du *Bonhomme Richard* et du *Serapis*. Voyez plus bas les premières lettres au congrès et à Washington. On trouve aussi dans un recueil de lettres familières de Franklin une lettre relative à cette affaire, et le billet écrit par M. de Lafayette à Paul Jones au moment où elle fut abandonnée. (*A Collection of the familiar letters and miscellaneous papers of B. Franklin.* Boston, 1833. *Washington's Writings*, t. VI, appendice, VIII.)

J'ai découvert que Jones avait un petit plan d'entreprise tramé sous la direction de M. Garnier et où M. de Chaumont était mêlé. La manière dont M. de Sartine l'a fait venir mettant M. de Chaumont dans une demi-confidence, la plus dangereuse de toutes, parce qu'elle éclaire sans engager, je pense qu'il vaudrait autant à présent lui communiquer le secret de l'armement sans dire celui de l'expédition, et le charger d'y employer toute son activité. L'autre personne n'aurait plus alors à s'en mêler, et d'après des ordres reçus de M. de Sartine, il m'a paru par ce que disait M. de Chaumont que *le Bonhomme Richard* et d'autres bâtimens, si l'on voulait, seraient en état avant trois semaines.

Je compte avoir l'honneur de vous faire ma cour samedi après dîner; si vous approuvez mon idée, Monsieur le comte, on pourrait faire venir chez vous M. de Chaumont ou tel autre qu'il vous plaira, car par la voie ordinaire nous ne finirons jamais. J'espère qu'en faveur de l'aversion que m'inspirent les délais en affaires militaires, et en faveur d'un projet que vous appréciez, vous voudrez bien pardonner l'importunité que ma confiance vous donne.

J'ai l'honneur d'être avec un respect et un attachement bien sincères, etc.

Permettez-moi de vous confier sous le même secret la crainte où je suis qu'on n'ait pas encore expédié des ordres dans tous les ports.

A M. DE VERGENNES.

Paris, ce 26 avril 1779.

Monsieur,

Permettez-moi d'avoir l'honneur de vous communiquer une idée dont le succès, tout incertain qu'il est encore, dépendrait peut-être de votre approbation. Nos moyens d'attaque ou de défense étant calculés sur nos forces maritimes, ne serait-ce pas rendre un service à la cause commune, que d'augmenter pour un temps celles de nos alliés ? Acheter des vaisseaux serait bien cher pour une nation aussi dénuée d'argent; en louer remplirait l'objet désiré et nous mettrait à portée de faire telles diversions ou entreprendre telles opérations dont, suivant mes très faibles lumières, je crois voir la nécessité.

Ne pensez-vous pas, Monsieur le comte, que si, sans faire tort à sa petite flotte d'observation, le roi de Suède prêtait à l'Amérique quatre vaisseaux de ligne avec la moitié de leur équipage, que les États-Unis s'engageraient à rendre dans un an à telles ou telles conditions, ce marché pourrait nous devenir avantageux? Les bâtimens nous arriveraient sous pavillon suédois, la France ne se mêlerait de rien, nous les achèterions dans le port, nous les ferions commander par des officiers bleus, et ils prendraient le pavillon américain au moment de leur sortie. Il faudrait seulement savoir si la France s'engagerait à répondre de telle somme pour le loyer, et à donner des secours pour la perfection de l'armement. Si même le premier article souffrait des difficultés, le gouvernement ne s'engagerait que dans les cas qui excéderaient le montant de ma fortune.

Je n'ai point encore parlé de ce projet à M. le docteur Franklin, mais j'ai tâté l'ambassadeur de Suède dont j'ai été fort content. Il m'a demandé une lettre écrite à lui, qu'il enverrait à son roi; et lorsque j'ai vu que cette idée d'un moment pouvait avoir des suites, je me suis empressé de vous la confier en demandant vos ordres. M. l'ambassadeur de Suède dit que les bâtimens seraient ici dans deux mois et demi; par conséquent, en préparant le reste de l'armement, le tout pourrait être en mer au mois d'août, et arriver à Rhode-Island, aux Bermudes ou partout ailleurs en Amérique, dans le mois d'octobre qui est encore assez beau.

Il faudrait alors, Monsieur le comte, que le docteur Franklin envoyât un homme sûr, ou ce qui serait mieux, que vous voulussiez lui en donner un sur lequel il pût compter. L'engagement proposé renfermant des promesses et surtout des espérances de commerce, diminuerait l'article de l'argent qu'il faudrait sacrifier. Mandez-moi, je vous prie, Monsieur le comte, si ce petit roman a des inconvéniens, et s'il faut que je suive ou arrête ma proposition.

J'ai l'honneur, etc.

Si pendant que nous arrangeons la négociation de Suède, les contributions d'Angleterre nous rendaient quelque chose, je pourrais rappeler encore un projet favori.

AU PRÉSIDENT DU CONGRÈS.

Saint-Jean-d'Angely, près Rochefort, 12 juin 1779.

Monsieur,

Je ne puis mieux exprimer au congrès combien je me trouve heureux toutes les fois qu'il se présente une occasion sûre de lui écrire, qu'en lui rappelant cette affection et cette reconnaissance sans bornes dont je serai toujours pénétré. Ces sentimens sont si profondément gravés dans mon cœur, que je m'afflige chaque jour de la distance qui me sépare de l'Amérique, et je ne désire rien aussi passionnément que de retourner dans ce pays dont je me regarderai toujours comme citoyen. Aucun plaisir n'égale celui que j'éprouverais en me retrouvant au milieu de cette libre et libérale nation dont l'affection et la confiance me sont si honorables, pour combattre de nouveau avec ces frères d'armes, à qui je dois tant. Mais le congrès sait que les premiers plans ont été changés par lui-même, d'autres jugés impossibles parce qu'ils étaient présentés trop tard (1). Je ferai usage en conséquence du congé qu'il a bien voulu m'accorder, pour servir la cause commune auprès de mes concitoyens ses alliés, jusqu'au moment où d'heureuses circonstances me ramèneront aux rivages américains, d'une

(1) Il s'agit d'un projet d'expédition en Canada et d'autres plans du même genre.

façon qui puisse rendre ce retour plus utile aux États-Unis. Les intérêts de l'Amérique, je les regarderai toujours comme ma principale affaire tant que je serai en Europe. Toute confiance du roi et des ministres, toute popularité parmi mes compatriotes, tous les moyens dont je pourrai disposer, seront, de mon mieux et jusqu'à la fin de ma vie, employés pour une cause si chère à mon cœur. Je crois inutile de rappeler ce que j'ai fait et dit jusqu'à présent, mon zèle ardent est, je l'espère, bien connu du congrès; mais j'ai besoin de lui expliquer que si dans mes instances vives et répétées pour obtenir des vaisseaux, de l'argent, des secours de tout genre, je n'ai pas toujours trouvé le ministère aussi pressé que je l'étais moi-même, il ne m'opposait que la *crainte naturelle* d'inconvéniens qui pouvaient résulter pour les deux pays, ou la conviction que la chose était impossible pour le moment; jamais je n'ai pu mettre en doute sa bonne volonté. Si le congrès croit que mon influence puisse être utile en quelque façon, je le prie de vouloir bien m'adresser ses ordres, afin que j'emploie avec plus de certitude les moyens que ma connaissance de la cour et du pays me donnent d'obtenir un succès si intéressant pour mon cœur.

Son Excellence le docteur Franklin vous informe sans doute, Monsieur, de la situation de l'Europe et de l'état de nos affaires. Le chevalier de la Luzerne y ajoutera les détails qui lui avaient été confiés au moment de son départ. Vous apprendrez par le docteur tout ce qui a été dit ou pensé sur l'article des finances. L'Allemagne, la Prusse, la Turquie et la Russie ont fait une paix telle que la France la souhaitait. Toutes les puissances du nord, la Hollande même comprise, semblent dégoûtées par l'orgueil et les vexations des Anglais; elles prennent des mesures pour protéger leur commerce de tout genre avec la France. On vous fera connaître particulièrement l'affaire d'Irlande. Ce qui regarde l'Espagne vous sera aussi expliqué, et je n'ai rien à ajouter si ce n'est que nos affaires semblent marcher assez vite vers une prompte et honorable fin. L'Angleterre fait à présent ses derniers efforts, et j'espère qu'un grand coup avant qu'il soit long-temps fera tomber cette grandeur soufflée, cette puissance fantastique, et montrera les étroites limites de sa force réelle.

Depuis que nous avons pris le Sénégal, je n'ai appris aucun événement militaire à citer. Une expédition en course contre l'île de Jersey a été arrêtée par la difficulté d'aborder. Ce petit essai tenté par quelques volontaires particuliers a été honoré par l'Angleterre du nom d'expédition de la marine française, et a fort peu sagement occupé l'amiral Arbuthnot, ce qui retardera beaucoup son départ annoncé. Le congrès entendra parler d'une expédition contre nos amis de Liverpool et d'autres points de la côte, afin d'y montrer des troupes françaises sous les couleurs américaines, projet qu'à raison des contributions qu'on eût pu lever sur l'ennemi, l'intérêt que je prends aux finances des États-Unis avait enfin fait entrer dans ma tête. Mais le plan a été réduit à un si petit pied qu'on a jugé que le commandement ne pouvait plus me convenir; et l'expédition elle-même a été différée jusqu'à de plus importantes opérations qui en tiendront lieu. Là j'espère être employé, et s'il se passe quelque chose d'intéressant, je m'empresserai en fidèle officier américain d'en rendre compte au congrès et au général Washington.

L'affection si flatteuse dont le congrès et la nation américaine veulent bien m'honorer me donne le désir de leur faire connaître, et si j'ose m'exprimer ainsi, partager en amis l'agrément de ma situation personnelle. Heureux de revoir ma famille et mes amis, après avoir dû à votre attentive bonté la sûreté de mon retour dans ma patrie, j'y ai trouvé une honorable réception et des sentimens de bienveillance qui surpassent tous les vœux que j'eusse osé former. Cette inexprimable satisfaction que me cause la faveur de mes concitoyens, je la dois à leur ardente sympathie pour l'Amérique, pour la cause de la liberté et pour ses défenseurs leurs nouveaux alliés, à l'idée enfin que j'ai eu le bonheur de servir les États-Unis. A ces mêmes motifs, Monsieur, et à la lettre que le congrès a bien voulu écrire, je dois les faveurs que j'ai reçues du roi. Il n'y a pas eu un moment de perdu pour me donner le commandement de son régiment de dragons; tout ce qu'il pouvait faire, tout ce que je pouvais désirer, je l'ai obtenu, grâce à votre bienveillante recommandation.

Depuis quelques jours je suis dans cette petite ville, près du port de Rochefort où j'ai joint le régiment du roi, et où d'autres troupes que je commande dans ce moment sont stationnées. Mais j'espère quitter bientôt ce lieu, pour jouer un rôle plus actif et me rapprocher de l'ennemi commun. Avant mon départ de Paris j'ai envoyé au ministre des affaires étrangères, qui d'ailleurs est un de nos meilleurs amis, des renseignemens sur un emprunt hollandais que je voudrais voir faire ou cautionner à la France en faveur de l'Amérique; mais je n'en ai rien su depuis. M. le chevalier de la Luzerne vous portera des nouvelles plus détaillées et plus fraîches; car il a mission pour le faire, et viendra directement de Versailles. Je demande la permission de recommander avec instance au congrès ce nouveau ministre plénipotentiaire, non seulement pour son caractère public, mais comme particulier. D'après la connaissance que j'ai de lui, je le tiens un homme sensé, modeste, bien intentionné, vraiment digne de jouir du spectacle de la liberté américaine; j'espère que ses qualités et ses talens lui obtiendront la confiance publique et l'amitié particulière.

Toutes les fois que les intérêts d'amis bien chers sont sérieusement compromis, une affection vive et franche ne sait pas calculer et surmonte toutes les considérations. Je vous dirai avec sincérité, Monsieur, que rien ne porte autant de préjudice à nos intérêts, à notre importance et à notre réputation en Europe, que les récits qui font supposer telle chose que des disputes et des divisions entre les whigs. Rien ne pouvait me déterminer à toucher un sujet si délicat que la fâcheuse expérience que je fais tous les jours, depuis que je peux entendre moi-même ce qu'on dit de ce côté de l'Atlantique, et les argumens que j'ai à combattre.

Permettez, Monsieur, que je termine cette longue lettre en vous priant d'offrir au congrès des États-Unis l'hommage de l'attachement et du zèle sans bornes, du profond respect et de la sincère gratitude dont je serai animé jusqu'au dernier moment de ma vie.

AU GÉNÉRAL WASHINGTON.

Saint-Jean-d'Angely, près Rochefort, 12 Juin 1779

Mon cher Général,

Voici à la fin une occasion sûre de vous écrire, et je puis vous exprimer le sincère chagrin que j'éprouve de notre séparation. Il n'y a jamais eu d'ami, mon cher général, tant et si tendrement aimé et respecté que vous l'êtes par moi. Heureux par notre union, par le plaisir de vivre près de vous, dans cette douce satisfaction de partager tous les sentimens de votre cœur, tous les événemens de votre vie, j'avais pris une telle habitude d'être inséparable de vous, que je ne puis m'accoutumer à votre absence, et je suis de plus en plus affligé de cette énorme distance qui m'éloigne de mon ami le plus cher. Et surtout dans ce moment où la campagne est ouverte, où je souhaiterais si ardemment être près de vous et contribuer, s'il était possible, à vos succès et à votre gloire! Pardonnez ce que je vais dire, mais je ne puis m'empêcher de vous rappeler qu'un général en chef ne doit jamais se trop exposer; que si le général Washington était tué, même sérieusement blessé, aucun officier dans l'armée ne pourrait remplir sa place, nous perdrions certainement toutes les batailles, toutes les affaires, et l'armée, la cause américaine elle-même seraient entièrement ruinées.

Je joins ici la copie de ma lettre au congrès; vous y trouverez les nouvelles comme je puis les donner.

Le chevalier de la Luzerne doit se rendre auprès du congrès en passant par le quartier-général; je lui ai promis une lettre d'introduction auprès de Votre Excellence, et je lui ai demandé de vous instruire des choses qui lui auront été confiées. Sa conversation vous en apprendra plus que la plus longue lettre. Le ministre m'a dit qu'avant son départ, il lui ferait parfaitement connaître la situation actuelle des affaires. Vous verrez, mon cher général, que les nôtres prennent une bonne tournure, et j'espère que l'Angleterre recevra un rude coup avant la fin de la campagne. Outre les bonnes dispositions de l'Espagne, l'Irlande est très fatiguée de la tyrannie anglaise. Je vous dirai, en confidence, que le projet de mon cœur serait de la rendre libre et indépendante comme l'Amérique : j'y ai formé quelques relations secrètes. Dieu veuille que nous puissions réussir, et que l'ère de la liberté commence enfin pour le bonheur du monde. J'en saurai davantage sur l'Irlande dans quelques semaines, et je vous informerai aussitôt. Quant au congrès, ce corps est trop nombreux pour qu'on puisse s'épancher avec lui comme avec son plus cher ami.

En vous renvoyant à M. le chevalier de la Luzerne pour tout ce qui concerne les nouvelles du moment, la situation des affaires et les projets de notre ministère, je vous dirai seulement un mot sur le grand objet, l'argent. Je m'en suis bien occupé, et j'ai tellement insisté, que le directeur des finances me craint comme le diable. La France a fait dernièrement de grandes dépenses; ces Espagnols ne donnent pas facilement leurs dollars; cependant le docteur Franklin a obtenu l'argent nécessaire pour acquitter les billets du congrès, et j'espère déterminer le gouvernement à faire de plus grands sacrifices. Servir l'Amérique, mon cher général, est pour mon cœur un bonheur inexprimable.

Il y a un autre objet bien important, qui demanderait l'emploi de toute votre influence et de toute votre popularité. Pour l'amour de Dieu, empêchez ces bruyantes querelles intérieures dont le récit nuit plus que tout aux intérêts et à la réputation de l'Amérique. D'un autre côté, il y a aussi deux partis américains en France; MM. Adams et Lee d'une part, le docteur Franklin et ses amis de l'autre. Ces divisions m'affligent tellement que je ne vais pas chez ces messieurs autant que je le voudrais, par la crainte d'occasioner des discussions et de les faire éclater davantage. Je confie tout cela à votre amitié, et n'ai pu m'empêcher de toucher cette corde dans ma lettre au congrès.

Depuis que j'ai quitté l'Amérique, mon cher général, pas une ligne de vous ne m'est parvenue; je l'attribue aux vents, aux accidens, au manque d'occasions (1), car le général Washington ne perdrait

---

(1) La conjecture était fondée: on voit par la correspondance du général Washington, qui gardait copie de toutes ses lettres, qu'il écrivait souvent à M. de Lafayette, dont les lettres au contraire, pendant ce voyage, se réduisent à deux, parce qu'on n'a pu retrouver que celles qui étaient parvenues en Amérique.

pas celle de rendre son ami heureux. Au nom de cette même amitié, mon cher général, ne manquez aucune occasion de me donner de vos nouvelles. Je ne puis exprimer combien je suis inquiet de votre santé et des dangers auxquels vous vous exposez dans ce moment. Peut-être allez-vous vous moquer de moi, et appeler cela des idées de femme; mais, mon cher ami, j'éprouve ces craintes, et je ne pourrai jamais cacher les sentimens de mon cœur.

Je ne sais ce que sont devenus le colonel Nevill et le chevalier de la Colombe; je vous prie de prendre des informations sur eux, et de faire tout ce qui sera en votre pouvoir pour obtenir leur prompt échange, s'ils ont été faits prisonniers. Je joins ici un petit billet pour M. Nevill. Permettez-moi de vous recommander notre nouveau ministre plénipotentiaire, qui paraît tout à fait propre à s'assurer l'estime et l'affection de tous.

Je sais, mon cher général, que vous voulez que je vous entretienne de mes affaires personnelles; j'en parle dans ma lettre au congrès, et j'ajouterai seulement que je suis aussi heureux qu'il est possible de l'être. Ma famille, mes amis, mes compatriotes m'ont fait une réception et me montrent chaque jour une affection telles que je n'aurais osé l'espérer. Je suis depuis quelques jours dans cette ville où se trouve le régiment du Roi dragons que je commande, et quelques régimens d'infanterie qui sont pour le moment sous mes ordres; mais j'espère commencer bientôt à mener une vie plus active, et par conséquent mon retour à Paris est très prochain. De là, je serai employé dans l'expédition projetée contre l'ennemi commun. Ce que je voudrais, mon cher général, ce qui me rendrait le plus heureux des hommes, serait de rejoindre les drapeaux américains, ou de mettre sous vos ordres une division de quatre ou cinq mille de mes compatriotes. Dans le cas où soit une telle coopération, soit une expédition particulière serait désirée, je pense que si la paix n'est pas décidée cet hiver, une demande présentée *à temps* serait accordée pour la prochaine campagne.

Notre ministère est assez lent dans ses opérations, et il a grande propension à la paix, pourvu qu'elle soit honorable. L'Amérique doit donc se montrer très vive pour la guerre, jusqu'à ce que ces conditions honorables soient obtenues. L'indépendance est un point certain, indubitable; mais je la voudrais reconnue avec des conditions avantageuses. Tout ceci entre nous, mon cher général; car pour ce qui regarde la bonne volonté du roi, des ministres, du public, à l'égard de l'Amérique, je suis comme citoyen des États-Unis pleinement satisfait, et j'ai la certitude que l'amitié des deux nations sera établie de manière à durer à jamais.

Soyez assez bon, mon cher général, pour offrir mes respects à madame Washington, et lui dire combien je serais heureux de pouvoir me trouver près d'elle, dans sa propre maison. J'ai une femme, mon cher général, qui a de l'amour pour vous, et son affection me semble trop bien justifiée pour que je puisse m'y opposer. Elle vous prie d'agréer ses complimens et de les offrir à madame Washington. J'espère, mon cher général, que vous viendrez nous voir en Europe, et pour moi, je vous donne bien ma parole que si je ne suis pas assez heureux pour être envoyé avant la paix en Amérique, je m'y rendrai à tout prix aussitôt que je pourrai m'échapper. Je ne veux pas manquer de vous dire, mon cher ami, que j'ai l'espoir d'être bientôt père encore une fois.

Toute l'Europe a tant d'envie de vous voir, mon cher général, que vous ne pourrez lui refuser ce plaisir. J'ai hardiment affirmé que vous m'aviez promis une visite aussitôt que la paix serait conclue; si donc vous y manquez, vous perdrez la réputation de votre ami dans le monde.

Je vous prie de faire tous mes complimens aux officiers de l'état-major en leur rappelant ma tendre affection pour eux tous. Offrez-les aussi aux officiers généraux, à tous les officiers de l'armée, à chacun depuis le premier major-général jusqu'au dernier soldat.

Je vous en conjure, mon cher général, écrivez-moi ce que vous faites, où en sont les affaires; les moindres détails seront remplis d'intérêt pour moi. N'oubliez rien de ce qui vous concerne, et soyez sûr que tout évènement, quelque petit qu'il soit, toute observation, quelque légère qu'elle vous paraisse, dès que vous y serez nommé, exciteront ma plus vive curiosité. Adieu, mon cher général, je ne puis quitter la plume, et goûte le plus grand plaisir à griffonner cette longue lettre. Ne m'oubliez pas, soyez toujours aussi affectueux pour moi que vous l'avez été; je mérite ces sentimens par la vivacité de ceux qui remplissent mon cœur.

C'est avec le plus profond respect, avec la plus

tendre amitié que jamais cœur humain ait éprouvée, que j'ai, etc.

Saint-Jean-d'Angely, 13 juin 1779.

Je viens de recevoir, mon cher général, un courrier qui m'apporte l'ordre de me rendre immédiatement à Versailles, où je dois trouver M. le comte de Vaux, lieutenant-général, qui commande les troupes destinées à une expédition. Je serai employé comme aide-maréchal-général des logis, ce qui, dans notre service, est un poste très important et très agréable. Je servirai d'une manière qui me plaira, et me mettra en position de tout savoir et de me rendre utile. L'obligation de partir à l'instant m'empêche d'écrire au général Greene, aux officiers de votre état-major, et à mes autres amis dans l'armée. Ils accepteront mes excuses à cause de cet ordre que je n'attendais pas si tôt. Vous serez tenu par moi au courant, et je finis aujourd'hui par l'expression de mon profond respect et de ma plus tendre amitié. Adieu, mon cher général, que notre mutuelle affection soit à jamais durable.

Pour l'amour de Dieu, écrivez-moi de longues et fréquentes lettres, et parlez-moi surtout de vous et de vos intérêts particuliers.

A M. DE VERGENNES.

Au Hâvre, le 30 juillet 1779.

J'ai reçu, Monsieur le comte, la lettre que vous avez la bonté de m'écrire, et où vous m'en promettez une autre après avoir lu mon mémoire à M. le comte de Maurepas (1). C'est être bien indulgent, que d'employer à me répondre une partie d'un temps si précieux. J'attends avec empressement la lettre future dont vous me flattez. Convaincu qu'il n'y a pas de temps à perdre pour les mesures que je propose, l'amour de ma patrie me rend peut-être impatient jusqu'à l'importunité. Mais vous excuserez un défaut dont la cause est chère à tout honnête citoyen.

M. le prince de Montbarrey vous donnera sur le Hâvre tous les détails que vous pouvez désirer; et d'ailleurs ils ne sont pas de mon département. Vous avez raison, Monsieur le comte, de juger que mon sang est en fermentation. On n'entend point parler de M. d'Orvilliers; quelques personnes disent qu'il est aux Açores, pour intercepter la flotte des îles, et se joindre à M. d'Estaing, que vous ou M. de Sartine m'avez dit devoir revenir ici; d'autres assurent qu'il a été en Amérique.

Ce dernier raisonnement, monsieur le comte, ne

---

(1) Cette lettre en forme de mémoire, contenant un plan d'expédition en Amérique, a été renvoyée à la fin du volume. Voyez pièce II.

m'a point persuadé; peut-être même, si notre flotte avait été envoyée où ces nouvellistes la supposent, je ne serais pas aujourd'hui en Normandie. Au reste, vous savez, j'espère, que tous les arrangemens et tous les pays me conviendront. Sans vouloir des grades, des moyens, ni de reconnaissance quelconque, si M. d'Orvilliers ou un détachement est dans l'Amérique indépendante, si ma présence peut y être moins inutile qu'ici, je passerai, si l'on veut, sur une frégate américaine, que je me donnerai de ma propre autorité, et sous le prétexte naturel de rejoindre mes anciens drapeaux, j'irai tâcher d'y employer mon influence au service de ma patrie. Plusieurs personnes disent aussi qu'on a envoyé des dollars espagnols aux Américains; je le désire vivement, et les dernières nouvelles m'en prouvent encore la nécessité.

J'ai reçu, Monsieur le comte, une lettre de Boston, qui m'envoie beaucoup de papiers, je vais les parcourir; ce qu'on me mande n'est qu'une répétition du discrédit toujours augmentant du papier, et du découragement peut-être dangereux que ce discrédit donne à toute l'armée. On me parle aussi du succès de la Géorgie, dont les gazettes font une mention plus fraîche, de la prise du fort Lafayette, et d'un projet qu'ont les ennemis de s'emparer de West-Point et de la navigation de la rivière d'Hudson. Au reste cette lettre est d'un Français, et par conséquent moins intéressante. On m'annonce un jeune homme de Boston qui part huit jours après, et qui m'en dira davantage. D'ailleurs M. Gérard nous donnera autant de lumières qu'un ambassadeur en peut avoir; et M. Carmichaël, qui est dans le secret, nous parlera peut-être avec confiance. Ce Français me parle aussi d'un prétendu bruit d'évacuation de New-York, auquel je ne crois aucunement.

Si lorsque ce détachement anglais était en Virginie ou sur la rivière du Nord, un détachement français se fût présenté devant New-York, cette ville eût été bien embarrassée.

La prise du fort West-Point, en coupant la communication entre les États de la Nouvelle-Angleterre et ceux du sud, apporterait à l'armée et au peuple d'immenses inconvéniens. Les farines sont déjà d'un prix exorbitant à Boston ; que sera-ce, lorsque la Pensylvanie et le Jersey n'en pourront plus fournir qu'avec un grand détour ou de grands risques? L'armée ne tire ses bœufs que de la Nouvelle-Angleterre, et ne pourrait aucunement s'en passer. Je crains pour l'Amérique un autre inconvénient; c'est qu'elle sera tourmentée pendant l'hiver par des incursions des sauvages iroquois et des pays d'en haut, qui, dans le temps des glaces et des neiges, s'avanceront jusqu'à Albany, et d'un autre côté jusqu'au Minisinks et au fort Pitt.

Si le projet n'était pas accepté pour cette année, faute de moyens suffisans, je crois, Monsieur le comte, qu'il est de mon devoir de vous présenter une idée qui pourrait y suppléer en grande partie.

En attendant que nous puissions commencer l'année prochaine des opérations combinées avec une escadre, pourquoi ne jetteriez-vous pas dans Boston trois mille, et même deux mille hommes, qui, avec trois cents dragons, au printemps, seraient joints par des vaisseaux de guerre et un renfort terrestre? Ce détachement serait convoyé par deux vaisseaux de cinquante canons, un vaisseau de la compagnie des Indes servant de transport, des vaisseaux espagnols, si vous voulez. Pour éviter la dépense, faites-les accompagner par des bâtimens qu'on enverrait aux îles, par l'escorte de navires marchands, par *le Bonhomme Richard*, et toutes ces frégates de Lorient. On laisserait les troupes de terre en Amérique jusqu'à la campagne prochaine, et voici les effets qui pourraient en résulter; bien entendu que le convoi irait aux îles, ou à toute autre destination, après avoir déposé le détachement.

1° Nous redonnerions, par notre présence, de la valeur au papier; article fort intéressant pour le commerce français. 2° Nous serions à portée de prendre des connaissances, et remuer les premiers ressorts qui prépareront la prise d'Halifax. 3° Un tel détachement rendrait de la vigueur à l'armée américaine, ferait une tête d'attaque pour la reprise des forts de la rivière du Nord, et porterait les Américains à tenter une entreprise suivant les circonstances.

Vous m'avez demandé, Monsieur le comte, toutes mes idées; il est de mon devoir de vous donner encore celle là qui ne me paraît souffrir aucun inconvénient. Dans le commencement, je craignais de me laisser aller à mon opinion, de crainte qu'on ne me soupçonnât des motifs et des inclinations particulières; à présent que je dois être connu et que vous avez toute ma confiance, je parle plus hardiment, et je vous jure sur mon honneur, que si la moitié de ma fortune était employée à envoyer aux Américains un secours de troupes, je croirais rendre à ma patrie un service plus que digne de ce sacrifice.

Vous me direz peut-être que ce corps serait difficile à nourrir pendant l'hiver; mais avec de l'argent monnayé, nous trouverions des vivres, à bon marché, et ne ferions pas un grand effet par comparaison à la population du pays.

Permettez-moi, Monsieur le comte, de vous présenter ici l'assurance de mon attachement.

A M. DE VERGENNES.

Paris, ce lundi matin (août 1779).

Ce n'est en aucune manière, Monsieur le comte, au ministre du roi que je vais écrire, et ma confiance en vos bontés me fait penser que c'est simplement à un homme qui veut bien être mon ami, que je fais part de ce qui m'intéresse. Vous pouvez me rendre un grand service; vous en rendrez peut-être un à la cause publique, en employant moins inutilement le peu de talens d'un soldat assez heureux à la guerre et qui supplée à son défaut de connaissance par le zèle le plus pur.

J'ai vu M. le comte de Maurepas, et je lui ai dit ce que j'avais eu l'honneur de vous communiquer; il n'est pas convenu des projets en question, et a sûrement bien fait, quoiqu'il n'ait rien changé à mon opinion; mais il a pensé qu'ayant parlé un des premiers de l'expédition avec quinze cents ou deux mille hommes, il fallait que je commandasse la houzarderie de six cents, et que ce changement me ferait tort. Il a peut-être imaginé que je regarderais, ainsi que beaucoup d'autres ont la bonté de le faire en ma faveur, ce commandement comme au-dessous de moi. D'ailleurs, il ne faut pas, dit-il, donner le certain contre l'incertain.

A cela je réponds, premièrement, que d'après les bontés du public pour moi, rien (j'entends de ce qui est dans mon cœur) ne peut me faire tort; que même on aurait attribué peut-être à ses véritables motifs, et par conséquent excusé mon départ avec six cents hommes. Secondement, soupçonner que je calcule avec ma patrie et que je méprise les occasions quelconques de la servir, serait manquer ou de discernement, ou de mémoire ; et à la troisième objection, je répondrai que l'expédition dont je vous ai parlé hier est tout aussi certaine que la mienne.

Si les troupes étaient restées dans un état de stagnation, il était simple que mon zèle me fît faire le métier de corsaire; il était même simple d'aller faire la course avec un bateau armé ; mais lorsqu'il y a des occasions d'employer un peu en grand les talens d'un homme qui n'a jamais exercé le métier que sur une grande échelle, il serait fâcheux pour lui de perdre une occasion de se signaler, de rendre peut-être des services importans à sa patrie, et il serait mal fait au gouvernement de ne pas essayer la vérité de cette réputation gagnée dans des armées étrangères.

Voulez-vous que je vous parle franchement, Monsieur le comte? Ce qui me convient est une avantgarde de grenadiers et chasseurs, et un détachement de dragons du roi, le tout faisant quinze cents à deux mille hommes, qui me mette hors de la ligne, et à portée de m'exercer. Il n'y a pas un grand nombre de lieutenans-généraux, encore moins de maréchaux-de-camp, et point de brigadiers qui aient eu des commandemens aussi importans que le hasard m'en a donné. D'ailleurs, je connais les Anglais, ils me connaissent aussi; deux choses importantes à la guerre. Le commandement, que je demande, s'est d'ailleurs donné à un colonel.

On dit dans le monde que M. de Maillebois, M. de Voyer et M. de Melfort seront employés; je connais le premier et le dernier; celui-ci est maréchal-de-camp, et quoique j'aie fait ce métier-là, celui d'être sous ses ordres me conviendra fort. Je désire être choisi dans le rapport de l'armée, et non dans celui de la cour; je ne suis point de la cour, je suis encore moins courtisan, et je prie les ministres du roi de me regarder comme sortant d'un corps-de-garde.

M. le comte de Maurepas m'a peut-être répondu pour détourner mon attention des projets que je sais; je dois le revoir mercredi matin, et mon sort sera décidé. Ce serait, Monsieur le comte, une grande preuve de l'amitié que vous avez pour moi, si vous lui faisiez ce soir ou demain matin une visite, où vous lui communiqueriez les mêmes sentimens que vous m'avez témoignés hier.

Il est d'autant plus important que vous le voyiez dans ce temps-là, que si l'on me mande de Lorient que les bâtimens sont prêts, je ne sais pas dissimuler, et il faut que je prenne mon audience de congé. Alors on donnerait la petite expédition à quelque lieutenant-colonel, qui peut n'avoir jamais vu avec le coup d'œil d'un général, qui peut n'avoir pas de grands talens, mais qui, s'il est brave et sage, mènera les six cents hommes aussi bien que M. de Turenne, s'il revenait au monde. Alors on retiendrait le détachement de dragons, d'autant mieux que réduit à cinquante, il n'est que ridicule, et le major chargé du détail le serait du détail de mon avant-garde, parceque j'y ai confiance.

Je vous avertis que je n'en ai aucune dans M. de Montbarrey, et je voudrais même que mes affaires pussent s'arranger entre M. de Maurepas et vous. Je sais, Monsieur le comte, que je vous demande une marque d'amitié qui vous donnera de la peine, mais c'est parce que j'y compte que je la demande. Oserai-je vous prier de m'écrire après avoir vu M. de Maurepas ?

Pardonnez mon griffonnage, Monsieur le comte, pardonnez mon importunité, et pardonnez la liberté que je prends de vous assurer aussi simplement de mon attachement et de mon respect.

DU DOCTEUR FRANKLIN A M. DE LAFAYETTE.

Passy, 24 août 1779.

Monsieur,

Le congrès, qui apprécie les services que vous avez rendus aux États-Unis, mais qui ne saurait les récompenser dignement, a résolu de vous offrir une épée, faible marque de sa reconnaissance. Il a ordonné qu'elle fût ornée de devises convenables; quelques-unes des principales actions de la guerre, dans lesquelles vous vous êtes distingué par votre bravoure et votre conduite, y sont représentées; elles en forment, avec quelques figures allégoriques, toutes admirablement bien exécutées, la principale valeur. Grâces aux excellens artistes que présente la France, je vois qu'il est facile de tout exprimer, excepté le sentiment que nous avons de votre mérite et de nos obligations envers vous. Pour cela les figures et même les paroles sont insuffisantes. Je ne puis donc qu'ajouter que j'ai l'honneur d'être, avec la plus parfaite estime, etc.

B. Franklin.

P. S. Mon petit-fils se rend au Hâvre avec l'épée et aura l'honneur de vous la présenter.

AU DOCTEUR FRANKLIN.

Au Hâvre, 29 août 1779.

Monsieur,

Quelque attente que pût faire naître en moi le sentiment de leurs faveurs passées, la bonté des États-Unis pour moi a toujours été telle que dans toutes les occasions elle surpasse de beaucoup toutes les idées que j'en pouvais concevoir. Je trouve une nouvelle preuve d'une vérité si flatteuse dans le noble présent dont le congrès a daigné m'honorer et qui m'est offert par Votre Excellence d'une manière qui surpasse tout, excepté les sentimens de mon infinie reconnaissance.

Je ne puis m'empêcher de trouver dans quelques-unes des devises une récompense trop honorable de ces légers services que de concert avec mes compagnons d'armes, et sous les ordres du héros de l'Amérique, j'ai eu la bonne fortune de lui rendre. L'image de ces actions où j'ai été témoin de la bravoure et du patriotisme américain, je la contemplerai toujours avec la joie qui sied à un cœur brûlant d'amour pour la nation, et plein d'un zèle ardent pour sa gloire et pour son bonheur.

Les assurances de gratitude que je demande la permission de vous offrir sont trop au-dessous de ce que j'éprouve, et les sentimens dont je suis pénétré peuvent seuls répondre à vos bontés pour moi. La manière dont M. Franklin m'a remis cette inestimable épée, lui donne bien des droits sur moi, et réclame mes remerciemens particuliers.

Avec le plus grand respect, j'ai l'honneur d'être, etc.

DU GÉNÉRAL WASHINGTON A M. DE LAFAYETTE.

West-Point, 30 septembre 1779.

Mon cher Marquis,

Je vous ai écrit en grande hâte, il a peu de jours; depuis j'ai été honoré de la compagnie du

chevalier de la Luzerne, et favorisé par lui de votre
obligeante lettre du 12 juin, qui m'a causé autant de
satisfaction que de surprise; j'ai été surpris en effet
de voir que vous n'aviez pas reçu une seule des lettres
que je vous ai écrites, depuis que vous avez quitté
le rivage américain. J'ai un plaisir infini à apprendre
de vous-même la réception favorable que vous a fait
votre souverain, et la joie que votre heureuse arrivée
a répandue parmis vos amis; je n'en doutais pas,
mais le savoir par vous ajoute au plaisir de l'apprendre; et ici, mon cher ami, laissez-moi vous féliciter de votre nouvel, honorable et agréable emploi
dans l'armée commandée par le comte de Vaux, et
vous assurer que personne ne peut le faire avec une
plus vive affection et une joie plus sincère. Votre zèle
précoce pour la cause de la liberté, votre dévouement
singulier à ce jeune monde, vos efforts ardens et persévérans, non seulement en Amérique, mais depuis
votre retour en France, pour servir les États-Unis,
vos soins attentifs pour les Américains, votre étroite
et uniforme amitié pour moi, ont changé les premières impressions d'estime et d'attachement que
j'avais éprouvées pour vous en une reconnaissance
et une tendresse si parfaites, que ni le temps ni
l'absence ne les peuvent altérer.

Vous me croirez donc quand je vous dirai que,
soit que vous reveniez vers nous à la tête d'un corps
de braves Français, si les circonstances l'exigeaient,
soit que, comme major-général, vous commandiez une
division de l'armée américaine, ou bien, après que nos
lances et nos épées auront fait place au soc et à la serpe,
si je vous revois dans la vie privée comme un ami et

un compagnon, je saluerai votre bienvenue sur les rivages de la Colombie, avec toute la chaleur de l'amitié; si le dernier cas se réalise, ce sera dans mon modeste cottage où une vie simple et une réception cordiale succèderont pour vous aux délicatesses et aux magnificences d'une vie somptueuse. Je sais par expérience que vous savez vous soumettre à ce changement, et si la charmante compagne de votre bonheur voulait bien consentir à partager avec nous les habitudes et les plaisirs des champs, je puis assurer au nom de madame Washington, qu'elle ferait tout ce qui serait en son pouvoir pour rendre la Virginie agréable à la marquise. Quant à moi, mon inclination et mes efforts ne peuvent être mis en doute ; j'aime tout ce qui vous est cher; aussi m'associé-je à la joie que vous fait éprouver l'espoir de devenir père encore une fois, et je vous félicite sincèrement, ainsi que votre femme, sur ce nouveau gage qu'elle va vous donner de son amour.

Je vous remercie de la peine obligeante que vous avez prise de m'envoyer la copie de votre lettre au congrès; et je sens, comme je suis certain qu'il le fera, la force de ce zèle ardent que vous témoignez pour l'intérêt de ce pays. La justesse de l'avis que vous donnez doit entraîner la conviction, et je compte qu'il produira un effet salutaire, quoiqu'il y ait moins lieu, je pense, d'appliquer l'avertissement qu'il y a quelques mois. Beaucoup de changemens se sont dernièrement opérés dans cet honorable corps, ce qui a fait disparaître en grande partie, sinon complètement, l'esprit de discorde qui, dit-on, se manifestait cet hiver, et j'espère que des mesures seront prises pour mettre fin à ces dissentimens malheureux et imprudens dont le bruit s'est répandu ailleurs au détriment de nos affaires en Europe.

J'ai eu un grand plaisir à recevoir la visite dont le chevalier de la Luzerne et M. de Marbois m'ont honoré dans le camp. Elle m'a laissé sur tous deux l'impression la plus favorable; je vous remercie de la manière honorable dont vous leur aviez parlé de moi; le chevalier a mieux aimé n'être pas reçu dans son caractère public, jusqu'à ce qu'il eût été annoncé officiellement au congrès; dans tous les cas, sauf les honneurs militaires qui lui étaient dus, je n'avais pas l'intention de m'éloigner de cette simple manière de vivre qui convient aux intérêts et à la politique d'hommes qui luttent contre tous les obstacles pour la conquête du plus inestimable des bienfaits de cette vie, *la liberté*. Le chevalier a été assez bon pour approuver la règle que je me suis faite, et pour paraître content de nos habitudes spartiates; en un mot, il nous a rendus fort heureux par son affabilité et sa bonne humeur pendant tout le temps qu'il est resté au camp.

Vous voulez bien, mon cher marquis, exprimer un vif désir de me voir en France, après l'établissement de notre indépendance, et vous me faites l'honneur d'ajouter que vous n'êtes pas seul à le demander. Je vous conjure d'être bien persuadé que me réunir à vous en tel lieu que ce fût, après l'accomplissement d'un évènement aussi glorieux, contribuerait à mon bonheur, et que visiter le pays au généreux appui duquel nous devons tant, serait un plaisir de plus. Mais rappelez-vous, mon bon ami, que je ne sais pas votre langue, que je suis trop avancé en âge pour en acquérir la connaissance, et que la conversation par l'entremise d'un interprète dans les occasions ordinaires, surtout avec les dames, doit paraître si gauche, si insipide, si sauvage, que je puis à peine en supporter l'idée. Je me regarde donc pour le présent comme libre de tout engagement; mais quand je vous verrai en Virginie, nous parlerons de cet objet et nous arrêterons nos plans.

La déclaration de l'Espagne en faveur de la France a répandu une joie universelle parmi tous les whigs, tandis que le pauvre tory se flétrit, comme une fleur qui se fane au coucher du soleil. Nous attendons avec anxiété de grands et importans évènemens de votre côté de l'Atlantique. L'imagination est pour le moment abandonnée dans un vaste champ de conjectures. Nos yeux se portent d'abord sur une descente en Angleterre, puis sur une expédition en Irlande, à Minorque, à Gibraltar; en un mot, nous espérons toute chose, mais ne savons qu'attendre ni à quoi nous fixer. Les glorieux succès du comte d'Estaing dans les Antilles, en même temps qu'ils accroissent les possessions de la France et ajoutent un nouveau lustre à ses armes, sont une source d'infortunes nouvelles et inattendues pour *notre tendre et généreuse mère*, et doivent servir à la convaincre de la folie d'abandonner la substance pour courir après une ombre; et comme aucune expérience n'égale celle qui est chèrement achetée, j'ai la confiance qu'elle recevra surabondamment de ces sortes de leçons, et je l'espère, demeurera convaincue, elle et tous les tyrans du monde, que la route la meilleure et la seule assurée qui conduise à l'honneur, à la gloire, à la vraie dignité, est *la justice.*

Il nous est venu des avis si répétés que le comte d'Estaing était dans ces mers, que, bien que je n'aie reçu aucun avis officiel, je ne puis m'empêcher de donner croyance à ces rapports; je l'attends à tout moment, et je me prépare en conséquence. A New-York l'ennemi l'attend aussi, et pour se mettre, autant que possible, à l'abri des suites de son arrivée, il répare ou complète les anciennes fortifications, et en ajoute de nouvelles dans le voisinage de la ville. Ces craintes cependant ne font pas différer un embarquement qu'on suppose généralement destiné pour les Antilles ou pour Charlestown; il y a plus, et d'après mes renseignemens, il s'agira d'un détachement assez fort. Il y a environ quatorze jours qu'un régiment anglais, le 44e, mis au complet, et trois régimens hessois ont été embarqués, et sont allés, croit-on, à Halifax. Les opérations de l'ennemi, durant cette campagne, se sont bornées à l'établissement d'ouvrages de défense, à la prise d'un poste à King's Ferry, et à l'incendie des villes sans défense de New-Haven, Fairfield et Norwalk, sur le Sound, à portée de ses bâtimens, là où l'on ne pouvait guère lui opposer d'autre résistance que les cris de femmes désolées et d'enfans sans secours; mais ce fut en vain. Depuis ces notables exploits, ils n'ont pas mis le pied hors de leurs ouvrages ni dépassé leurs lignes. Comment une telle conduite peut-elle effectuer la conquête de l'Amérique; c'est ce que la sagesse d'un North, d'un Germain ou d'un Sandwich, peut seule décider: cela est trop profond, trop raffiné pour la compréhension des intelligences communes et le cours ordinaire des hommes politiques.

Madame Washington, qui est retournée en Virginie aussitôt que j'ai ouvert la campagne, me demande souvent dans ses lettres si j'ai eu de vos nouvelles, et sera très satisfaite d'apprendre que vous êtes bien et heureux. En son nom, puisqu'elle n'est pas ici, je vous remercie de votre obligeante attention pour elle, et je vous dirai combien elle est sensible à l'honneur que lui fait la marquise. Lorsque je regarde la longueur de cette lettre, je n'ai pas le courage de la relire pour la corriger; vous la recevrez donc avec toutes ses imperfections, et avec l'assurance que, s'il se trouve beaucoup de négligences dans cette lettre, rien ne manque, mon cher marquis, à l'amitié de votre, etc.

AU GÉNÉRAL WASHINGTON (1).

Le Hâvre, 7 octobre 1779.

Mon cher Général,

Les heureux liens d'amitié par lesquels vous avez bien voulu vous unir à moi, les promesses si tendres que vous me fîtes à Fishkill, au moment de notre séparation, me donnaient tant d'espérance de recevoir souvent de vos nouvelles que des plaintes doivent

(1) A cette lettre était jointe une assez longue lettre au président du congrès, laquelle contenait les mêmes choses autrement exprimées.

être permises à mon cœur. Pas une ligne de vous ne m'est encore parvenue, mon cher général, et quoique plusieurs dépêches du congrès ou du ministre de France soient heureusement arrivées, mon ardent espoir d'obtenir enfin une lettre du général Washington a toujours été déçu. Je ne puis expliquer ce mauvais sort; et quand je me rappelle que, dans nos petites séparations de quelques jours, vous m'écriviez les lettres les plus amicales, le compte le plus minutieux de ce qui vous arrivait, je suis convaincu que vous n'avez pu me négliger, et presque oublier si long-temps. Je me plains donc de la fortune, de quelque erreur ou négligence à vous instruire des occasions, de tout enfin, plutôt que de ce qui pourrait troubler ma confiance dans votre affection. Laissez-moi, mon cher général, par cette mutuelle amitié si tendre et si éprouvée, où j'ai placé une immense portion de mon bonheur, laissez-moi vous conjurer d'être exact à vous enquérir des occasions, et de ne jamais manquer celles qui pourraient m'apporter les lettres que je serai si heureux de recevoir.

Je vous envoie la copie de ma lettre au congrès, qui, avec les dépêches plus amples de M. Franklin, vous donnera un aperçu des nouvelles d'Europe. Les vents contraires ont fait différer une expédition qui, je pense, aurait dû être entreprise beaucoup plus tôt. Les rois de France et d'Espagne semblent désireux de l'effectuer avant l'hiver. Elle pourrait cependant être renvoyée au printemps, et le siége de Gibraltar serait la seule expédition de terre de cette campagne. Dans quelques semaines, quand on pourra comparer les succès des Antilles à ceux d'Europe, mes gazettes et mes prédictions auront acquis plus de certitude; mais il ne faut pas être devin pour voir que l'Angleterre est dans une voie dont on peut la défier de se tirer, et qu'une heureuse paix, consacrant l'indépendance de l'Amérique, sera dans une ou deux campagnes le résultat assuré de cette guerre.

Puisque votre amitié s'intéresse à ce qui me touche personnellement, je vous dirai, mon cher général, que depuis ma dernière lettre je n'ai guère quitté ce lieu où le quartier-général est fixé. Je devais débarquer avec les grenadiers formant l'avant-garde, et descendre un des premiers sur le rivage anglais. Le régiment du Roi, qu'il m'a donné à mon retour, devait s'embarquer à Brest, et nous rejoindre peu de jours après le débarquement.

La nation fonde de grandes espérances sur l'expédition du comte d'Estaing en Amérique, et des nouvelles de lui sont impatiemment attendues. Vous comprendrez aisément combien je suis malheureux d'être si loin de vous en pareille occasion. La peine profonde que j'en éprouve ne peut être adoucie que par une pensée, c'est que l'opinion qu'on se formait généralement du tour que prendraient les opérations militaires, mes devoirs envers ma patrie qui m'appelait à servir dans l'expédition contre l'Angleterre, enfin l'espérance d'être ici plus utile aux États-Unis, ne me laissaient pas la liberté du choix. J'espère que vous penserez comme moi. Quel que soit le succès du comte d'Estaing, il amènera de nouveaux plans. Je vous ai exposé mes idées à Fishkill; mais permettez-moi de vous redire avec quelle ardeur je désire vous rejoindre. Rien ne me charmerait comme le bonheur de finir la guerre en combattant sous vos ordres. Si cela était demandé par vous ou par le congrès, ce serait, je crois, accordé ; mais soyez sûr, mon cher général, que dans toute situation, en tout évènement, que j'agisse comme officier français ou comme officier américain, mon premier vœu, mon premier plaisir sera de servir encore avec vous. Si heureux que je me trouve en France, si bien traité que je sois par ma patrie et le roi, j'ai pris une telle habitude d'être près de vous, je suis lié à vous, à l'Amérique, à mes compagnons d'armes, par une telle affection, que le moment où je mettrai à la voile pour votre pays, sera un des plus désirés et des plus heureux de ma vie.

Je vois par un journal américain qu'une nouvelle inventée en Angleterre a été répandue aux États-Unis. On a prétendu qu'à la tête de quinze cents officiers ou sous-officiers, j'allais m'embarquer, et mettant un corps de soldats de votre armée sous leurs ordres, former l'armée américaine à la discipline militaire. Quelque éloigné que je sois de l'idée d'instruire mes maîtres, et quelque différente que soit la destination à vous connue du commandement que j'ai reçu en France, je ne puis m'empêcher de prendre cela comme une réflexion contre l'armée américaine. Les troupes anglaises peuvent se rappeler quelques occasions où je n'ai eu à me plaindre, ni de la discipline, ni de l'ardeur des troupes que j'avais l'honneur de commander. Tant que nous aurons à nous mesurer avec la même armée, nous n'aurons pas à chercher d'autres perfections que les qualités même qui ont souvent mis mes camarades en mesure de donner, et non de recevoir, d'assez bonnes leçons à un ennemi, dont le courage justement renommé ajoute un nouveau lustre à la bravoure et à la conduite militaire des Américains. Je vous prie, mon cher général, de faire imprimer cette réponse dans quelques journaux.

Je n'ai que peu de momens pour écrire avant le départ du vaisseau, et je ne puis me rappeler au souvenir des amis que j'ai dans l'armée, à moins que Votre Excellence ne veuille bien se charger de leur faire mille complimens au nom d'un homme qui les aime de tout son cœur, et dont le premier vœu est de se retrouver dans leur compagnie.

Je vous félicite, mon cher général, sur l'expédition si vive de Stony-Point (1), et je suis ravi du nouvel éclat qu'elle donne à nos armes.

Veuillez, mon cher ami, présenter mes respects à madame Washington; ma femme demande d'être rappelée à vous et à elle. Offrez à l'état-major mille assurances d'amitié.

Ah! mon cher général, combien je serais heureux de vous embrasser encore!

Avec une affection qui surpasse toutes les expressions qu'aucune langue pourrait me fournir, j'ai l'honneur d'être très respectueusement, etc.

---

(1) Fait d'armes brillant du général Wayne qui le 15 juillet prit d'assaut le fort de Stony-Point, et fit capituler cinq cent cinquante-quatre Anglais.

A M. DE VERGENNES.

Versailles, le 2 février 1780.

Vous avez approuvé, monsieur le comte, qu'avant de causer avec vous sur l'expédition, je misse par écrit quelques unes des précautions à prendre dans les deux cas suivans : 1° celui où je commanderais le détachement français ; 2° celui où je reprendrais une division américaine (1).

1° Cette commission est non seulement une affaire militaire et politique, mais encore une affaire de société ; et d'après les circonstances où je me trouve, je vous jure sur mon honneur que je crois ce premier parti beaucoup plus avantageux au service public et aux intérêts de la France vis-à-vis de ses alliés.

Comme il faut sur-le-champ se préparer, je voudrais être instruit à temps pour choisir des officiers d'âge, d'expérience et de talens, que je dois connaître avant de me charger de ce corps, et c'est pour cela

(1) Cette lettre contient les bases du plan qui fut définitivement adopté. Il a fallu retrancher plusieurs lettres qui traitaient de projets analogues présentés à diverses reprises par M. de Lafayette. On résolut enfin d'envoyer un corps auxiliaire plus fort qu'il ne l'espérait. Quant à lui, il dut le précéder en Amérique, où il se rendit avec des instructions politiques du cabinet français, et pour reprendre un commandement dans l'armée des États-Unis. Ses instructions sont du 5 mars ; son départ est du 19.

qu'il faudrait travailler sans retard avec M. le prince de Montbarrey. Deux très anciens lieutenants-colonels commanderaient sous moi l'infanterie; dans les expéditions éloignées, il faut se convenir, et j'aime beaucoup les vieux officiers. Quant à moi, monsieur le comte, je ne demanderai rien, et comme dans le cours d'une guerre je dois espérer de gagner des grades, vous pourriez, ou me donner une de ces commissions de M. de Sartine qui servent seulement en Amérique, ou m'en donner une qui n'empêchât pas tous mes aînés de reprendre ensuite leur rang, ou me donner des lettres de service pour commander en ma seule qualité d'officier-général américain.

Il y aurait trois moyens pour cacher le but de l'expédition : 1° de partir ensemble de Lorient, sous prétexte d'aller enlever une île, et opérer dans l'automne, en Caroline; 2° d'avoir l'air d'envoyer ces troupes à M. de Bouillé; il n'y aurait point de commandant, et j'aurais le titre de maréchal-des-logis ; 3° je partirais sur-le-champ avec les grenadiers et dragons pour l'Amérique, et les quatre bataillons, commandés par deux anciens officiers, iraient me joindre à Rhode-Island.

Si je commande, vous pouvez agir en toute sûreté, parce que les Américains me connaissent trop pour que je puisse exciter de fausses inquiétudes. Je prends, si l'on veut, l'engagement de ne demander ni grades ni titres, et même de les refuser pour mettre à son aise le ministère.

Dans le second cas, monsieur le comte, il faut d'abord prévenir en Amérique le mauvais effet que ferait l'arrivée d'un autre commandant. L'idée que je ne puis pas mener ce détachement est la dernière qui se présenterait là-bas; je dirai donc que j'ai préféré une division américaine.

Il faut que je sois dans le secret, pour préparer les moyens, et instruire le général Washington. Un secret que je ne saurais pas paraîtrait bien suspect à Philadelphie.

On prendrait à Lorient trois frégates marchandes, et un vaisseau de transport. Nous avons, dit-on, un équipage américain; on embarquerait les quinze mille habits, quinze mille fusils, etc.; et il faudrait à la fin du mois partir pour le continent.

En arrivant dans un port, je tâcherai de commencer par le général Washington, je prendrai une division dans l'armée, et je verrai avec M. de la Luzerne les moyens d'être prêts pour l'arrivée des Français. Pour joindre à ma division, pour lui servir de modèle, pour changer l'idée qu'on a de nous, et pour montrer combien on peut vivre en bonne intelligence, je demande à prendre sur-le-champ avec moi un bataillon de six cents grenadiers, trois cents dragons, et cent hussards.

Deux ou trois des officiers que je ramènerai doivent obtenir les mêmes grades français qu'ils ont en Amérique, et moi je dirai que j'ai refusé pour des raisons de société. Cette attention est nécessaire pour flatter l'amour-propre américain.

Nous pouvons en passant toucher à la Bermude, et y établir le parti de la liberté.

Mercredi, je partirai pour Nantes, où l'on fait des habits; je m'occuperai aussi du choix des armes; je verrai le régiment du Roi, à Angers, pour en former un détachement; je me rendrai à Lorient pour presser l'arrangement des frégates, et voir le bataillon de grenadiers; je ne serai ici que vers le 20, et comme mon départ doit être public, le 25 je prendrai congé, en habit américain, et si le vent est bon, il faut être à la voile au 1ᵉʳ de mars.

Comme il est physiquement impossible qu'un détachement commandé par un étranger s'amalgame aussi bien, je crois qu'il faudrait l'augmenter d'un bataillon, ce qui les porterait à trois mille six cents environ, et les grenadiers me resteraient immédiatement attachés pendant la campagne.

Si ce petit corps est donné à un maréchal-de-camp ancien, nous sommes sûrs de déplaire à tous les chefs américains. Gates, Sullivan, Saint-Clair, se verront avec peine commandés, et leur avis dans le conseil sera contraire aux expéditions combinées. Je crois nécessaire, très nécessaire de prendre un brigadier qu'on fasse maréchal-de-camp, et qui regarde ce grade comme une fortune. Ce corps doit se considérer comme une division de notre armée; le commandant doit abjurer toute prétention, se croire un major-général américain, et obéir à tout ce que le général Washington jugera convenable. Le commandant maritime aura plus le droit de représenter.

Conclusion. 1° Je crois qu'il est mieux de me donner ce corps. 2° Si on ne me le donne pas, il faut me faire partir sur-le-champ avec les moyens que je demande. Dans les deux cas, il est malheureusement nécessaire de me révéler ce secret, et de se mettre promptement à l'ouvrage.

J'aurai l'honneur, Monsieur le comte, de vous faire ma cour pendant la procession.

AU GÉNÉRAL WASHINGTON (1).

A l'entrée du port de Boston, 27 avril 1780.

Je suis ici, mon cher général, et au milieu de la joie que j'éprouve à me retrouver un de vos fidèles soldats, je ne prends que le temps de vous dire que je suis venu de France à bord d'une frégate que le roi m'a donnée pour mon passage. J'ai des affaires de la dernière importance que je dois d'abord communiquer à vous seul ; en cas que ma lettre vous trouve de ce côté-ci de Philadelphie, je vous supplie de m'attendre, et vous assure qu'il en pourra résulter un avantage public. Demain, nous allons à la ville, et après-demain, je partirai à ma façon ordinaire pour joindre mon bien aimé et révéré ami et général. Adieu, vous reconnaîtrez aisément la main de votre jeune soldat.

Mes complimens à l'état-major.

(1) Le deuxième parti discuté dans la lettre précédente avait été préféré, et M. de Lafayette s'était embarqué seul à l'île d'Aix.

A M. DE VERGENNES.

Waterbury, sur la route de Boston au camp, le 6 mai 1780.

J'ai déjà eu l'honneur de vous écrire, Monsieur le comte, et de vous répéter la nouvelle de notre arrivée; mais j'ai tant de confiance en votre intérêt pour moi, que je ne crains pas de vous en reparler encore. C'est le 28 avril, après une traversée de trente-huit jours et toutes les contrariétés des vents et des calmes, que *l'Hermione* est entrée dans le port de Boston. Je ne puis assez m'étendre sur l'éloge de la frégate elle-même, et sur les témoignages de ma reconnaissance pour les officiers qui la commandent.

Je ne vous dirai pas des nouvelles bien sûres, Monsieur le comte, et je ne vous réponds d'aucune exactitude sur les nombres et les dates. Le général Washington peut seul m'instruire de la vérité; mais voici ce qui me paraît certain.

Notre armée n'est pas nombreuse; les États de l'est s'occupent des moyens de recruter. Le papier a été réglé par le congrès à quarante pour un. Il y a des taxes très hautes, et on espère relever un peu les finances qui en ont besoin; mais jusqu'à présent je ne puis vous donner des idées bien fixes sur cette opération.

La rareté des chevaux, leur cherté, le manque de provisions ont augmenté beaucoup pendant mon absence; mais je vous assure, Monsieur le comte, que sous un point de vue moral je continue à voir très favorablement mes amis américains.

Le général Clinton assiège Charlestown, et comme il a huit ou dix mille hommes, comme le bruit court que ses vaisseaux ont passé la barre, il est impossible de ne pas craindre pour cette place, à moins que des vaisseaux espagnols ou français ne viennent des îles à leur secours. On y a fait passer des troupes de l'armée du général Washington.

New-York n'a que six ou sept mille hommes de garnison ; du moins est-ce le bruit public, et je ne crois pas que les forces ennemies puissent se monter beaucoup plus haut. A Boston, on ne les porte qu'à quatre mille; mais je le répète, Monsieur le comte, mes gazettes ne peuvent jusqu'ici avoir aucune exactitude.

Les Anglais ont peu de vaisseaux à Charlestown; ils n'en ont, je crois, qu'un ou deux au plus à New-York. On prétend ici, et tout le monde me paraît assuré, que quelques forces françaises arrivées dans ce moment seraient en état de porter de grands coups.

Voulez-vous bien, Monsieur le comte, recevoir l'assurance du tendre et respectueux attachement avec lequel j'ai l'honneur d'être, etc.

P. S. Des officiers américains sortant de New-York m'assurent qu'il y est arrivé une frégate avec des dépêches importantes du gouvernement anglais. Don Juan de Mirallès, établi depuis quelque temps à Philadelphie, et que connaît M. d'Aranda, est mort à Morristown; on l'a enterré avec beaucoup de distinction.

DU GÉNÉRAL WASHINGTON A M. DE LAFAYETTE.

Morristown, 8 mai 1780.

Mon cher Marquis,

Votre agréable lettre du 27 avril m'est parvenue hier; je l'ai reçue avec toute la joie que pouvait m'inspirer la plus sincère amitié, et avec cette impatience qu'un ardent désir de vous voir ne pouvait manquer de me donner. Je suis fâché de ne pas connaître votre route à travers l'État de New-York, afin de pouvoir avec certitude envoyer un piquet de cavalerie (c'est tout ce que j'ai ici) à votre rencontre; cette escorte vous serait utile au milieu des établissemens tories qui sont entre ce pays et la rivière du Nord. A tout évènement, le major Gibbs ira au-devant de vous jusqu'à Pompton, au lieu où les routes se joignent, et de là il se dirigera, comme l'indiqueront les circonstances, vers King's Ferry ou New-Windsor. Je vous félicite bien sincèrement de votre heureuse arrivée en Amérique, et je vous embrasserai avec toute la chaleur d'un ami dévoué, quand vous arriverez au quartier-général, où un lit est préparé pour vous. Adieu jusqu'à ce moment. — A vous. (1)

---

(1) Le général Washington témoigna dans plusieurs lettres sa joie du retour de M. de Lafayette. (Voyez ses lettres du 13 et du 14 mai.) Le 16 mai, le congrès déclara par une résolution, « qu'il regardait ce « retour comme une nouvelle preuve du zèle désintéressé et du dé- « vouement persévérant qui l'avaient justement recommandé à la con-

« fiance et à l'estime publique; et qu'il recevait avec satisfaction l'offre
« des nouveaux services d'un officier de tant de bravoure et de mérite. »
— Il fut ensuite résolu que le commandant en chef, après avoir reçu
les communications qu'avait à lui faire M. de Lafayette, prendrait les
mesures propres à combiner les opérations pour le succès du plan
proposé. Les communications étaient l'annonce d'une escadre française et d'une armée de débarquement; le plan, un projet d'opérations
offensives, particulièrement sur New-York.

A. M. LE COMTE DE ROCHAMBEAU.

Philadelphie, le 19 mai 1780.

Cette lettre vous sera remise, Monsieur le comte, par M. de Galvan, officier français au service des États-Unis, auquel vous pouvez prendre confiance pour les différens rapports qu'il aura l'honneur de vous faire; c'est lui que je charge de vous attendre au cap Henry, et vous verrez que mes instructions à cet officier se conforment à celles que j'ai reçues de M. le comte de Vergennes (1).

(1) Les instructions données à M. de Lafayette par le ministre des affaires étrangères (5 mars 1780), portaient que, pour prévenir toute méprise et tout retard, il placerait tant à Rhode-Island qu'au cap Henry (embouchure de la Chesapeak), un officier français chargé d'attendre l'escadre française qui devait atterrer à l'un de ces deux points, et de lui donner toutes les informations dont elle aurait besoin en arrivant. Cette lettre fut en conséquence remise à M. de Galvan, et il se rendit au cap Henry. Mais il attendit en vain; c'est vers Rhode-Island que se dirigea l'escadre. Partie de Brest, le 2 mai, sous les ordres du chevalier de Ternay, elle parut devant Newport le 10 juillet. Cette lettre fut remise postérieurement à M. de Rochambeau, ainsi

C'est le 28 avril que je suis arrivé à Boston; le 10 mai au matin j'étais au quartier-général, et après avoir passé quatre jours avec le général Washington, je me suis rendu auprès de M. le chevalier de la Luzerne.

Les connaissances militaires et les mesures politiques que nous avons dû prendre ont retardé jusqu'à présent M. de Galvan. Je me presse de l'envoyer à sa destination, et je lui ferai passer les nouvelles qui pourront vous être intéressantes, en continuant d'y joindre les idées du général sur la manière de mettre à profit les circonstances actuelles.

On a fait partir au moment de mon arrivée des personnes sûres qui doivent nous procurer des plans et des détails sur les différens points qui nous deviennent intéressans pour les opérations de la campagne. Quant aux autres articles, M. le chevalier de la Luzerne a bien voulu me mettre à portée de remplir autant que possible mes instructions, et il a pris les premières mesures nécessaires aux approvisionnemens et autres besoins des troupes de terre et de mer. Quoique la disette de toute chose ait infiniment augmenté, depuis mon départ d'Amérique, les précautions prises d'avance par M. le chevalier de la Luzerne, et celles dont nous nous occupons ici, assurent que les Français ne manqueront ni de farine ni de viande fraîche.

Voici, Monsieur le comte, un état sommaire de la situation actuelle des ennemis dans le continent.

---

que celles qui la suivirent, et que le défaut d'intérêt et d'espace ne nous permet pas d'insérer.

Je ne parle ni du Canada, ni d'Halifax ni de Penobscot, sur lesquels nous attendons des renseignemens, et qui dans le moment ne nous sont pas d'une importance essentielle.

Rhode-Island est en notre possession; vous pouvez y entrer en sûreté; vous y serez attendu par des lettres, des signaux et des pilotes, conformément à mes instructions. Vos magasins, vos malades et tous vos bagages inutiles peuvent remonter par eau jusqu'à Providence. J'enverrai bientôt à Rhode-Island des renseignemens plus détaillés à cet égard.

Les ennemis ont actuellement sept mille de leurs meilleures troupes employées au siège de Charlestown; ils y ont aussi des vaisseaux de ligne hors du port, un vaisseau de 50, deux frégates de 44 canons, et plusieurs de moindre grandeur. D'après les nouvelles de New-York, Charlestown était encore à nous le 3 de ce mois.

Dans les îles de New-York, Long-Island, Staten-Island, les forces ennemies consistent en huit mille hommes de troupes réglées, quelques milices sur lesquelles ils ne comptent guère et un petit nombre de royalistes fort méprisables à tous égards; ils n'y ont qu'un vaisseau de 74 et quelques frégates.

L'armée américaine est divisée en trois corps; l'un garde les forts de West-Point et la communication de la rivière du Nord; l'autre est dans la Caroline méridionale, et le plus considérable est dans les Jerseys sous les ordres immédiats du général Washington. Ce dernier corps, peu nombreux à présent, va s'accroître dans peu de jours, et c'est pour cela que je me réserve de vous en donner par une autre lettre un état de situation plus exact.

L'on sait à New-York votre arrivée; on a fait partir des avis pour Charlestown, qui rappellent les troupes ou du moins les vaisseaux de guerre. On se fortifie dans l'île, et on prépare des bâtimens chargés de pierres pour obstruer le passage. En un mot, si la division actuelle des forces anglaises semble assurer leur perte, et nous promettre la conquête de New-York, il paraît qu'à l'instant de votre arrivée, si le bonheur veut que tout reste dans le même état, nous n'avons pas une minute à perdre pour profiter de cet avantage.

Voici, à présent, Monsieur le comte, la traduction de ce que me mande le général Washington.

Il désire que je vous presse le plus fortement possible de vous rendre avec la flotte et l'armée à Sandy-Hook, où vous recevrez des nouvelles plus fraîches sur la situation précise et la force, soit des ennemis, soit de notre propre armée, et où vous recevrez aussi des propositions pour vos mouvemens futurs; à moins cependant que vous n'eussiez reçu des nouvelles authentiques que la flotte et les troupes, actuellement opérant dans le sud, ont évacué cette partie et formé une jonction à New-York. Dans le dernier cas, si vous arrivez à Rhode-Island, vous pouvez mettre à terre vos troupes, disposer de vos malades, de vos magasins, et attendre que l'on puisse concerter un plan déterminé, ou bien si vous attérez au cap Henri, vous pouvez de là vous rendre directement à Rhode-Island, et y faire lesdits arrangemens. Mais si vous n'avez pas reçu la nouvelle certaine de l'évacuation des États du sud et d'une jonction à New-York, et si, selon le désir du général, vous allez directement à Sandy-Hook, vous pouvez faire passer à Rhode-Island vos malades et toutes les choses dont vous souhaiterez vous débarrasser. Le général pense que si votre arrivée trouve les ennemis dans leur situation actuelle, la flotte peut sans difficulté entrer dans le port de New-York, et c'est un point sur lequel roule tout le succès de l'entreprise. En vous arrêtant à Rhode-Island, si vous y arrivez, ou en vous y rendant du cap Henry, en cas que vous attériez dans cette partie, vous perdez le temps le plus précieux et multipliez les chances qu'aura l'ennemi ; 1° pour concentrer ses forces ; 2° pour recevoir des secours d'Angleterre ou des îles ; 3° pour augmenter ses précautions dans l'obstruction du passage des vaisseaux et ses préparatifs de défense sur les points fortifiés. En prenant sur-le-champ possession du port et en coupant les communications, la garnison actuelle de New-York ne peut pas résister aux forces combinées, et il y a tout à parier que nous nous rendrons maîtres des troupes et des vaisseaux. Si au contraire les Anglais ont le temps de concentrer à New-York toutes leurs forces de terre et de mer actuellement sur ce continent, l'entreprise contre cette place devient beaucoup plus difficile, beaucoup moins sûre, et demandera au moins nos efforts pendant la campagne.

Si les vaisseaux de Charlestown rentraient dans le port de New-York, ils suffiraient peut-être pour en fermer le passage à l'escadre française, à moins qu'elle ne fût aidée par une vigoureuse coopération des troupes du côté de Sandy-Hook, et si la jonction des troupes anglaises les faisait monter à quatorze ou quinze mille hommes, il y aurait d'immenses difficultés pour les réduire. Le général Washington pense que les forces navales actuellement dans ce port n'offrent aucune difficulté à l'escadre française; le seul obstacle possible est dans les préparatifs que font les ennemis pour obstruer le passage; mais il est à croire que ces obstacles seront, ou sans effet, ou peu difficiles à lever. Lorsque dans l'automne dernier, on attendait à New-York M. le comte d'Estaing, ils firent un essai de ce genre dont la profondeur de l'eau et la rapidité du courant empêchèrent le succès. On tiendra prêts à Black-Point, dans les Jerseys, de bons pilotes du port qui se rendront à bord aussitôt qu'ils apercevront l'escadre.

En me chargeant de vous faire le plus clairement possible ces observations, le général désire, Monsieur le comte, que vous décidiez vous-même ce que vous croyez à propos de faire, et ce que pourra requérir l'état de l'escadre et des troupes au moment de votre arrivée. Vous pourriez alors, si vous l'aimiez mieux, ou aller du cap Henry à Rhode-Island, ou suivant le point de votre attérage rester à Rhode-Island, et y attendre le moment où l'on pourrait adopter un plan définitif; mais le général pense que toutes les raisons se réunissent en faveur du plan qu'il vous recommande particulièrement, celui de se rendre sans perdre de temps à Sandy-Hook.

Nous ne pouvons dans ce moment, Monsieur le comte, vous parler que de démarches préliminaires; la suite des projets doit dépendre des plus sérieuses réflexions, et d'une connaissance certaine de nos ressources actuelles; d'ailleurs, le général ne veut rien arrêter qu'en conjonction avec vous et M. le chevalier de Ternay.

Une des choses que me recommande le plus vivement le général Washington, et qu'il me prie instamment de ne pas négliger, c'est, lorsque j'aurai l'honneur de vous écrire, de vous présenter, Monsieur le comte, l'assurance de sa considération personnelle pour vous, et de sa haute idée de cette nouvelle marque si distinguée de l'amitié de Sa Majesté Très-Chrétienne pour les États-Unis. Il jouit d'avance du bonheur qu'il se promet dans l'avantage de faire connaissance avec vous, et de coopérer avec quelqu'un dont la réputation de talens et de mérite personnel lui a inspiré l'estime la plus parfaite; il fera tout ce qui dépendra de lui pour contribuer au succès des opérations, et s'en promet les plus heureuses conséquences.

Voilà, Monsieur le comte, le précis de ce que me mande le général Washington. Si ces dernières pages ne sont pas écrites en français le plus pur, prenez-vous-en seulement à l'envie que j'ai eue de traduire littéralement.

Dans le même temps, Monsieur le comte, que j'exécute ici les ordres de mon général, et que je vous fais part des sentimens de mon ami, permettez-moi de vous assurer combien toute notre armée s'empressera de faire tout ce qui pourra vous plaire; et combien nous désirerons tous de mériter l'amitié et l'estime des troupes dont le secours nous est dans ce moment si essentiel. Vous trouverez parmi nous,

Monsieur le comte, beaucoup de bonne volonté, beaucoup de franchise, et par-dessus tout un grand désir de vous être agréable.

J'envoie à M. le chevalier de Ternay un duplicata de cette lettre, et j'en vais faire partir de pareilles pour chacun des points de Judith et de Seaconnet, afin que si vous attériez à Rhode-Island, vous puissiez faire tout de suite voile pour Sandy-Hook. La première lettre que j'aurai l'honneur de vous écrire sera datée du quartier-général.

La confiance du général Washington, qu'a méritée M. de Galvan, les moyens qu'il a pour remplir ses instructions, tout m'assure, Monsieur le comte, que vous serez content de notre choix.

J'ai l'honneur d'être, etc.

AU GÉNÉRAL WASHINGTON.

Au camp de Preakness, 4 juillet 1780.

Vous savez, mon cher général, que je tiens beaucoup à voir l'armée bien habillée pour cette campagne; l'importance de ce point sous tous les rapports est si évidente, et, d'après la connaissance que j'ai des troupes auxiliaires qui vont arriver, j'en puis si bien démontrer la nécessité, que je ne m'occuperai dans ce moment que des moyens d'exécution.

Dans l'espace de six mois, nous le savons par expérience, les habits des soldats commencent à s'user;

il n'y a donc pas grand inconvénient à donner quelques habits neufs aux miliciens; et comme, après leur renvoi, le nombre des soldats restans ne dépassera pas six ou sept mille hommes, et que ceux-ci auront été complètement habillés au milieu de juillet, je pense que je fais pour eux une ample provision en leur réservant en magasins les sept mille habits non faits, qui ont été embarqués par M. Ross. S'il en faut davantage pour l'été prochain, je m'engage à aller en France et à en rapporter une fourniture de dix mille complets.

En retranchant les charretiers, les domestiques, enfin tous ceux qui n'ont pas besoin d'être vêtus d'une manière uniforme, nous pouvons calculer l'armée continentale à quatorze mille hommes effectifs. Il y a encore dans l'armée quatre mille habits ou vestes qui ne sont pas absolument mauvais, quatre mille cols ou cravattes, et mille chapeaux assez bons. Nous pouvons prendre dans les magasins quinze mille surtouts, dix mille paires de souliers, trois mille chapeaux, et quelques chemises. Il y a en outre six ou sept cents habits de toute couleur, à quoi l'on peut en joindre trois ou quatre cents pareils, et quelques chapeaux assez mauvais que nous avons dans l'armée, etc., etc. On pourrait ajouter un peu de buffle et de drap rouge pour les paremens des corps de Pensylvanie et de Jersey. Les quatre mille bons chapeaux pourront être coupés rond, ou arrangés en forme de bonnets d'une manière uniforme.

Tous les articles actuellement dans la possession du fournisseur-général de l'équipement, doivent être immédiatement dirigés vers la rivière du Nord, et s'il est nécessaire, il faut requérir des charrettes pour les transporter promptement.

Je puis écrire au chevalier de Ternay pour lui demander d'envoyer au lieu le plus convenable les effets dont le transport lui a été confié. Nous aurons alors dix mille habits ou vestes tout-à-fait neufs, quatre mille vieux, le tout uniforme, dix mille chapeaux et cols neufs, quatre mille vieux, vingt-cinq mille surtouts, plus de vingt mille chemises et trente mille paires de souliers.

Chaque soldat enrôlé pour la guerre (comptez-en dix mille) se trouvera avoir un uniforme complet, un chapeau, un col, deux chemises, deux paires de surtouts et deux paires de souliers. Chaque homme de milice recevra au moins un habit d'uniforme décent, un col, un chapeau, une paire de surtouts et deux paires de souliers. Il ne sera certainement pas venu sans être pourvu de chemises. Par l'arrangement dont je parle, il resterait de disponibles environ mille habits de toutes couleurs, mille chapeaux non absolument mauvais, et deux mille paires de souliers; je propose de les donner à ceux qui ne paraissent pas sous les armes en bataille, en y ajoutant, s'il est nécessaire, quelques chemises de chasse. Les dragons sont en général mieux vêtus que l'infanterie; et nous pourrons très aisément compléter leurs habits ou vestes d'écurie, puisque chaque régiment pourrait adopter une couleur différente.

Aussitôt que les effets de France seront arrivés, je voudrais que toute l'armée pût être habillée, en observant pour l'uniformité, de donner les chapeaux ronds à des brigades particulières, et d'arranger les paremens suivant le mode convenu. Les officiers n'auront plus alors d'excuse s'ils laissent perdre un seul objet, et les ordres les plus sévères doivent être donnés à cet effet.

Les armes françaises que nous attendons pourront être remises aux soldats enrôlés pour toute la guerre.

Je voudrais établir la distinction d'une épaulette de laine pour le caporal, et de deux pour le sergent.

Puisque les plumets sont devenus une manière de distinguer les grades, il faudrait que ceux qui ont été désignés pour un grade ne pussent être portés par les autres officiers. Quant à la division légère, je demanderai la permission de lui donner des plumets rouges et noirs que j'ai apportés dans cette intention.

Ces idées, mon cher général, ne vous sont pas données comme un effort de génie : mais je désire beaucoup qu'il soit jugé convenable d'adopter quelques mesures de ce genre.

Je suis, etc.

A MM. LE COMTE DE ROCHAMBEAU ET LE CHEVALIER DE TERNAY (1).

Au camp en avant de Dobbs's Ferry, le 9 août 1780.

Messieurs,

Il y a deux jours que je suis arrivé au quartier-

(1) Le général Heath, qui commandait les milices dans l'état de

général, et d'après la mission dont je m'étais chargé, mon premier soin a été de rendre compte de nos

Rhode-Island, annonça le 11 juillet l'arrivée de l'escadre française au général Washington, qui se trouvait alors avec son état-major à Bergen. M. de Lafayette partit presque aussitôt, muni des instructions du général en chef en date du 15, pour se rendre auprès des généraux français et se concerter avec eux. Washington projetait depuis quelque temps un plan d'opérations offensives, pour la réduction de la ville et de la garnison de New-York (lettre au général Greene du 14 juillet); ce plan devait s'exécuter à condition : 1° que les troupes françaises fissent leur jonction avec les troupes américaines; 2° que les Français eussent la supériorité maritime sur les forces réunies de l'amiral Graves et de l'amiral Arbuthnot. Dans neuf lettres, écrites entre le 20 juillet et le 1er août, et dont la lecture eût peut-être manqué d'intérêt, M. de Lafayette rendit compte de sa mission. Une courte analyse en fera connaître les principaux détails.

Les premières lettres sont relatives aux difficultés multipliées qu'il rencontra dans les états de Connanicut et de Rhode-Island, pour rassembler des provisions, des effets d'habillement, des armes et surtout de la poudre, en quantité nécessaire pour l'expédition projetée. Ces difficultés étaient fort aggravées par l'insuffisance en tout genre des munitions apportées par l'escadre dont l'arrivée ne réalisait qu'à demi les promesses du cabinet français. Rendu à Newport le 25, M. de Lafayette trouva l'armée de débarquement campée dans Rhode-Island, et M. de Rochambeau très occupé de la nouvelle d'une attaque imminente. Le 19 en effet, quatre vaisseaux ennemis, et deux jours après, neuf ou dix avaient paru devant Block-Island. De son côté, sir Henry Clinton avait quitté New-York. Par l'action combinée des forces de terre et de mer, il projetait un coup de main sur l'armée française. Mais il éprouva des retards; ses soldats ne purent s'embarquer sur les transports que le 27; il s'entendait mal avec l'amiral Arbuthnot. Il apprit que les Français s'étaient fortifiés à Newport, que les milices voisines étaient accourues; enfin que le général Washington faisait un mouvement rapide sur New-York. Il se hâta donc de repasser le Sound, et remit ses troupes à terre le 31.

M. de Lafayette, qui avait toujours douté de l'attaque de Clinton, put alors entretenir les alliés du projet d'opérations offensives. Il en désirait l'accomplissement avec beaucoup d'ardeur, et le général Washington y attachait un grand prix. Cependant la chose était difficile. Quoique la prise de New-York eût toujours été dans les vues du ministère français, les instructions de M. de Rochambeau lui prescrivaient d'attacher une grande importance au poste de Rhode-Island,

conversations ; mais les moindres détails en sont si importans, et le sort de l'Amérique, la gloire de la

et d'en faire sa base d'opérations. Il répugnait donc à s'en éloigner pour marcher sur New-York. En même temps M. de Ternay regardait comme impossible d'engager ses vaisseaux de guerre dans le port de cette ville, et se bornait à promettre un blocus; d'ailleurs il n'avait pas la supériorité maritime, elle ne pouvait être obtenue que par l'arrivée de la seconde division vainement attendue de France, ou par la jonction avec l'escadre de M. de Guichen, alors dans les Antilles, et à qui M. de Lafayette écrivit à cet effet. Toutefois M. de Rochambeau était en principe pour l'offensive, et promettait de se conformer, suivant ses instructions, aux ordres du général en chef. Tout fut discuté et réglé dans les deux ou trois conférences que tinrent, vers la fin de juillet et le commencement d'août, MM. de Rochambeau, de Ternay et de Lafayette. Le résultat de ces conférences est résumé dans la lettre à laquelle appartient cette note.

On voit au reste dans les lettres supprimées que les troupes françaises étaient remplies d'ardeur, et que le bon accord des deux alliés justifiait les prévisions et les efforts de M. de Lafayette. « Les troupes « françaises, dit-il dans une lettre du 31, au général Washington, « détestent jusqu'à la pensée de rester à Newport et brûlent de vous « joindre. Elles maudissent quiconque leur parle d'attendre la seconde « division, et enragent de rester bloquées ici. Quant à leurs disposi-« tions à l'égard des habitans et de nos troupes, comme aux disposi-« tions des habitans et de la milice envers elles, je les trouve confor-« mes à tous mes désirs. Vous vous seriez amusé l'autre jour en voyant « deux cent cinquante de nos recrues qui venaient à Conhaticut sans « provisions, sans tentes, et qui se mêlèrent si bien avec les troupes « françaises que chaque Français, officier ou soldat, prit un Américain « avec lui et lui fit partager très amicalement son lit et son souper. La « patience et la sobriété de notre milice est si admirée qu'il y a deux « jours un colonel français réunit ses officiers pour les engager à suivre « les bons exemples donnés aux soldats français par les troupes améri-« caines : ils vont si loin dans leur admiration qu'ils trouvent beaucoup « à dire en faveur du général Varnum et de son escorte de dragons de « milice qui remplissent toutes les rues de Newport. D'un autre côté, « la discipline française est telle que les poulets et les cochons se pro-« mènent au milieu des tentes sans qu'on les dérange, et qu'il y a dans « le camp un champ de maïs dont on n'a pas touché une feuille. Les « tories ne savent que dire ». — (Lettres de Washington du 14 juillet au 5 août 1780, et Appendices n°ˢ 1 et 3, tom. VII.)

croyais qu'on exagérait un peu leur nombre, et qu'il en fallait d'abord retrancher les matelots employés par l'amiral Arbuthnot. Quant aux fortifications, je vous ai dit que les troupes américaines se chargeaient de New-York, et que le fort de Brooklyn où vous pourriez opérer de concert avec une division de notre armée, que ce fort, dis-je, était un simple ouvrage en terre à quatre bastions, avec un fossé et un appentis contenant de mille à quinze cents hommes, et ayant en avant de lui un petit ouvrage où il n'en peut tenir que cent. J'ai ajouté que rien ne s'opposait aux approches régulières contre Brooklyn et que ce poste est la clef de New-York.

3° Je vous ai fait part du plan du général Washington, et vous ai dit que dès le moment où vous pourriez vous mettre en marche il se rendrait à Morrisania, où, comme je le répète encore, il établira des batteries qui fermeront le passage de Hell's Gate, et assureront celui du continent à Long-Island, de manière à n'avoir rien à craindre des vaisseaux ennemis. En attendant votre arrivée, Messieurs, notre armée se retrancherait, ou à Morrisania, ou, s'il est possible, sur l'île de New-York, et se mettrait en état de détacher un corps de troupes, dès que, soit en venant par terre à Westchester et passant ensuite à la faveur de nos batteries, soit en vous rendant par mer à Wistown ou toute autre baie dans ce voisinage, vous vous seriez approchés de nous. Le général Washington destinerait un corps suffisant d'Américains et quinze pièces de gros canon à la coopération avec vos troupes, et il pense qu'avec ces forces et cette artillerie réunies on viendrait bientôt à bout du

France dépendent tellement de ce que nous pourrons combiner ici, que pour être encore plus sûr de vous avoir bien compris, je vais vous soumettre le précis de nos entretiens et vous prier de vouloir bien me mander sur-le-champ si j'ai bien saisi vos idées. C'est avant de quitter Rhode-Island, Messieurs, que j'eusse pris cette précaution, si la marche du général Washington contre New-York ne m'eût appelé à ma division, dans le moment surtout où, par nos arrangemens ultérieurs, vous aviez besoin de quelques éclaircissemens.

1° Je vous ai mis sous les yeux l'état actuel de l'Amérique, l'épuisement où je l'ai trouvée, les efforts momentanés qu'elle a faits, et qui n'ont pu être produits que par l'espérance d'être délivrée une bonne fois de la tyrannie anglaise.

Je vous ai dit que ces efforts étaient immenses vu l'état de nos finances et le dénuement de toutes ressources, que je ne comptais pas les voir renouveler une autre campagne. J'ai ajouté qu'au 1ᵉʳ novembre nous n'aurions plus de milices, qu'au 1ᵉʳ janvier la moitié de notre armée continentale serait congédiée, et je me suis permis de dire, en mon propre nom, que je croyais politiquement nécessaire de pouvoir agir cette campagne, ce dont je me suis assuré sur mon chemin en sondant les dispositions du peuple.

2° Je vous ai confirmé ce que j'avais déjà eu l'honneur de vous mander et sur les troupes continentales et sur les milices que nous aurions avec nous. Je vous ai dit qu'en portant les ennemis dans New-York à quatorze mille hommes, dont dix mille réguliers et quatre mille assez mauvaises milices, je

7° J'ai fini par avoir l'honneur de vous dire, Messieurs, que pour opérer contre New-York il faut commencer au plus tard vers les premiers jours de septembre, et après cet exposé je vous ai dit que le général Washington, rempli de la plus entière confiance en vous, ne désirait qu'avoir votre opinion sur ce sujet et ne voulait rien entreprendre que ce qui vous paraîtrait avantageux.

Voilà, Messieurs, ce que j'ai eu l'honneur de vous dire, et voici ce que vous m'avez fait celui de me répondre.

1° Que le secours envoyé aux États-Unis n'était rien moins que momentané; que la seconde division devait partir peu de temps après vous, et qu'on avait droit de l'attendre à chaque instant; qu'elle porterait au moins deux mille cinq cents, et vraisemblablement un plus grand nombre de troupes; qu'elle devait être convoyée par trois vaisseaux, mais que selon toute apparence on en ferait partir davantage; que la seule raison qui l'empêchât d'arriver avant le 1ᵉʳ de septembre serait une impossibilité de jonction entre les flottes française et espagnole, et que dans ce dernier cas elle arriverait au moins à la fin de l'automne et serait alors beaucoup plus forte; que M. de Guichen a été averti de nos projets, et a reçu ordre de les faciliter; qu'en conséquence M. le chevalier de Ternay lui a écrit pour avoir les cinq vaisseaux promis, et que d'après toutes ces données vous espériez être en état d'agir avant la fin de la campagne, mais ne doutiez pas au moins de nous fournir des forces très supérieures pour cet hiver et pour la campagne prochaine.

point de Brooklyn, et par conséquent de la ville de New-York.

4° Je vous ai représenté que Long-Island était un pays riche, où, malgré les destructions des Anglais, il resterait quelques ressources; que nous devions être sûrs d'y être joints par des milices de l'île; enfin que par le secours de nos sous-batteries de Morrisania, et encore mieux d'une batterie sur l'île de New-York, nous assurerions la communication de Long-Island avec le continent. C'est d'après ces informations que mon opinion, à moi comme particulier, serait de commencer, si l'on peut mettre la flotte en sûreté, avant d'avoir la supériorité maritime.

5° J'ai fortement insisté sur la nécessité de posséder aussitôt que possible le port de New-York. J'ai prié M. le chevalier de Ternay de vouloir bien considérer ce point avec les pilotes que je lui ai donnés, et en présentant les immenses avantages de cette démarche, j'ai espéré que, soit avec un secours de troupes terrestres du côté de Sandy-Hook, soit seulement par sa propre supériorité maritime, il serait en état de faire ce que nous craignions pour lui dans le temps où nous l'attendions avec l'amiral Graves.

6° En vous proposant d'envoyer vos magasins à Providence, je vous ai dit que Rhode-Island était inutile aux Américains, mais qu'il était très intéressant pour les secours arrivant de France, pourvu cependant qu'il ne fallût pas une armée pour le garder; que si les Anglais avaient le tort de s'en emparer, une flotte supérieure, aidée par le continent, serait toujours en état de le reprendre.

2° Le projet d'attaquer Brooklyn vous a plu entièrement et vous a paru le plus propre à la réduction de New-York ; mais vous croyez que nous devons avoir sur cette île une force au moins égale à celle que l'ennemi pourrait nous présenter, et vous m'avez ajouté qu'en laissant un masque à New-York il peut tomber sur le corps de Long-Island avec presque toute son armée, ce qui, comme vous voyez, avait déjà été pourvu par les arrangemens du général Washington.

3° Vous m'avez paru douter qu'il fût possible d'arrêter les ennemis par le passage de Morrisania, mais c'est un point sur lequel je puis vous donner des éclaircissemens décisifs. L'idée de vous rendre par terre à Westchester semble vous convenir moins que celle d'aller par mer dans une baie de Long-Island ; quant au débarquement, M. le comte de Rochambeau le regarde comme une opération très longue, et d'après l'expérience qu'il a sur ce sujet, il croit qu'il faut près de trois semaines pour mettre à terre une armée avec tout son attirail de campagne et de siège. Vous avez désiré avoir le plus de connaissances possible sur Brooklyn pour faire en conséquence les calculs de l'artillerie et du génie.

4° Vous m'avez paru regarder la supériorité maritime comme nécessaire, même au commencement de nos opérations ; mais il est vrai que cette idée est peut-être unie à vos doutes sur la communication de Morrisania.

5° M. le chevalier de Ternay regarde comme difficile de s'emparer du port de New-York, et espère remplir le même objet par la situation de sa croisière.

Il ne croit pas que ses vaisseaux de 74 puissent entrer, mais sur la différence d'opinion que j'ai hasardée, au moins quant à l'importance d'occuper le port, il m'a dit qu'il travaillerait encore sur cet article. Quant à sa manière de protéger le débarquement, ce serait de croiser dans le Sound, et ses frégates avec un ou deux vaisseaux iraient dans la baie où l'on voudrait mettre les troupes à terre.

6° L'île de Rhode-Island vous paraît d'une très grande importance à garder; mais si M. de Ternay a la supériorité, vous croyez, ainsi que nous, inutile d'y laisser une garnison pendant l'attaque de New-York. M. le comte de Rochambeau m'a chargé d'assurer le général Washington que, dans tous les cas où il recevrait un ordre, il se porterait sur-le-champ au point que le commandant en chef jugerait convenable. Je lui ai dit aussi que les généraux français désiraient qu'il fût possible de causer avec lui.

En terminant notre conversation, nous avons définitivement arrêté les articles suivans, et j'en ai en conséquence rendu compte au général Washington.

1° Vous avez écrit en France pour presser l'arrivée et l'augmentation de secours; vous avez déjà demandé les cinq vaisseaux de M. de Guichen, et je me suis chargé d'une autre lettre qui répète la même réquisition et qui passera par M. le chevalier de la Luzerne.

2° Aussitôt que l'arrivée des vaisseaux vous sera annoncée, soit de la seconde division, soit des îles, vous expédierez sur-le-champ un courrier au général Washington, et tandis que notre armée marchera à Westchester, que la vôtre se préparera à s'embarquer, M. de Ternay tâchera d'effectuer sa jonction.

3° Si la flotte française est égale à celle des ennemis, elle combattra sur-le-champ pour la supériorité ; si elle est supérieure, elle prendra en toute diligence les troupes françaises de Rhode-Island et les portera dans la baie indiquée pour le débarquement.

4° On choisira un point où les vaisseaux protégent l'opération, où la première tête de troupes puisse trouver un champ de bataille soutenu par le feu des vaisseaux, et derrière lequel le reste de l'armée puisse arriver; où, en s'avançant avec toutes les troupes mises à terre, on ait encore sa droite et sa gauche appuyées de façon que l'on puisse couvrir la suite du débarquement. On prendra un lieu tellement situé que le corps d'armée américain destiné à cette expédition particulière y puisse arriver et mettre à terre au même moment que M. le comte de Rochambeau, et que leur général puisse à l'instant coopérer avec le général français.

5° D'après le nombre de troupes françaises en état d'opérer, le général Washington enverra ou conduira lui-même sur Long-Island un nombre de troupes égal à l'armée ennemie qui leur serait opposée, et aura un corps de troupes à peu près de même force, soit à Westchester, soit sur l'île de New-York.

6° M. le chevalier de Ternay examinera attentivement la possibilité de forcer le passage de Sandy-Hook, et s'il y en a quelqu'une, effectuera cet objet important.

7° Aussitôt qu'il arrivera des armes, habits et munitions, appartenant aux États-Unis, M. le chevalier de Ternay voudra bien, sans leur donner le temps d'entrer dans le port, les faire sur-le-champ convoyer par des frégates, ou si les batteries ne sont pas établies, par un vaisseau de ligne, au point quelconque dans le Sound que le général Washington indiquera.

8° La flotte française se chargera des bateaux dont nous aurons besoin et qu'on lui délivrera à Providence; elle nous prêtera toute la poudre dont elle pourra se passer; elle ne peut pas dans ce moment-ci en prêter plus de trente milliers.

9° J'enverrai à MM. les généraux français des renseignemens sûrs sur le passage du Sound par Hell's Gate; je leur communiquerai aussi tous les détails qui concernent Brooklyn, et ils nous enverront en conséquence tous les calculs de l'artillerie et du génie d'après lesquels nous réglerons ce qui doit être envoyé pour ces deux parties avec le corps américain de Long-Island. Les deux points de ce neuvième article sont ceux qui ont mis du doute dans l'opinion de MM. les généraux français, et je leur enverrai d'ici une information de ce que j'ai eu l'honneur de leur dire.

10° Les malades, magasins, etc., seront envoyés à Providence, et nous ferons mettre en état les batteries de cette rivière.

11° Il est bien clairement décidé qu'au moment où la supériorité maritime arrivera, les Français ne doivent pas perdre un seul jour pour commencer leur coopération.

Tel est, Messieurs, l'abrégé du compte rendu au général Washington; et comme il lui servira de base pour ses préparatifs, ainsi que de règle pour les éclaircissemens futurs que vous pouvez recevoir; comme, d'après la confiance qu'il m'a témoignée, j'ai dû arrêter définitivement tout ce qu'il me sera possible d'arranger avec vous; et comme enfin le sort de l'Amérique semble dépendre de votre activité ou de votre repos pendant le reste de cet été, je mets la plus grande valeur à ce que vos idées soient parfaitement rendues, et vous supplie de ne pas perdre de temps à m'écrire quatre mots qui m'assurent si je vous ai bien compris.

Peu de temps après mon départ, Messieurs, vous aurez appris que le général Clinton, ayant craint pour New-York, a été forcé par le mouvement de notre armée à se renfermer dans cette île. L'armée est à présent près de Dobbs's Ferry à dix milles au-dessus de King's Bridge, sur la rive droite de la rivière du Nord, et notre avant-garde est près de trois milles en avant.

Si le général Clinton juge à propos de nous combattre à nombre et à terrain égal, nous lui en fournirons une occasion favorable, et il peut profiter de cette espèce de défi pour faire l'essai le plus impartial des troupes anglaises et hessoises contre les troupes américaines.

J'attendrai ici, Messieurs, avec empressement, votre réponse à cette lettre. J'aurai l'honneur de vous communiquer les différens avis que le général Washington voudra vous faire passer. Les premières nouvelles des vaisseaux sont bien nécessaires à notre tranquillité, et d'après une connaissance intime de notre situation, je vous assure, Messieurs, comme particulier et en mon propre nom, qu'il est mportant d'agir cette campagne, et que toutes les troupes que vous pouvez espérer de France pour l'année prochaine, ainsi que tous les projets dont vous pouvez vous flatter, ne répareront point les fatals inconvéniens de notre inaction. Sans les ressources américaines, tous les secours étrangers ne feront rien dans ce pays-ci, et quoique dans tous les cas vous puissiez entièrement compter sur nous, je crois bien intéressant de profiter des momens où vous trouvez ici une coopération sans laquelle vous ne pouvez rien faire en Amérique pour la cause commune.

J'ai l'honneur, etc.

P. S. Telle est, Messieurs, la longue lettre officielle que j'ai l'honneur de vous écrire, et je ne veux pas la laisser partir sans vous remercier, des bontés que vous m'avez témoignées à Rhode-Island et vous présenter l'hommage de mon tendre attachement.

DE M. DE ROCHAMBEAU A M. DE LAFAYETTE.

Newport, le 12 août 1780.

J'ai reçu, mon cher marquis, la lettre que vous m'avez fait l'honneur de m'écrire du 9 août; vous me permettrez de vous renvoyer, pour la réponse, à celle que j'ai eu celui d'écrire à notre général le 10 de ce mois, pour lui exposer mon opinion que vous m'avez demandée de sa part; je me borne donc à attendre ses derniers ordres et à lui demander en grâce un rendez-vous pour que l'amiral et moi allions verbalement recevoir de lui, en une conversation, un plan définitif; on fera plus en un quart d'heure que par des dépêches multipliées. Je suis, plus que personne au monde, convaincu de ce que vous me mandez, que sa marche a retenu Clinton qui voulait venir nous attaquer, mais je vous observerai en même temps qu'il y avait tout à espérer qu'il aurait été bien battu ici, et que pendant ce temps-là notre général aurait pris New-York. — Sur ce que vous me mandez, mon cher marquis, que la position des Français à Rhode-Island n'est d'aucune utilité aux Américains, je vous observerai :

1° Que je n'ai pas encore ouï dire qu'elle ait nui à aucun d'entre eux;

2° Qu'il serait bon pourtant de réfléchir que la position du corps français peut bien être pour quelque chose dans l'évacuation que Clinton a faite du continent où il était pour se confiner à Long-Island et à New-York; qu'enfin, pendant que la flotte française est observée ici par une marine supérieure et rassemblée, vos côtes de l'Amérique sont tranquilles, vos corsaires font des prises très avantageuses, et votre commerce maritime a toute liberté. Il me semble que dans cette douce position on peut bien attendre une augmentation de marine et de forces que le roi m'a assuré devoir envoyer; qu'enfin, puisque je n'ai pas une lettre de France depuis mon départ, je ne peux que me flatter que la seconde division est en route et m'apporte des dépêches, puisque, si elle avait été bloquée par des forces supérieures, on m'aurait fait porter des côtes de France un avis quelconque. —

Je crains ces Savannah et autres évènemens de cette espèce dont j'ai tant vu dans ma vie. Il est un principe en guerre comme en géométrie, *vis unita fortior*. Au surplus, j'attends les ordres de mon généralissime, et je le supplie de nous accorder, à l'amiral et à moi, une entrevue. Je joindrai la dépêche de ce dernier à ce paquet, dès qu'il me l'aura adressée.

Je vous embrasse, mon cher marquis, du meilleur de mon cœur.

Le comte DE ROCHAMBEAU.

A MM. DE ROCHAMBEAU ET DE TERNAY.

Au Camp, le 18 août 1780.

Messieurs, comme j'ai les mêmes choses à vous soumettre, permettez que cette lettre soit encore commune, et sans me plaindre de l'interprétation de la dernière, permettez que je m'accuse ici de m'être bien gauchement expliqué.

A mon retour ici, Messieurs, le général Washington m'a demandé compte de nos conversations. Vous savez qu'il m'avait donné ses pleins pouvoirs pour vous éclairer sur notre situation, et pour arrêter définitivement le plan de la campagne. Lorsqu'il sut que vous désiriez conférer avec lui, il me manda encore que je devais tout arranger en son nom, comme s'il était présent. Il était naturel qu'il désirât savoir ce que je vous avais dit, ce que vous aviez répondu, ce que nous avions arrêté. Il pensait que la meilleure manière de rassembler toutes ces idées était de les écrire; et moi, craignant de dire un seul mot qui ne fût pas parfaitement suivant vos intentions, je crus qu'il était plus honnête, plus respectueux vis-à-vis de vous, de soumettre à votre examen le compte par écrit que mon général m'avait demandé. J'ajouterai ici, Messieurs, que le général, ne vous croyant éclairés sur notre position que d'après ce que j'avais eu l'honneur de vous dire, les lettres antérieures qu'il avait reçues ne lui paraissaient pas des réponses à ce que je m'étais chargé de vous exposer. Tout ce que je vous ai dit, Messieurs, sur Rhode-Island, sur le passage de Hell's Gate, sur le port de New-York, sur le débarquement, tout était d'après les ordres réitérés du général Washington; et quant aux opinions politiques, dont je me dispenserai dans la suite, parce qu'elles doivent venir de M. le chevalier de la Luzerne, je vous assure que si, en ma qualité de votre compatriote, il était plus délicat de les donner en mon propre nom, elles n'en sont pas moins conformes aux sentimens du général Washington. Le seul instant où je me suis permis de parler d'après moi seul, c'est celui où, lassé des questions qui m'ont été faites par mille individus américains, et sur la seconde division, et sur la supériorité des Anglais dans ce moment, je me suis laissé aller au plus vif désir d'agir sur-le-champ, et à l'espérance que nous pourrions commencer à présent. Si j'ai eu un tort, je crois n'avoir eu que celui-là.

Je crois que la marche sur New-York a rappelé Clinton de la baie d'Huntington, mais je crois que s'il avait fait la sottise de vous attaquer, il aurait à la fois perdu à Rhode-Island une partie de son armée, de la façon des troupes françaises, et perdu l'île de New-York par notre attaque; c'est l'opinion que j'avais, c'est celle que j'ai trouvée établie ici, et je pense qu'il est très malheureux pour la cause commune que le général Clinton n'ait pas poursuivi son entreprise. Est-ce moi qui imaginerai le contraire, moi qu'on a toujours plaisanté de croire impossible que des Français fussent battus?

Lorsque d'après trois lettres et vingt conversations du général Washington je crus devoir vous dire sous quel point de vue nous regardions Rhode-Island, je ne crois pas avoir jamais imaginé de vous mander que vous y ayez nui à personne; et quant à l'avantage d'avoir en Amérique des troupes et une escadre française, permettez-moi de vous représenter, Messieurs, que M. d'Estaing m'a trouvé jadis fort disposé à faire valoir cette vérité; que depuis près de dix-huit mois, et particulièrement depuis le commencement de l'été dernier, j'ai eu avec le gouvernement francais une correspondance suivie pour lui représenter l'utilité d'une pareille mesure; et quoique la reconnaissance des Américains n'ait aucunement besoin d'être excitée, il se passe peu d'heures où je n'emploie une partie de mon temps à faire sentir les avantages que vous leur procurez même dans votre infériorité, et où je ne prenne les mesures les plus propres à faire répéter cette vérité, depuis le Canada jusqu'à la Floride, comme je puis vous le prouver par le peu de copies de lettres que j'ai gardées.

Quant à la politique dont je me suis mêlé de terminer ma lettre, quoique je reconnaisse d'avoir eu tort de vous l'écrire, je suis sûr d'avance que, d'après la connaissance intime du caractère et des ressources américaines, M. le chevalier de la Luzerne est entièrement de mon avis, ainsi que le général Washington.

Je ferai tout ce qui dépendra de moi, Messieurs, pour engager le général à vous aller trouver à moitié chemin; mais dans la proximité où il est de l'ennemi, et dans la situation particulière de l'armée, que depuis le commencement de la guerre il n'a pas quittée, j'ai peur qu'il ne lui paraisse bien difficile de s'absenter. Toutes les fois que vous aurez des ordres à me donner, regardez-moi comme un homme qui, vous pouvez le savoir, adore sa patrie avec un enthousiasme particulier, et qui joint à cet intérêt, le premier de tous dans son cœur, celui de l'attachement respectueux avec lequel j'ai l'honneur d'être, etc.

A M. DE ROCHAMBEAU.

Au camp, le 18 août 1780.

Après vous avoir écrit, Monsieur le comte, une lettre commune avec M. le chevalier de Ternay, permettez-moi de m'adresser à vous avec toute la confiance de cette tendre amitié que j'ai sentie pour vous et que j'ai tâché de vous témoigner depuis ma plus tendre jeunesse. Quoique les expressions de votre lettre me témoignent votre bonté ordinaire pour moi, j'y ai remarqué quelques articles qui, sans m'être personnels, me montrent que ma dernière épître vous a déplu. Après quatre mois, que je me suis jour et nuit occupé à disposer les esprits à vous recevoir, à vous respecter, à vous aimer; après tout ce que j'ai dit pour faire valoir les avantages de votre séjour à Rhode-Island, et après avoir profité de mon influence pour parler au peuple de cette vérité; enfin, Monsieur le comte, après tout ce que m'a dicté mon patriotisme et mon sentiment pour vous, mon cœur ne peut qu'être affecté de vous voir donner à ma lettre une tournure aussi défavorable et à laquelle je n'avais jamais songé. Si dans le cours de cette lettre j'ai pu vous offenser ou vous déplaire; si, par exemple, vous trouvez mauvais le compte par écrit que m'a demandé le général Washington, et que j'ai cru devoir vous soumettre, je vous donne ma parole d'honneur que j'ai cru faire une chose fort simple, si simple même que j'aurais regardé comme un tort vis-à-vis de vous d'y manquer.

Si vous aviez comme moi, Monsieur le comte, entendu parler de cette seconde division; si vous saviez à quel point les Anglais et les tories tâchent de persuader que la France ne veut qu'attiser le feu sans l'éteindre, vous concevriez que le désir de faire taire ces propos me donne un zèle peut-être trop ardent. Je vous l'avouerai en confidence, au milieu d'un pays étranger mon amour-propre souffre de voir les Français bloqués à Rhode-Island, et le dépit que j'en ressens me porte à désirer qu'on opère. — Quant à ce que vous me mandez, Monsieur le comte, à propos de Rhode-

Island, si je vous faisais le détail de ce que j'ai dit, écrit, fait mettre dans les papiers publics; si vous m'aviez vu souvent, au milieu d'une troupe de paysans américains, raconter la conduite des Français à Newport; si vous passiez seulement trois jours ici avec moi, vous verriez l'injustice de cette espèce de reproche.

Si je vous ai offensé, je vous en demande pardon pour deux raisons, la première que je vous aime, la seconde que mon intention est de faire ici tout ce qui pourra vous plaire. Partout où je ne suis que particulier, vos ordres seront pour moi des lois, et pour le dernier des Français qui sont ici je ferais tous les sacrifices plutôt que de ne pas contribuer à leur gloire, à leur agrément, à leur union avec les Américains. Tels sont, Monsieur le comte, mes sentimens, et quoique vous m'en supposiez de bien contraires à mon cœur, j'oublie cette injustice pour ne penser qu'à mon attachement pour vous.

P. S. Je suis bien loin de penser, Monsieur le comte, que j'aie le moindre mérite dans le sentiment qu'on a ici pour vous et pour les officiers de votre armée; cet amour-propre est bien loin de moi; mais enfin j'avais l'avantage de vous connaître, et j'ai eu celui de prédire ce que l'on a vu à votre arrivée et de répandre l'opinion de ce qui était autour de vous. Je suis bien convaincu, et personne ne peut disconvenir ici, que sans votre arrivée les affaires américaines auraient mal été cette campagne; mais au point où nous en sommes, ce n'est pas assez, et il est important d'avoir des avantages. Croyez que, quand je l'ai mandé *en mon nom*, cette opinion n'était pas à moi tout seul ; mon tort a été d'écrire avec chaleur, officiellement, ce que vous auriez pardonné à ma jeunesse si je vous l'avais écrit en ami à vous seul; mais j'étais tellement dans la bonne foi que votre lettre m'a surpris autant qu'elle m'a affligé, et c'est beaucoup dire.

DE M. DE ROCHAMBEAU.

Newport, le 27 août 1780.

Permettez, mon cher marquis, à un vieux père, de vous répondre comme à un fils tendre qu'il aime et estime infiniment. Vous me connaissez assez pour croire que je n'ai pas besoin d'être excité, qu'à mon âge, quand on a pris un parti fondé sur la raison militaire et d'état, forcé par les circonstances, toutes les instigations possibles ne peuvent me faire changer sans un ordre positif de mon général. Je suis assez heureux, au contraire, pour qu'il me dise dans ses dépêches que mes idées s'accordent substantiellement avec les siennes sur toutes les bases qui permettront de tourner ceci en offensive, et que nous ne différons que sur quelques détails sur lesquels la plus petite explication et certainement ses ordres trancheront toute difficulté. — Vous êtes humilié, mon cher ami, dans votre qualité de Français, de voir une escadre anglaise bloquer ici, par une supériorité marquée de vaisseaux et de frégates, l'escadre du chevalier de Ternay ; mais consolez-vous, mon cher marquis ; le port de Brest est bloqué depuis deux mois par une flotte anglaise qui a empêché de partir la seconde division sous l'escorte de M. de Bougainville. Si vous aviez fait les deux dernières guerres, vous n'auriez entendu parler que de ces blocus ; M. de Guichen, à ce que j'espère, d'une part, et M. de Gaston, de l'autre, nous vengeront tous de ces chagrins momentanés.

C'est toujours bien fait, mon cher marquis, de croire les Français invincibles ; mais je vais vous confier un grand secret, d'après une expérience de quarante ans : il n'y en a pas de plus aisés à battre, quand ils ont perdu la confiance en leurs chefs, et ils la perdent tout de suite, quand ils ont été compromis à la suite de l'ambition particulière et personnelle. Si j'ai été assez heureux pour conserver la leur jusqu'ici, je le dois à l'examen le plus scrupuleux de ma conscience ; c'est que sur quinze mille hommes à peu près qui ont été tués ou blessés sous mes ordres dans les différens grades et les actions les plus meurtrières, je n'ai pas à me reprocher d'en avoir fait tuer un seul pour mon propre compte.

Vous mandez au chevalier de Chastellux, mon cher marquis, que l'entrevue que je demande à notre général l'embarrasse, parce que c'est lors de l'arrivée de la seconde division, et que ce serait alors le temps d'agir. Eh! mon Dieu, vous avez donc oublié que je ne cesse de la demander préalablement à tout et qu'elle est indispensable pour convenir entre lui, l'amiral et moi, de tous nos moyens, de tous nos détails, afin qu'au cas qu'une des trois chances arrive pour nous mettre à portée d'agir offensivement, l'exécution soit prompte et rapide. Ce sera dans un de ces trois cas, mon cher marquis, que vous retrouverez encore dans votre vieux radoteur de père des restes de vigueur et d'activité. — Soyez donc bien persuadé de ma plus tendre amitié, et que si je vous ai fait observer très doucement les choses qui m'ont déplu dans votre dernière dépêche, j'ai jugé tout de suite que la chaleur de votre ame et de votre cœur avait un peu échauffé le flegme et la sagesse de votre jugement. Conservez cette dernière qualité dans le conseil, et réservez toute la première pour le moment de l'exécution. C'est toujours le vieux père Rochambeau qui parle à son cher fils Lafayette qu'il aime, aimera et estimera jusqu'au dernier soupir.

Le Comte de ROCHAMBEAU.

AU CHEVALIER DE LA LUZERNE.

Robinson-House, vis-à-vis WPoint, le 26 septembre 1780.

En vous quittant hier matin, Monsieur le chevalier, pour venir déjeuner ici chez le général Arnold, nous étions bien loin de penser à l'évènement dont je vais vous faire part (1). Vous frémirez du danger

(1) On n'avait pas abandonné l'idée d'une expédition sur New-York. On en traitait par lettres. Le général Washington tombait d'accord avec les généraux français de la nécessité d'attendre un renfort maritime. Ceux-ci insistaient pour avoir une conférence avec lui et M. de Lafayette. (Voyez surtout la lettre de Washington du 21 août, tom. VII,

que nous avons couru. Vous admirerez la chaîne miraculeuse de hasards et d'évènemens imprévus qui nous a sauvés; mais vous serez encore plus surpris en connaissant par quels instrumens se conduisait cette conjuration. West-Point était vendu, et c'était par Arnold ; le même homme qui s'était couvert de gloire en rendant à sa patrie des services signalés, avait dernièrement formé un pacte horrible avec les ennemis, et sans le hasard qui nous a conduits ici à une certaine heure, sans celui qui, par une combinaison d'accidens a fait tomber l'adjudant-général de l'armée anglaise dans les mains de quelques paysans, hors de tous nos postes, West-Point et la rivière du Nord seraient à présent peut-être dans la possession des ennemis.

Quand nous partîmes hier de Fishkill, nous fûmes précédés par un de mes aides-de-camp et celui du général Knox, qui trouvèrent ce général et madame Arnold à table, et s'y mirent avec eux pour déjeuner. Pendant ce temps-là, on porta deux lettres au général Arnold, en lui rendant compte de la prise de

---

p. 169.) Cette conférence, long-temps différée, fut enfin accordée, et le rendez-vous fixé à Hartford (Connecticut). Washington quitta son armée le 18 septembre. On se rappelle que c'est son entrevue avec Arnold au passage de l'Hudson qui détermina ce dernier aux démarches qui amenèrent la découverte de la conspiration. (Voyez plus haut p. 261). Aussi quelques jours après, M. de Rochambeau écrivait-il à M. de Lafayette :

« La Providence est pour nous, mon cher marquis, et cette entrevue
« si intéressante, que j'ai tant désirée et qui m'a fait tant de plaisir, est
« couronnée par un coup du ciel. Le chevalier de la Luzerne n'est point
« encore arrivé; j'ai pris le parti de décacheter votre lettre pour lui où
« je devais trouver tous les détails de cette horrible conspiration, et j'en
« suis pénétré de douleur et de plaisir de sa découverte ».

l'espion. Il ordonna qu'on sellât un cheval, monta ensuite chez sa femme pour lui dire qu'il était perdu, et chargea son aide-de-camp de dire au général Washington qu'il allait à West-Point, et reviendrait dans une heure.

A notre arrivée ici, nous passâmes la rivière et allâmes visiter les ouvrages. Vous jugerez de notre étonnement, lorsqu'à notre retour on nous apprit que l'espion arrêté était le major André, adjudant-général de l'armée anglaise; et lorsque par les papiers trouvés sur lui, on reconnut la copie d'un conseil de guerre fort intéressant, l'état de la garnison et des ouvrages, des observations sur les moyens d'attaque et de défense, le tout écrit de la main du général Arnold.

L'adjudant-général anglais écrivait aussi au général en avouant son nom et sa situation. On courut après Arnold; mais il s'était sauvé dans un bateau à bord de la frégate anglaise *le Vautour*, et personne ne soupçonnant sa fuite, aucun poste n'avait pu songer à l'arrêter. Le colonel Hamilton qui avait couru après lui, reçut bientôt après un parlementaire avec une lettre d'Arnold pour le général, où il n'entre dans aucun détail pour justifier sa trahison, et une lettre du commandant anglais Robertson qui, dans un style fort insolent, redemandait l'adjudant-général, comme n'ayant agi que par la permission du général Arnold.

Le premier soin du général a été de rassembler à West-Point les troupes qu'Arnold avait dispersées sous différens prétextes. Nous sommes restés ici pour veiller à la sûreté d'un fort que les Anglais respecteront moins en le connaissant davantage. On fait venir des troupes continentales, et comme les conseils d'Arnold peuvent déterminer Clinton à un mouvement soudain, l'armée a eu ordre d'être prête à marcher à la minute.

A MADAME DE TESSÉ.

Au camp sur la rive droite de la rivière du Nord, près de l'île de New-York, 4 octobre 1780.

Une frégate française arrivant d'Amérique... le fils de M. de Rochambeau à bord.... bon Dieu, quel bruit cela va faire, et quelle peine les curieux auront à découvrir le secret des ministres ! Moi, ma cousine, je vais vous dire le nôtre. L'armée française est arrivée à Rhode-Island, et n'en est pas sortie. Les sept vaisseaux de M. de Ternay ont toujours été bloqués, et les Anglais ont ici dix-neuf vaisseaux sous l'heureux Rodney. Nous autres Américains, sans argent, sans paie et sans vivres, nous avons par de bonnes paroles formé une armée qui depuis trois mois offre la bataille aux Anglais, mais qui sans vaisseaux ne peut pas aller sur l'île de New-York. Gates, qui n'était pas mon ami, l'est encore moins depuis qu'il s'est laissé battre dans le sud. Mais tout cela est aussi monotone qu'une guerre européenne, et pour soutenir l'intérêt, il faut de la catastrophe.

Vous saurez donc, ma cousine, qu'un certain général Arnold, fort fameux de par le monde, commandait pour nous à West-Point, et sur la rivière du Nord dont M. le duc d'Ayen vous expliquera l'importance. Le général Washington et moi, revenions d'Hartford où nous avions conféré avec les généraux français, et au moment où nous arrivions à la maison de cet Arnold, nous découvrîmes une conspiration de la plus grande importance. C'est à une combinaison de hasards incroyables que nous devons cette découverte. West-Point était vendu par Arnold, et nous par conséquent perdus. Le traître s'est enfui chez les ennemis.

J'ai reçu de vos nouvelles par la flotte et par *l'Alliance*, ma chère cousine, et j'en attends depuis longtemps avec impatience. Celle de la nation ne sera pas satisfaite de la tranquillité où nous sommes. Mais sans vaisseaux, nous ne pouvons qu'attendre les coups, et le général Clinton ne paraît pas pressé d'en porter ici. Quant à nous, républicains, nous prêchons notre souverain maître, le peuple, pour qu'il lui plaise de recommencer ses efforts. En attendant, nous sommes d'une frugalité, d'une pauvreté, d'une nudité dont, j'espère, on nous tiendra compte dans l'autre monde en guise de purgatoire.

Poirey (1) est ici, ma chère cousine, et quoiqu'il n'y retrouve pas Saint-Germain, je vous assure qu'il s'accoutume fort bien à la vie de soldat. Je vous remercie de tout mon cœur des nouvelles que vous me mandez. Quoiqu'elles m'aient fait un vif plaisir, j'ose à peine y répondre, de peur que mes réponses n'aient

---

(1) Secrétaire. Le maréchal de Noailles avait une maison à Saint-Germain.

par trop l'air de venir de l'autre monde. On a mis dans les gazettes que le roi d'Espagne était mort. Est-ce que Dieu l'aurait puni d'avoir donné la grandesse à M. de Montbarrey ?

Je n'ai pas besoin, ma cousine, de vous dire que ma santé est bonne, c'est mon usage. Ma situation ici est aussi agréable que possible. Je suis fort bien avec l'armée française, à ce que je crois. On me comble de bontés dans l'armée américaine; j'y commande un camp-volant composé de l'élite de l'armée. Mon ami le général Washington est toujours pour moi tel que je vous l'ai dépeint.

Adieu, ma chère cousine, quand vous verrai-je ? Mon Dieu, faites une bonne paix pour que j'embrasse mes amis, et je renonce à ma part de prise dans la gloire que nous pourrions espérer par la suite.

Permettez-moi d'embrasser ici M. de Tessé, M. de Mun, M. Sénac, le baron (1), j'allais dire sa fille.

A MADAME DE LAFAYETTE.

Auprès du fort Lee, vis-à-vis le fort Washington, sur la rivière du Nord, le 7 octobre 1780.

Vous aurez appris, mon cher cœur, tout ce qui a pu vous intéresser sur mon compte, depuis mon arrivée à Boston jusqu'à mon voyage à Rhode-Island, où les affaires publiques et le désir particulier de voir

---

(1) Le baron de Tott.

mes amis m'ont conduit peu de temps après leur débarquement. J'ai été depuis à Hartford dans le Connecticut pour une entrevue des généraux français avec le général Washington ; mais, des jeunes gens mes amis, il ne s'y est trouvé que Damas (1). Le vicomte (2) et moi nous écrivons souvent, mais ne nous voyons guère, et le malheureux reste enfermé à Rhode-Island ; l'escadre française y retient l'armée, et y est elle-même retenue par dix-neuf vaisseaux de ligne accompagnés de beaucoup d'autres bâtimens de guerre, avec lesquels M. Rodney promène en triomphe le pavillon britannique. Tant que notre infériorité maritime durera, vous pourrez être tranquille sur la santé de vos amis d'Amérique.

Je vais pourtant vous parler de la mienne ; elle a été toujours excellente et ne s'est pas dérangée un seul instant ; la vie de soldat est infiniment frugale, et la chère des officiers-généraux de l'armée rebelle est un peu différente de celle que font ceux de l'armée française à Newport. Vous aurez su qu'à mon arrivée en Amérique je trouvai l'armée du général Washington fort exigüe en nombre, et plus encore en ressources. Les espérances n'étaient pas brillantes, et la perte de Charlestown était pour nous un coup de massue. Mais le désir de coopérer avec leurs alliés donna aux États un nouveau ressort. L'armée du général Washington augmenta de plus de moitié, et on y ajouta plus de dix mille hommes de milice qui seraient venus si nous eussions agi offensivement. Il

---

(1) Le comte Charles de Damas, mort pair de France sous la restauration.

(2) Le vicomte de Noailles.

y eut des associations de marchands, des banques patriotiques pour faire subsister l'armée. Les dames firent et font encore des souscriptions pour donner quelques secours aux soldats; dans le temps que cette idée fut proposée, je me fis votre ambassadeur auprès des dames de Philadelphie, et vous êtes pour cent guinées sur la liste. Le général Gates eut dans le sud une armée suffisante pour la défensive, mais il a été complètement battu en Caroline. Le fruit de tous ces travaux a été de prouver aux Français, que les Américains ne demandaient pas mieux que de seconder leurs vues; aux Anglais, que la flamme de la liberté n'était point éteinte en Amérique; et de nous tenir pendant toute la campagne à portée d'une bataille que le général Clinton, quoique égal en nombre, n'a pas jugé à propos d'accepter. Si nous avions eu des vaisseaux, il eût été possible de faire davantage.

Comme je sais que tout ce qui m'intéresse vivement devient aussi intéressant pour vous, je vous dirai que nous sommes occupés d'un grand système, qui nous assurerait une armée considérable pour toute la guerre, et qui mettrait en œuvre toutes les ressources dont l'Amérique peut être susceptible. Dieu veuille que le peuple connaisse bien ses vrais intérêts, et nos affaires iront sans peine.

M. de Rochambeau et M. de Ternay, ainsi que tous les officiers français, se conduisent fort bien ici. Un petit excès de franchise m'a occasioné un léger débat avec ces généraux. Comme j'ai vu que je ne persuadais pas, et qu'il est intéressant à la chose publique que nous soyons bons amis, j'ai dit à tort et à travers que je m'étais trompé, que j'avais commis une faute, et j'ai en propres termes demandé pardon, ce qui a eu un si merveilleux effet que nous sommes mieux que jamais à présent.

Je commande un camp-volant qui fait toujours l'avant-garde, et est indépendant de la grande armée; cela est beaucoup trop beau pour notre situation pacifique.

Sur la rivière d'Hackensack, ce 8 octobre 1780.

Vous apprendrez, mon cher cœur, un évènement important et où l'Amérique l'a échappée belle; c'est une conspiration affreuse tramée par le fameux Arnold; il avait vendu aux Anglais le fort de West-Point où il commandait et par conséquent le cours de la rivière du Nord; il ne s'en est fallu que d'un rien que cette conjuration ait été exécutée, et il y a eu autant de hasards combinés que dans l'affaire de *l'Alliance* dont je vous ai souvent parlé (1). Après notre voyage d'Hartford, le général Washington passa par West-Point qui n'était pas dans son chemin; mais il voulait me montrer les ouvrages qui ont été faits depuis mon départ pour France. Retenus par différens accidens le long de la route, nous sommes arrivés dans la maison du traître au moment où il venait de recevoir des lettres qui l'ont découvert. Il n'avait pas le temps d'intercepter ces preuves de son infamie, et par conséquent il n'a pu que se sauver à New-York une demi-heure avant notre arrivée.

(1) La conspiration découverte à bord de la frégate qui ramena M. de Lafayette, en septembre 1779.

L'adjudant-général de l'armée anglaise a été arrêté sous un habit et un nom déguisés. C'était un homme intéressant, le confident et l'ami du général Clinton; il s'est conduit d'une manière si franche, si noble, si délicate, que je n'ai pu m'empêcher de le regretter infiniment.

J'ai eu un grand plaisir à lire les lettres de mes charmantes sœurs, je leur écrirai demain, et je vais toujours envoyer ce griffonnage, de peur que la frégate ne parte. Je finis ma lettre ici, après l'avoir commencée un peu plus près des ennemis; nous y avons été pour protéger une petite entreprise d'un détachement de mon avant-garde, qui s'est bornée à prendre deux officiers et une quinzaine d'hommes et de chevaux. Nous marchons à présent vers un endroit que vous trouverez marqué sur la carte, Totawa, où la grande armée doit aussi se rendre. J'écrirai de là à madame d'Ayen et à mes sœurs.

Totawa-Bridge, ce 10 octobre 1780.

Je vais fermer ma lettre, mais avant de la cacheter, je veux vous parler encore un petit moment de ma tendresse. Le général Washington a été bien sensible à ce que je lui ai dit pour vous; il me charge de vous présenter ses plus tendres sentimens; il en a beaucoup pour George (1). Il a été fort touché du nom que nous lui avons donné. Nous parlons souvent de vous et de la petite famille; adieu, adieu.

(1) M. George Washington Lafayette.

AU GÉNÉRAL WASHINGTON.

Camp de la division légère, 30 octobre 1780.

Mon cher Général,

Dans nos conversations sur les opérations militaires, vous m'avez dit souvent que, depuis le commencement de la campagne, vos yeux étaient tournés vers un certain projet sur lequel je partage en général vos vues et vous prie de me permettre quelques observations.

Loin de diminuer mon désir de terminer la campagne par quelque coup brillant, l'entreprise sur Staten-Island, quoique ayant échoué, a fortifié mon opinion; car j'ai vu clairement que les probabilités eussent été en notre faveur, et que nos hommes étaient tout-à-fait aptes à une entreprise de ce genre (1).

---

(1) M. de Lafayette avait pris depuis le 7 août le commandement du corps de l'infanterie légère, consistant en six bataillons composés chacun de six compagnies d'hommes choisis dans les différentes lignes de l'armée. Ces bataillons étaient divisés en deux brigades, l'une commandée par le général Hand, et l'autre par le général Poor. L'inaction forcée de l'armée contrariait beaucoup et le caractère et la politique de M. de Lafayette; il cherchait sans cesse les moyens d'y mettre un terme, au moins pour son propre compte. Le 14 août il avait écrit au général Washington pour lui demander l'autorisation d'essayer une surprise nocturne sur deux camps de Hessois établis à York-Island. Au commencement d'octobre, il tenta sur Staten-Island une expédition qui ne put s'accomplir par la faute de l'administration du matériel de l'armée. Cette lettre et celles du 13 novembre y font allusion. Nous avons dû retrancher dix lettres relatives uniquement à ces incidens sans importance d'une guerre d'observation.

Mes raisons pour désirer une tentative sont celles-ci. 1° Toute entreprise plaira au peuple de ce pays, lui montrera que nous ne restons pas oisifs lorsque nous avons des hommes; et même une défaite, pourvu qu'elle ne fût pas désastreuse, aurait encore ses bons effets. 2° On s'est souvent plaint à moi, à la cour de France, de l'inaction de cette armée américaine qui avant l'alliance s'était distinguée par son esprit entreprenant. On m'a dit souvent : « Vos amis nous « laissent à présent livrer leurs batailles et ne se ris- « quent plus. » Il est plus que jamais d'une haute importance politique de leur montrer que nous sommes prêts à coopérer. Soyez assuré, mon cher général, que l'intérêt de beaucoup de gens est de faire supposer que *nous n'étions pas prêts;* et si quelque chose peut décider le ministère à accorder le secours demandé, ce sera de donner à la nation la preuve que *nous étions prêts*. Le chevalier de la Luzerne en était si convaincu (et sur ce point, son intérêt est pareil au nôtre), qu'il avait été charmé du projet de Staten-Island. Je connais bien la cour de Versailles, et si j'avais à y retourner, je croirais très impolitique de partir si nous n'avions rien fait. 3° Enfin il est plus que probable que des médiateurs entameront des négociations cet hiver; c'est alors que l'Angleterre dira : « Comment pouvons-nous abandonner « nos prétentions sur un peuple que nous considérons « comme à moitié conquis ? leur ville la mieux forti- « fiée a été prise par une armée peu supérieure en « nombre à ses défenseurs; leur armée du sud a été « mise en déroute presque aussitôt que celle des An- « glais l'a regardée. New-York est tellement à nous,

« qu'ils n'osent en approcher, et les forces du général
« Washington ne dépassent pas cinq mille hommes. »
Que pourra répondre la France, surtout depuis que d'après les lettres que je reçois, l'affaire de Charlestown
a jeté nos armes dans un tel discrédit? Mais quelle
différence si la France pouvait dire : « L'armée américaine a emporté, l'épée à la main, vos meilleurs
« ouvrages; elle vous a offert la bataille dans votre
« propre île, et peut-être (pourrait-elle ajouter, car
« les nouvelles se grandissent en voyageant), peut
« être dans ce moment est-elle maîtresse de New-
« York. »

D'après ces considérations, mon cher général,
voici ce que je désire : trouver une expédition qui
ait de l'éclat, qui procure des avantages probables,
et un immense dans l'avenir; qui enfin, si elle ne
réussit pas, n'entraîne point de suites fatales; car la
perte de deux ou trois cents hommes, dont la moitié
n'est enrôlée que pour deux mois, ne serait pas une
calamité sans ressource.

La base du projet, c'est que le fort Washington,
une fois en notre pouvoir, peut avec les batteries du
fort Lee, protéger notre passage à travers la rivière
du Nord, et assurer notre retraite, principalement
si l'on ajoute quelques ouvrages à l'endroit du rembarquement. On peut prouver que la prise du fort
Washington est très probable, et je sais que sur
ce point vous êtes de mon avis. L'ennemi conserve
dans la partie supérieure de l'île environ quinze cents
à deux mille hommes qui occuperaient aussitôt tous
les postes de ce côté. L'armée de Long-Island, comme
aussi les troupes cantonnées à Harlem, se retireraient à

New-York. Dès que le fort Washington serait à nous, l'armée se porterait sur l'île, et nos troupes de West-Point arriveraient au même moment, ce qui est facile à calculer ; de manière que nous pourrions ou tenir tous les postes du haut, ou les couper de leur principale armée. Quelques miliciens viendraient à notre aide, et comme ces postes ne sont pas bien approvisionnés, nous les prendrions au moins par la famine.

L'armée ennemie est de neuf mille hommes ; il doit y en avoir environ mille dispersés dans les différens postes ; quinze cents au moins seront tués ou pris au fort Washington, ou bloqués à Laurel-Hill ; il ne leur resterait qu'entre six ou sept mille hommes pour en attaquer dix. Je ne compte pas les deux mille miliciens, en supposant qu'ils osent les faire sortir, parce que nous pourrions leur en opposer quatre mille à nous. Dans une telle situation, est-il possible que sir Henri Clinton hasarde une bataille ? S'il le fait, et que par aventure nous soyons battus, nous nous retirerons sous le fort Washington ; mais si nous le battons, ses ouvrages seront si éloignés, qu'il sera écrasé dans sa retraite. Dans le cas contraire, et surtout s'il sait que l'armée française va venir et si nous répandons le bruit que la seconde division ou le comte de Guichen approche des côtes, il restera dans ses ouvrages, et nous enlèverons de façon ou d'autre les postes du haut. Lorsque nous serons sur le terrain, nous pourrons reconnaître New-York et voir s'il y a quelque chose à faire. Si Clinton faisait un fourrage dans les Jerseys, je serais nettement d'avis de pousser jusqu'à la ville.

Si nous devons agir, l'époque de la saison rend nécessaire d'agir sur-le-champ. Je porterais aussitôt que possible l'armée sur notre position près du nouveau pont. Ce mouvement peut engager Clinton à marcher vers les Jerseys et nous rapprocher du point de l'exécution.

Quoique ma gloire personnelle et la vôtre, mon cher général, toutes deux bien chères à mon cœur, soient grandement intéressées, moins dans l'opinion de l'Amérique que dans celle de l'Europe, à ce que nous fassions quelque chose dans cette campagne, j'espère que vous me connaissez trop bien pour penser que j'insisterais sur une détermination de cette nature, si je ne savais qu'elle est politiquement nécessaire, et qu'elle offre une suffisante probabilité militaire.

J'ai l'honneur d'être, etc.

P. S. Nous pourrions avoir dans douze jours les six cents hommes de la légion de Lauzun. Quand nos mouvemens n'auraient d'autre résultat que d'opérer une diversion en faveur du sud, nous serions généralement approuvés, et peut-être gênerions-nous les opérations du général Leslie.

DU GÉNÉRAL WASHINGTON A M. DE LAFAYETTE.

Au quartier-général, 30 octobre 1780.

Il est impossible, mon cher marquis, de désirer plus ardemment que je ne fais de terminer cette campagne par un coup heureux; mais nous devons plutôt consulter nos moyens que nos désirs, et ne pas essayer d'améliorer l'état de nos affaires par des tentatives dont le mauvais succès les ferait empirer. Il faut déplorer que l'on ait mal compris notre situation en Europe ; mais pour tâcher de recouvrer notre réputation, nous devons prendre garde de la compromettre davantage. Toujours, depuis qu'il est devenu évident que les armés alliées ne pouvaient dans cette campagne faire d'opérations combinées, j'ai eu l'œil ouvert sur le point que vous indiquez, déterminé que j'étais, si une favorable occurrence se présentait, à la saisir. Mais autant que je puis me fier à mes informations, l'entreprise ne pourrait être garantie. Dans mon opinion, il serait imprudent de jeter une armée de dix mille hommes sur une île contre neuf mille sans les marins et la milice; telle paraît être, d'après nos rapports, la force de l'ennemi. Tout ce que nous pouvons faire à présent est donc de chercher à nous procurer une connaissance plus certaine de sa situation et d'agir en conséquence. C'est ce dont je me suis occupé quelque temps, mais jusqu'ici avec peu de succès. Je vous serai obligé de tout ce que vous pourrez faire pour m'y aider. La fuite d'Arnold semble avoir épouvanté jusqu'à la folie tous mes donneurs d'avis.

Je suis sincèrement, etc., etc.

AU GÉNÉRAL WASHINGTON.

Camp de la division légère, 13 novembre 1780.

Mon cher Général,

En roulant dans mon esprit les chances d'être decouvert par le clair de lune, et d'un autre côté, les inconvéniens de rester sous nos tentes plus longtemps que vous ne le souhaitez, j'ai cherché s'il y avait telle position qui nous permît de profiter des premières heures de la nuit. Je ne puis prétendre savoir jusqu'à quel point l'attention de l'ennemi peut être éveillée par l'envoi des Pensylvaniens vers Acquaquenoc, et par notre marche vers la position d'Hackensack (1). Le plus difficile de l'affaire serait l'article des bateaux. Le colonel Smith ira demain matin à West-Point, à moins que quelque avis reçu au quartier-général ne fît juger utile que l'entreprise fût tentée plus tôt, auquel cas il irait reconnaître les lieux. Ne pourrait-il ramener de West-Point le colonel Gouvion qui a souvent examiné la place avec l'œil d'un ingénieur ? Ces idées qui se présentent à mon esprit n'ont rien d'arrêté, mais j'ai voulu vous les communiquer.

Très tendrement et respectueusement, etc.

(1) Le général en chef projetait une attaque sur les postes de la partie nord de l'île de New-York. Pendant que le général Heath aurait par une feinte attiré ailleurs l'attention de l'ennemi, Washington devait se porter en avant, et M. de Lafayette attaquer le fort Washington. Cette expédition mûrement préparée se réduisit à quelques reconnaissances. La campagne se termina sans engagement sérieux.

Le marquis de Laval-Montmorency, d'une des plus illustres familles de France, est en route pour le camp. Le chevalier de Chastellux, mon parent et mon ami, major-général dans l'armée française, vient aussi. J'attends chaque jour mon beau-frère, et son ami, le comte de Charlus, fils unique du marquis de Castries qui jouit en France d'une grande considération et qui a gagné la bataille de Clostercamp. Le duc de Lauzun m'a aussi écrit qu'il viendrait bientôt (1). Ces cinq officiers peuvent, par leur existence dans leur pays, être regardés comme les personnes les plus considérables de l'armée française. Je vous donne ces petits renseignemens avant leur arrivée, d'après ce que vous m'avez demandé dans l'origine.

J'écris aux officiers qui commandent à Fishkill, West-Point et King's Ferry, afin que l'on indique à ces Messieurs la meilleure route pour se rendre à mon quartier, d'où je vous les présenterai; je crois que les lettres doivent être envoyées aussitôt que possible.

P. S. Je réfléchis que puisque le général Heath commande tous ces postes, il vaut mieux n'écrire qu'à lui. Vous pourriez aussi lui envoyer un mot.

(1) Le marquis de Laval est le duc de Laval, mort sous la restauration. Le chevalier de Chastellux est connu par ses ouvrages. Le comte de Charlus est aujourd'hui le duc de Castries, membre de la chambre des pairs. M. de Lauzun a été général au service de la république française.

AU GÉNÉRAL WASHINGTON.

Paramus, 28 novembre 1780.

Mon cher Général,

Nous sommes arrivés ici la nuit dernière, et nous avons été favorisés par le temps dans notre reconnaissance de l'île, pendant laquelle, je l'avoue, mes impressions étaient fort différentes de celles que j'avais éprouvées lorsque je regardais ces forts avec un œil d'espoir. J'ai vu cette fatale sentinelle à laquelle le colonel Gouvion faisait allusion, sur une batterie haute de Jeffery's Hook. J'ai vu aussi un petit bâtiment flottant au pied, mais c'est peu de chose, sans canon et rien que deux hommes à bord. Rien d'autre sur la rivière que ces maudits gardes ordinaires.

Puisque vous voulez bien me consulter sur le choix d'un adjudant-général, je vous répéterai ici, mon cher général, que quoique j'aie jadis jugé autrement le général Hand, son zèle, son obéissance, son amour pour la discipline m'ont donné une très haute opinion de lui. Le colonel Smith a été employé par moi à des fonctions du même genre, et je puis répondre qu'il remplira parfaitement vos intentions; à moins cependant que vous ne jetiez les yeux sur un homme qui, je crois, conviendrait mieux que tout autre au monde. Hamilton est, je l'avoue, l'officier que j'aimerais le mieux voir dans ce poste. A égalité de mérite, ses services sont de nature à obtenir de vous la préférence. Mais sa connaissance parfaite de vos intentions et de vos opinions sur toutes les dispositions militaires, son attachement à la discipline, l'avantage qu'il aurait sur tous les autres, particulièrement lorsque les deux armées opéreraient ensemble, et ses talens peu communs, le rendraient parfaitement propre à vous servir en cette nouvelle qualité. L'utilité dont il est à présent serait fort accrue par cet avancement; et sur tous les points il continuerait de rendre les mêmes services. Un adjudant-général doit être toujours près du commandant en chef. Hamilton resterait donc dans votre état-major, et sa grande facilité pour les affaires le rendrait bon à tout. Sous tous les rapports publics et privés, mon cher général, je vous conseillerais de le prendre.

Je vous écrirai, en arrivant à Philadelphie, comment vont les affaires, d'après quoi je dresserai mes plans particuliers. Je souhaite de tout mon cœur que des nouvelles d'Europe nous mettent en état de tenter cet hiver quelques opérations maritimes. L'idée d'être si long-temps loin de vous me déplaît, il est vrai; mais je ne dois pas rester oisif. Dans tous les cas, il faut que je sois de retour quand l'armée immédiatement sous vos ordres entrera en campagne.

Je me flatte de l'espoir de rencontrer madame Washington sur la route. Adieu, mon cher général, très tendrement et respectueusement à vous.

AU GÉNÉRAL WASHINGTON.

Philadelphie, 5 décembre 1780 (1).

Mon cher Général,

Je vous parlais dans ma lettre d'hier du projet d'une expédition espagnole contre Saint-Augustin. On compte partir à la fin de décembre, ce qui certainement conduira jusqu'au milieu de janvier. Elle consistera en douze vaisseaux de ligne, quelques frégates et galiotes à bombes, et beaucoup de troupes. J'ai conseillé au ministre de vous communiquer officiellement cette nouvelle, ainsi qu'au comte de Rochambeau, afin que vous puissiez prendre les meilleurs moyens d'en tirer avantage.

Pour moi, mon cher général, je me suis conduit conformément à ce que vous m'avez dit dans nos dernières conversations; que si une supériorité maritime pouvait être obtenue dans le cours de l'hiver, notre affaire serait de pousser au sud, et que vous prendriez pour cela quatre mille Français et deux mille Américains. Rien ne peut être entrepris contre New-

---

(1) L'hiver, selon l'usage, amena la dispersion de l'armée. M. de Lafayette se rendit à Philadelphie pour être plus à portée des nouvelles et des arrivages de l'Europe. Ce fut là qu'il conçut pour la première fois l'idée d'aller servir dans le sud sous le général Greene, qui devait faire une campagne d'hiver. Quant au projet d'une diversion en Floride, opérée par les Espagnols, il l'accueillit avec ardeur, voulut même l'agrandir, et écrivit à ce sujet soit au général Washington, soit à M. de la Luzerne, soit aux commandans espagnols, de longues lettres qui ont peu d'intérêt, ce projet n'ayant pas eu de suites importantes; ces lettres ont été omises.

York avant la fin de mai. Tout ce qui pourra nous employer pendant février, mars et avril, mérite notre attention.

La Confédération mettait à la voile pour aller chercher des draps aux Antilles. On ne me laissait pas le temps d'attendre votre réponse. Je connaissais parfaitement votre opinion sur cette affaire. En conséquence, et de l'avis du chevalier de la Luzerne, je lui ai écrit une lettre datée du camp, dans laquelle je lui explique que quelque chose se pourrait faire de concert pour le bien commun, et je fortifie mon opinion de la vôtre, sans cependant m'engager, ni vous encore moins, dans une demande formelle et directe adressée aux généraux espagnols.

Vous trouverez ci-joint la copie de cette lettre. La première partie porte que si après avoir débarqué des troupes en Floride, ils envoyaient des vaisseaux nous chercher, nous pourrions, en étant prévenus trois semaines avant le départ de l'escadre, tenir prêts six mille hommes pour effectuer une puissante diversion en Caroline. Je semble ne considérer que leurs intérêts, et je m'efforce d'entraîner dans cette entreprise la circonspection espagnole; cependant à moins d'une demande officielle et positive, cette portion de ma lettre n'aura, je crois, aucun résultat.

La seconde partie produira, j'espère, quelque bien pour l'Amérique. J'insiste sur la nécessité d'ouvrir une correspondance avec le général Greene, qui peut, par ses manœuvres, favoriser l'expédition espagnole, laquelle courrait de grands risques, si l'on ne débarquait un corps de troupes sur les frontières de la Géorgie pour menacer au moins Augusta et

Savannah. Je conseille une croisière devant le port de Charlestown, toujours dans leur propre intérêt.

J'ai aussi écrit au commandant de la marine française aux Antilles, pour lui conseiller de secourir le chevalier de Ternay, ce que je sais qu'il ne fera pas; je saisis cette occasion de condamner l'absurde négligence de ne pas montrer près de nos côtes les vaisseaux français qui retournent en Europe; je demande aussi que dans leurs courses de Saint-Domingue, ils se présentent quelquefois devant Charlestown et Savannah. Je vous envoie une copie de cette lettre.

Quoique je parle toujours du commencement de février, il est certain que le mois entier conviendrait pour une expédition du sud. Mars et avril seraient plus que suffisans pour prendre Charlestown. Dans tous les cas, je sais par vos dernières conversations que vous désirez la supériorité maritime cet hiver pour secourir les États méridionaux.

J'ai eu ce matin, mon cher général, un long entretien avec le chevalier de la Luzerne sur tout cela. Il pense, ainsi que moi, que les généraux espagnols n'enverront point ici leurs vaisseaux, à moins d'une demande formelle, et qu'un plan de campagne ne leur ait été présenté. Dans ce cas même, on pourrait bien encore mettre en doute leur coopération. Mais si vous jugiez qu'il vaut mieux essayer, vous pourriez proposer aux généraux français d'envoyer une frégate et de convenir de ce qu'il serait à propos de faire de concert. Supposé qu'on prît quatre mille Français en laissant quelques troupes et la milice à Rhode-Island, nous pourrions fournir deux mille Américains. Cependant les Espagnols sont si positifs, si stricts à suivre littéralement leurs instructions, que je ne crois pas que rien puisse les décider à venir. Mais ma lettre, que je regarde sous ce rapport comme zéro, les engagera, j'espère, à communiquer leurs projets au général Greene, et naturellement cette diversion doit nous être utile.

Si le comte de Rochambeau et le chevalier de Ternay envoyaient une copie de vos lettres à la Havane, je pense qu'ils devraient confier leurs dépêches au vicomte de Noailles, qui serait bientôt de retour à Rhode-Island, et dont le nom est fort considéré à la cour d'Espagne par plusieurs raisons trop longues à expliquer ici.

J'ai vu M. Ross, et constaté que nous n'avons pour le moment que bien peu d'habits à attendre. Il y a des armes à bord de *l'Alliance*, et, je crois, une centaine de ballots de drap sur un bâtiment du convoi de Jones. Le reste viendra par *le Serapis*; à moins que la tempête n'ait forcé Jones à rentrer dans un port français, il peut être attendu à chaque instant.

L'assemblée de Pensylvanie traite la question des recrues. Mais les meilleurs systèmes ne sont pas les mieux soutenus. Ils sont fort en goût de l'enrôlement volontaire. Je dois avoir demain une conférence avec le général Mifflin, et je débattrai la question avec lui.

Je dois mener aussi demain le chevalier de Chastellux à Brandywine, à Red-Bank, au fort Mifflin. J'espère trouver à mon retour des nouvelles de France, et je vous écrirai ma décision sur le projet de me rendre dans le sud. Vous trouverez ci-joint un journal où le congrès a fait imprimer une lettre du général Gates, relative à quelque nouveau succès. Le congrès a dernièrement reçu des lettres de M. Jay et de M. Adams, mais qui n'apprennent point de détails; ils ont écrit plus longuement par d'autres occasions qui sont attendues. Le Portugal est entré dans la convention de neutralité avec des conditions qui indiquent sa partialité de notre côté.

Adieu, mon cher général, très tendrement et respectueusement, etc.

DU GÉNÉRAL WASHINGTON A M. DE LAFAYETTE.

New-Windsor, 14 décembre 1780.

Mon cher Marquis,

Peu après le départ de ma dernière lettre, la vôtre datée de Paramus m'a été remise par le colonel Gouvion. Les dépêches du chevalier de la Luzerne sont arrivées à temps pour la poste, seul moyen de communication qui me reste, car il n'y a pas assez d'argent dans les mains du quartier-maître-général, je pourrais, je crois, aller plus loin et dire dans toute l'armée, pour fournir à la dépense d'un exprès pour Rhode-Island. Je n'ai pu l'autre jour m'en procurer un pour aller à cheval seulement jusqu'à Pompton!

J'écris à présent au comte de Rochambeau et au chevalier de Ternay au sujet de vos différentes lettres. Je vous communiquerai leurs réponses, dès qu'elles me seront parvenues. D'après ce qui s'est passé à notre entrevue d'Hartford, vous devez être convaincu que mon autorité sur les troupes françaises de Rhode-Island est très limitée, et qu'il serait impolitique et sans utilité de proposer une mesure de coopération à une troisième puissance sans leur concours. Ainsi une demande faite par vous avant toute proposition officielle du ministre de France, des chefs des troupes françaises à Rhode-Island, du congrès ou de moi, ne saurait être considérée que comme une proposition individuelle. Mon avis serait donc de différer votre correspondance avec les généraux espagnols, et de n'employer votre influence qu'à l'appui de quelque chose de formel et d'officiel. Je n'hésite pas à vous donner ici clairement mon opinion (mais cette opinion et toute cette affaire doivent être tenues cachées), c'est que nous devons profiter, dans toute l'étendue de nos moyens, de la circonstance favorable des opérations espagnoles en Floride, pourvu que la jonction de leurs forces maritimes avec celles de Sa Majesté Très Chrétienne, sous les ordres du chevalier de Ternay, nous procure un convoi sûr, et qu'ils s'engagent à ne pas nous abandonner avant la fin des opérations ou sans le consentement des parties.

Je remercie le ministre d'avoir permis, et vous d'avoir donné au général Greene la communication de la nouvelle du mouvement des Espagnols vers les Florides. Cela peut avoir une heureuse influence sur ses opérations, et devenir également utile aux Espagnols. Vos expressions d'attachement personnel et d'affection pour moi me sont bien agréables, elles me remplissent de reconnaissance; il n'est pas nécessaire, j'en ai la confiance, que de mon côté je vous assure d'une mutuelle estime, car j'espère que vous en êtes convaincu; et comme j'ai déjà remis entièrement à votre choix d'aller à l'armée du sud ou de rester avec celle-ci, les circonstances et votre inclination doivent seules vous décider. Ce serait pour moi encore un plaisir de pouvoir encourager en vous l'espérance de l'échange du colonel Nevill. J'ai refusé de m'intéresser pour celui de mon propre aide-de-camp. Ceux du général Lincoln furent échangés en même temps que lui; et à cette occasion, car je n'en connais pas d'autres, le congrès prit une résolution pour interdire tout échange hors de l'ordre fixé par le temps de la captivité.

J'exprimerai mon chagrin de votre désappointement pour les lettres, du nôtre tant pour les habits que pour le système des levées; mais je vous féliciterai du dernier changement dans l'administration de la France (1); il me paraît conforme à vos vœux, et doit encourager nos espérances. Je suis fort satisfait des dispositions amicales du Portugal. J'attends beaucoup de bien de l'union des puissances maritimes. Je suis dans des quartiers très isolés, qui ne sont guère meilleurs que ceux de Valley-Forge; mais quels qu'ils soient, j'y recevrai avec plaisir vos amis à leur retour à Rhode-Island. — Je suis, etc.

(1) Le marquis de Castries avait succédé comme ministre de la marine à M. de Sartine. Ce changement fit espérer de la part de la France un prompt envoi des secours promis, et cette considération fit renoncer M. de Lafayette à son voyage dans le sud.

A M. DE VERGENNES (1).

New-Windsor, sur la rivière du Nord, le 30 janvier 1781.

Les lettres que j'ai eu l'honneur de vous écrire, Monsieur le comte, et qui sont datées du 20 mai, 19 juillet, 4 et 16 décembre, seront, j'espère, parvenues à bon port. Depuis l'arrivée de l'escadre, votre dépêche du 3 juin est la seule que j'aie reçue. M. le chevalier de la Luzerne n'a eu qu'une lettre du même mois, et il n'en est point encore parvenu aux généraux de l'armée et de l'escadre.

Le premier exemplaire de celle-ci vous sera remis par le lieutenant-colonel Laurens, aide-de-camp du général Washington, et chargé par le congrès d'une mission particulière. Permettez-moi de recommander cet officier comme un homme, qui par son honnêteté, sa franchise et son patriotisme, ne peut qu'être très-agréable au gouvernement.

En conséquence des instructions du congrès, il vous mettra sous les yeux l'état de nos affaires, et je crois qu'elles demandent plus que jamais la plus sérieuse attention. Quant à l'opinion que je me permettrai de donner, Monsieur le comte, elle se rap-

---

(1) Cette lettre était écrite en chiffres. Elle est insérée telle qu'elle est déchiffrée aux archives des affaires étrangères. Pour éviter les longueurs, nous n'avons imprimé aucune des réponses du ministre; écrites du ton de la confiance et de l'amitié, elles s'accordent presque sur tous les points avec les idées de M. de Lafayette. Celles-ci furent en partie accueillies pour la campagne suivante par le cabinet de Versailles.

porte à tout ce que j'ai dit jusqu'ici, et le peu d'altération qu'elle éprouve ne change qu'en proportion des temps, des préjugés et des circonstances.

Avec l'infériorité maritime, on ne saurait faire la guerre en Amérique. C'est elle qui nous empêche d'attaquer tel point qu'on enlèverait avec deux ou trois mille hommes. C'est elle qui nous réduit à une défensive dangereuse autant qu'humiliante. Les Anglais sentent cette vérité, et tous leurs mouvemens prouvent combien ils désirent conserver l'empire de la mer. C'est nous, cependant, que les ports, le pays, toutes les ressources semblent inviter à y porter des forces navales. Si nous avions eu cette supériorité, ce printemps, on eût pu faire beaucoup avec la seule armée amenée par M. le comte de Rochambeau, et l'on n'aurait pas cru devoir attendre la division qu'il annonçait. Si en allant en France M. de Guichen eût passé par Rhode-Island, Arbuthnot était perdu, et les efforts de Rodney n'auraient jamais empêché nos conquêtes. Depuis le jour où les Français sont arrivés, leur infériorité n'a pas un instant cessé, et les Anglais et tories ont osé dire que la France voulait attiser le feu sans l'éteindre. Cette calomnie devient plus dangereuse dans un temps où des détachemens anglais dévastent le sud ; où, sous la protection de quelques frégates, des corps de quinze cents hommes se portent en Virginie, sans que nous puissions parvenir jusqu'à eux. Sur tout le continent, excepté les îles de Newport, il est physiquement impossible que sans vaisseaux nous portions des forces offensives, et sur ces îles même les difficultés de transport des provisions et tant d'autres inconvéniens à craindre, rendent toute tentative trop précaire pour en faire un plan de campagne.

Il en résulte donc, Monsieur le comte, que les États-Unis étant l'objet pour lequel on fait la guerre, et le progrès des ennemis dans ce continent étant le vrai moyen de la prolonger, peut-être de nous la rendre funeste, il est politiquement et militairement nécessaire, tant par les envois de France, que par un grand mouvement de la flotte des îles, de nous donner ici, pour la campagne prochaine, une supériorité maritime assurée. L'autre point, Monsieur le comte, est de nous faire avoir assez d'argent pour mettre en activité les forces américaines. Quinze mille hommes de troupes réglées, dix mille de milices et plus encore, si nous voulons, dans cette partie-ci, une armée dans le sud dont je ne déciderai pas le nombre, mais qui sera formée par les cinq États méridionaux, toutes les dépenses, dans ces contrées, nécessaires à des forces aussi considérables; voilà, Monsieur le comte, les ressources que vous pouvez employer contre l'ennemi commun, qui sont établies sur le vrai théâtre de la guerre, que des sommes immenses n'y transporteraient pas d'Europe, mais qui, sans un secours d'argent, deviendront nulles. Et ce secours, autrefois très important, est devenu nécessaire.

La campagne passée s'est faite sans avoir un shilling, et ce que le crédit, la persuasion et la force peuvent opérer, est presque entièrement usé; ce miracle, dont je ne crois pas qu'il y ait d'exemple, est impossible à recommencer, et nos efforts s'étant portés à obtenir une armée pour la guerre, nous devons compter sur vous pour la pouvoir mettre en mouvement.

D'après ma position particulière, Monsieur le comte, et ce qu'elle m'a mis à portée de voir et de connaître, je me crois obligé par devoir à fixer vos idées sur les soldats américains et sur la part qu'ils prendront aux opérations de la campagne prochaine. Les troupes continentales ont autant de bravoure, de vraie discipline que celles qui leur sont opposées. Plus endurcies, plus patientes que les Européens, elles ne doivent pas sur ces deux articles leur être comparées. Elles ont plusieurs officiers de mérite, qui, sans parler de ceux qui ont servi pendant les dernières guerres, ont été éclairés par des talens naturels, et formés par l'expérience journalière de plusieurs campagnes, où les armées étant petites et le pays difficile, tous les bataillons de la ligne ont servi comme avant-garde et troupes légères. Les recrues que nous attendons, qui n'en ont presque que le nom, souvent ont fait laguerre dans les mêmes régimens où elles rentrent, et ont plus vu de coups de fusil que les trois quarts des soldats européens. Quant à la milice, ce n'est que des paysans armés, qui ont quelquefois combattu, et qui ne manquent pas d'ardeur et de discipline, mais qui s'emploieront très utilement dans les travaux d'un siège. Voilà, Monsieur le comte, le portrait sincère que je crois vous devoir, qu'il n'est pas de mon intérêt de relever, puisqu'il y aurait plus de gloire à réussir avec de mauvais moyens. M. le chevalier de la Luzerne, qui, ayant vu lui-même nos soldats, vous en rend un compte exact et désintéressé, dira sûrement comme moi que vous devez compter sur nos troupes régulières. Le résultat de cette digression, Monsieur le comte, sera d'insister encore plus sur la nécessité absolue d'envoyer de l'argent pour mettre en mouvement l'armée américaine, et sur cette vérité si claire qu'un secours pécuniaire et une supériorité maritime doivent être les deux principaux objets de la campagne prochaine.

Il serait trop long d'examiner les fautes qui ont été commises, et les efforts que les États pourraient encore tenter; nous en reviendrons toujours à ce point, que dans la disposition actuelle, il faut de l'argent pour tirer parti des ressources américaines; que les moyens qui ont été substitués à des fonds sont presque entièrement usés; que ceux auxquels nous sommes réduits à présent ne remplissent pas l'objet proposé, et choquent les idées qui ont déterminé le peuple à la révolution; que par conséquent il nous faut de l'argent qui donne à l'armée cette activité sans laquelle elle ne pourrait pas opérer efficacement. Les habillemens, armemens, munitions, sont enfermés dans ce même article, et le colonel Laurens porte une copie de l'ancien état auquel on a fait des retranchemens. Je me contenterai de dire qu'il n'est encore presque rien arrivé, qu'il est nécessaire de vêtir l'armée américaine, qu'elle aura besoin d'armes, et que pour faire des sièges, il lui faut une grande augmentation de poudre. Ces dépenses tenant au secours pécuniaire, et devant particulièrement frapper les individus de l'armée et du peuple, je croirais intéressant que le gouvernement se mêlât de les faire préparer avec promptitude et envoyer avec sûreté.

Si on s'étonnait, Monsieur le comte, qu'on regardât comme un effort de compléter l'armée, je prierais de considérer que la faim, le froid, la nudité, les travaux, l'assurance de ne recevoir ni paye, ni habits, ni la nourriture nécessaire, étant la perspective d'un soldat américain, elle doit être peu invitante pour les citoyens dont la plupart vivent chez eux dans un état d'aisance; et les Anglais ayant eu tout le temps de songer aux points maritimes, les attaques de l'année prochaine étant bien loin de ressembler à une surprise, nos forces doivent augmenter en même temps que leurs précautions. J'aurais désiré qu'il y eût des troupes françaises, et ma confiance, malgré tous les préjugés, a devancé celle du congrès, du général Washington et du ministre que vous aviez alors. L'avant-garde de M. le comte de Rochambeau, quoique inactive faute de vaisseaux, a, par sa seule présence, essentiellement servi l'Amérique; et si elle ne fût pas arrivée, nous étions menacés d'une campagne fatale. En considérant les dispositions actuelles, mon opinion, comme j'ai eu l'honneur de vous le mander, serait à présent d'avoir ici pour l'expédition de New-York une division d'environ dix mille Français.

Dans notre entretien d'Hartford, Monsieur le comte, les calculs se portèrent avec raison, non sur les fortifications actuelles, mais sur celles qu'on pourrait avoir le projet d'élever. Les réponses que le général Washington crut devoir faire aux demandes de M. le comte de Rochambeau, vous ont depuis long-temps été remises par *l'Amazone.* Une proposition de demander un corps de quinze mille Français n'a pu qu'être acceptée par le commandant en chef. Mais si ce surplus diminuait la somme d'argent par laquelle quinze mille hommes réguliers, dix mille miliciens et une armée dans le sud seront mis en mouvement; s'il diminuait le nombre de vaisseaux qui nous donnera les moyens d'agir partout, et avec supériorité, je dois à la vérité de répéter encore que le secours pécuniaire et la supériorité maritime sont les deux points importans, que la même quantité d'argent fait agir ici le double de soldats américains ; et sans vaisseaux, quelques milliers d'hommes de plus nous rendraient peu de services.

L'admirable discipline du corps français, outre l'honneur qu'elle fait à M. de Rochambeau et aux officiers sous ses ordres, remplit un but plus intéressant encore, puisqu'elle imprime dans le peuple américain la meilleure idée de notre nation.

La sagesse du gouvernement, en mettant ce corps aux ordres du général Washington, ne me laisse qu'à répéter combien il est important que son autorité soit entière et sans restriction aucune. Les talens, la prudence, la délicatesse, la connaissance du pays, qui dans lui se réunissent au plus haut degré de perfection, sont des qualités dont une seule suffirait pour que les instructions dont j'étais porteur dussent être exactement suivies, et plus je suis ici, plus je vois que chaque article en est également important à l'harmonie et au bien de la chose publique.

Nous avons eu dernièrement, Monsieur le comte, une émeute assez considérable et dont le colonel

Laurens pourra vous donner des détails (1). Un corps de troupes pensylvaniennes presque tout composé d'étrangers, et placé à Morristown (Jersey), s'est entièrement révolté contre les officiers, et, sous la direction des sergens, a marché à Princetown. Le pouvoir civil s'y est porté pour leur rendre la justice qu'ils demandaient; mais il est bien fâcheux que l'État se soit cru obligé de céder. Manquer de vivres, d'habits, être plus d'un an sans paye, quelques-uns même ayant été forcés de servir un an au-delà de leurs engagemens, sont des extrémités qui ne se supporteraient dans aucune armée. Il est assez extraordinaire que ces mutins aient pendu les envoyés du général Clinton. La plus grande partie des soldats est dégagée; mais ils rentreront au service et seront mêlés avec des recrues dans les différens régimens de l'État. Je n'en suis pas moins positif sur le nombre d'hommes que nous aurons dans notre armée continentale. Quelques troupes appartenant aux Jerseys, séduites par l'exemple, et se trouvant avoir, après les Pensylvaniens, la plus grande proportion d'étrangers, ont voulu prendre la même manière d'obtenir justice; mais le général Washington, s'étant chargé de cette affaire, y a fait marcher un détachement; les mutins se sont soumis, leurs chefs se sont exécutés. On ne peut trop louer le zèle et la discipline des troupes de la Nouvelle-Angleterre, presque toutes nationales, dont la cause était dans le fond la même, et qui, malgré

(1) La révolte de la ligne de Pensylvanie est du 2 janvier. Elle fut apaisée dix jours après, et imitée le 20 du même mois par les troupes du New-Jersey. (Voyez les lettres de Washington à cette époque, et l'Appendice n° X, tom. VII.)

leur nudité, et à travers les neiges, se sont portées sans difficulté contre les révoltés. Ceci prouve, Monsieur le comte, que la patience humaine a des bornes, mais que les soldats citoyens en sont bien plus susceptibles que les étrangers. On doit cependant en tirer un argument de plus sur la nécessité d'avoir de l'argent.

J'ose me flatter, Monsieur le comte, que le gouvernement sentant que la campagne prochaine peut être décisive, s'occupera sérieusement de la tourner en notre faveur. La prise de New-York détruit le pouvoir anglais dans ce continent, et une courte continuation de supériorité maritime nous assure la conquête aisée de toutes les autres parties des États-Unis. Quant à l'expédition de New-York qu'il serait téméraire de regarder comme facile à prendre, mais qu'il serait exagéré de respecter comme s'il s'agissait d'une ville de guerre, il est, je crois, bien prouvé, et le général Washington n'en doute pas, qu'avec les moyens proposés dans ma lettre, nous en viendrons à bout dans le courant de l'été.

Il est, je crois, important de fixer, autant que possible, l'attention des ennemis sur le Canada.

En donnant au colonel Laurens son opinion sur les affaires militaires et sur les opérations de la campagne, le général Washington lui a mis par écrit quelques idées sur notre situation actuelle, et m'a communiqué cette lettre qui ressemble beaucoup à nos conversations. J'ose conseiller au ministre du roi de demander à la voir. Notre position n'est pas flattée; mais le général parle d'après la triste expérience de nos embarras, et je pense comme lui, Monsieur le comte, qu'il est indispensablement nécessaire d'obtenir un secours quelconque d'argent, et une supériorité maritime.

Vous avez sûrement appris, Monsieur le comte, que la défaite de Ferguson et quelques autres de nos avantages ayant dérangé les projets de lord Cornwallis, le général Leslie se rembarqua pour former la jonction par eau, et qu'il est depuis arrivé à Charlestown. Arnold, devenu général anglais, et honoré de la confiance de cette nation, est à présent à la tête d'un détachement britannique; ayant débarqué en Virginie, il a pris pour quelques heures possession de Richmond, a détruit plusieurs effets publics et particuliers; il doit être retiré dans un port sûr, ou s'est peut-être porté dans quelques autres parties. Dans ce moment où les Anglais nous croyaient le plus embarrassés par la révolte de quelques troupes, le général Washington fit marcher un détachement sur la rive gauche de l'Hudson, commandé par le lieutenant-colonel Hull, et soutenu par le général Parsons qui surprit à Westchester le corps de trois cents hommes du colonel Delancey, en tua une trentaine, en blessa plusieurs, fit soixante prisonniers, brûla toutes les baraques et fourrages, et partit après avoir détruit un pont de communication avec l'île de New-York.

Le général va bientôt passer quelques jours avec les troupes françaises à Rhode-Island, et je compte l'accompagner dans ce voyage.

J'ai l'honneur d'être avec un tendre et respectueux attachement, etc., etc.

New-Windsor, ce 4 février.

Par une lettre de M. de Rochambeau, Monsieur le comte, nous apprenons que l'escadre anglaise de Gardiner's Bay a considérablement souffert d'un coup de vent. Un vaisseau de 74 est, dit-on, à la côte; *le London*, de 90, démâté, et M. Destouches (1) se préparait à profiter de cet évènement. Mais vous en aurez des détails plus particuliers, peut-être même plus certains, par les lettres de Rhode-Island, et nous en attendons nous-mêmes pour fixer nos idées et nos espérances. Le général Knox commandant notre artillerie, homme d'un mérite et d'une honnêteté distinguée, vient de rendre compte au général d'une mission qu'il lui avait donnée pour les États de la Nouvelle-Angleterre. L'esprit de patriotisme et de zèle qu'il a trouvé, les efforts qu'ils font pour lever des troupes, soit pour la guerre, soit pour trois ans, ce qui revient, j'espère, au même, surpassent nos espérances; et comme ils ont vingt régimens au service continental, je n'en serai que plus positif sur ce que j'ai eu l'honneur de vous mander.

A MADAME DE LAFAYETTE.

New-Windsor, sur la rivière du Nord, 2 février 1781.

La personne qui vous remettra cette lettre, mon

(1) M. Destouches avait remplacé dans le commandement de l'escadre M. de Ternay, mort le 15 décembre après une courte maladie.

cher cœur, est un homme que j'aime beaucoup et avec qui je désire que vous fassiez une intime connaissance; il est fils du président Laurens, nouvellement établi à la Tour de Londres (1); il est lieutenant-colonel à notre service, et aide-de-camp du général Washington; il est envoyé par le congrès pour une mission particulière à la cour de France. Je l'ai beaucoup connu pendant les deux premières campagnes, et son honnêteté, sa franchise, son patriotisme, m'ont particulièrement attaché à lui. Le général Washington l'aime beaucoup, et de tous les Américains que vous avez été à portée de voir, c'est celui que je désire vous voir recevoir le plus amicalement. Si j'étais en France, il vivrait toujours avec moi, je le mènerais chez mes amis et amies; je l'ai même présenté par lettres à quelques-uns; je lui donnerais tous les moyens de faire des connaissances ou d'être agréablement à Versailles, qui seraient en mon pouvoir; et pendant mon absence, je vous prie de vouloir bien me remplacer. Menez-le chez madame d'Ayen, le maréchal de Mouchy, M. le maréchal de Noailles, et traitez-le comme un ami de la maison; il vous dira tout ce qui s'est passé pendant notre campagne, la situation où nous sommes à présent et tous les détails qui peuvent me regarder.

Depuis que je suis ici, ma santé n'a pas un instant cessé d'être parfaite. L'air de ce pays est excellent pour moi, et l'exercice m'est infiniment utile; celui

(1) Il était détenu à la fois comme prisonnier de guerre et comme rebelle. Dès le 18 octobre, madame de Lafayette avait écrit d'elle-même en sa faveur, à M. de Vergennes, une lettre qui est conservée aux archives des affaires étrangères.

que j'ai fait la campagne passée ne m'a pas trop conduit dans les dangers; et sur cet article-là nous avons médiocrement à nous vanter. L'escadre française a toujours été bloquée à Rhode-Island, et j'imagine que le chevalier de Ternay en est mort de chagrin. Quoi qu'il en soit, il est mort : c'était un homme bourru et entêté, mais ferme, voyant bien, ayant de l'esprit, et tout bien considéré, c'est une perte que nous faisons. L'armée française est constamment restée à Newport, et quoique sa présence ait réellement été très utile, quoiqu'elle ait dérangé des projets ennemis qui nous eussent fait bien du mal, elle aurait pu mieux faire encore, si elle n'avait pas été bloquée.

Il a passé beaucoup de Français par le quartier-général; ils ont tous été charmés du général Washington, et je vois avec grand plaisir qu'il sera très aimé par les troupes auxiliaires. Laval et Custine se sont disputés tout le long du chemin, et à chaque position auraient mieux fait que les généraux américains et anglais, mais jamais de la même manière l'un que l'autre. Le vicomte et Damas ont fait un grand voyage dans le continent; nous avons eu aussi le comte des Deux-Ponts que j'aime beaucoup; M. de Charlus est à présent à Philadelphie. Je compte partir vers le 15 pour Rhode-Island, et j'accompagnerai le général Washington dans la visite qu'il va faire à l'armée française. Quand vous vous rappellerez ce qu'étaient en France *ces pauvres rebelles*, lorsque je suis venu me faire pendre avec eux, et quand vous songerez à mon tendre sentiment pour le général Washington, vous sentirez combien il me sera doux de le voir recevoir là comme généralissime des armées combinées des deux nations.

Je suis toujours comblé de bontés par les Américains, et il n'est pas de marques d'affection, de confiance, que je n'éprouve tous les jours, soit du peuple, soit de l'armée. Je sers ici le plus agréablement possible ; toutes les fois qu'on est en campagne, je commande un camp-volant séparé, composé de l'élite des troupes ; je sens pour les officiers et soldats américains cette amitié que donne une longue suite de dangers, de souffrances, de bonne et de mauvaise fortune, que j'ai partagée avec eux ; nous avons commencé ensemble ; nos affaires ont souvent été au plus bas possible ; il m'est doux de couronner l'œuvre avec eux en donnant aux troupes européennes une bonne idée des soldats qui se sont formés avec nous. A tous ces motifs d'intérêt pour la cause et d'intérêt pour l'armée, se joignent les sentimens qui m'unissent au général Washington ; parmi ses aides-de-camp, il a toujours un homme que j'aime beaucoup, et dont je vous ai si souvent parlé : c'est le colonel Hamilton.

Je m'en rapporte au colonel Laurens pour vous répéter les détails de notre campagne ; nous avons resté assez près des Anglais pour nous faire trouver hardis, mais ils n'ont voulu profiter d'aucune occasion. Nous sommes tous en quartier d'hiver dans cette partie-ci. On agit dans le sud, et j'ai été prêt à y aller ; mais le désir du général Washington et l'espérance d'être utile à mes compatriotes m'ont retenu. Le corps que je commandais étant rentré dans les régimens, je suis établi au quartier-général.

L'Amérique avait fait l'été dernier de grands efforts, elle les recommence cet hiver, mais d'une manière plus durable en n'engageant que pour la guerre, et j'espère qu'on ne sera pas mécontent de nous.

Arnold, à présent devenu général anglais, a débarqué en Virginie avec un corps qui paraît fort content de servir sous ses ordres; il ne faut pas disputer des goûts, mais je ne suis pas fâché de voir nos ennemis se dégrader un peu, et cela pour employer un de nos généraux, dont, avant même de connaître son cœur, nous estimions peu les talens; il faut qu'ils soient rares à New-York. A propos d'avilissement, le colonel Laurens vous racontera la belle ambassade du général Clinton à quelques soldats révoltés; il vous donnera aussi les détails de cette révolte, de la manière qu'on a prise avec les Pensylvaniens, de celle que nous avons employée avec quelques troupes du Jersey, et de la conduite d'un détachement de troupes nationales; cela prouve seulement que la patience humaine a ses bornes, et comme aucune armée européenne n'en souffrirait la dixième partie, qu'il faut des *citoyens* pour supporter la nudité, la faim, les travaux et le manque absolu de paye qui constituent l'état de nos soldats, les plus endurcis, je crois, et les plus patiens qu'il y ait au monde.

Embrassez nos enfans mille et mille fois pour moi; pour être vagabond, leur père n'en est pas moins tendre, moins constamment occupé d'eux, moins heureux d'apprendre de leurs nouvelles. Mon cœur entrevoit comme une délicieuse perspective le moment où mes chers enfans me seront représentés par vous, et où nous pourrons les embrasser et les caresser ensemble ; croyez-vous qu'Anastasie me reconnaîtra? Embrassez tendrement pour moi ma chère et aimable vicomtesse, madame du Roure, mes deux sœurs de Noailles et d'Ayen, etc., etc.

AU GÉNÉRAL WASHINGTON.

Elk, 8 mars 1781.

Mon cher Général,

Votre lettre du 1ᵉʳ ne m'est parvenue qu'hier au soir, et je m'empresse d'y répondre, quoique je doive être dans peu d'heures mieux en mesure de vous rendre compte de nos mouvemens (1). D'après ce

(1) Une instruction du 20 février enjoignait au général Lafayette de prendre le commandement d'un détachement réuni à Peekskill, pour agir conjointement avec la milice et quelques bâtimens de M. Destouches ; il devait se rendre par une marche rapide à Hampton sur la baie de la Chesapeak, pour surprendre Arnold à Portsmouth : il avait ordre de revenir sur ses pas, s'il apprenait que ce dernier eût quitté la Virginie, ou que le commandant français eût perdu la supériorité sur mer. M. de Lafayette était le 23 à Pompton, d'où il écrivit au général en chef, le 2 mars à Philadelphie, et le 3 à Head-of-Elk. Cependant Washington s'était rendu à Newport pour presser le départ de M. Destouches, et il l'annonça par une lettre du 11. Le résultat de sa rencontre le 16 avec l'amiral Arbuthnot, obligea l'escadre française à rentrer à Newport, et M. de Lafayette à commencer sa retraite le 24. Il a parlé lui-même dans les termes suivans de l'expédition à laquelle se rapporte cette lettre :

« Le docteur Ramsay et Marshall parlent de l'expédition tentée contre Arnold et des circonstances qui la firent manquer. Le détache-

que j'avais appris de la difficulté de nous convoyer au bas de la baie, j'ai craint que les vents ne permissent à aucune frégate de la remonter. Le comte de Rochambeau croit que ses troupes suffiront pour atteindre le but, et voudrait qu'elles seules montrassent leur zèle et répandissent leur sang dans une expédition si vivement souhaitée par l'Amérique entière; il obéit sans doute à de louables motifs, mais je soupçonne qu'il n'est pas entièrement dégagé de toute considération personnelle. Dieu veuille que tout ceci n'ait pas de fâcheuses conséquences ! Le baron de Viomenil voudrait aussi agir tout seul. Quant aux troupes françaises, leur zèle est louable, et je voudrais que les chefs sussent le réserver pour le moment où une coopération donnerait l'assurance du succès.

Je sens vivement, mon cher général, tout ce qui touche l'honneur de nos armes, et je pense qu'il

ment de Lafayette était composé de douze cents de ces soldats d'infanterie légère, qui l'année précédente formaient l'avant-garde de l'armée. Ceux-ci étaient tirés des régimens des quatre États de la Nouvelle-Angleterre et du Jersey. Gordon rapporte avec raison que lorsqu'il les eut conduits par eau d'Head-of-Elk à Annapolis, il alla de sa personne dans un canot ouvert à Élisabethtown, pour accélérer les préparatifs. L'expédition étant manquée, il fallut retourner à Annapolis où était sa troupe continentale, attendant en vain que des frégates françaises vinssent l'escorter. Au lieu d'elles, de petits bâtimens de guerre anglais avaient remonté la baie ; ce fut un coup de hardiesse et d'adresse de profiter d'un moment favorable pour que la flottille américaine revînt d'Annapolis à Head-of Elk, et à peine le détachement y fut-il arrivé que Lafayette reçut le courrier du général Washington, le prévenant que le général Philipps, avec plus de deux mille hommes de troupes d'élite, était allé renforcer Arnold, et prendre le commandement en Virginie, qui allait devenir un centre d'opérations actives, et le chargeant de défendre cet État aussi bien et aussi long-temps que la faiblesse de ses moyens le permettrait. » (Manuscrit n.º 2).

serait blessé, si ce détachement ne prenait aucune part à l'entreprise. Cette considération me décide à m'embarquer sur-le-champ. Nos soldats supporteront gaiement les inconvéniens qui tiennent à la rareté des transports ; nous aurons ceux qui sont armés, quoique le plus grand n'ait que douze canons, et avec cela tout le monde assure que nous pouvons sans risque nous rendre à Annapolis. Pour ma part, je ne suis pas encore décidé sur ce que je ferai, mais si je ne vois pas de dangers pour ma petite flotte à aller à Annapolis, et que je puisse obtenir du commodore Nicholson d'en prendre le commandement ; je pourrai peut-être me rendre dans un petit bateau à Hampton, où ma présence peut seule obtenir l'envoi d'une frégate, et où je tacherai de calmer l'impétuosité ou de corriger les erreurs politiques des deux barons (1).

Quel que soit le parti que je prendrai, il est nécessaire de risquer beaucoup personnellement ; mais j'espère arranger les choses de manière à ne pas commettre d'imprudence avec l'excellent détachement dont la gloire m'est aussi chère, et la sûreté beaucoup plus chère que la mienne. — J'ai écrit au général Greene, et j'écrirai au gouverneur, tant pour avoir des renseignemens, que pour disposer les moyens d'opérer. Mais le général Greene excepté, je ne leur laisse rien entrevoir de nos intentions au-delà d'un projet d'expédition contre Portsmouth.

Lorsqu'un homme a un jeu délicat à jouer, et que le hasard peut avoir tant d'influence sur le succès favorable ou contraire, il doit, en cas de revers, se

(1) Viomenil et Steuben.

soumettre au blâme universel; mais votre estime, mon cher général, et votre affection ne dépendront pas des évènemens.

J'ai l'honneur, etc.

AU GÉNÉRAL WASHINGTON.

A bord du *Dauphin*, le 9 mars 1781.

Mon cher Général,

Me voilà à l'embouchure de la rivière d'Elk, et la flottille sous mes ordres continuera sa route vers Annapolis, où je suis assuré qu'elle peut aller sans danger. Elle se trouve protégée par *la Nesbitt*, de douze canons, et par quelques pièces de campagne qui se trouvent à bord du bâtiment qui porte le colonel Stevens, et nous allons rencontrer deux vaisseaux de Baltimore, dont l'un est de huit et l'autre de six canons. Avec cette escorte, nous pouvons aller jusqu'à Annapolis. Jamais aucun bâtiment ennemi ne s'est avancé aussi loin; et si par hasard ils essayaient de le faire, nos forces sont supérieures à tout ce qu'ils ont de croiseurs dans la baie. A Annapolis, on trouvera le commodore Nicholson, à qui j'ai demandé de prendre le commandement général de notre flotte, et s'il y avait le moindre danger à avancer, on resterait à Annapolis, jusqu'à ce que j'envoie de nouveaux ordres.

Quant à moi, mon cher général, j'ai pris une petite barque armée de fusils de bord, sur laquelle j'ai embarqué trente soldats. Je devancerai la flotte à Annapolis, où je dois trouver des renseignemens, et suivant l'état des choses là-bas, je déterminerai ma marche personnelle ainsi que celle de la flotte. Ayant la conviction intime, à moins que vous n'arriviez à temps à Rhode-Island, qu'aucune frégate ne nous sera expédiée; je pense que mon devoir envers les troupes que je commande, et l'honneur du pays que je sers m'ordonnent de négliger quelques petits dangers personnels, pour aller demander moi-même une frégate; et afin de donner plus de poids à ma démarche, j'ai embarqué, à bord de mon bateau, le fils unique du ministre de la marine de France que j'enverrai négocier, si les circonstances l'exigent.

Nos hommes se sont trouvés au commencement très gênés à bord, mais j'ai déchargé les bâtimens pendant le voyage, en prenant possession de tous les bateaux que je rencontrais en chemin.

Voilà donc, mon cher général, les mesures que j'ai jugé nécessaire de prendre. Le détachement est, je l'espère, à l'abri du danger, et ma sollicitude à cet égard est allée si loin, qu'elle a été traitée de timidité par tous les marins que j'ai consultés. Le capitaine Martin, de la *Nesbitt*, qui a été recommandé par le général Gist, a répondu de faire arriver la flotte à bon port, avant demain au soir, à Annapolis.

J'ai l'honneur d'être, etc.

AU GENERAL WASHINGTON.

Williamsburg, 23 mars 1781.

Mon cher Général,

Mes précédentes lettres auront instruit Votre Excellence de ce que j'ai fait depuis mon arrivée à Head-of-Elk, jusqu'à mon débarquement ici. La marche du détachement jusqu'à Elk a été très rapide et s'est faite dans le meilleur ordre. Grace à l'activité du lieutenant-colonel Stevens, un train d'artillerie a été disposé à Philadelphie, et malgré quelques désappointemens, nommément le manque de bâtimens suffisans, aucun délai ne pourra nous être imputé dans cette opération combinée. Une lettre de vous m'ayant donné la certitude que la flotte française mettait à la voile, je me suis décidé pour plusieurs importantes raisons à transporter le détachement à Annapolis. La navigation de la baie est telle que l'entrée et la sortie d'Elk-River exigent un vent différent de celui qu'il faut pour l'entrée et la sortie de la baie. Notre séjour à Annapolis, et l'ordre de faire quelques préparatifs sur la route de la Caroline pouvaient aussi servir à tromper l'ennemi; mais par-dessus tout, je jugeais avec vous qu'il importait au succès de l'entreprise et à l'honneur de nos armes, que le détachement fût là-bas pour coopérer, et d'après le temps où les Français avaient dû mettre à la voile et le vent qui soufflait depuis quelques jours, je ne doutais pas de l'entrée de nos alliés dans la Chesapeak avant même que nous pussions être arrivés à Annapolis. Grâce aux bonnes dispositions du commodore Nicholson, qui à ma demande se chargea de diriger notre petite flotte, le détachement se rendit heureusement dans le port d'Annapolis. Pour moi, convaincu de l'utilité de ma présence ici, non pour les préparatifs dont s'occupait le baron de Steuben, mais afin d'arrêter notre plan avec les Français, et d'obtenir immédiatement un convoi pour le détachement, j'ai cru qu'il valait mieux courir quelques risques, que de rien négliger de ce qui pouvait contribuer au succès de l'opération et à la gloire des troupes que je commande.

A mon arrivée ici, j'ai été surpris d'apprendre qu'aucune flotte n'avait paru; mais j'attribuais ce retard aux hasards si fréquens à la mer. Mon premier soin fut d'exiger qu'on n'employât pour notre expédition rien de ce qui avait été destiné et pouvait servir à l'armée du sud, dont le bien-être me paraissait plus important que notre succès; ma seconde affaire a été d'examiner ce qui avait été préparé, de réunir tout ce qu'il fallait pour une attaque vigoureuse, ainsi qu'un renfort de miliciens qui se serait élevé jusqu'à cinq mille hommes. Je puis certifier à Votre Excellence que rien n'aurait manqué pour assurer un succès complet.

La position de l'ennemi n'ayant pas encore été reconnue, je me rendis au camp du général Muhlenberg, près de Suffolk, et après qu'il eut pris position plus près de Portsmouth, nous avançâmes avec quelques troupes pour examiner les ouvrages de l'ennemi ; ce qui amena une légère escarmouche pendant laquelle nous pûmes voir quelque chose. L'insuffisance des munitions, attendues depuis plusieurs jours, m'empêcha de m'engager plus loin et de pousser les avant-postes ennemis. J'ai donc remis la suite de cette reconnaissance au 21. Mais le 20, le major Mac-Pherson, pour qui j'ai la plus haute estime, et qui m'inspire une grande confiance, m'a donné, d'Hampton, l'avis qu'une flotte venait de se mettre à l'ancre entre les caps. Il semblait si probable que c'était celle de M. Destouches, qu'Arnold lui-même paraissait fort inquiet, et ses navires, malgré plusieurs signaux, furent long-temps sans approcher de l'escadre. On avait envoyé d'York un officier de la marine française à sa rencontre, et rien ne put égaler ma surprise, lorsque j'appris par le major Mac-Pherson, que l'escadre, annoncée par sa première lettre, appartenait certainement à l'ennemi. D'après ces nouvelles, les miliciens furent ramenés à leurs premières positions, et je priai le baron de Steuben (à qui, par égard, je n'avais pas voulu enlever le commandement, jusqu'à l'arrivée des troupes continentales et au commencement de notre coopération) de prendre des mesures pour mettre hors de l'atteinte de l'ennemi tout ce que nous avions préparé. A mon retour ici, je n'ai pas eu de renseignemens plus positifs. Quelques personnes croient que cette flotte vient d'Europe, je pense plutôt que c'est celle de Gardiner's Bay. On dit qu'elle compte douze voiles, frégates comprises. J'ai envoyé des espions à bord, et je ferai passer leurs rapports au quartier-général.

J'ai su que les Français avaient mis, le 8, à la voile

par un vent favorable; ils vont arriver, à moins qu'ils n'aient été battus, ou qu'ils ne se soient dirigés sur un autre point. Dans toutes ces suppositions, j'ai cru devoir rester ici jusqu'à ce que je susse quelque chose: d'autant plus que cette incertitude ne peut se prolonger. Mais comme vous rappellerez certainement près de vous un détachement composé de l'élite de chaque régiment, dont la perte serait immense pour l'armée qui se trouve sous vos ordres immédiats, et comme mes instructions me prescrivaient de revenir dès que nous aurions perdu la supériorité maritime dans ces parages; j'ai envoyé l'ordre de se disposer au départ à mon premier signal, que je donnerai demain ou après, ou bien sur une lettre de vous, que mon aide-de-camp est autorisé à ouvrir.

Si je n'avais pas été sur le lieu même, je suis sûr que j'aurais perdu un temps immense avant de savoir que penser de la flotte, et ma présence ici était par conséquent le moyen le plus prompt de diriger le détachement soit vers Hampton, soit vers l'armée de Votre Excellence. Je suis, etc.

DU GÉNÉRAL WASHINGTON A M. DE LAFAYETTE.

New-Windsor, 6 avril 1781.

Mon cher Marquis,

Depuis la lettre que je vous ai écrite hier (1), j'ai

(1) Elle est relative uniquement à l'expédition qui venait d'échouer.

considéré attentivement de quelle importance il serait de renforcer le général Greene aussi promptement que possible, et d'autant plus qu'on ne peut guère douter que le détachement sous le général Phillips, peut-être même une partie de celui que commande le général Arnold, ne finissent par joindre lord Cornwallis ou du moins par combiner leurs opérations avec les siennes. J'ai communiqué mon sentiment sur ce point à tous les officiers-généraux qui sont à l'armée. Ils sont unanimement d'avis que le détachement que vous commandez doit se remettre en marche et se réunir à l'armée du sud. La raison qui l'emporte sur toutes celles qui pourraient être données à l'appui de votre retour ici, est que vous êtes déjà avancé de trois cents milles sur la route, ce qui fait près de la moitié du chemin. Immédiatement après la réception de cette dépêche, vous dirigerez donc le corps détaché vers le sud. Informez le général Greene que vous êtes en marche pour le joindre, et prenez ses directions sur la route à suivre, lorsque vous commencerez à l'approcher. Jusque-là vous vous guiderez par votre propre jugement, en choisissant les chemins où vous croyez le plus sûrement trouver la subsistance des troupes et des chevaux. Il sera à propos de prévenir le gouverneur Jefferson de votre passage à travers l'État de Virginie, et peut-être serait-il de quelque utilité de vous rendre à Richmond, après avoir mis les troupes en mouvement et pourvu aux arrangemens nécessaires pour leur marche.

Washington en déplore le résultat amené par les évènemens maritimes, mais approuve et loue la conduite de M. de Lafayette.

Vous prendrez avec vous l'artillerie légère et les plus petits mortiers avec tout leur attirail et l'approvisionnement de cartouches. Mais faites suivre sans escorte tous ces objets plutôt que de retarder la marche du détachement, laquelle doit être aussi rapide qu'il sera possible sans nuire aux troupes. Vous déposerez en lieu sûr et convenable la grosse artillerie, si elle ne peut être transportée jusqu'à Christiana-River, d'où elle arriverait facilement à Philadelphie. Vous pouvez laisser au choix du lieutenant-colonel Stevens de continuer ou non la route comme il jugera à propos. Sa famille est dans une situation particulière, et il l'a quittée avec l'espoir de rester peu de temps absent. Si d'autres officiers se trouvaient dans des circonstances semblables, vous pourriez leur faire les mêmes offres, et ils seraient remplacés.

Je suis, mon cher marquis, etc.

AU GÉNÉRAL WASHINGTON.

Elk, 8 avril 1781.

Mon cher Général,

Les lettres de Votre Excellence, du 5 et du 6, m'arrivent à l'instant; avant de répondre à ce qu'elles contiennent, permettez-moi de vous rendre un compte sommaire des mesures que j'ai prises en dernier lieu. Quant à la partie de ma conduite que vous connaissez, je suis heureux, mon cher général, de voir qu'elle a obtenu votre approbation.

Lorsque le retour de la flotte anglaise eut mis hors de doute l'impossibilité de rien tenter pour le moment contre Portsmouth, j'envoyai des ordres pressans à Annapolis afin que tout fût prêt pour ramener les troupes par terre à Head-of-Elk, et je me hâtai de retourner en Maryland; mais j'avoue que je ne pus résister à l'ardent désir que j'avais depuis longtemps de voir vos parens et par-dessus tout votre mère à Fredericksburg; je me détournai donc de quelques milles, et pour concilier mon bonheur personnel avec mes devoirs publics, je regagnai en passant la nuit à cheval ce peu d'heures que j'avais consacrées à mon plaisir. J'ai eu aussi la satisfaction de voir Mount-Vernon, et j'ai bien regretté que mon devoir et ma sollicitude pour l'exécution de vos ordres m'eussent empêché de faire une visite à M. Custis (1).

J'espérais joindre Votre Excellence sous très peu de jours. Votre lettre du 6, que je viens de recevoir, m'ordonne de me diriger vers le sud. Si j'avais été encore à Annapolis ou sur la route de terre, par conséquent avec les mêmes moyens pour retourner que j'avais pour avancer, j'aurais immédiatement obéi à vos ordres. Mais la nécessité nous retient ici pour quelques jours, et comme vos lettres n'en mettent que deux pour nous parvenir, votre réponse doit être ici avant que nous ayons pu partir.

Lorsque Votre Excellence m'a écrit, j'étais supposé être à Annapolis ou très près de cette ville, avec les moyens d'y retourner, ce qui fait une grande différence. Une autre encore plus sérieuse, c'est qu'au

---

(1) Fils d'un premier mariage de madame Washington.

lieu de se réunir à Arnold ou à Phillips, si Phillips est là, lord Cornwallis est si affaibli, qu'il paraît, d'après la lettre du général Greene, forcé de songer à la retraite. A ces considérations, j'ajoute celle-ci qui est décisive ; nous ne sommes préparés que pour une marche de douze milles, dont une partie dans l'État de Delaware ; une portion de nos provisions ayant été demandée de Philadelphie, il nous faut quatre ou cinq jours pour organiser les approvisionnemens et les moyens de traverser toutes les eaux que nous trouverons sur la route qui conduit à l'armée du sud. Quant à la traversée de la baie, nous ne pouvons espérer la même bonne fortune d'effrayer un ennemi qui connaît à présent notre faiblesse, et nous devons au moins attendre le retour de bateaux envoyés à la découverte, et qui, s'ils partent tout de suite, ne peuvent être ici avant cinq ou six jours. Dans ces circonstances, mon cher général, je vais faire tous les préparatifs pour marcher en Virginie, de manière à être prêt aussitôt que possible ; je garderai les bâtimens qui sont ici, en conservant en même-temps ceux que j'ai commandés à Christiana-Creek. Cet état d'incertitude déconcertera les conjectures de l'ennemi, et me met en mesure d'exécuter les ordres de Votre Excellence, lesquels seront ici avant que je puisse partir pour le sud avec quelque chance d'avantage.

S'il eût été possible d'obéir demain matin, je l'aurais fait ; mais je suis obligé de me préparer ; je demande donc la permission de faire les observations que j'eusse été admis à présenter, si j'avais assisté à la réunion des officiers-généraux.

Les troupes qui sont avec moi, étant tirées des régimens des États du nord, ont souvent (sans me l'avoir exprimé) été troublées par la crainte d'être envoyées à l'armée du sud. Elles manquent de vêtemens, surtout de souliers, et s'attendent à recevoir de l'argent et des habits de leurs États respectifs. Officiers et soldats vont éprouver un grand désappointement. Ils avaient cru ne partir que pour quelques jours, et s'étaient pourvus en conséquence; ils sont venus gaiement à l'expédition, mais ils étaient déjà inquiets de l'idée d'aller au sud; ils obéiront, mais ils seront désolés, et quelques-uns déserteront. Cette mesure eût été accompagnée de moins d'inconvéniens, si ce détachement s'était cru destiné, comme infanterie légère, à être séparé, pendant la campagne, des régimens d'où il sort; et ainsi disposé, on aurait pu sans difficulté le transporter à sa destination, surtout par eau. En supposant que la ligne de Jersey vînt joindre ici le détachement de ses troupes, il y aurait à peine du retard, car nous n'avons mis que cinq jours pour nous rendre de Morristown à Head-of-Elk.

Ces réflexions, mon cher général, je vous conjure d'en être convaincu, ne sont dictées par aucun motif personnel. Sûrement j'aurais mieux aimé être en situation de participer à l'attaque de New-York, et je n'aimerais pas à vous voir dans cette opération privé de l'assistance de l'infanterie légère de la Nouvelle-Angleterre. Mais je pense comme vous que ces considérations ne doivent pas être écoutées, si nous prenons le meilleur moyen de secourir le général Greene.

D'après les lettres que j'ai reçues de mes deux amis,

le marquis de Castries et le comte de Vergennes, je suis assuré que nous allons avoir bientôt la réponse à nos propositions sur l'attaque de New-York ; et je suis fortement porté à espérer qu'une fois la supériorité maritime obtenue, l'armée qui se trouve sous vos ordres immédiats, ne restera pas inactive.

A tout évènement, mon cher général, je vais faire tous mes efforts pour me préparer à marcher par l'une ou l'autre route, et j'ai l'honneur, etc.

AU COLONEL HAMILTON.

Susquehannah-Ferry, 18 avril 1781.

Cher Hamilton (1),

Vous avez tant d'esprit, que vous pourrez certainement m'expliquer pour quelles raisons l'expédition de New-York est abandonnée, nos lettres vont en France pour rien, et je m'en vais quand les Français arrivent.

(1) Le 11 avril, Washington renouvela avec plus de détails ses instructions sur le mouvement vers le midi, et le général Greene, désirant porter le théâtre de la guerre dans la Caroline du Sud, pressa le général Lafayette de marcher sur la capitale de la Virginie. Celui-ci fit ses dispositions en conséquence, et avec une grande activité, malgré ses regrets et les difficultés. Il regrettait en effet vivement l'expédition tant annoncée sur New-York ; et il avait à lutter contre la répugnance de ses troupes que la désertion menaçait d'affaiblir. Tel est le sujet de lettres assez longues et assez nombreuses que nous avons supprimées. Souvent aussi, il écrivait au colonel Hamilton, et l'on peut voir quelques-unes de ces lettres dans la *Vie* de ce dernier. Nous n'avons conservé que ce billet qui dit tout. Hamilton à cette époque, refroidi avec Washington, voulait quitter son état-major ; et c'est en effet comme officier dans la ligne qu'il assista au siège de Yorktown. (Voyez sa *Vie*, tom. I, ch. XIII.)

Ce dernier point contrarie beaucoup le ministre de France. Tout ceci n'est pas compréhensible pour moi qui, depuis long-temps éloigné du quartier-général, ai perdu le fil des nouvelles.

Avez-vous quitté l'état-major, mon cher ami? je le suppose. Mais, à cause du général pour qui vous connaissez mon affection, je désire ardemment que cela ne soit pas; beaucoup, beaucoup de raisons se réunissent pour me le faire souhaiter. Mais si vous le quittez et que j'aille en exil, venez et partagez l'exil avec moi.

Tout à vous.

AU GÉNÉRAL WASHINGTON.

Baltimore, 18 avril 1781.

Mon cher Général,

Toutes mes lettres ont été écrites jusqu'à présent sur un ton si lamentable, que je suis heureux de vous donner une plus agréable perspective. L'impatience que j'éprouve de soulager votre esprit d'une petite portion de tant de soins et de sollicitudes, que les circonstances accumulent sur vous, me détermine à envoyer cette lettre par la chaîne de communication avec une recommandation particulière. Lorsque j'ai quitté Susquehannah-Ferry, l'opinion générale était que nous n'arriverions pas avec six cents hommes à notre destination. Cela joint à l'affligeant dénuement des hommes, inspirait les plus sombres prévisions, le bureau de la guerre ayant confessé l'impossibilité où il se trouvait de nous apporter aucun secours. Dans ces circonstances, j'ai fait tous les efforts personnels qui étaient en mon pouvoir, et j'ai le plaisir de vous informer que la désertion est, je l'espère, à son terme.

A mon arrivée de ce côté de la Susquehannah, j'ai fait un ordre du jour où je m'attachais à jeter une sorte d'infamie sur la désertion, et surtout à ranimer toutes les affections du soldat. Depuis lors la désertion a diminué; deux déserteurs ont été pris ; l'un a été pendu aujourd'hui; et l'autre, étant un très bon soldat, sera gracié, mais renvoyé du corps, avec un autre qui s'est mal conduit. A ces mesures, j'en ai ajouté une que la vue des souffrances des troupes et la nature des circonstances m'ont décidé à prendre. Les négocians de Baltimore me prêtent une somme d'environ 2,000 liv. ster., laquelle nous procurera des chemises, des surtouts de toile, des souliers et quelques chapeaux. Les dames feront les chemises; les surtouts seront confectionnés par le détachement, et nos soldats pourront être un peu moins misérables. L'argent est prêté sur mon crédit, et je donne garantie pour le paiement dans deux ans, époque où, par les lois françaises, je pourrai plus librement disposer de ma fortune; mais d'ici là, j'emploierai mon influence à la cour de France, pour faire comprendre cet argent dans quelque emprunt que le congrès aura pu obtenir d'elle.

On vous aura peut-être dit, mon cher général, que tout mon bagage avait été pris dans la baie. Je ne puis malheureusement démentir cette nouvelle ; mais n'ayez aucune inquiétude pour mes papiers, ni pour les cartes que vous m'aviez données. Je n'ai perdu que du papier blanc et des cartes gravées. Voici le fait : à York, j'avais quelques soldats continentaux et mon bagage à faire passer sur une bonne barque et sur un mavais bateau ; naturellement je donnai la barque aux soldats qui se rendaient à Annapolis ; le bagage fut mis sur le bateau, et on n'en a plus entendu parler. Mais comme je prévoyais le danger, j'avais emporté par terre tout ce qui pouvait être pour la chose publique de quelque importance.

Je vois par une lettre du baron de Steuben, datée de Chesterfield Court-House, 10 avril, que le général Phillips a quinze cents ou deux mille hommes à Portsmouth à ajouter aux forces d'Arnold. La part faite à l'exagération, je crains que toute son armée ne s'élève à deux mille cinq cents hommes ; ce qui m'oblige à presser ma marche vers Fredericksburg et Richmond, où j'espère recevoir des ordres du général Greene.

L'importance de la célérité, le désir d'ajouter à la distance qui sépare nos soldats de leurs demeures, et les immenses retards qui pourraient me retenir un siècle, m'ont déterminé à laisser nos tentes et notre artillerie sous bonne garde, avec ordre de suivre aussi vite que possible, tandis que le reste du détachement se rendra à Fredericksburg et Richmond à marches forcées, avec des chariots et des chevaux de réquisition, ce qui dérangera les calculs de l'ennemi. Nous partons demain, et cette marche rapide, jointe à nos autres précautions, maintiendra parmi nos soldats l'ardeur et la bonne humeur (1).

Je suis, mon cher général, etc.

P. S. Diminué n'est pas un mot qui donne une juste idée de la vérité que nous a fait connaître une expérience bien honorable pour les soldats de Votre Excellence. Mon ordre du jour portait que le détachement était destiné à combattre un ennemi supérieur en nombre, au milieu de difficultés de toute nature; que pour sa part le général était déterminé à marcher à sa rencontre, mais que les soldats qui avaient envie de l'abandonner, pouvaient éviter le crime et le danger de la désertion, attendu que tous ceux qui voudraient s'adresser au quartier-général pour avoir une permission de rejoindre leurs corps dans le nord, pouvaient être assurés de l'obtenir immédiatement.

(1) Cette lettre annonce le vrai commencement de la campagne de Virginie. M. de Lafayette marcha sur Richmond. « La ville était « perdue, écrivait-il le 4 mai, si j'avais attendu mon artillerie, quoique « l'idée de la laisser en arrière ait pu paraître un singulier caprice. Ce « n'est pas sans peine que j'ai fait cette marche rapide. Le général « Phillips a témoigné à un parlementaire combien elle l'avait étonné; « et le 30, lorsqu'au moment de donner le signal de l'attaque, il re- « connut notre position, quelqu'un qui était avec lui, dit qu'il eut un « violent accès de colère, et qu'il jura de se venger de moi et du corps « que j'avais amené. » Les opérations ultérieures sont racontées avec détail et dans les Mémoires et dans le Précis de la campagne; il a donc été convenable de retrancher la plus grande partie des lettres où M. de Lafayette en rend compte au général Washington. A chacune de ces lettres, il annexe ordinairement la copie de son rapport officiel au général Greene.

AU GÉNÉRAL WASHINGTON.

Alexandrie, 23 avril 1781.

Mon cher Général,

Le sentiment de l'amitié procure de bien grandes jouissances; je l'éprouve particulièrement dans l'attachement qui m'unit à vous; mais l'amitié a ses devoirs, et l'homme qui vous aime le mieux doit être le premier à vous instruire de tout ce qui vous concerne. Lorsque l'ennemi est venu à votre maison, plusieurs nègres ont été le joindre; cette nouvelle ne m'a pas beaucoup affligé, car ces sortes d'intérêts-là me touchent peu; mais vous ne pouvez concevoir à quel point j'ai été malheureux d'apprendre que que M. Lund Washington s'était rendu à bord des bâtimens ennemis, et avait consenti à leur donner des provisions. Cette conduite de la personne qui vous représente dans votre propriété, doit certainement produire un mauvais effet et contraste avec les courageuses réponses de quelques voisins, dont, en conséquence, les maisons ont été brûlées. Vous ferez ce que vous jugerez à propos, mon cher général, mais l'amitié me faisait un devoir de vous exposer confidentiellement les faits. — Avec le secours de chevaux et de chariots, nous sommes venus en deux jours du camp près Baltimore dans cette ville. Nous nous sommes arrêtés hier; et après avoir fait un petit marché de souliers, nous marchons vers

Fredericksburg. Point de rapport officiel sur Phillips; mais on me dit qu'on enlève les provisions de Richmond et de Petersburg. Je suis étonné que personne ne m'écrive, et j'espère recevoir bientôt des renseignemens. Nos hommes sont pleins d'ardeur; depuis qu'on a fait appel à leurs sentimens, ils ont mis leur point d'honneur à nous suivre, et les murmures aussi bien que la désertion sont passés de mode.

DU GÉNÉRAL WASHINGTON A M. DE LAFAYETTE.

New-Windsor, 4 mai 1781.

Mon cher Marquis,

La liberté de vos communications est pour moi un témoignage de la sincérité de votre attachement, et chaque nouvelle preuve que j'en reçois me fait plaisir et fortifie le lien de notre amitié. C'est sous ce rapport que je considère l'avertissement que vous me donnez sur la conduite de M. Lund Washington. Quelques jours avant l'arrivée de votre lettre qui ne m'est parvenue qu'hier, j'ai reçu de lui-même le récit de cette affaire; et j'ai sur-le-champ écrit et envoyé la réponse dont je joins ici la copie. Cette lettre écrite dans le moment où j'ai reçu de la personne même la première annonce de ce qui s'était passé, peut être considérée comme un témoignage de ma désapprobation de sa conduite; et l'envoi que je vous en fais, comme une preuve de mon amitié. Je désire que vous soyez assuré que personne ne peut plus sincèrement que moi condamner cette action.

Une idée fausse venant de la pensée qu'il était mon régisseur, et en cette qualité, plutôt le gardien de ma propriété que le représentant de mon honneur, a égaré son jugement, et l'a jeté dans cette erreur à la première apparence de désertion parmi mes nègres et de danger pour mes bâtimens. Car je suis sûr qu'aucun homme n'est plus fortement que lui opposé à l'ennemi. D'après cette certitude et la connaissance de son intégrité, j'ai confié mes propriétés de toute espèce à ses soins, sans réserve et sans aucune crainte qu'il en abusât. Le dernier paragraphe de ma lettre a rapport à la crainte qu'il m'exprime de voir toutes les propriétés voisines de la rivière dépouillées de leurs nègres et de tout leur mobilier.

Je suis heureux d'apprendre que la désertion a cessé, et que le contentement se rétablit dans les détachemens que vous commandez.

A M. LUND WASHINGTON,
A Mount-Vernon.

New-Windsor, 30 avril 1781.

Cher Lund,

Je suis très fâché des pertes que vous avez faites ; je le suis un peu des miennes, mais ce qui m'afflige le plus, c'est que vous ayez été à bord des vaisseaux ennemis, et que vous leur ayez fourni des rafraîchissemens. Il eût été moins pénible pour moi d'apprendre qu'en conséquence de votre refus de complaire à leurs demandes, ils avaient brûlé ma maison et ruiné la plantation. Vous deviez vous considérer comme étant mon représentant, et réfléchir sur le mauvais exemple que vous donniez en communiquant avec l'ennemi et en faisant une offre volontaire de vivres pour éviter un incendie.

Il n'était pas en votre pouvoir, je l'avoue, de les empêcher d'envoyer un parlementaire sur le rivage, et vous avez bien fait d'aller le trouver; mais à l'instant où ses intentions ont été exprimées, vous auriez dû répondre qu'il ne vous convenait pas de céder à ses demandes; après quoi, s'ils avaient employé la force, vous n'auriez eu qu'à vous soumettre, ce qui, étant dépourvu de tout moyen de défense, était préférable à une faible opposition qui eût seulement servi de prétexte pour brûler et détruire.

Je suis parfaitement convaincu que vous avez agi suivant ce que vous avez cru le plus à propos, et je crois que le désir de conserver ma propriété et de préserver mon habitation du danger qui la menaçait, était votre motif dominant. Mais aller à bord de leurs navires, leur porter des vivres, communiquer avec une bande de pillards, solliciter une faveur en réclamant mes nègres, sont des démarches bien peu judicieuses, et dont il est à craindre que les conséquences ne soient déplorables, car elles serviront de précédens à d'autres et peuvent devenir un sujet d'animadversion.

Je ne doute pas que l'intention de l'ennemi ne soit de poursuivre le plan de dévastation qu'il a commencé à exécuter, et à moins que l'arrivée d'une force navale supérieure n'y mette un terme, j'ai aussi peu de doute que cela ne finisse par la perte de mes nègres et la destruction de mes maisons. Mais je suis préparé à l'évènement. D'après cette prévoyance, si vous pouviez déposer en lieu de sûreté les objets les moins volumineux et les plus précieux, ce serait une précaution dictée par la politique et la prudence, et qui les conserverait pour l'avenir. Toutes les choses si nombreuses qui sont nécessaires à l'usage ordinaire et actuel doivent rester et courir la chance de la rude épreuve de cet été.

Je suis très sincèrement à vous.

AU GÉNÉRAL WASHINGTON.

Au camp de Wilton, sur James-River, 17 mai 1781.

Cher Général,

Ma correspondance avec l'un des généraux anglais et mon refus de correspondre avec l'autre peuvent être mal représentés. Je vous rendrai compte en conséquence de ce qui s'est passé et j'espère que vous voudrez bien, ainsi que le général Greene, approuver ma conduite. A l'arrivée de notre détachement à Richmond, un parlementaire a apporté trois lettres que je joins ici, et auxquelles, en qualité de commandant en chef des troupes de l'État, il était de mon devoir de répondre. Les réponses que voici ont été successivement envoyées à la poursuite du général Phillips, qui les a reçues avec un degré de politesse qui semblait une réparation pour l'inconvenance de son style. Le général Phillips étant mort (1), il est venu un officier porteur d'un passeport et de lettres du général Arnold. Je priai cet officier de venir à mon quartier et je lui demandai s'il était vrai que le général Phillips fût mort, à quoi il répondit négativement. Je pris ce prétexte pour ne pas recevoir la lettre du général Arnold, laquelle étant datée du

---

(1) « Gordon place la mort du général Phillips au 13 mai ; il était très mal dans son lit, lorsqu'un boulet de canon traversa sa chambre. » (Manuscrit nº 2.) Le général Phillips commandait à Minden la batterie dont un canon avait tué le père de M. de Lafayette.

quartier-général et adressée à l'officier commandant des troupes américaines, devait être écrite par le général en chef. Je témoignai cependant que si tout autre officier anglais m'avait écrit, j'aurais été heureux de recevoir sa lettre. Le jour suivant, l'officier revint avec le même passeport et la même lettre, et m'informa qu'il était maintenant libre de déclarer que Phillips était mort, et Arnold commandant en chef de l'armée anglaise en Virginie. La haute position du général Arnold m'obligeant alors à une explication, la note ci-jointe fut remise au parlementaire, et l'officier américain l'assura verbalement que si l'on désirait avoir par écrit le détail de mes motifs, ma considération pour l'armée anglaise était telle, que je satisferais avec empressement à cette demande:

Hier au soir, un de nos parlementaires revenait de Petersburg; il avait été envoyé par le commandant du corps d'avant-garde, et il se rencontra avec l'officier anglais qui arrivait à nos avant-postes. Je joins ici la note, écrite par le général Arnold, et dans laquelle il annonce la détermination d'envoyer nos officiers et nos soldats aux Antilles. Le général anglais doit savoir parfaitement que je ne puis traiter d'échanges partiels, et que le sort des prisonniers continentaux doit être réglé par une autorité supérieure à celle dont je suis investi.

J'ai l'honneur d'être, etc.

DU GÉNÉRAL PHILLIPS A M. DE LAFAYETTE.

Au camp anglais, Osborn's, 28 avril 1781.

Monsieur,

C'est un principe de l'armée anglaise employée dans la guerre actuelle, qu'elle considère comme très malheureuse, de suivre avec exactitude les règles prescrites par l'humanité et les lois de la guerre, et dans l'indispensable destruction des magasins publics de toute espèce, d'empêcher, autant que possible, celle des propriétés particulières. J'en appelle aux habitans de Yorktown, Williamsburg, Petersburg et Chesterfield, pour témoigner de la douceur du traitement qu'ils ont éprouvé de la part des troupes du roi, particulièrement à Petersburg, où la ville a été préservée par le soin des soldats, tandis qu'elle aurait pu périr par l'inaction volontaire de ses habitans.

J'ai actuellement à présenter une accusation de la plus grande gravité contre les armées américaines, celle d'avoir tiré sur les troupes du roi, du bord d'un bâtiment sous pavillon parlementaire; et ce qui rend cette conduite aussi contraire que possible à toute règle, ce pavillon est resté tout le temps flottant au grand mât, comme si l'on eût voulu se jouer de la violation des lois les plus sacrées de la guerre.

Vous sentez, Monsieur, que je suis autorisé à infliger le châtiment le plus sévère en retour d'une si indigne conduite, et que les villes et les villages sont à la merci des troupes du roi; c'est à cette seule merci que vous pouvez en appeler pour que tout ne soit pas réduit en cendres. La compassion et la bienveillance qui ont distingué le caractère britannique dans la querelle actuelle, dirigent encore la conduite des officiers du roi, et je renoncerai volontiers aux mesures de redressement que j'aurais le droit de prendre, si ceux qui ont tiré sous pavillon parlementaire sont remis en mon pouvoir, et si vous faites un désaveu public de la déloyauté de leur conduite. — Si vous le refusiez, Monsieur, je vous rendrais responsable des désastres qui pourraient être la conséquence de votre refus.

Vos vaisseaux de guerre et les autres bâtimens qui ne sont pas actuellement en notre possession sur James-River, sont cependant hors d'état de nous échapper, et leur situation est celle d'une ville bloquée par terre, où il est contraire aux règles de la guerre que les magasins publics soient détruits. Je vous demande en conséquence, Monsieur, de me fournir un compte exact de ce qui peut être détruit à bord de ces bâtimens ou ailleurs, et je n'ai pas besoin de vous dire ce que prescrivent les règles de la guerre en cas pareils.

Je suis, Monsieur, votre très humble serviteur,

W. PHILLIPS.

DU GÉNÉRAL PHILLIPS A M. DE LAFAYETTE.

Au camp à Osborn's, le 29 avril 1781.

MONSIEUR,

Durant mon séjour à Williamsburg et à Petersburg, j'ai accordé à quelques habitans, tant de la ville que de la campagne, des sauvegardes tant pour leurs personnes que pour leurs propriétés. Je l'ai fait, sans demander ni même considérer s'ils étaient amis ou ennemis, n'étant conduit que par un principe de pure humanité. J'apprends par des autorités à peu près incontestables que plusieurs de ces personnes ont été enlevées par des voisins malveillans, et envoyées à votre quartier-général où l'on se propose de les maltraiter. Je souhaite sincèrement que ce rapport soit sans fondement.

Je vous le répète, Monsieur, mes sauvegardes ont été accordées généralement dans le désir qu'au milieu de la destruction des magasins publics, les propriétés particulières et les individus reçussent le moins de dommage possible. Mais à quelque prix que ce soit, j'insiste pour que ma signature soit regardée comme sacrée et inviolable, et je suis obligé de vous déclarer, Monsieur, que, si une seule des personnes dont je viens de parler reçoit de mauvais traitemens, je me verrai forcé d'envoyer à Petersburg pour faire punir les lâches persécuteurs de ces hommes innocens comme ils l'auront mérité; et je vous déclare en outre, Monsieur, que si un seul homme est mis à mort sous prétexte d'être espion ou ami du gouvernement anglais, je donnerai aux rivages de James-River un exemple qui fera frémir le reste de la Virginie. Ce ne sont que les mesures violentes adoptées par la chambre des délégués, le conseil et le gouverneur de la Virginie qui me mettent dans la nécessité de tenir un tel langage qui répugne à mon caractère et à mes dispositions. J'espère que vous, Monsieur, dont j'ai entendu citer les principes libéraux, vous ne leur prêterez nul appui; encore moins laisserez-vous se réaliser en actes l'esprit de barbarie qui semble dominer dans les conseils du gouvernement civil de cette colonie.

Je vous assure, Monsieur, que je suis entièrement disposé à porter dans cette malheureuse querelle toute l'humanité possible, et je me plais à croire que vos intentions sont pareilles aux miennes.

Je suis, Monsieur, etc.

AU GÉNÉRAL PHILLIPS.

Au camp américain, 30 avril 1781.

Monsieur,

Vos lettres des 26, 28 et 29 me sont parvenues hier. Le duplicata, daté de Petersburg, traitant plutôt d'objets d'une nature privée, a été remis au major-général baron de Steuben. Je suis fâché que la forme de votre demande ait retardé une marque d'égards immédiatement accordée.

Depuis le commencement de cette guerre, qui, comme vous le remarquez, a été malheureuse pour la Grande-Bretagne, les procédés de l'armée anglaise ont été si loin d'annoncer une disposition bienveillante, que votre longue absence du théâtre des évènemens (1) est la seule raison qui puisse expliquer votre panégyrique. Je vous garantis sur mon honneur, Monsieur, que l'accusation que vous portez contre un vaisseau parlementaire sera strictement examinée, et dans le cas où le rapport qui

(1) Le général Phillips avait été fait prisonnier à Saratoga.

vous a été fait serait plus exact que celui que j'ai reçu, lequel y est tout-à-fait contraire, vous obtiendriez toute la satisfaction en mon pouvoir, que vous auriez droit d'attendre. Permettez que je considère cette plainte comme le seul article de votre lettre qui réclame une réponse. Les autres, ainsi que la demande de regarder la personne des espions comme sacrée, ne peuvent certainement pas être sérieux.

Le style de vos lettres, Monsieur, m'oblige de vous dire que si celles qui suivront manquaient à la considération due aux autorités civiles et militaires des Etats-Unis, ce qui ne pourrait être interprété que comme un manque de respect envers la nation américaine, je ne croirais pas convenable à la dignité d'un officier américain de continuer la correspondance.

J'ai l'honneur d'être votre très obéissant serviteur,

LAFAYETTE.

AU GÉNÉRAL PHILLIPS.

3 Mai 1781.

MONSIEUR,

Votre assertion, relativement à la conduite d'un bâtiment parlementaire, était si positive, qu'il devient nécessaire pour moi de rétablir la vérité sur ce point. J'ai l'honneur de vous envoyer ci-incluses quelques dépositions par lesquelles il est clairement prouvé qu'il n'y a eu de notre part aucune violation des devoirs du pavillon.

J'ai l'honneur, etc.

NOTE POUR LE CAPITAINE ÉMYNE.

15 mai 1781.

Le major-général marquis de Lafayette a l'honneur de présenter ses complimens au capitaine Emyne et le prie de se rappeler que, dans la supposition de la mort du général Phillips, il a dit : « qu'il saurait alors ce qu'il aurait à

« farie. » Par égard pour l'armée anglaise, il s'était servi du prétexte le plus poli pour éloigner toute correspondance avec le général anglais, actuellement commandant en chef. Mais maintenant il se trouve obligé de déclarer positivement un refus. Dans le cas où tout autre officier anglais voudrait l'honorer d'une lettre, il serait toujours très heureux de donner à messieurs les officiers tous les témoignages de sa considération.

NOTE DU GÉNÉRAL ARNOLD AU CAPITAINE RAGEDALE.

Le brigadier-général Arnold présente ses complimens au capitaine Ragedale, et prend la liberté de l'informer que le parlementaire ayant été envoyé par le brigadier-général Nelson, qui n'est pas commandant en chef de l'armée américaine, est tout-à-fait inadmissible. Les lettres sont en conséquence renvoyées sans être décachetées. Si le capitaine Ragedale juge à propos de les laisser aux domestiques, un reçu devra leur être donné.

Le brigadier-général Arnold a donné des ordres pour que les officiers pris dernièrement dans cette place fussent envoyés à New-York; leur bagage les suivra aussitôt leur départ, et tous les officiers et soldats de l'armée américaine, qui à l'avenir seront faits prisonniers, seront envoyés aux Antilles; à moins qu'un cartel ne soit immédiatement conclu pour l'échange des prisonniers, comme le général Arnold l'a réclamé à tant de reprises.

Au quartier-général à Petersburg, le 17 mai 1781.

AU GÉNÉRAL WASHINGTON.

Richmond, 24 mai 1781.

Mon cher Général,

Ma lettre officielle, dont j'envoie la copie au congrès, vous fera connaître notre situation. Je souhaite ardemment que ma conduite obtienne votre approbation. Si j'avais suivi ma première impulsion, j'aurais risqué davantage; mais j'ai dû me défier de ma propre ardeur, et la pensée qu'une défaite générale, à laquelle on devait s'attendre avec tant de milices, pourrait causer la ruine de cet État et de nos affaires, m'a rendu extrêmement circonspect. Certainement, je suis plus embarrassé dans mes mouvemens, plus gêné dans mes projets, que nous ne l'avons été dans le nord.

Puisque dans ce moment je suis chargé du commandement de cet État, je vous demande comme une faveur de vouloir bien m'envoyer le colonel Gouvion; dans le cas où nous joindrions le général Greene, il remplirait près de moi les fonctions d'aide-de-camp.—Si les Pensylvaniens étaient arrivés avant lord Cornwallis, j'étais déterminé à attaquer l'ennemi, et je ne doute pas que nous n'eussions été vainqueurs; leur inexplicable délai ne peut être trop déploré et exercera une grande influence sur le sort de la campagne. S'ils étaient arrivés à temps pour m'aider à soutenir le premier choc de lord Cornwallis, je m'en serais contenté; mais d'après une réponse du général Wayne, datée du 17, et reçue aujourd'hui, je crains qu'en cet instant, ils aient à peine quitté Yorktown.

Les magasins publics et particuliers ayant été transportés hors de Richmond, cette place devient un objet de moindre importance. Je ne crois pas qu'il fût prudent d'exposer les troupes pour préserver quelques maisons dont la plupart sont vides. Mais j'hésite entre deux inconvéniens. Si je livre bataille, je serai mis en pièces, la milice sera dispersée, les armes perdues; si je refuse le combat, le pays se croira abandonné. Je me décide donc à une guerre d'escarmouches sans m'engager trop avant, et surtout en me gardant de cette excellente et nombreuse cavalerie que les miliciens redoutent comme si c'étaient autant de bêtes sauvages.

Une lettre du général Greene, datée du 5 mai, cinq milles au-dessous de Cambden, est parvenue au général Sumner. Le baron va vers lui avec des recrues, et en rencontrera quelques-unes de plus dans la Caroline du Nord. Lorsque les Pensylvaniens viendront, je les garderai seulement quelques jours que je mettrai de mon mieux à profit. Un peu de cavalerie nous est très nécessaire. Je voudrais bien que la légion de Lauzun pût nous joindre. Il aimerait, j'en suis certain, à servir avec moi, et puisque le général Greene m'a donné le commandement des troupes dans cet État, Lauzun pourrait rester auprès de moi en Virginie. Autrement, on pourrait m'envoyer les dragons de Sheldon. Quant à Moylan, je ne crois pas qu'il soit de long-temps prêt.

Si j'étais aucunement en état de tenir tête à l'ennemi, je me trouverais fort heureux de mon commandement; mais je ne suis pas même assez fort pour me faire battre. Le gouvernement de cet État manque d'énergie et les lois sont sans force. Mais j'espère que cette assemblée-ci va placer les affaires sur un meilleur pied. J'ai eu beaucoup de peine à organiser d'une manière tolérable les différens départemens. Nos dépenses ont été énormes, et cependant nous ne pouvons arriver à rien. Nos arrangemens actuels auraient meilleure mine, si ce n'était cette supériorité de l'ennemi qui peut nous donner la chasse partout où il voudra. Ils peuvent aussi ravager tout le pays, et jusqu'à l'arrivée des Pensylvaniens, nous sommes comme rien devant une force aussi considérable. Cette contrée me devient aussi familière que Tappan et Bergen. La santé des soldats se soutient. J'ai demandé au docteur de régler leur régime. — Adieu, mon général, donnez-moi quelquefois de vos nouvelles. Vos lettres sont un grand bonheur pour votre ami.

AU GÉNÉRAL WASHINGTON.

Au camp, 28 juin 1781.

Mon cher Général,

J'ai l'honneur de vous envoyer la copie de ma lettre au général Greene. L'ennemi a été si obligeant qu'il s'est retiré devant nous (1); je lui ai deux

(1) C'est le 20 mai que lord Cornwallis, dont l'apparition inattendue rétablit les affaires des Anglais dans la Virginie, avait fait sa jonction avec les troupes d'Arnold. La guerre devint alors très active, et les marches des deux armées très compliquées. M. de Lafayette se maintint et n'éprouva d'autre échec que la perte de quelques magasins aux fourches de James-River, confiés à la garde du baron de Steuben. Sa position cependant était plutôt défensive, jusqu'au moment où cette lettre fut écrite, et où les Anglais abandonnèrent Richmond.— «Cornwallis avait eu, et généralement par le secours des nègres, les meilleurs chevaux de la Virginie. Il avait monté une avant-garde de Tarleton sur des chevaux de course, qui semblables à des oiseaux de proie, arrêtaient tout ce qu'ils pouvaient voir, de manière qu'ils prirent beaucoup d'exprès porteurs de lettres. — Cornwallis s'arrêta une seule fois dans sa marche rétrograde sur Williamsburg; les Américains étant tout près de lui, on crut qu'il y aurait une affaire, mais il continua sa route. C'est avant d'arriver à Williamsburg que son arrière-

fois offert le combat, tout en ayant soin de ne pas m'engager plus que je ne voulais ; mais il a continué son mouvement rétrograde. Sans doute on aura exagéré nos forces, et notre air de hardiesse aura confirmé cette erreur. — J'ai cru d'abord que lord Cornwallis cherchait à m'attirer le plus en avant possible, pour user avec plus d'avantage de sa cavalerie. Mais il paraît qu'il ne se montre pas encore, et notre position nous permettra un engagement partiel. Sa Seigneurie avait (sans compter le renfort de Portsmouth qu'on évalue à six cents hommes), quatre mille hommes, dont huit cents dragons ou infanterie montée. Notre force est à peu près égale; mais nous n'avons que quinze cents hommes de troupes régulières et cinquante dragons. Notre petite affaire constate bien la retraite de l'ennemi; le lieu d'où il commença à se replier sur Williamsburg, en est à plus de cent milles. Les vieilles armes de Point-of-Fork ont été retirées de l'eau; le canon jeté dans la ri-

garde fut attaquée par le corps d'avant-garde de Lafayette sous le colonel Butler. Il évacua Williamsburg le 4. Lafayette avait fait tout ce qu'il fallait pour lui persuader que ses forces étaient plus considérables. La veille ou surveille de l'évacuation de Williamsburg, un espion double avait porté à lord Cornwallis un faux ordre du jour, trouvé, disait-il, dans le camp, par lequel il était ordonné à la division du général Morgan de prendre telle place dans la ligne. Le fait est que le général Morgan était arrivé de sa personne et sans troupes. Le docteur Gordon observe avec raison que lord Cornwallis, depuis Charlestown jusqu'à Williamsburg, avait fait plus de onze cents milles sans compter les déviations, ce qui équivaut avec ces déviations à cinq cents lieues. Toute la marche à travers la Caroline du Nord et la Virginie et la campagne contre Lafayette furent faites sans tentes, sans équipages, ce qui fait honneur à l'activité de lord Cornwallis, et justifie la réputation qu'il avait d'être le meilleur général britannique employé dans cette guerre. » (Extrait du manuscrit n° 2.)

vière avait été fort endommagé dans la marche de retour sur Richmond, de manière que Sa Seigneurie ne nous a fait aucun tort considérable, qu'elle a perdu une grande partie de ses précédentes conquêtes, et n'en a fait aucune dans cet État. Le général Greene me demandait seulement de conserver mon terrain en Virginie ; mais les mouvemens de lord Cornwallis peuvent répondre à quelque chose de mieux que cela sous le rapport politique.

Adieu, mon cher général, je ne sais si c'est à notre tour de changer de rôle et de poursuivre l'ennemi. En attendant, j'ai l'honneur, etc.

EXTRAITS

DE

PLUSIEURS LETTRES AU GÉNÉRAL WASHINGTON (1).

Ambler's Plantation, 8 juillet 1781.

La copie que je joins ici, mon cher général, vous rendra compte de nos affaires dans ces quar-

(1) De Williamsburg les Anglais se retirèrent sur Portsmouth, près de l'embouchure de James-River, et par conséquent de la baie de la Chesapeak. La mer était libre pour eux, et cette suite de mouvemens rétrogrades semblait indiquer le projet d'évacuer la Virginie. Aussi lorsqu'on apprit qu'ils embarquaient du monde, M. de Lafayette ne douta-t-il pas que leur dessein ne fût de quitter le pays, probablement pour se rendre à New-York. Mais en même temps, il devint évident que si des forces navales paraissaient sur ces côtes, ils étaient bloqués sans ressources. C'est ce que réalisa au-delà de toute espérance leur inexplicable retraite sur Yorktown et Gloucester.

tiers. Me conformant à vos ordres, j'ai évité une action générale; mais lorsque les mouvemens de lord Cornwallis paraissaient indiquer qu'il n'était pas dans son intérêt de combattre, je risquais des engagemens partiels. Sa Seigneurie semble avoir abandonné l'espoir de conquérir la Virginie. Nous avons fait un grand secret de la force de notre armée qui n'était pas supérieure, qui même était généralement inféférieure à celle de l'ennemi. Nos états étaient enflés, comme le sont communément les états de la milice; mais nous en avions très peu sous les armes, surtout dans les derniers temps; et pour cacher à quel point nous étions peu nombreux, j'étais obligé de me porter en avant comme si j'eusse souhaité un engagement général. Nous n'avons jamais eu au-delà de quinze cents hommes de troupes régulières; l'ennemi en avait quatre mille, dont huit cents à cheval, et supposait que nous devions en avoir huit mille. Je n'ai jamais campé sur une ligne, ce qui rendait plus difficile de juger quel était notre nombre.

Malvan-Hill, 20 juillet.

Lorsque je me suis rendu dans le sud, vous savez que j'avais présenté quelques objections particulières; mais j'ai compris ensuite la nécessité d'y envoyer le détachement, et j'ai vu que si je m'en étais retourné, personne n'aurait pu amener ici les troupes contre leur inclination. Mon entrée dans l'État fut heureusement marquée par un service rendu à la capitale. La Virginie devint le grand objet de l'ennemi, aussi bien que le but de tous les calculs du ministère.

J'ai eu l'honneur de commander une armée et d'être opposé à lord Cornwallis. Incomparablement inférieurs à lui, la fortune s'est plu à nous sauver; égaux en nombre, mais non en qualité, nous avons encore été assez heureux. Cornwallis a eu la confusion d'une retraite, et cet État étant délivré, le gouvernement rétabli, l'ennemi s'est réfugié sous la protection de ses ouvrages à Portsmouth. Il paraît qu'un embarquement se prépare, probablement destiné pour New-York. La guerre dans ce pays deviendra une guerre de pillages, et il n'est plus question de grandes manœuvres. Un officier prudent suffira pour conduire les affaires ici, et le baron est prudent au plus haut degré. Mon cher général, si une partie des troupes anglaises allait à New-York, pourrait-il m'être permis de rejoindre les armées combinées?

Malvan-Hill, 20 juillet.

Point de nouvelles du nord, point de lettres du quartier-général; je suis entièrement étranger à tout ce qui se passe hors de la Virginie, et nos opérations étant dans ce moment un peu languissantes, j'ai plus de temps pour penser à mon isolement; en un mot, j'ai la maladie du pays, et si je ne puis aller au quartier-général, je voudrais au moins en entendre parler. J'ai grand besoin de connaître votre opinion sur la campagne de Virginie. La conquête de cet État était incontestablement le principal objet que se proposait le ministère. Je pense que votre diversion a été plus utile que toutes mes manœuvres, mais celles-ci ont été surtout dirigées par des vues politiques. Aussi long-temps que milord a désiré une action, pas un coup de fusil n'a été tiré; du moment où il a voulu éviter de combattre, nous avons fait une guerre d'escarmouches, mais j'avais soin de ne jamais commettre l'armée. La supériorité navale de l'ennemi, sa supériorité en cavalerie, en troupes régulières, ses mille autres avantages me rendent heureux d'en être sorti sain et sauf. J'avais l'œil fixé sur les négociations d'Europe, et me proposais pour but de donner à Sa Seigneurie la défaveur d'une retraite.

Suivant tous les rapports, il paraît qu'une partie des troupes s'embarquera; l'infanterie légère, les gardes, le 80ᵉ régiment, les chasseurs de la Reine, sont, assure-t-on, destinés pour New-York. On prétend que lord Cornwallis est désappointé dans ses espérances de commandement. Je ne puis découvrir ce qu'il fera de sa personne. Ira-t-il en Angleterre? dans ce cas nous aurions à nous réjouir; car c'est un homme froid et actif, deux qualités redoutables dans cette guerre du sud.

Les habillemens que vous avez depuis long-temps destinés à l'infanterie légère, ne sont pas encore arrivés : j'ai été obligé de les envoyer chercher, j'espère les avoir dans peu de jours. Ces trois bataillons sont les meilleures troupes qui aient jamais tenu la campagne, ma confiance en eux est sans bornes. Ils sont bien supérieurs à toutes les troupes anglaises, et jamais aucune ne se hasardera à les attaquer à force égale. Quel dommage que de tels hommes ne soient pas employés avec les grenadiers français! ils feraient un éternel honneur à nos armes. Mais leur présence ici, je dois en convenir, a sauvé cet État et en vérité toute la partie méridionale du continent.

Malvan-Hill, 26 juillet.

J'ai eu, il y a quelques jours, l'honneur d'écrire à Votre Excellence, et de l'informer qu'un détachement de l'armée anglaise s'embarquerait probablement à Portsmouth; les bataillons d'infanterie légère et les chasseurs de la reine étaient certainement commandés, et les gardes, avec un ou deux régimens anglais, allaient probablement l'être pour cette destination. Mes conjectures se sont vérifiées, quarante-neuf voiles sont descendues à Hampton-Road, et je crois à chaque instant apprendre leur départ. Un officier anglais prisonnier disait dernièrement que lord Cornwallis lui-même partait aussi.

Il paraît que l'ennemi a quelque cavalerie à bord. La conquête de la Virginie et l'établissement de la puissance britannique dans cet État n'ayant pas réussi au gré des espérances de la cour d'Angleterre, un moindre nombre de troupes suffit aux besoins actuels, et deux mille hommes peuvent facilement être retirés. Ainsi, je ne pense pas que l'embarquement actuel soit au-dessous de ce nombre. Autant qu'une force de terre peut s'opposer à des opérations navales et à une supériorité navale, je pense que la position actuelle du principal corps de notre petite armée offre la meilleure chance de protéger les différentes parties de la Virginie.

Malvan-Hill, 30 juillet 1781.

Quelques-unes de vos expressions ajouteront, s'il

est possible, à ma vigilance à vous tenir bien avisé des mouvemens de l'ennemi (1). Il se trouve à Hampton-Road trente bâtimens de transport remplis de troupes, la plupart habits rouges; huit ou dix bricks ont de la cavalerie à bord. Le vent est favorable, cependant ils ne sont pas partis; on dit qu'ils ont reçu des avis de New-York par un bateau à rames. L'escorte, comme je vous l'ai déjà écrit, se compose du *Charon* et de quelques frégates, les derniers rapports disent sept; je ne puis être affirmatif, et ne crois même pas que lord Cornwallis soit complètement décidé.

J'ai envoyé par une voie sûre l'ordre de réunir la milice, de placer du canon aux passages, d'enlever les bateaux qui pourraient servir à l'ennemi pour aller dans la Caroline du Nord. Vous savez, mon cher général, qu'on peut, avec de très faibles moyens de transport, se rendre par eau de Portsmouth à Wilmington. La seule manière de fermer le passage

(1) Le 13, Washington, alors à Dobbs's-Ferry, en félicitant M. de Lafayette de ses succès, lui annonçait des communications très importantes que lui porterait un officier de confiance, et la jonction de son armée avec celle de Rochambeau. Il lui recommandait de se concentrer et de veiller à ses moyens de correspondance avec lui. Le 15, il le prévenait que le comte de Grasse avait dû le 3 quitter St-Domingue, avec sa flotte, pour se rendre dans la Chesapeak, et il lui prescrivait de fermer à lord Cornwallis toute retraite par la Caroline du Nord. Il ajoutait : « Dans peu vous entendrez parler de moi. » Le 30, il ne cachait plus son dessein de marcher vers le sud. Ce n'est pourtant que le 21 août qu'il annonça que ses troupes étaient en marche. En revenant sur la nécessité de renfermer l'ennemi de toutes parts : « Je ne tenterai pas, disait-il, à cette distance, de vous indiquer les moyens. La connaissance que vous avez du pays, le temps que vous y avez passé, les manœuvres variées et étendues que vous y avez faites, vous ont fourni de nombreuses occasions d'observer, et votre génie militaire vous en aura fait retirer le plus grand profit. » (Lettres de Washington, tom. VIII.)

est d'avoir une armée devant Portsmouth et de s'emparer des bouches de ces rivières, mouvement qui pourrait être funeste, à moins d'avoir la certitude de la supériorité navale. Mais si une flotte paraissait à Hampton-Road, et que je fusse prévenu quelques jours à l'avance, notre situation serait bien agréable.

Malvan-Hill, 31 juillet 1781.

Un de mes correspondans, domestique de lord Cornwallis, écrit de Portsmouth, le 26 juillet, et dit que son maître, Tarleton et Simcoe sont encore dans la ville, mais projettent de s'éloigner. La plus grande partie de l'armée est embarquée, les bagages de milord sont encore dans la ville. Sa Seigneurie est si jalouse de ses papiers, que mon honnête ami dit qu'il ne peut les avoir; il y a aussi une grande quantité de nègres, et très précieux ; mais à ce qu'il paraît, pas de bâtimens pour les emmener. Je ne sais quelle garnison ils laisseront, mais j'aurai soin, du moins, de la tenir renfermée dans ses limites.... Si une flotte française entrait dans Hampton-Road, je crois que l'armée anglaise serait à nous.

Camp sur le Pamunkey, 6 août 1781.

Le convoi que je croyais et crois encore destiné pour New-York, a, d'après nos rapports, mis à la voile pour Baltimore; j'ai écrit, en conséquence, à Votre Excellence, et comme je ne m'étais pas laissé aller à trop m'approcher de Portsmouth, j'ai pu couper vers Fredericksburg. Mais au lieu de continuer sa course dans la baie, milord est entré dans York-River, et a débarqué à York et à Gloucester. On a ajouté des bateaux plats aux premiers vaisseaux. Nos mouvemens n'ont pas été précipités; nous étions à temps pour prendre notre course vers la rivière Pamunkey, et nous choisirons une position où les différentes portions de l'armée pourront se réunir. J'ai des miliciens dans le comté de Gloucester, d'autres autour d'York. Nous agirons d'après les circonstances, mais en évitant de nous jeter dans un faux mouvement, qui donnerait à l'ennemi, à cause de sa cavalerie et de sa supériorité sur l'eau, l'avantage sur nous. Sa Seigneurie joue si bien qu'on ne peut de sa part espérer une faute pour en réparer une de la nôtre.

York est entourée par la rivière et un marais; l'entrée est étroite. Il y a une colline qui domine, et qui, si elle était occupée par les ennemis, étendrait beaucoup leurs ouvrages. Gloucester est une langue de terre qui s'avance dans la rivière vis-à-vis d'York. Leurs bâtimens, dont le plus gros est un 44, sont entre les deux villes. Si une flotte nous arrivait dans ce moment, nos affaires prendraient une heureuse tournure.

New-Kent Mountain, 11 août 1781.

Croyez, mon cher général, que la satisfaction d'être avec vous me rendra heureux, quel que soit le commandement que vous jugiez à propos de me donner; mais pour le présent, je suis, comme vous, d'avis qu'il est mieux que je reste en Virginie, d'autant plus que lord Cornwallis ne veut pas nous laisser, et qu'il peut advenir des circonstances qui me présentent d'agréables occasions dans le commandement de cette armée. — Je vous ai assez bien compris, mon cher général ; mais je serais heureux d'avoir un détail plus circonstancié, qui, je le sens, ne peut être risqué dans une correspondance. Gouvion ne serait-il pas l'ambassadeur convenable ? D'abord, je serais heureux, à tout évènement, de l'avoir avec moi ; de plus je pense qu'il répondrait parfaitement à votre intention, il serait difficile de vous séparer d'un officier de votre état-major. Si quelque chose se décidait, le comte de Damas pourrait venir, sous prétexte de servir avec moi : on sait qu'il est mon ami.— Mais pour en revenir aux opérations de Virginie, je vous dirai, mon cher général, que lord Cornwallis se retranche à York et Gloucester ; le plus tôt que nous le dérangerons sera le mieux, mais à moins que nos amis maritimes ne nous aident, nous ne pouvons pas beaucoup nous risquer.

Branches de York-River, 21 août.

La plus grande partie des forces de l'ennemi est à présent à York, qu'il ne fortifie pas encore ; mais il s'occupe de la défense de la langue de Gloucester, où il y a un corps assez considérable sous le colonel Dundas. Il y a un vaisseau de 44 canons à York ; puis plusieurs frégates et autres bâtimens sont plus bas dispersés. On a laissé une petite garnison à Portsmouth. S'ils ont l'intention d'évacuer, du moins procèdent-ils avec une surprenante lenteur. J'inférerais des préparatifs de l'ennemi, qu'il travaille pour le cas où il serait protégé par une flotte ; et aurait à se défendre contre une autre, que s'il conserve Portsmouth, le corps principal sera à York, et un détachement sur la langue de Gloucester, pour défendre la batterie d'eau. Leurs fortifications sont très resserrées; d'après les précautions et les mouvemens partiels, je conclurais qu'ils ne sont pas très bien renseignés et qu'ils cherchent à se rendre compte de mes intentions et de mes desseins.

Nous avons jusqu'à présent occupé les branches d'York-River, d'où nous avons l'œil sur deux routes. Quelques miliciens ont empêché les partis de l'ennemi de demeurer à Williamsburg ou dans le voisinage, et de faux rapports leur ont donné quelques alarmes. Un autre corps de milices sous le colonel Ennis, les a tenus enfermés dans Gloucestertown, et a fourragé tout à l'entour. Aussitôt que j'eus reçu vos ordres, j'ai écrit au gouverneur que la connaissance de quelques projets de l'ennemi rendait nécessaire de réunir six cents miliciens sur Blackwater. J'ai écrit au général Gregory, près de Portsmouth, que j'avais avis de l'intention où était l'ennemi de pousser un détachement en Caroline, ce qui dérangerait grandement un projet que nous avions formé de ce côté. J'ai prié le général Wayne de se porter vers le sud, se tenant prêt à passer James-River à Westover. Un bataillon d'infanterie légère et nos seuls cent dragons étant dans le comté de Gloucester, je les appelle mon avant-garde, et je prendrai là mes quartiers pour un ou deux jours, tandis que les troupes fileront vers James-River. Notre petite armée se rassemblera donc encore sur les eaux de Chickahomeny, et si l'on jugeait que Jamestown-Island fût un lieu convenable, nous pourrions y opérer notre jonction, tandis que nous rendrions plus difficile pour l'ennemi le voyage de la Caroline (1).

(1) Après l'arrivée de lord Cornwallis à York, le général Lafayette demanda au colonel Barber un soldat intelligent et fidèle qu'il pût envoyer comme espion dans le camp des Anglais. Morgan, de la ligne du New-Jersey, lui fut indiqué. Le général l'envoya chercher, et lui proposa la tâche difficile de passer à l'ennemi comme déserteur, et de s'enrôler dans son armée. Morgan répondit qu'il était prêt à tout faire pour son pays et son général, mais que le rôle d'espion répugnait à tous ses sentimens; il ne craignait pas pour sa vie, mais pour son nom que pouvait souiller une tache éternelle. Cependant il finit par céder, mais à condition qu'en cas de malheur, le général ferait connaître la vérité, et publierait les détails du fait dans les journaux du New-Jersey. M. de Lafayette le lui promit. Morgan se rendit donc au camp des Anglais. Sa mission était de donner avis des mouvemens importans, et de tromper l'ennemi sur les ressources et les projets des Américains. Il était arrivé depuis peu, lorsque Cornwallis le fit appeler, et le pressa de questions en présence de Tarleton, notamment sur les moyens que pouvait avoir le général Lafayette de passer au sud de James-River. Morgan répondit, suivant ses instructions spéciales, qu'il avait assez de bateaux pour traverser le fleuve au premier signal avec toute son armée : « Alors, dit Cornwallis à Tarleton, ce que je vous disais ne se fera pas »; voulant parler apparemment d'un projet de marche par la Caroline du Nord. Après l'arrivée de la flotte française, M. de Lafayette, au retour d'une reconnaissance, trouva à son quartier six hommes en uniforme anglais, et un Hessois habillé de vert : parmi eux était Morgan qui ramenait cinq déserteurs et un prisonnier; il n'avait pas cru que ses services d'espion fussent désormais d'aucune utilité. Le lendemain, le général lui offrit pour récompense le grade de sergent; Morgan remercia, mais il refusa cet avancement, disant qu'il se croyait un bon soldat, mais qu'il n'était pas sûr d'être un bon sergent. D'autres offres ne furent pas acceptées davantage. « Que puis-je donc faire pour vous, lui demanda le général ?—Je n'ai qu'une faveur à demander, répondit Morgan; pendant mon absence, on m'a pris mon fusil; j'y mets beaucoup de prix, et je veux le ravoir. » Des ordres furent donnés pour qu'on le retrouvât et qu'on le lui rendît; c'est tout ce qu'il voulut recevoir. M. Sparks qui publie cette anecdote, dit qu'il l'a entendu raconter cinquante ans après par le général Lafayette qui admirait encore la noblesse d'ame de ce soldat. (*Washington's writings*, t. VIII, p. 152.)

Dans l'état présent des affaires, mon cher général, j'espère que vous viendrez en Virginie, et que si l'armée française prend cette route, j'aurai enfin la satisfaction de vous voir de mes yeux à la tête des armées combinées. Sous deux jours j'écrirai de nouveau à Votre Excellence, et je la tiendrai constamment et particulièrement informée. A moins que quelque chose ne soit fait dans ce moment même (et, selon toute probabilité, ce serait difficile), lord Cornwallis doit être attaqué avec un assez grand apparat. Mais si une flotte française prend possession de la baie et des rivières, et que nous ayons formé une force de terre supérieure à la sienne, son armée doit tôt ou tard être contrainte à se rendre, puisque nous pourrons avoir des renforts à volonté.

Adieu, mon cher général, je vous remercie du fond de mon cœur de m'avoir ordonné de rester en Virginie, et c'est à votre bonté que je dois la plus belle perspective que je puisse jamais envisager.

A MADAME DE LAFAYETTE.

Au camp entre les branches d'York-River, 24 août 1781.

Le séjour de Virginie n'est rien moins que favorable à ma correspondance; ce n'est pas aux affaires que je m'en prends, et trouvant tant de temps pour m'occuper de ma tendresse, j'en trouverais bien aussi pour vous en assurer; mais il n'y a point d'occasion ici, nous sommes forcés d'envoyer les lettres au hasard à Philadelphie ; ces risques-là, réunis à ceux de la mer, et le redoublement de retards doivent nécessairement rendre plus difficile l'arrivée des lettres ; si vous en recevez plus de l'armée française que de celle de Virginie, il serait injuste d'imaginer que je suis coupable.

L'amour-propre dont vous m'honorez a peut-être été flatté du rôle qu'on m'a forcé de jouer ; vous aurez espéré qu'on ne pouvait pas être également gauche sur tous les théâtres ; mais je vous accuserais d'un terrible accès de vanité (car tout étant commun entre nous, c'est être vaine que de me trop estimer), si vous n'aviez pas tremblé pour les dangers que je courrais ; ce n'est pas des coups de canon que je parle, mais des coups de maître beaucoup plus dangereux que me faisait craindre lord Cornwallis. Il n'était pas raisonnable de me confier un tel commandement ; si j'avais été malheureux, le public aurait traité cette partialité d'aveuglement.

Pour recommencer presqu'au déluge, je vous rappellerai la pauvre expédition de Portsmouth. Le général Rochambeau avait le projet d'y joindre mille Français sous le baron de Viomenil. Vous aurez appris comment l'escadre française acquit beaucoup de gloire, tandis que l'escadre anglaise remplissait son objet. L'amiral Arbuthnot vous aura dit ensuite que j'étais bloqué, blocus qui, sans être marins, ne nous arrêta pas quatre heures. Vous aurez ensuite appris que le général Phillips ayant fait des préparatifs à Portsmouth, nous courûmes à toutes jambes à Richmond où nous arrivâmes presqu'en même temps, mais où j'arrivai le premier. Ensuite ils vinrent de New-York et de Caroline se joindre aux troupes de Virginie; tout cela fut réuni sous le formidable lord Cornwallis qui abandonna ses premières conquêtes pour remplir le plan ministériel par la conquête de la Virginie. Ce n'est pas sans peine que nous évitâmes la bataille qu'il cherchait; après bien des courses nous devînmes plus forts qu'au commencement, et nous fîmes semblant d'être bien plus forts encore; nous regagnâmes ce que nous avions perdu sans risquer de bataille, et après deux petites affaires, l'armée ennemie se porta sur Portsmouth qu'elle a ensuite évacué et dont nous avons rasé les fortifications. Ils sont actuellement dans la rivière d'York où ils se sont rendus par eau. S'il arrivait une supériorité maritime en laquelle nous espérons fermement, je me saurais bon gré que la campagne eût fini par cette position pour l'armée anglaise.

Les troupes françaises et les troupes américaines devant New-York sont sous les ordres du généralissime. Mon ami Greene a eu beaucoup de succès en Caroline, et cette campagne a pris partout une beaucoup meilleure tournure que nous ne devions espérer. *Peut-être pourra-t-elle finir fort agréablement.* On prétend que le ministère britannique envoie ici le gouverneur de Virginie; j'ai peur qu'ils n'aient eu trop d'espérances sur les succès de leur armée; les Pensylvaniens qui devaient les joindre, sont ici avec nous. Sans la vertu, le zèle et le courage des troupes réglées que j'avais, il m'eût été impossible de me tirer d'affaire. Je ne puis assez répéter mes obligations, surtout à ceux avec lesquels j'ai commencé cette fatigante campagne. La milice a fait ce qu'elle a pu. J'ai été fort content de notre petite armée et désire fort qu'elle l'ait été de moi.

Je dois vous parler de ma santé; cet article est un peu monotone; car à chaque fois je ne puis que répéter l'éloge de mon tempérament; le soleil de Virginie a très mauvaise réputation et l'on m'avait fait des prédictions effrayantes; effectivement beaucoup de personnes ont eu la fièvre; mais ce climat est pour moi aussi bon que tout autre, et le seul effet qu'ait eu la fatigue sur moi est un redoublement d'appétit.

A M. DE VERGENNES.

Camp entre les branches d'York-River, le 24 août 1781.

Quand on a lord Cornwallis en tête, Monsieur le comte, et qu'on est à courir dans les sables de Virginie, il faut s'en rapporter aux autres pour vous mander les détails américains. Depuis qu'on a daigné me hasarder à la tête de cette armée-ci, je me trouve à cinq cents milles d'aucune autre troupe, et les nouvelles de guerre, celles du général Washington et celles du congrès ne m'arrivent qu'après des temps immenses; mais vous avez le chevalier de la Luzerne et vous ne pouvez rien avoir de mieux. Il n'y a qu'un point sur lequel je ne veux m'en rapporter à personne; c'est de vous assurer le plus possible du tendre et éternel attachement que je vous ai voué pour la

vie. Pour suivre l'immense plan de sa cour, lord Cornwallis exposa les deux Carolines, et le général Greene en a profité amplement; il est vrai que de tous les points on s'est rassemblé sur nous, et tout tenait au bonheur d'éviter une action; la fortune nous a bien servis, et après quelques jonctions, notre petite armée a repris tout le terrain dont la conquête avait coûté tant de sacrifices. Dans les autres États, nous avons plus manœuvré que combattu. Lord Cornwallis nous a laissé Portsmouth d'où il communiquait avec la Caroline, et se trouve à présent à York, poste très avantageux avec la supériorité maritime; si par hasard elle nous arrivait, notre petite armée participerait à des succès qui la dédommageraient d'une longue et fatigante campagne; alors je ne serais pas fâché que nos mouvemens eussent fini par la situation actuelle.

Je ne puis vous parler que de moi, Monsieur le comte, ou bien de l'armée anglaise, car tout le reste arrive presque aussitôt à Versailles que dans ce coin-ci de la Virginie. On dit que vous allez faire la paix; je ne suis pas des plus crédules, et pense qu'on attendra au moins les évènemens de la campagne.

Voilà encore un gros paquet, Monsieur le comte, et je ne crains pas d'abuser de vos bontés dont je connais toute l'étendue; j'ose m'en croire digne, autant qu'on peut le mériter par tous les sentimens de la confiance et du respectueux attachement avec lesquels, etc.

Je vous prie d'offrir mes hommages à madame la comtesse de Vergennes, et mille complimens à messieurs vos fils.

A M. DE MAUREPAS.

Camp entre les branches d'York-River, le 24 août 1781.

Plus séparé que jamais du reste du monde, Monsieur le comte, je n'en suis pas moins occupé des personnes que j'aime et qui m'honorent de leurs bontés. Je vous dois tant de reconnaissance, et sens pour vous tant d'attachement, que je désire rappeler quelquefois à votre souvenir le rebelle commandant de la petite armée virginienne. Votre intérêt pour moi, monsieur le comte, aura été effrayé du rôle dangereux dont on a chargé ma jeunesse; à cinq cents milles de tout autre corps et sans moyens quelconques, on a bien voulu m'opposer aux projets de Saint-James et à la fortune de lord Cornwallis. Jusqu'ici nous n'avons pas eu de désastres, mais à la guerre on ne sait jamais ce qui peut arriver le lendemain. Lord Cornwallis ne nous a pas pris en courant après nous, et de mouvemens en mouvemens le voilà dans l'excellent port d'York. Qui sait si ses manœuvres ne finiraient pas par nous faire prisonniers de guerre?

Ne connaissant pas le vaisseau qui porte cette lettre, je ne m'étendrai ni sur nos projets ni sur nos espérances; M. le chevalier de la Luzerne, qui sait les occasions, a soin de vous apprendre ce qui se passe. Moi, je suis perdu dans les sables de Virginie; ne m'occupant qu'à vivre d'industrie, et ne correspondant qu'avec lord Cornwallis. Cette lettre-ci, monsieur le comte, ne sera donc destinée qu'à me rappeler à vos bontés, et vous présenter l'hommage du respect et du tendre attachement avec lesquels, etc.

Me permettez-vous, Monsieur le comte, de présenter mes hommages à madame la comtesse de Maurepas, et à madame de Flamarens?

AU GÉNÉRAL WASHINGTON (1).

Holt's Forge, 1ᵉʳ septembre 1781.

Mon cher Général,

C'est du fond de mon cœur que je vous félicite de l'arrivée de la flotte française. Quelques bruits avaient

---

(1) « Washington ayant adopté définitivement le projet de réunir les forces de terre et de mer contre l'armée de Cornwallis si heureusement conduite dans la position la plus exposée à l'influence navale, il était encore bien important et très délicat d'empêcher qu'il pût gagner la Caroline, et faire manquer toute la campagne des alliés. C'est pour cet objet que Lafayette avait envoyé des troupes au sud de James-River sous prétexte de déloger les Anglais de Portsmouth, ce qui eut encore le bon effet de faire réunir au corps de l'armée les troupes et l'artillerie qui se seraient sauvés par Albermale Sound à l'arrivée du comte de Grasse. C'est dans la même vue qu'il retint des troupes au midi de James-River, sous prétexte d'envoyer le général Wayne et ses Pensylvaniens à l'armée du sud pour renforcer le général Greene. Personne n'était dans le secret, c'est ce qui fait que les ennemis ne purent être détrompés. C'est dans ce temps qu'il envoya le prétendu déserteur Morgan. En un mot, après avoir manœuvré depuis plusieurs mois de manière à conduire son ennemi dans l'endroit le plus propre à profiter d'une coopération maritime, il manœuvra dans les derniers temps pour qu'il ne pût pas échapper au moment où

été répandus, des rapports d'espions envoyés, mais nulle certitude jusqu'à ce que les dépêches de l'amiral m'aient été remises. Je vous transmets sa lettre et

il verrait son danger. Ses soins à cet égard furent d'autant plus nécessaires que lord Cornwallis savait qu'on attendait dans l'Amérique du Nord une grande flotte française. Au moment où le comte de Grasse arriva, Lafayette marcha rapidement à Williamsburg, se fit joindre par le corps du marquis de Saint-Simon de trois mille deux cents hommes. Dès qu'il fut débarqué à Jamestown, il fit repasser la rivière et réunit à lui le corps de Wayne, et assembla de l'autre côté de York-River, en face de Gloucester, un corps de milices. L'armée anglaise se trouva serrée en même temps de tous les côtés, et lord Cornwallis n'eut plus de salut possible que dans une entreprise très hasardeuse. Il reconnut cependant la position de Williamsburg avec dessein de l'attaquer. Elle était bien choisie; deux creeks ou petites rivières se jetant, l'une dans James, l'autre dans York-River, resserrent beaucoup la péninsule en cet endroit; il eût fallu forcer deux passages bien défendus; deux maisons et deux bâtimens publics de Williamsburg, en pierres, étaient bien placés pour défendre le front. Il y avait cinq mille hommes de troupes américaines et françaises, un gros corps de milices, une artillerie de campagne bien servie. Lord Cornwallis ne crut pas devoir risquer l'attaque. Il aurait pu passer à Gloucester ou remonter York-River, le comte de Grasse ayant négligé de faire passer des vaisseaux au-dessus; mais il eût fallu abandonner artillerie, magasins, malades, et les mesures étaient prises pour lui couper le chemin en quelques marches. Il se décida donc à attendre l'attaque. Elle aurait pu lui fournir une chance de combat, si Lafayette eût cédé à une sollicitation bien tentante. Le comte de Grasse était pressé de s'en retourner; l'idée d'attendre les généraux et les troupes du nord le contrariait beaucoup. Il demandait vivement à Lafayette d'attaquer l'armée anglaise avec les troupes américaines et françaises à ses ordres, lui offrant pour ce coup de main, non-seulement les détachemens qui formaient la garnison des vaisseaux, mais autant de matelots qu'il en demanderait. Le marquis de Saint-Simon, qui, quoique subordonné à Lafayette par la date de sa commission, était bien plus ancien que lui d'âge et de service, se réunit à ces instances de l'amiral. Il représenta que les ouvrages de lord Cornwallis n'étant pas achevés, une attaque de forces supérieures enlèverait suivant toute apparence Yorktown, et ensuite Gloucester. La tentation était grande pour le jeune général de l'armée combinée, ayant à peine vingt-quatre ans; il avait un prétexte irrécusable dans la déclaration

celle de M. de Saint-Simon ; et je vous prie de les faire toutes deux traduire par Tilghman ou Gouvion seuls, car il y a des passages qui me sont personnels et que je ne me soucierais pas de montrer à d'autres. Grace à vous, mon cher général, je suis dans une charmante situation, et je me trouve à la tête d'un corps superbe; mais je ne suis pas si pressé que le comte de Grasse, et je regarde qu'ayant à jouer une partie si sûre, il serait fou, en risquant une attaque, de donner quelque chose au hasard. Il paraît que le comte de Grasse a grande hâte de repartir; il s'attache à chercher dans mes expressions quelque fondement au plan qu'il préfère. On a bien voulu adopter mes idées, quant à l'envoi de bâtimens dans James-River, et à la jonction à opérer à Jamestown. Je voudrais qu'on pût aussi forcer le passage à York ; car alors Sa Seigneurie n'aurait aucune possibilité d'échapper.

Le retard de l'arrivée du comte de Grasse, le mouvement de la grande armée, et l'alarme où l'on était à York, m'ont forcé pour plus grande sécurité à envoyer une partie des troupes sur la rive méridionale de James-River. Demain et le jour suivant seront employés à faire des dispositions pour couvrir un

---

de M. de Grasse qu'il ne pouvait pas attendre les généraux et les forces venant du nord; mais cette attaque dont le succès eût été si brillant aurait coûté nécessairement beaucoup de sang. Lafayette ne voulut pas sacrifier à sa gloire personnelle les soldats qui lui étaient confiés, et se refusant à la demande du comte de Grasse, il ne chercha qu'à lui persuader d'attendre l'arrivée du général Washington accompagné des généraux Rochambeau et Lincoln, tous anciens de Lafayette; par ce moyen, la réduction de l'armée de Cornwallis devint une opération certaine et peu coûteuse. » (Note extraite du manuscrit n° 2.)

débarquement, ce qui s'accomplira avec des continentaux débarrassés de leur bagage; et, le 5, suivant le désir du comte, nos troupes feront leur jonction. Je proposerai alors au général français de prendre à dix ou douze milles d'York une position sûre qui ne puisse pas être forcée, sans faire éprouver à l'ennemi une perte plus considérable que celle que nous aurions à souffrir; et à moins que les choses ne soient bien différentes de ce que je suppose, mon opinion est que nous devons nous contenter d'empêcher l'ennemi de fourrager, et de le fatiguer en faisant inquiéter ses avant-postes par la milice, sans compromettre nos troupes régulières.

Quelle que soit l'obligeance avec laquelle le marquis de Saint-Simon a bien voulu dire au colonel Gimat qu'il était prêt à servir sous moi, je ne ferai rien sans lui témoigner la déférence due à l'âge, aux talens et à l'expérience; mais je penche plutôt pour cette ligne de conduite prudente que j'ai adoptée en dernier lieu. Le général Du Portail est avec le comte de Grasse, il connaît vos intentions et sera naturellement consulté pour tous nos mouvemens.

Lord Cornwallis a encore une manière d'échapper; il peut débarquer à West-Point et traverser James-River, quelques milles au-dessous de Point-of-Fork; mais j'ai pensé que ce côté-ci était le plus important à surveiller, l'autre route étant remplie d'obstacles. Cependant, pour empêcher même une *possibilité*, je désirerais que quelques vaisseaux fussent stationnés près d'York.

Le gouverneur (1) était avec moi à l'arrivée des

(1) Le gouverneur de Virginie, Jefferson.

lettres; il a sauté à cheval, et s'est rendu à son conseil. Je lui ai donné un *memorandum* demandant des provisions de toute espèce pour la flotte et l'armée combinée. Nous pouvons compter sur une assez grande quantité de bestiaux, mais la farine doit être envoyée du Maryland et de la Pensylvanie. Le chevalier d'Annemours, consul français, est ici, et prendra les moyens d'approvisionner ses compatriotes sans nous affamer.

Après un examen détaillé de l'état du pays et de nos circonstances, j'espère que vous jugerez que nous avons pris les meilleures précautions, pour diminuer les chances que Sa Seigneurie peut avoir d'échapper. Il lui en reste quelques-unes, mais si précaires que j'ai peine à croire qu'il veuille les tenter. S'il le fait, il faut qu'il abandonne vaisseaux, artillerie, bagages, une partie des chevaux, tous les nègres; il doit être sûr de perdre le tiers de son armée, et courir le risque de la perdre toute, sans obtenir la gloire qu'il peut acquérir par une brillante défense.

Adieu, mon cher général, l'agréable position où je suis, est due à votre amitié, elle en est par cette raison plus chère à votre respectueux serviteur et ami.

AU GÉNÉRAL WASHINGTON.

Williamsburg, 8 septembre 1781.

Mon cher Général,

J'ai eu l'honneur de vous écrire récemment et de vous rendre compte de ce qui était venu à ma connaissance. J'espérais à chaque instant pouvoir entrer dans plus de détails; mais si vous saviez comme les choses vont lentement en ce pays! Encore, ai-je fait du mieux que j'ai pu. J'ai écrit et reçu vingt lettres par jour du gouvernement et de chaque département. Le gouverneur fait ce qu'il peut; les rouages de son administration sont si rouillés que nul gouverneur au monde ne pourrait les faire marcher comme il faut. Le temps prouvera qu'on a trop sévèrement accusé Jefferson. — Les troupes françaises ont débarqué, mon cher général, avec une étonnante célérité; elles ont déjà manqué de farine, de viande et de sel, pas cependant de manière à en être privées un jour entier; j'ai fait l'office la nuit et le jour de quartier-maître et de collecteur, ce qui m'a donné un violent mal de tête et la fièvre, qui cesseront avec trois heures de sommeil; ce sera mon excuse, mon cher général, pour ne pas écrire moi-même. L'armée française est composée des meilleurs régimens, et d'un corps de hussards qui peut rendre des services immédiats. Le général et les officiers ont adopté gaiement la manière de vivre de notre détachement américain si mal pourvu. Je pense qu'un mot de vous là-dessus produirait très bon effet. Hier soir, en laissant nos bagages et en acceptant les chevaux de nos officiers, nous avons pu nous porter à une position près Williamsburg. Le front en est protégé par des ravins, le flanc droit, couvert par un moulin et un étang, sur la route de Jamestown; la gauche, par Queen's Creek, de petits ruisseaux et des flaques d'eau. Nous avons de la milice devant notre droite et notre gauche, et une bonne percée sur la rivière; nos provisions peuvent venir jusqu'à notre principal lieu de débarquement. Williamsburg et ses fortes constructions sont sur notre front. J'ai sur les lignes le général Muhlenberg avec mille hommes, dont quatre cents réguliers de Virginie et cent dragons. En empruntant des chevaux non harnachés de White, nous pourrions y joindre une centaine de hussards. Il y a une ligne de bâtimens armés le long de James-River, et une petite réserve de milice qui peut s'accroître chaque jour. Huit cents miliciens du comté de Gloucester sont en route. — J'avais recommandé au comte de Grasse, avec la délicatesse convenable, de faire remonter quelque force navale dans York-River; les vaisseaux français armés qui étaient sur Pamunkey, sont descendus à West-Point; le comte de Grasse n'a fait encore aucun mouvement, sauf quelques vaisseaux qui sont au-dessous d'York. — La lettre que Votre Excellence lui a écrite, a été envoyée d'une manière sûre. Nous avons des obligations infinies aux officiers et aux hommes pour leur zèle.

Je suis entré dans ces détails, mon cher général, pour vous montrer que l'avantage de la position, et non le désir d'aller en avant, a dicté nos mesures ; nous tâcherons, s'il n'est pas dangereux de nous trop développer, de nous former une juste idée des ouvrages, mais je me trompe fort, ou ce serait une folie d'attaquer avec nos forces actuelles. Le marquis de Saint-Simon, le comte de Grasse et le général Du Portail, partagent mon opinion. Mais si lord Cornwallis venait assaillir une position telle que la nôtre, tout le monde pense qu'il aurait certainement à s'en repentir ; et lors même qu'il nous battrait, il faudrait qu'il se préparât aussitôt à un autre combat.

A présent, mon cher général, je vais vous parler des fortifications d'York. Lord Cornwallis y travaille jour et nuit, et bientôt il se sera mis dans une situation respectable. Il a mis à terre la plus grande partie de ses matelots, il rassemble toutes les provisions qu'il peut se procurer. On m'a dit qu'il avait ordonné aux habitans du voisinage de la ville d'y rentrer. Il devrait sentir qu'ils peuvent lui faire autant de mal que de bien. Notre position le rendra très prudent, et je crois que c'est un grand point. Pas de nouvelles au camp de la flotte de M. le comte de Barras (1).

Je vais répondre maintenant à la partie de votre

---

(1) « Marshall parle du départ du comte de Barras pour la Chesapeak, et de son arrivée avec l'artillerie de siége ; cet amiral avait reçu une lettre du ministre de la marine, maréchal de Castries, qui, l'informant des ordres donnés à M. de Grasse de venir sur la côte des États-Unis, lui laissait la liberté de faire une croisière sur le banc de Terre-Neuve, ne devant pas obliger M. de Barras à servir sous son cadet, auquel le ministre voulait laisser le commandement. Mais M. de Barras prit noblement le parti de conduire lui-même l'artillerie de Rhode-Island, et de venir avec tous ses vaisseaux se ranger sous les ordres de l'amiral moins ancien que lui. » (Manuscrit n° 2).

lettre qui concerne l'approvisionnement des troupes placées sous votre commandement immédiat, etc.

A l'égard du point le plus favorable pour le débarquement de vos troupes, l'opinion du marquis de Saint-Simon; ainsi que la mienne, est qu'il doit s'effectuer sur James-River, mais jusqu'ici nous n'avons pas eu occasion de fixer le lieu le meilleur. Il paraît cependant que ce doit être à ou près Williamsburg ou bien à Jamestown.

Je suis, etc.

AU GÉNÉRAL WASHINGTON (1).

Camp devant York, 16 octobre 1781.

Mon cher Général,

Votre Excellence ayant vu en personne nos dispositions, je me bornerai à lui adresser le récit de ce qui s'est passé dans l'exécution.

Le bataillon du colonel Gimat conduisait l'avant-garde; il était suivi par celui du colonel Hamilton qui commandait tout le corps avancé. En même temps, un parti de quatre-vingts hommes, sous le colonel Laurens, tournait la redoute. Je demande la permission de renvoyer votre Excellence au rapport que j'ai reçu du colonel Hamilton dont les talens bien connus et la valeur ont été dans cette occasion si re-

---

(1) C'est le 13 septembre que le général Washington avait opéré sa jonction avec le général Lafayette; et le 28, la place d'York fut investie. On donna l'assaut le 15 octobre.

marquables et si utiles. Les obligations que nous avons à lui, au colonel Gimat, au colonel Laurens, sont au-dessus de toute expression. Pas un coup de fusil n'a été tiré, et l'ardeur des troupes n'a pas laissé le temps aux sapeurs de frayer la voie; grâces à la conduite des chefs, à la bravoure des troupes, la redoute a été enlevée avec une rapidité peu commune.

Le bataillon du colonel Barber, qui était le premier dans la colonne destinée à soutenir l'attaque, ayant été détaché au secours de l'avant-garde, est arrivé au moment où l'on commençait à s'emparer des ouvrages, et il a exécuté ses ordres avec la plus grande vigueur; le colonel a été légèrement blessé. Le reste de la colonne, sous les généraux Muhlenberg et Hazen, s'est avancé avec une discipline et une fermeté admirables. Le bataillon du colonel Vose s'est déployé à la gauche, une partie de la division se rangeant successivement, tandis qu'une seconde ligne formait des colonnes à l'arrière-garde. Ce qui ajoute à l'honneur de nos troupes, c'est qu'elles se déployaient et prenaient leurs rangs, dans un ordre et un silence parfait, sous le feu de l'ennemi. Permettez-moi de citer particulièrement le major Barber, inspecteur de la division, qui s'est distingué, et a été blessé par un boulet de canon.

En faisant les dispositions pour la garde des ouvrages que nous avons réduits, j'ai été heureux de trouver le général Wayne et les Pensylvaniens, placés de manière à nous donner, en cas de besoin, le secours le plus efficace.

J'ai l'honneur, etc.

A M. DE MAUREPAS.

Au camp près York, le 20 octobre 1781.

La pièce est jouée, Monsieur le comte, et le cinquième acte vient de finir; j'ai été un peu à la gêne pendant les premiers ; mon cœur a joui vivement du dernier, et je n'ai pas moins de plaisir à vous féliciter sur l'heureux succès de notre campagne; je ne vous en ferai pas les détails, Monsieur le comte, et m'en rapporte à Lauzun, à qui je souhaite autant de félicité à traverser l'Océan qu'il en a eu à passer sur le corps de la légion de Tarleton.

M. de Rochambeau vous rend tous les comptes relatifs à l'armée qu'il commande; mais si l'honneur d'avoir commandé pendant assez long-temps la division de M. de Saint-Simon était un droit pour parler de mes obligations à ce général et à ses troupes, ce droit me deviendrait infiniment cher.

Voulez-vous bien, Monsieur le comte, présenter mes hommages à madame la comtesse de Maurepas et à madame de Flamarens, et agréer l'assurance de ma tendresse, de ma reconnaissance et de mon respect.

A M. DE VERGENNES.

Camp près York, ce 20 octobre 1781.

Recevez mon compliment, Monsieur le comte, sur la bonne plume que l'on vient enfin de tailler à la politique. M. de Lauzun vous donnera tous les détails ; je suis heureux que notre campagne de Virginie finisse aussi bien, et mon respect pour les talens de lord Cornwallis me rend encore sa prise plus précieuse. Après ce coup d'essai, quel général anglais viendra se mettre en tête de conquérir l'Amérique ? Les manœuvres méridionales n'ont pas fini plus heureusement que celles du nord, et l'affaire du général Burgoyne a été renouvelée.

Adieu, Monsieur le comte; le temps que j'ai pour écrire est si court que j'ajouterai seulement ici l'assurance du respect et du tendre attachement, etc.

A MADAME DE LAFAYETTE.

A bord de *la Ville de Paris*, dans la baie de Chesapeak, 22 octobre 1781.

Voici le dernier instant, mon cher cœur, où il me soit possible de vous écrire; M. de Lauzun va joindre la frégate et partir pour l'Europe; quelques affaires avec l'amiral me procurent le plaisir de vous donner des nouvelles plus fraîches de deux jours ; celles qui ont rapport aux évènemens publics seront détaillées par M. de Lauzun ; la fin de cette campagne est vraiment brillante pour les troupes alliées ; il y a eu dans nos mouvemens un ensemble rare, et je serais dégoûté, si je n'étais pas content de la fin de ma campagne en Virginie. Vous aurez su toutes les fatigues que la supériorité et les talens de lord Cornwallis m'ont données ; l'avantage que nous eûmes ensuite de recouvrer le terrain perdu et qui a fini par la position où il nous fallait lord Cornwallis pour le prendre ; c'est dans ce moment que tout le monde a fondu sur lui. Je compte parmi mes plus beaux instans le temps où la division de M. de Saint-Simon a resté réunie à mon armée, et ceux où j'ai alternativement commandé les trois maréchaux-de-camp avec les troupes sous leurs ordres. Je plains lord Cornwallis dont j'ai la plus haute idée ; il veut bien me témoigner quelque estime, et après m'être donné le plaisir dans la capitulation de faire rendre les malhonnêtetés de Charlestown, je ne compte pas porter plus loin la vengeance.

Ma santé est excellente, il ne m'est arrivé aucune malencontre pendant nos opérations.

Présentez mes plus tendres hommages à madame d'Ayen, à M. le maréchal de Noailles ; mille complimens à toutes mes sœurs, à l'abbé Fayon, à M. de Margelay. J'embrasse mille et mille fois nos chers enfans. Adieu, adieu.

DU MARQUIS DE SÉGUR A M. DE LAFAYETTE.

Du 5 décembre 1781.

Le roi étant informé, Monsieur, des talens militaires dont vous avez donné des preuves multipliées en commandant les différens corps d'armée qui vous ont été confiés en Amérique, de la sagesse et de la prudence qui vous ont dirigé dans les différens partis que vous avez été dans le cas de prendre relativement aux intérêts des États-Unis, et de la confiance que vous vous êtes acquise de la part du général Washington; Sa Majesté m'a chargé de vous mander que les éloges que vous méritez en tous points ont fixé son attention, et que votre conduite et vos succès lui ont fait concevoir de vous, Monsieur, l'opinion la plus favorable, telle que vous pouvez la désirer, et d'après laquelle vous devez compter sur ses bontés. Sa Majesté, pour vous en donner une marque très particulière et la plus flatteuse, vous assure le grade de maréchal-de-camp en ses armées, pour en jouir après que la guerre de l'Amérique sera terminée, époque à laquelle vous cesserez d'être au service des États-Unis pour rentrer à celui de Sa Majesté. — D'après cette décison, vous serez regardé comme maréchal-de-camp de la date de la capitulation faite, après le siège d'Yorktown, par le général Cornwallis, le 19 octobre de cette année, attendu que vous faisiez alors les fonctions de ce grade dans les troupes des États-Unis de l'Amérique.

Sa Majesté dispose dans ce moment-ci de son régiment de dragons, dont elle vous avait conservé le commandement.

Je vous prie d'être persuadé de la part que je prends à la justice que vous rend Sa Majesté, et du désir que j'ai de vous prouver en toute occasion le sincère attachement avec lequel j'ai l'honneur d'être, etc.

Ségur.

AU GÉNÉRAL WASHINGTON.

A bord de *l'Alliance*, Boston, 21 décembre 1781.

Mon cher Général,

Je suis fâché de penser que nous ne sommes pas partis, et qu'il reste encore des doutes sur notre départ pour demain. Je m'afflige de ce retard, moins encore dans mon intérêt personnel, qu'à raison de notre prochaine campagne sur le plan de laquelle votre opinion que je suis chargé de faire connaître, doit exercer une influence si utile à la cause commune. Quant au département des affaires étrangères, je serai heureux de justifier la confiance du congrès, en donnant mon avis de mon mieux toutes les fois qu'il me sera demandé. Mais l'article finances sera, je le crois, un point difficile pour le ministre américain, et je serai heureux de l'aider de tous mes efforts. Après mon arrivée en France, je vous écrirai avec détail où en sont les choses, et je vous rendrai le compte le plus exact que je pourrai.

J'ai reçu bien des témoignages d'affection à Boston, et je suis fort attaché à cette ville à laquelle j'ai tant d'obligations; mais des considérations d'intérêt public m'ont rendu impatient de la quitter, et d'aller à bord de la frégate où je reçois toutes sortes de politesses, mais où j'aimerais mieux être à la voile qu'à l'ancre........ — Le 23. Je vous demande pardon de vous donner la peine de lire mes griffonnages ; mais nous allons mettre à la voile, et mon dernier adieu doit être adressé à mon bien-aimé général. Adieu donc, mon cher général ; je connais si bien votre cœur que je suis sûr qu'aucune distance ne peut altérer votre attachement pour moi; avec la même sincérité, je vous assure que ma tendresse, mon respect, ma reconnaissance pour vous sont au-dessus de l'expression; qu'au moment de vous quitter, je sens plus que jamais la force de ces liens d'amitié qui, pour toujours, me lient à vous, et que je songe d'avance au bonheur le plus souhaité, celui de me retrouver avec vous, et par mon zèle et mes services, de satisfaire les sentimens de respect et d'affection de mon cœur. — Voulez-vous bien offrir mes complimens et mes respects à madame Washington, et me rappeler au souvenir du général Knox et du général Lincoln?

Adieu, mon cher général, votre respectueux et tendre ami.

FIN DE LA CORRESPONDANCE.

APPENDICE.

I.

PRÉCIS

DE LA CAMPAGNE DE 1781,

POUR SERVIR A L'INTELLIGENCE DE LA CARTE.

Après le combat de MM. Destouches et Arbuthnot, on abandonna le projet sur Portsmouth; les Français firent voile pour Rhode-Island; les milices furent congédiées, les troupes réglées se portèrent vers le nord, Arnold fut ensuite renforcé par le major-général Phillips, et la conquête de la Virginie devint pour les Anglais l'objet de la campagne. L'armée alliée, sous les généraux Washington et Rochambeau, se portait devant New-York; celle du général Greene attaquait les postes laissés en Caroline, l'une et l'autre à près de 500 milles de Richmond; le major-général marquis de Lafayette est chargé de défendre la Virginie.

Avril et mai. — D'après les préparatifs faits à Portsmouth, il juge que la capitale en est l'objet : marche forcée de son corps, de Baltimore à Richmond, environ 200 milles; il arrive le soir du 29 avril; les ennemis étaient parvenus à Osborn's; les petits corps de milices se rassemblent dans la nuit à Richmond; le lendemain matin les ennemis à Manchester, se voyant prévenus, se rembarquent à Bermuda-Hundred, et redescendent James-River.

Les Américains à Bottom's Bridge, un corps détaché sur Williamsburg; le général Phillips reçoit un *aviso*, et remonte la rivière; débarquement à Brandon; second renfort de New-York; lord Cornwallis, qu'on assurait être embarqué pour Charlestown, s'avance à travers la Caroline du Nord.

Les Américains à Osborn's, pour établir une communication sur James et Appomattox, sont prévenus par la marche de Phillips à Pétersburg, le 10 à Wilton; le 18, canonnade et reconnaissance sur

Petersburg, qui, en rassemblant les partis ennemis, permet de faire filer un convoi pour la Caroline ; le 20, à Richmond ; — jonction de lord Cornwallis avec les troupes de Petersburg ; — la grande disproportion du corps américain, l'impossibilité de commander les rivières navigables, et la nécessité de garder le côté important de James-River ne permettent pas de s'y opposer.

Ayant envoyé une partie des troupes à Portsmouth, le lieutenant-général lord Cornwallis se choisit une armée d'environ 5,000 hommes, 300 dragons, 500 chasseurs montés; passe à Westover. Les Américains n'avaient que 5,000 hommes environ, formés de 1,200 hommes réguliers, dont 50 dragons, et de 2,000 miliciens. Tout ce que Richmond avait d'important était évacué, nos troupes à Wintson's Bridge ; marche rapide des deux corps, les ennemis pour engager une action, les Américains pour l'éviter et conserver le haut du pays avec la communication de Philadelphie : elle était également nécessaire à notre armée et à l'existence de celle de la Caroline.

Juin. — Les magasins de Fredericksburg sont évacués ; — les Américains à Mattapony Church ; — l'ennemi à Chesterfield-Tavern. — Grandes pluies qui vont rendre le Rapid-Ann impassable ; — lord Cornwallis marche pour en gagner la tête ; nos troupes se hâtent, et vont à Raccoon-Ford attendre le général Wayne avec un corps réglé de Pensylvaniens.

Désespérant d'engager une action ou de couper la communication avec Wayne et Philadelphie, lord Cornwallis change d'objet et cherche à détourner celui des Américains ; il se dirige tout à coup sur les grands magasins d'Albermale Court-House ; un détachement de dragons tâche d'enlever l'Assemblée de l'État à Charlottesville, et manque son coup ; un autre détachement se porte sur Point-of-Fork, où le général Steuben formait six à sept cents recrues ; il évacue ce point, et croit devoir se retirer dans la direction de la Caroline ; — quelques effets peu importans sont détruits. Le passage du Rapid-Ann avait été nécessaire pour ne pas être acculé par lord Cornwallis : la communication avec Philadelphie était indispensable. On ne pouvait espérer, même en combattant, d'empêcher la destruction des magasins avant la jonction avec les Pensylvaniens. Lafayette prend donc le parti de les attendre, et, dès leur arrivée, regagne les ennemis à marche forcée.

Le 12, les Américains à Boswell's Tavern ; lord Cornwallis était parvenu à Elk-Island. Pour se placer au-dessus des ennemis, la route commune passe à la tête de Bird's Creek. Lord Cornwallis y porte son avant-garde, et compte tomber sur notre flanc ; les Américains réparent dans la nuit un chemin peu connu, et, dérobant leur marche, prennent une position à Mechunck-Creek, où, suivant l'ordre donné, ils sont joints par 600 montagnards. Le général anglais, voyant les magasins couverts, se retire à Richmond, et est suivi par notre armée.

Différentes manœuvres des deux armées : les Américains sont rejoints par le général Steuben, avec ses recrues; leur force alors est 2,000 hommes de troupes réglées, et 5,200 miliciens. — Lord Cornwallis croit devoir évacuer Richmond; le 20, le marquis de Lafayette le suit, et conserve l'offensive, cherchant à manœuvrer et évitant de combattre. Les ennemis se retirent sur Williamsburg, à six milles de cette ville; leur arrière-garde est attaquée avec avantage par notre corps avancé sous le colonel Butler. Position prise par les Américains à une marche de Williamsburg.

Juillet. — Différens mouvemens qui finissent par l'évacuation de Williamsburg : les ennemis à Jamestown. Notre armée s'avance sur eux; le 6, combat vif entre l'armée ennemie et notre avant-garde sous le général Wayne, en avant de Green-Spring; deux pièces de canon restent en leurs mains; mais ils sont arrêtés par un renfort d'infanterie légère; la même nuit ils se retirent sur James-Island, ensuite à Cobham, sur l'autre côté de James-River, et de là dans leurs ouvrages à Portsmouth. Le colonel Tarleton est détaché dans le County d'Amelia; les généraux Morgan et Wayne marchent pour le couper; il abandonne son projet, brûle ses chariots, et se retire précipitamment. Les ennemis se tenant dans Portsmouth, l'armée américaine prend une position saine sur Malvan-Hill, se repose de ses fatigues.

Août. — Les Américains se refusant à descendre devant Portsmouth, une partie de l'armée anglaise s'embarque et se rend par eau à Yorktown et à Gloucester. Le général Lafayette prend une position à la fourche de Pamunkey et Mattapony-River, ayant des corps détachés sur les deux côtés d'York-River. Les Pensylvaniens et quelques nouvelles levées ont ordre de rester sur James-River, et se croient destinés pour la Caroline. Rassemblement des milices sur Moratie ou Roanoke-River; les gués et chemins au sud de James-River gâtés sous différens prétextes; mouvemens pour occuper l'attention de l'ennemi. Comme dans l'évènement préparé par Lafayette il serait resté à la garnison de Portsmouth un moyen d'échapper, Lafayette fait menacer ce point. Le général O'Hara croit devoir enclouer trente pièces de canon, et se joindre au gros de l'armée. A peine tout est-il réuni, que le comte de Grasse paraît à l'entrée de la baie de Chesapeak. Le général Wayne passe la rivière, et se place de manière à arrêter l'ennemi, s'il tentait de se retirer vers la Caroline. L'amiral français était attendu au cap Henry par un aide-de-camp de Lafayette pour lui rendre compte de la situation respective des troupes de terre, et lui demander les mouvemens nécessaires pour couper toute retraite aux ennemis. Il mouille au cap Henry, envoie trois vaisseaux dans York-River, garnit James-River de frégates; et le marquis de Saint-Simon avec 3,000 hommes débarque à James-Island ou Jamestown.

Septembre. — La rivière ainsi défendue, le général Wayne a ordre de la repasser; le marquis de Lafayette marche sur Williamsburg, réunit dans une bonne position les troupes combinées au nombre de 7,500 hommes environ. Il avait laissé 1,500 miliciens dans le comté de Gloucester, et fait hâter quelques troupes venant du nord. Cette position, qui ferme toute retraite à lord Cornwallis (nos postes avancés à neuf milles d'York), est conservée depuis le 4 jusqu'au 28 septembre. Lord Cornwallis reconnut la position de Lafayette, et désespéra de la forcer.

Le 6 septembre, M. le comte de Grasse, laissant les rivières gardées, sort avec le reste de sa flotte, poursuit l'amiral Hood, qui s'était présenté, le bat, et coule à fond *le Terrible*; il prend les frégates *l'Iris* et *le Richmond*; le 15, il se réunit dans la baie à l'escadre de M. de Barras, partie de Rhode-Island avec 800 hommes et l'artillerie française; la flotte du comte de Grasse consiste alors en 58 vaisseaux de ligne.

L'amiral de Grasse et le général Saint-Simon, commandant les Français aux ordres de Lafayette, le pressent d'attaquer lord Cornwallis, et lui offrent un renfort de garnisons de vaisseaux. Il préfère d'agir à coup sûr et d'attendre les troupes venant du nord. En effet, le général Washington parvint à tromper entièrement le général Clinton sur ses intentions; il s'avançait vers la Virginie avec un détachement américain, et l'armée du comte de Rochambeau embarqué sur la tête de Chesapeak; ils sont portés sur des transports à Williamsburg. Le 28, on marche sur York, et l'armée combinée en commence l'investissement; le 29, reconnaissance de la place; le 30, l'ennemi évacue les postes avancés, et se retire dans les ouvrages d'York.

Octobre. — Le 1er, nouvelle reconnaissance; le 3, escarmouche entre la légion de M. le duc de Lauzun et celle de Tarleton, où la première a l'avantage. Cette légion et 800 hommes des vaisseaux sous M. de Choisy avaient joint la milice à Gloucester. La nuit du 6 au 7, la tranchée ouverte; celle du 11 au 12, la seconde parallèle. La nuit du 14 au 15, les redoutes de la gauche des ennemis enlevées l'épée à la main, l'une par les grenadiers et chasseurs français, l'autre par l'infanterie légère américaine. La première attaque dirigée par le baron de Viomenil, maréchal-de-camp; la seconde par le marquis de Lafayette. Le 17 matin, lord Cornwallis demanda à capituler; le même soir, le feu cessa. L'armée anglaise, réduite à 8,000 hommes, 900 miliciens compris, se rend prisonnière de guerre.

II

A M. DE VERGENNES.

Au Hâvre, le 18 juillet 1779.

Vous me demandez, Monsieur le comte, quelques idées sur une expédition en Amérique. L'incertitude de notre embarquement actuel en doit mettre beaucoup, sinon dans un projet que je crois dans tous les cas fort utile, du moins dans le temps de son exécution. Mais ce n'est pas un plan déterminé que vous exigez; ce n'est pas un mémoire adressé dans les formes au ministère, et il est alors plus aisé de se conformer à vos intentions.

L'état de l'Amérique et la nouvelle conduite que les Anglais paraissent adopter rendent plus que jamais cette expédition nécessaire. Les côtes désolées, les ports détruits, le commerce gêné, les points fortifiés d'où partent ces invasions; tout semble appeler nos secours maritimes et terrestres. Le moindre effort présent frappe encore plus le peuple qu'une grande diversion éloignée; mais outre la reconnaissance des Américains, et particulièrement des Etats oppressés, un corps de troupes nous assure dans ce continent une grande prépondérance. Enfin, Monsieur le comte, sans entrer dans des détails trop longs, vous savez que mes idées n'ont pas varié sur cet article, et la connaissance que je puis avoir de ce pays m'assure qu'une telle expédition, *si elle est bien conduite*, non-seulement réussirait en Amérique, mais serait d'un avantage très particulier à notre patrie. Outre l'intérêt de s'attacher les Américains, et celui de faire une bonne paix, la France doit songer à détruire les moyens d'une vengeance prochaine; c'est pour cela que la prise d'Halifax est infiniment importante. Mais nous aurions besoin de secours étrangers, et cette entreprise doit être précédée de services rendus dans différentes parties du continent. Alors nous serions aidés, et, sous prétexte d'en vouloir au Canada, nous tâcherions d'enlever Halifax, ce magasin et boulevard de la marine anglaise dans le Nouveau-Monde.

Sachant parfaitement qu'une proposition considérable ne serait pas acceptée, je vais réduire, autant qu'il est possible, le nombre de troupes dont on aurait besoin. Je le mets à quatre mille hommes, dont mille grenadiers et chasseurs, auxquels je joins deux cents dragons et cent hussards, avec une artillerie convenable. Cette infanterie doit être formée de bataillons entiers, commandés par des lieutenans-colonels. Si l'on voulait donner aux plus anciens officiers des commissions au-dessus de ce rang, vous savez que le ministre de la marine en donne qui, en revenant en Europe, n'ont plus aucune valeur dans le service de terre. Il nous faut des officiers qui sachent s'ennuyer, vivre de peu, se refuser tous les airs et particulièrement le ton vif et tranchant, se passer pour un an des plaisirs, des femmes et des lettres de Paris; ainsi nous devons prendre peu de colonels et de gens de la cour, dont les façons ne sont nullement américaines.

Je demanderais donc, Monsieur, quatre mille trois cents hommes, et, comme je n'écris pas *au ministère*, permettez que, pour la facilité du discours, je me suppose un moment le chef postiche de ce détachement. Vous connaissez assez mes principes pour savoir que je ne courtiserai pas le choix du roi. Quoique j'aie commandé avec assez de bonheur un plus grand nombre de troupes, et (je l'avoue franchement) que je croie me sentir capable de les mener, mon intention n'est pas de faire valoir ces titres; mais répondre de ce que fera un inconnu serait une extravagance, et comme, talens à part, la conduite politique du chef, la confiance du peuple et de l'armée américaine, feront la moitié du succès, je suis obligé, malgré ma répugnance, de mettre en avant un caractère que je connaisse, pour appuyer mes raisonnemens sur une base quelconque.

Après cette digression, Monsieur le comte, j'en viendrai à l'embarquement de ces quatre mille trois cents hommes. Comme les côtes de Normandie et de Bretagne ont été fort fatiguées, je proposerai de le faire à l'île d'Aix. On trouverait aux environs des troupes et des provisions; les ports, depuis Lorient jusqu'au Passage, fourniraient des navires de transport. Lorient a des vaisseaux de commerce d'un port considérable. Ceux de la compagnie des Carraques au Passage le sont encore davantage, et ces bâtimens ont de plus des canons d'un fort calibre, qui peuvent aider au combat ou éteindre des batteries de terre; d'ailleurs on les aurait dans un temps très court. J'y embarquerais les soldats à deux tonneaux par homme, et passerais les dragons à pied avec leur équipage de cheval. Il y a beaucoup de détails que je donnerais, si le projet était arrêté, mais qu'il serait superflu d'énoncer ici. D'après l'expérience de M. d'Estaing, qui s'est trouvé gêné avec quatre mois de biscuit et deux de farine, je prendrais ces deux derniers, en y ajoutant six mois de biscuit, ce qui ferait en tout huit mois de provisions pour la marine et les troupes. Quant à notre escorte, Monsieur le comte, c'est à des marins à la décider. Mais nos transports étant des bâtimens de force, trois vaisseaux de ligne, un vaisseau de 50 canons pour les rivières, trois frégates et deux cutters, paraîtraient plus que suffisans. L'opération étant particulièrement maritime, le commandant de l'escadre devrait être un homme fort distingué; son caractère, son patriotisme, sont des articles bien intéressans. Je n'ai jamais vu M. de Guichen; mais ce que j'entends dire de sa vertu et de sa modestie me préviendrait bien en sa faveur.

Nous voici donc, Monsieur le comte, à l'île d'Aix, avec notre détachement et l'escadre qui doit s'en charger. Il s'agit à présent d'opérer, et nos plans dépendent entièrement des circonstances. Dans le premier projet, on partirait au commencement de septembre ; dans le second, on resterait ici jusqu'à la fin de janvier. Il serait encore possible de partir en octobre ; cette idée me paraîtrait même préférable au départ de la fin de janvier ; mais les différentes opérations se trouvant naturellement enclavées dans les autres plans, il est inutile de détailler ce dernier. On dit ici que, passé la marée du commencement d'août, il ne faut plus compter sur la descente. D'ailleurs la flotte ennemie va se renforcer, à ce que l'on assure. Quatre ou cinq semaines de préparatifs suffiraient pour les transports et les troupes ; il n'est donc pas déraisonnable de faire un projet pour cet automne, et même pour le mois de septembre.

Les avantages de commencer dans ce mois seraient : 1° de priver les ennemis de Rhode-Island, de nous assurer une île et un port excellent jusqu'au printemps, et d'ouvrir la campagne à notre volonté ; 2° d'établir une prépondérance en Amérique pour les négociations de l'hiver ; 3° si l'on désire la paix, de remettre un poste important dans notre côté de la balance ; 4° en cas que les ennemis se fussent étendus dans aucun des Etats, de les enlever avec d'autant plus de facilité que nous ne serions pas attendus.

Quelques jours avant notre départ, et pas plus tôt (pour prévenir les suites de l'indiscrétion), on dépêcherait en Amérique trois corvettes avec des lettres pour M. de la Luzerne, le congrès et le général Washington. Nous manderions que « le roi craignant pour ses alliés les « suites du nouveau genre de guerre que les Anglais adoptent, et d'a- « près les demandes du docteur Franklin, enverra des vaisseaux en « Amérique, et y joindra quelques troupes de débarquement. Que si « le congrès a besoin de leurs secours, ils prêteront volontiers la main « au général Washington ; mais, dans le cas contraire, ils se rendront « aux îles. » Cette forme réussira parfaitement, et de mon côté j'écrirai en ma qualité d'officier américain des lettres plus particulières au congrès et au général Washington, où, en leur confiant que nous avons à peu près carte blanche, je proposerai mes idées à mon ami, et lui ferai faire les préparatifs convenables. On ferait croire ici à notre départ que nous allons servir de garnison à une des Antilles, tandis que les troupes de ces îles agiront offensivement, et qu'en été nous serons chargés de la révolution du Canada.

L'escadre, partant avant le 10 septembre, serait au point de Sandy-Hook sur la côte de Jersey vers les premiers jours de novembre, un des plus beaux mois qu'il y ait dans toute l'Amérique indépendante. Cet armement semblerait alors menacer New-York, et nous trouverions à notre arrivée des pilotes pour différens autres points, et tous les renseignemens nécessaires. Si Rhode-Island (ce dont je ne doute pas un moment) était le point propre à être attaqué, nous mettrions le soir le cap au sud, comme pour aller dans la partie méridionale, et, revirant de bord pendant la nuit, nous viendrions à terre à Block-Island, et nous nous occuperions du siége de Newport.

Il y a des troupes continentales à Providence qui dans un jour seraient à Bristol; il y a des milices à Tivertown qui montreraient aussi une tête; Greenwich, ayant quelques troupes, doit avoir des bateaux plats; on ferait descendre ceux qui sont à Sledge-Ferry; tout cela se trouve sur les lieux. Pour éviter les inconvéniens de l'année passée, le commandant maritime ne perdrait pas une minute à envoyer deux frégates dans le passage de l'est, et à forcer celui du milieu, chose assez peu dangereuse; les bâtimens qui s'y trouveraient seraient détruits; et, comme les ennemis ont coutume de laisser un corps depuis six cents jusqu'à quinze cents hommes sur Connanicut-Island, il y serait aisément enlevé, et nous y ferions notre rassemblement terrestre. Les vaisseaux, si le vent y portait, sortiraient la même nuit, ou bien l'on nous enverrait rejoindre les autres. Au reste, toutes ces manœuvres dépendraient des circonstances. Ce qu'il y a de bien certain, c'est que le même vent qui nous ferait atterrer, permettrait de s'emparer du passage de l'est, pour favoriser les Américains de Bristol et de Tivertown, et que, si l'on veut, on peut forcer le passage du milieu. Mais, dans tous les cas quelconques, il est aisé de faire la descente, de la manière que je vais expliquer.

Newport est fortement défendu du côté de la terre, mais toute la plage qui se trouve derrière la ville, offre des points faciles pour le débarquement. Ils sont d'ailleurs trop étendus pour qu'il soit possible de les défendre par des batteries. C'est là que les troupes françaises mettraient fort aisément à terre, et, se trouvant à la pointe du jour sur la hauteur qui domine la ville et les lignes, elles prendraient tous les ouvrages à revers, et foudroieraient tout ce qui serait dans Newport. Ce mouvement serait, en cas de besoin, protégé par le feu des vaisseaux; les ennemis, dispersés et étourdis par trois fausses attaques sur les deux côtés de l'île, et sur le point de Bristol, croiraient qu'on a pris le système de l'année passée : plus cette manœuvre paraîtrait hardie, plus nous devons être sûrs de son succès. Vous sentez, au reste, Monsieur le comte, qu'à la guerre tout dépend du moment : le coup d'œil d'un instant déciderait les détails de l'attaque. Il suffit de dire ici que, d'après ma connaissance intime de cette île, et le temps que j'ai passé sur les lieux à chercher toutes les manières d'y réussir, je crois qu'avec ce nombre de troupes, et la plus simple coopération des Américains, je pourrais répondre de m'en emparer en peu de jours.

Aussitôt que l'île serait prise, il faudrait écrire à l'État de Rhode-Island, et lui offrir de remettre la place aux milices nationales, à moins que l'État n'aimât mieux attendre l'avis du général Washington ; ils prendraient ce dernier parti, et on nous *prierait* de nous y établir pour l'hiver. Des batteries sur Goat-Island, Brenton's Point, Connanicut-Island, assureraient d'autant mieux la sortie du port, surtout avec l'aide des vaisseaux, que les Anglais ne sont pas assez en force pour nous réattaquer, et qu'ils ne s'y résigneraient jamais dans la mauvaise saison. Nous serions nourris par le pays, et quoiqu'on dise que les vivres sont très difficiles à se procurer, je tâcherais de ne pas user notre magasin maritime, et trouverais plus de ressources que l'armée américaine elle-même.

La même lettre qui annoncerait au congrès le succès de Rhode-Island (dont, autant qu'on doit se fier à des calculs, je ne doute aucunement), parlerait aussi de notre voyage aux îles, et demanderait si l'on n'a plus besoin de nous. Leur réponse nous engagerait à rendre d'autres services, et d'après leur aveu, nous laisserions à Greenwich l'hôpital et les infirmes, nous ferions raccommoder les batteries par la milice, et nous nous rendrions en Virginie. On peut, sans être présomptueux, espérer que le point de James-River, s'il est conservé, tomberait sous nos efforts réunis à ceux des Virginiens. Alors la baie de Chesapeak redeviendrait libre, et les troupes de cet État pourraient porter toutes leurs forces du côté du fort Pitt.

Il est impossible de juger d'ici les postes que les Anglais occupent en Amérique. La Géorgie ou la Caroline auraient, suivant toute apparence, besoin de nos secours, et les opérations postérieures à Rhode-Island se décideraient sur les lieux. Mais pour se former une idée générale, il suffit de dire que les mois de décembre et janvier seraient employés dans la partie méridionale du continent. Comme les Anglais sont obligés de diviser dans chacun de leurs ports quelques vaisseaux, frégates, bâtimens marchands ou de transport, ils feraient en détail une perte considérable.

Le mois de février nous reverrait à Newport; on s'y occuperait d'échanges avec New-York, et des matelots français, troqués contre des soldats, pourraient être renvoyés sous pavillon parlementaire à M. d'Orvilliers. Les intérêts politiques se traiteraient vis-à-vis du congrès, et le commandant du détachement pourrait aller à Philadelphie pour y arranger, avec le ministre plénipotentiaire, les demandes de la campagne prochaine, et faire des propositions au congrès et au général Washington. Je proposerais de faire venir des députés des différentes nations sauvages; de leur faire des présens; de les détourner du parti des Anglais, et de réveiller dans leur cœur cet ancien amour de la nation française, qu'il nous sera peut-être un jour fort important de retrouver.

Il est inutile de dire ici que si nous partions au mois d'octobre, la saison serait trop avancée pour songer à Rhode-Island. Mais les opérations méridionales pourraient également se faire, et le succès serait d'autant plus sûr que nous aurions l'avantage d'une surprise. Alors au lieu de nous rendre à Newport, nous hivernerions à Boston où nous serions bien reçus, et fort commodément. Nous ouvririons la campagne à notre volonté, et préparerions d'avance les moyens d'une grande entreprise sur Rhode-Island, en nous procurant en même temps par les habitans des ports au nord de Boston et surtout de Marblehead, toutes les connaissances que nous les enverrions chercher à Halifax.

Mais supposons que nous sommes établis à Newport. La fin d'avril ouvre la campagne, et lord Cornwallis ne sera pas empressé de sortir de New-York. La crainte de se dégarnir de notre côté lui fera renoncer à toute entreprise sur les forts de la rivière du Nord. Peut-être même il nous serait possible d'aider le général Washington à attaquer New-York. M. d'Estaing avait cru découvrir avant son départ qu'on pouvait passer par le Sound. Mais je laisse ce soin aux officiers de mer, et sans l'être moi-même, je sais qu'on peut s'emparer de Long-Island, en chasser les troupes, et pendant que le général Washington ferait une tentative de son côté, y établir des batteries fort gênantes pour la garnison de New-York; mais en partant de cette ville, en supposant même que Newport serait prise l'année précédente, je suis bien loin d'être aussi affirmatif que pour l'attaque de Rhode-Island, et je n'en parle que comme d'une possibilité.

Dans tous les cas, Monsieur le comte, il faudrait s'arranger pour agir contre Halifax dans le mois de juin. D'après les droits que les autres expéditions nous donneraient, je puis répondre que nous serions aidés pour celle-ci par les Américains. Je trouverais à Boston et dans les ports du nord des gens sûrs, qui nous iraient chercher dans Halifax même toutes les connaissances nécessaires. La ville de Marblehead surtout entretient encore un commerce interlope avec la Nouvelle-Ecosse, et nous fournirait les plus excellens pilotes. On ferait préparer les habitans du nord de New-Hampshire et de Casco-Bay, qui, sous leur général Stark, celui qui a gagné l'affaire de Bennington, se montreraient prêts à passer, et, suivant les circonstances, passeraient du côté d'Annapolis. Ce pays est peuplé, dit-on, de gens mécontens du gouvernement anglais; dans les derniers temps où j'étais à Boston, j'y vis un homme principal et membre du conseil de la Nouvelle-Ecosse, qui s'était rendu secrètement auprès du général Gates, et qui nous assura des bonnes dispositions d'une partie des habitans. Plusieurs d'entre eux ont certainement des correspondances avec les Américains; et, d'après ce qu'ils assurent, il se formerait sur-le-champ un parti. Quant à nous, Monsieur le comte, je suppose que nous mettions à la voile le premier de juin, et que nous soyons accompagnés des frégates continentales et particulières qu'on pourrait rassembler dans Boston; le congrès nous donnerait sûrement les troupes que nous demanderions, et ces mêmes brigades qui appartenaient dernièrement à ma division, et dont le seul objet est à présent de tenir en respect les ennemis de Rhode-Island, n'ayant plus alors d'occupation, nous suivraient sans faire aucun tort à la grande armée. Ils viendraient d'autant plus volontiers, que presque tous ces régimens, appartenant au nord de la Nouvelle-Angleterre, seraient fort fâchés de repasser la rivière d'Hudson, et préféreront une expédition importante pour leur pays. Le général Gates, qui a du crédit dans la Nouvelle-Angleterre et connaît parfaitement Halifax, m'a souvent proposé de faire de concert une expédition contre cette ville où nous réunirions des troupes françaises et américaines. On trouverait à Boston des canons de siége, des mortiers, on pourrait, s'il était nécessaire, en faire venir davantage du magasin de Springfield; et le corps de l'artillerie américaine est assez bon.

Les ennemis se douteraient d'autant moins de notre projet, que leurs idées se porteront toujours sur le Canada. Les mouvemens des milices du nord seront pris pour une intention de nous joindre par Sowel auprès de la rivière Saint-François, pendant que nous remonterions le fleuve Saint-Laurent. Cette persuasion, qu'avec un peu d'adresse on pourrait augmenter, donnerait des inquiétudes à Québec, exciterait de la fermentation, et si par hasard il se trouvait un vaisseau de guerre à Halifax en état de tenir la mer, on l'en ferait peut-être sortir pour se rendre dans la colonie menacée.

Je n'ai jamais vu la ville d'Halifax, mais les gens qui, avant les troubles, étaient dans le service anglais et y ont passé le plus de temps en garnison, m'ont dit que le grand point était de forcer à droite ou à gauche le passage de George-Island, et qu'on pouvait sans être troublé, mettre à terre, ou du côté de la batterie de l'est pour prendre et cette batterie et le fort Sackville, ou ce qui paraît plus court, du côté de la ville même. Le faubourg du nord, où sont les magasins, est médiocrement défendu, on peut aussi commander *le Bason* où sont les bâtimens à réparer. Plusieurs officiers dignes de foi m'ont assuré qu'Halifax était en amphithéâtre, que toutes les maisons seraient, sans exception, foudroyées par le canon des vaisseaux qui auraient forcé le passage, et qu'alors la ville obligerait la garnison à se rendre. Comme les troupes détruiraient toutes les défenses de la côte, et que des vaisseaux de guerre forcent aisément des batteries établies sur les îles, je suis bien persuadé, et le rapport de tous ceux qui y ont été m'assure encore qu'Halifax ne résisterait pas à nos efforts réunis à ceux des Américains.

L'idée d'une révolution en Canada paraît charmante à tout bon Français, et si des vues politiques la condamnaient, vous avouerez, Monsieur le comte, que c'est en résistant aux premiers mouvemens du cœur. Les avantages et les inconvéniens de ce projet demandent une grande discussion dans laquelle je n'entrerai pas ici. Vaut-il mieux laisser aux Américains un objet de crainte et de jalousie par le voisinage d'une colonie anglaise; ou bien rendrons-nous la liberté à nos frères opprimés, pour retrouver à la fois le commerce des fourrures, la correspondance des sauvages, tous les profits de nos anciens établissemens, sans en avoir les dépenses et les déprédations? Mettrons-nous dans la balance du Nouveau-Monde un quatorzième État qui nous sera toujours attaché, et qui, par sa situation, offrirait une grande prépondérance dans les troubles qui diviseront un jour l'Amérique? Les opinions sont très partagées sur cet article; je connais la vôtre, Monsieur le comte, et mon penchant ne vous est pas inconnu. Je n'y pense donc en aucune manière, et ne regarde cette idée que comme un moyen de tromper et inquiéter l'ennemi. Si, cependant, Monsieur le comte, il en était jamais question, il faudrait y préparer le peuple d'avance, et les connaissances que j'ai été obligé de me procurer, lorsqu'une armée particulière devait entrer dans ce pays, m'ont mis à portée de me former une idée sur les moyens d'y réussir.

Mais revenons, Monsieur le comte, à la Nouvelle-Ecosse. On pourrait y laisser en garnison une partie des troupes américaines qui nous auraient suivis, et ceux des habitans qui auraient pris les armes en notre faveur. Ne serait-il pas bien aisé de détruire ou prendre les établissemens anglais auprès du banc de Terre-Neuve? et, après cette opération, nous réglerions notre marche suivant les circonstances. En admettant que nous pussions retourner à Boston ou Rhode-Island au mois de septembre, et que New-York ne fût pas pris, il serait possible d'offrir encore nos secours au général Washington. D'ailleurs Saint-Augustin, la Bermude, ou quelque autre point bon à attaquer, deviendrait l'objet de nos instructions. Si, au contraire, on nous fait revenir, trois semaines ou un mois nous conduisent du banc de Terre-Neuve en France, et l'on peut encore, en arrivant, alarmer les côtes d'Irlande.

Si le mois de septembre, qui réunit tous les avantages, paraît trop prochain, si même on ne voulait pas nous envoyer en octobre, il faudrait reculer notre départ jusqu'à la fin de janvier. Dans cette supposition, nous serions également précédés de quinze jours seulement par des corvettes; nous serions attendus au même point, et de la même manière; nous passerions le mois d'avril dans la partie plus méridionale, nous attaquerions au mois de mai Rhode-Island, et serions à la fin de juin devant Halifax; mais vous sentez, Monsieur le comte, qu'il serait plus avantageux de prendre ses mesures sur les lieux, et de longue main, et que le départ d'automne est sous beaucoup de points de vue préférable. D'ailleurs, vous ne m'accuserez pas d'être conduit à cette opinion par l'intérêt de mes plaisirs; car un hiver à Boston ou Newport ne vaut pas, à beaucoup près, un hiver de Paris.

Voilà, Monsieur le comte, quelques idées que, pour vous obéir, j'ai l'honneur de soumettre à votre examen. Je ne donne pas à ce griffonnage les airs d'un plan bien régulier, mais vous mettrez en valeur ces différens projets suivant les circonstances. Mon premier désir, dans ce moment, est que vous puissiez lire une écriture assez ridicule en général, mais que la longueur du mémoire rend encore plus irrégulière. Le second est que vous apportiez à cette lecture une indulgence d'autant plus grande que mes cartes américaines, celles d'Halifax exceptées, sont restées à Paris, et que presque toutes mes citations sont en conséquence faites de mémoire. D'ailleurs je n'ai pas voulu vous ennuyer par des détails trop longs à écrire, et si vous désirez en causer à l'aise, l'entre-deux des marées du Hâvre, rendant la sortie impossible, me laisserait le temps de passer trois jours à Versailles.

Je suis fortement convaincu, Monsieur le comte, et je ne peux, sans trahir ma conscience, cesser de répéter qu'il est très important pour nous d'envoyer un corps de troupes en Amérique. Si les États-Unis ne le désiraient pas, je croirais que nous devons leur en faire naître l'envie, et même chercher des prétextes. Mais vous serez entièrement prévenu sur cet article, et le docteur Franklin attend l'instant favorable pour faire sa proposition. Lors même que les opérations de cette campagne, que M. d'Estaing, ou je ne sais quel évènement, auraient pu faire des changemens favorables, il restera toujours assez d'ouvrage pour nous; et un seul des avantages proposés ne vaudrait-il pas la peine d'envoyer le détachement?

Un très grand article, Monsieur le comte, un article sur lequel je ne peux m'empêcher de peser beaucoup, c'est la nécessité de garder un profond, un inviolable secret. Il est inutile de se fier à personne, et les gens mêmes qui servent le plus à l'arrangement du détachement et des vaisseaux, n'ont aucunement besoin de savoir les intentions précises du gouvernement; ce mystère devrait tout au plus être confié au commandant maritime et au chef de ses troupes de débarquement; encore faudrait-il le leur dire le plus tard qu'on pourrait.

On dira sûrement, Monsieur le comte, que les Français seront mal reçus dans ce pays et vus de mauvais œil dans son armée. Je ne peux pas nier que les Américains ne soient un peu difficiles à manier, surtout par des caractères français; mais si j'étais chargé de ce soin, ou que le commandant nommé par le roi s'y prît passablement bien, je répondrais sur ma tête d'éviter ces inconvéniens, et de faire parfaitement recevoir nos troupes. Il y a tel excellent officier, Monsieur le comte, qui plairait beaucoup ici, et que d'après mon intime connaissance de nos alliés, je serais fâché de leur voir envoyer; mais il y en a beaucoup, qui, je suis sûr, réussiraient parfaitement. La connaissance de la langue serait un immense avantage; malheureusement, il y a peu d'officiers-généraux (M. le duc d'Ayen excepté), qui puissent la parler.

Quant à moi, Monsieur le comte, vous savez ma façon de penser, et ce n'est pas vous qui douterez que mon premier intérêt ne soit de servir ma patrie. J'espère, pour le bien public, que vous enverrez des troupes en Amérique. On me trouvera, je pense, trop jeune pour ce commandement; mais j'y serai sûrement employé. Si, dans l'arrangement du projet, il se trouvait quelqu'un auquel mes sentimens fussent moins connus, et qui, en proposant pour moi ou le commandement, ou un emploi considérable, donnât pour raison que j'en serai plus disposé à servir par mes conseils ou par mes soins, j'ose (oubliant le ministre du roi) charger M. le comte de Vergennes de prendre, comme mon ami, la parole, et de refuser en mon nom des grâces dues à un motif si mal calculé sur mon caractère.

Ce Mémoire est si long, Monsieur le comte, qu'il vous dégoûtera de m'en demander; mais dussiez-vous être lassé de me lire, je ne me lasserai pas de vous répéter avec quels sentimens d'attachement et de respect, j'ai l'honneur d'être,

   Monsieur le comte,
    Votre très humble et très obéissant serviteur.
      LAFAYETTE.

FIN DU TOME PREMIER.

TABLE DES MATIÈRES

CONTENUES DANS LE TOME PREMIER.

	Pages.
RÉVOLUTION D'AMÉRIQUE.	1
Avertissement des Éditeurs.	5
PREMIER VOYAGE ET PREMIÈRE CAMPAGNE D'AMÉRIQUE, 1777-1778.	5
Mémoires de ma main jusqu'en l'année 1780. A mes amis.	Ibid.
Fragmens extraits de divers Manuscrits.	67
A. — Sur le départ pour l'Amérique en 1777.	Ibid.
B. — Sur la première entrevue du général Washington et du général Lafayette.	71
C. — Sur les commandemens de l'hiver de 1778, et sur les Français au service des États-Unis.	72
D. — Sur la retraite de Barren-Hill.	75
E. — Sur l'arrivée de la flotte française.	77
F. — Sur les divisions entre la flotte française et l'armée américaine.	79
CORRESPONDANCE. 1777-1778.	82
Au duc d'Ayen.	Ibid.
A madame de Lafayette.	84
A madame de Lafayette.	94
A madame de Lafayette.	97
A madame de Lafayette.	99
A madame de Lafayette.	100
A madame de Lafayette.	102
A M. de Vergennes, ministre des affaires étrangères.	108

TABLE DES MATIÈRES.

	Pages.
A madame de Lafayette.	112
A madame de Lafayette.	115
A Son Exc. le général Washington.	120
Au duc d'Ayen.	124
Au général Washington	135
Du général Washington à M. de Lafayette.	140
Au général Washington.	142
A madame de Lafayette.	145
Au général Washington.	148
A madame de Lafayette.	151
Au général Washington.	153
Au général Washington.	154
Au général Washington.	159
Du général Washington à M. de Lafayette.	162
Au baron de Steuben.	164
Fragment d'une lettre au président du congrès.	165
Au général Washington.	166
A madame de Lafayette.	168
A madame de Lafayette.	170
Au général Washington.	172
Du général Washington à M. de Lafayette.	173
Au marquis de Lafayette.	175
A madame de Lafayette.	177
Au marquis de Lafayette.	181
Au général Washington.	182
Du général Washington à M. de Lafayette.	184
Du général Washington à M. de Lafayette.	185
Du général Washington à M. de Lafayette.	186
Au général Washington.	187
Du général Washington à M. de Lafayette.	189
Au général Washington.	190
Du général Washington à M. de Lafayette.	199
Du général Washington au major-général Sullivan.	201
Du général Washington au major-général Greene.	202
Au général Washington.	204
Au général Washington.	208
Au duc d'Ayen.	209
A madame de Lafayette.	220
Du président Laurens à M. de Lafayette.	226

TABLE DES MATIÈRES.

Pages.

Au président Laurens. 227
Au général Washington. 228
Du général Washington à M. de Lafayette. 231
Au général Washington. 234
A lord Carlisle. 236
Au général Washington. 237
Du général Washington à M. de Lafayette. 238
Au président Laurens. 240
Le président du congrès au marquis de Lafayette. . . 241
Au général Washington. 243
Lord Carlisle à M. de Lafayette. 245
Au président Laurens. 246
Extrait d'une lettre de M. Gérard, ministre de France aux États-Unis, au comte de Vergennes. 247
Du général Washington à M. de Lafayette. 248
Du général Washington à Benjamin Franklin, ministre d'Amérique en France. 249
Au général Washington. 250
Au général Washington. 253

SECOND VOYAGE EN AMÉRIQUE, ET CAMPAGNES DE 1780 ET 1781. — *Mémoires historiques sur les années 1779, 1780 et 1781.* 255

CORRESPONDANCE. 1779, 1780, 1781. 285
A M. de Vergennes. . . . . *Ibid.*
Du général Washington au marquis de Lafayette. . . 286
A M. de Vergennes. 290
A M. de Vergennes. 293
Au Président du congrès. 295
Au général Washington. 300
A M. de Vergennes. 307
A M. de Vergennes. 311
Du docteur Franklin à M. de Lafayette. 314
Au docteur Franklin. 315
Du général Washington à M. de Lafayette. 316
Au général Washington. 322
A M. de Vergennes. 327
Au général Washington. 331
A M. de Vergennes. 332

494 TABLE DES MATIÈRES.

Pages.

Du général Washington à M. de Lafayette.	354
A M. le comte de Rochambeau.	355
Au général Washington.	342
A MM. le comte de Rochambeau et le chevalier de Ternay.	345
De M. de Rochambeau à M. de Lafayette.	357
A MM. de Rochambeau et de Ternay.	359
A M. de Rochambeau.	362
De M. de Rochambeau.	365
Au chevalier de La Luzerne.	367
A madame de Tessé.	370
A madame de Lafayette.	372
Au général Washington.	377
Du général Washington à M. de Lafayette.	381
Au général Washington.	383
Au général Washington.	385
Au général Washington.	387
Du général Washington à M. de Lafayette.	391
A M. de Vergennes.	394
A madame de Lafayette.	404
Au général Washington.	409
Au général Washington.	412
Au général Washington.	414
Du général Washington à M. de Lafayette.	417
Au général Washington.	419
Au colonel Hamilton.	423
Au général Washington.	424
Au général Washington.	428
Du général Washington à M. de Lafayette.	429
Au général Washington.	432
Du général Phillips à M. de Lafayette.	434
Du général Phillips à M. de Lafayette.	435
Au général Phillips.	436
Au général Phillips.	437
Note pour le capitaine Emyne.	Ibid.
Note du général Arnold au capitaine Ragedale.	438
Au général Washington.	Ibid.
Au général Washington.	441
Extraits de plusieurs lettres au général Washington.	445
A madame de Lafayette.	454

TABLE DES MATIÈRES.

Pages.

A M. de Vergennes. 457
A M. de Maurepas. 459
Au général Washington. 460
Au général Washington. 465
Au général Washington. 468
A M. de Maurepas. 470
A M. de Vergennes. 471
A madame de Lafayette. . . . . Ibid.
Du marquis de Ségur à M. de Lafayette. 473
Au général Washington. 474

APPENDICE. 477
I. Précis de la campagne de 1781, pour servir à l'intelligence de la carte. . . . . Ibid.
II. A M. de Vergennes. 481

FIN DE LA TABLE.